KB091500

The Phoenix Project

피닉스 프로젝트

위기에 빠진
IT 프로젝트를 구하라

The Phoenix Project

피닉스 프로젝트

박현철 · 류미경 옮김

진 킴 · 케빈 베어 · 조지 스패포드 지음

i!i
에이콘

 에이콘출판의 기틀을 마련하신 故 정완재 선생님 (1935-2004)

박현철(architect.mentor@gmail.com)

서울대학교에서 계산통계학을 전공하고 연세대학교에서 MBA를 전공했다. 1993년 현대전자(현 SK 하이닉스)에 입사해 개발자로 사회생활을 시작했다. 이후 신기술 기반 선도 과제와 대규모 프로젝트의 PM/PMO, 아키텍트, 컨설턴트, 변화 관리자Change Agent, 애자일 컨설턴트Agile Consultant, 자문 등을 수행했다.

다양한 프로젝트를 수행하고 컨설팅하면서 프로그래밍, 모델링, 아키텍처 등 공학Engineering 분야와 XP, 스크럼Scrum, 칸반Kanban 등 애자일Agile에 관련된 17권의 저서 및 번역서를 출간했다.

2011년 제품 책임자Product Owner, 스크럼 마스터Scrum Master, 스크럼 개발자Scrum Developer 인증을 받았고, 2019년 대규모 애자일 적용을 위한 SPCSAFe Program Consultant 인증을 받았다.

현재 건국대학교 정보통신대학원 겸임 교수로 재직 중이며 오픈 소스 컨설팅에서 라지 스케일Large-Scale에 대한 애자일 코치 및 컨설턴트Agile Coach/Consultant로 활동 중이다.

류미경(mkyoo2010@gmail.com)

많은 사람과 교류하며 지속적으로 배우고 성장하는 삶을 살고 있다. 번역서로 『디지털 트랜스포메이션 엔진』(에이콘, 2020), 『스크럼으로 소프트웨어 제품 관리하기』(에이콘, 2013), 『Agile Project Management with Scrum 한국어판』(에이콘, 2012), 『엔터프라이즈 애자일 프로젝트 관리』(에이콘, 2010), 『데드라인』(인사이트, 2004), 『소프트웨어 프로젝트 생존전략』(인사이트, 2003) 등이 있다.

세상의 변화에 어떻게 대응해야 할까?

첫 직장이었던 현대전자에서 소속 조직이 근무 4년 만에 구조 조정되는 일을 겪었다. 이후 그 아픔을 잊으려 좋은 조직에 안주하기보다 대규모 프로젝트 수행에 집착했다. 차세대와 같은 커다란 프로젝트에서 벌어지는 어려움을 해결하고 강의나 책으로 정리하는 과정을 통해 나의 존재를 증명하면서 삶의 보람을 느끼는 다소 험난한 여정을 걸어왔다.

수백에서 수천억에 이르는 대형 프로젝트에서는 일반적으로 수백 명의 사람이 여러 건물에 분산돼 프로젝트 성공을 위한 다양한 조직 간 이해와 반목을 길게 이어간다. 대규모 예산 기획과 편성, 집행을 둘러싼 경영진과 수행 조직 간 괴기한 마찰과 충돌 속에서 상황 파악과 모니터링은 결코 쉬운 일이 아니다. 일관성 있는 전략의 추진도 커다란 노력을 수반할 수밖에 없다. 광범위한 요구사항 범위 관리와 서로 대립하는 품질 속성 및 이해관계자 간 조율은 뛰어난 리더십을 요구한다.

어떻게 하면 서로 다른 수십 개의 팀 상황을 투명하고 객관적으로 살펴보면서 프로젝트 성공을 위해 최적화된 협업 체계를 만들고 고객이 원하는 비즈니스 가치를 효과적으로 창출할 수 있을까? 더구나 2020년부터 이어진 팬데믹 상황으로 세계정세는 더욱 빠르게 바뀌기 시작했고 다양한 기업 및 조직의 대응 전략도 다른 양상을 띠기 시작했다. 가트너 트랜드 2021에도 '탄력적 전달Resilient Delivery'이라는 시간의 축이 새롭게 등장했다. 우리가 속한 세상은 지금 어떻게 변화하고 있으며 어떻게 대응해야 할까? 이 책 속에 힌트가 있다.

이 책은 대규모 프로젝트에서 일어날 수 있는 난감한 상황들을 적나라하게 보여준다. 주인공인 빌Bill이 속한 IT 조직은 상황을 개선하지 못하면 구조 조정으로 IT 부서 전체가 아웃소싱으로 사라질 상황이다. 그래서 이 책의 인물들이 처한 상황에 쉽게 공감하고 어떻게 문제를 해결할지에 더욱 커다란 관심을 가지며 읽었는지도 모른다.

원서에는 다른 IT 관련 책에서는 보기 어려운 욕이나 저속어, 술 취한 영어, 존댓말, 의도적인 오타뿐만 아니라 경영이나 IT에 관한 전문 용어들도 간간이 등장해 적절한 표현을 찾기 어려운 부분이 많았다. 그러나 이런 점이 이 책의 매력이기도 하다. 우리의 소소한 일상이나 격무에 시달리는 업무 현장 속에서 IT 관련 통찰을 찾아볼 수 있게 해주기 때문이다.

이 책을 권하는 다른 이유는 재미있어서다. 그리고 비즈니스와 IT 모두에 걸친 통찰력을 선사한다. 미래의 변화에 조직이 빠르게 대응할 수 있는 길을 제시하기도 한다. 읽어볼 만하지 않은가?

비즈니스와 IT의 만남에 축복이 깃들기를 바라며
박현철(architect.mentor@gmail.com)

진 킴Gene Kim

다양한 수상 경력이 있는 CTO이자 연구원이다. 트립와이어Tripwire의 창립자이며 13년 동안 CTO를 역임했다. 저서로 『데브옵스 핸드북』(에이콘, 2018), 『The Visible Ops Handbook』(Information Technology Processinst, 2005), 『Visible Ops Security』(IT Process Institute, 2008) 등이 있다.

케빈 베어Kevin Behr

IT 프로세스 연구소Process Institute의 공동 창립자이자 회장이다. 비즈니스 관리와 기술 및 사고 리더십 분야의 최고 정보 책임자, 최고 기술 책임자 및 최고 운영 책임자로 29년 이상 일해왔다. 현재 엔터프라이즈 서비스 설계 및 오케스트레이션 컨설팅 업체인 프락시스플로우PraxisFlow의 최고 사이언스 책임자로 근무 중이다.

조지 스패포드George Spafford

IT 조직의 목표와 필요한 조건을 정의하고 이를 달성할 수 있도록 돕는 산업 분석가다.

데브옵스를 통한 지속적인 개선 구현!

2010년에 LED 공정기술 엔지니어로 근무했습니다. LED 개발팀의 품질을 모든 생산 장비에 동일하게 구현해 생산팀에 이관하는 일이었죠. 당시 제가 개발과 생산의 중간자 역할, 데브옵스^{DevOps} 중심에서 일하고 있었다는 사실은 『피닉스 프로젝트』를 읽으면서 깨달았습니다. 이 책에 등장하는 『더 골$^{The\ Goal}$』은 같은 팀 부장님의 권유로 처음 접했습니다. 제조 및 생산에 대한 개념과 전문성을 높이는 데 도움이 된다는 말에 호기심이 생겨 읽게 됐습니다. 하드웨어 개발자 겸 엔지니어로 일하던 11년 전의 일입니다. 애자일 코치$^{Agile\ Coach}$의 길을 걷고 있는 지금 『피닉스 프로젝트』를 감수하게 된 것이 참 재밌게 느껴졌고 인연이라는 생각도 들었습니다. 글을 읽으면서 '11년 전의 의도치 않은 독서가 현재의 나에게 영향을 준다는 것을 예측하고 관리할 수 있었을까? 미래의 일들을 어떻게 더 잘 예측하고 관리하며 대응할 수 있을까?'라는 의문이 떠올랐습니다. 그래서 몰입감 있는 앞부분의 이야기와 업무에 유용한 뒷부분의 데브옵스 핸드북에 더욱 집중할 수 있었습니다.

　수많은 기업에서 데브옵스를 구현하기 위해 많은 관심과 노력을 기울이고 있습니다. 하드웨어^{Hardware}를 하는 사람들은 '데브옵스는 소프트웨어 영역의 일하는 방식이 아닌가요?'라고 묻곤 합니다. 이와 반대로 이 책에서는 '하드웨어 생산 영역의 업무수행 방식과 체계를 소프트웨어에 적용한다고요?'라고 묻습니다. 현실에서도 책에서도 사람들은 자신의 비즈니스와 상황에 딱 맞는 사례, 프랙티스 그리고 가치와 원칙만을 찾아다니고 적용하려 합니다. 이는 에드워드 데밍^{Edward Deming}이 말한 '우리의 문제는 다르다'라는 마음가짐에서 발생하는 현상이라 생각합니다. 이를 해결하는 방안으로 데밍이 이야기한 '제품과 서비스의 품질을 향상시키는 데 도움이 되는 원칙은 본질적으로 보편적이다'라는 말에 담긴 마음가짐의 변화가 필요하고 이런 보편적 가치와 원칙이 고객 가치 향상 및 조직 변화의 동인으로 작용한다고 믿고 있습니다. 하드웨어나 소프트웨어와 상관없이 앞에서 이야기한 지속적인 개선과 변화 활동을 위해 이 책에 담긴 데브옵스, 린^{Lean}, 애자일^{Agile}의 지식과 개념, 상황, 핸드북 등을 바탕으로 지속적인 학습과 실험을 통해 조직과 함께 좋은 결과를 만들어가는 데 도움이 될 것이라 확신합니다. 모든 독자에게 이 책이 데브옵스를 기반으로 기업과 조직의 비즈니스 민첩성을 강화하는 데 도움이 되기를 기원합니다. 항상 건강하세요. 감사합니다.

서울 숲 옆에서
길도현(rlfehgus@gmail.com)

2007 광운대학교 전자물리학과 박사 졸업
2005~2020 LG 이노텍
2020~2022 오픈소스컨설팅
2022~2023 쏘카 근무 중^{Agile Coach, SAFe SPC & RTE}

차례

파트 언리미티드: 사업부 임원

스티브 마스터스, CEO, CIO 권한 대행

딕 랜드리, CFO

사라 몰튼, 리테일 운영 상무

매기 리, 리테일 프로그램 관리 이사

빌 팔머, IT 운영 부서장, 전(前) 미드레인지 기술 운영 팀장

웨스 데이비스, 분산 기술 운영 팀장

브렌트 겔러, 수석 엔지니어

패티 맥키, IT 서비스 지원 팀장

존 페스케, 정보 보호 최고 책임자[CISO]

크리스 알러스, 애플리케이션 개발 부서장

파트 언리미티드: 이사회

밥 스트라우스, 수석 의장, 전 이사회 회장, 전 CEO

에릭 레이드, 이사회 후보

낸시 메일러, 최고 감사 책임자

즉시 배포할 것

8월 29일 금요일

기업: 파트 언리미티드^{PAUD}

등급: 매도^{SELL}

목표가: $8(현재가 $13)

파트 언리미티드의 CEO인 스티브 마스터스가 8년 만에 이사회 회장직에서 물러난다. 그리고 20년 전 회장 겸 CEO를 역임했던 밥 스트라우스가 이사회 회장으로 복귀할 예정이다.

파트 언리미티드의 주식은 지난 30일 동안 19% 급락했다. 최고점이었던 3년 전과 비교하면 52%나 떨어진 수치다. 이 회사는 고객의 요구를 예측하고 즉각 대응하기로 유명한 경쟁 업체에 의해 계속해서 전략적으로 압도당하는 상황이다. 현재 영업 실적과 재고 회전 그리고 수익성 면에서 경쟁사에 뒤처지고 있다.

파트 언리미티드는 오랫동안 자사의 '피닉스' 프로그램이 리테일과 전자 상거래 채널을 긴밀하게 통합해 수익성을 회복하고 격차도 해소될 것이라고 장담해왔다. 하지만 벌써 몇 년이나 지났고, 다음 달에 있을 애널리스트 어닝콜에서 또다시 프로그램 지연을 발표할 것으로 예상하는 사람이 많다.

웨인 요코하마 같은 기관 투자자들은 엘크하트 그로브 지역에서 회사를 바로잡기 위한 첫 번째 조치로 스트라우스에게 이사회를 재구성하라고 압력을 가한 것으로 추측된다. 점점 더 많은 투자자가 회사 분할 같은 중요한 리더십 변화와 전략적 옵션의 추진을 요구하고 있다.

마스터스가 파트 언리미티드를 최고의 자동차 부품 제조 및 리테일 업체 중 하나로 우뚝 서게 한 업적이 있지만, 이사회 회장과 CEO의 역할은 예전에 분리했어야 했다. 외부에서든 내부에서든 새로운 리더십이 필요한 때다. 리테일 운영 상무이자 회사의 떠오르는 샛별인 사라 몰튼이 적임자일 수도 있다.

소식통에 따르면 이사회는 극적인 개선을 위해 스트라우스와 마스터스에게 6개월의 시간을 줬다. 두 사람이 해내지 못한다면 더 많은 변화와 격동의 시간이 있을 것으로 예상한다.

켈리 로런스
네스토르 메이어스의 수석 애널리스트

PART 1

• 9월 2일 화요일

"빌 팔머입니다." 휴대폰이 울리자마자 전화를 받으면서 대답했다.

출근 시간에 늦어 제한 속도를 시속 10마일이나 초과해 운전하는 중이었다. 평소에는 제한 속도를 5마일 정도 초과하는 편이다. 3살짜리 아들과 오전 내내 병원에 있었다. 다른 아기들이 우리에게 기침해대는 것을 막으려고 애쓰는 동안 전화기 진동이 쉬지 않고 울려댔다.

그날 문제는 간헐적인 네트워크 중단 현상이었다. 미드레인지 기술 운영 팀장인 나는 엘크하트 그로브 지역에 기반을 둔 연간 40억 달러 규모의 제조 및 리테일 회사인 파트 언리미티드에서 비교적 작은 IT 그룹에 대한 기능과 가용성을 책임지고 있었다.

내가 일하는 곳은 기술력이 조금 떨어질지 몰라도 네트워크 문제를 세심하게 관리해야 하는 중요한 영역이다. IT 그룹이 제공하는 서비스에 문제가 생기면 사람들은 나를 비난할 것이다.

"안녕하세요, 빌. 인사팀의 로라 벡입니다." 로라는 HR 부서에서 내가 주로 연락하던 사람이 아니었는데도 이름과 목소리가 왠지 익숙했다.

이런, 맙소사! 로라가 누군지 떠올랐다. 월례 회의에서 봤던 HR 담당 부서장이다. 내게 무슨 일이라도 생긴 걸까?

"좋은 아침입니다, 로라." 나는 억지로 활기차게 말했다. "뭘 도와드릴까요?"

로라가 물었다. "사무실에 언제 오세요? 가능한 한 빨리 만나고 싶은데요."

이런 모호한 요청이 정말 싫다. 난 누군가를 혼내려고 약속 시간을 정할 때만 이런 식으로 말을 한다. 아니면 누군가를 해고하거나….

앗! 혹시 누군가가 나를 해고하려고 해서 전화한 건가? 빨리 대응하지 못한 서비스 중단 문제가 있었나? IT 운영 담당자이다 보니 중단 문제로 회사에서 잘리는 농담을 자주 한다.

로라는 30분 뒤 그녀의 사무실에서 만날 약속만 정하고 세부 사항에 대해 더는 알려주지 않았다. 나는 은근한 목소리로 조심스럽게 말했다. "로라, 무슨 일이죠? IT 부서에 무슨 문제라도 있는 건가요? 아니면 저한테 문제가 있나요?" 내가 과장해서 크게 웃는 소리를 전화기 너머 로라가 듣고 있었다.

"아니요, 그런 건 아니에요." 로라가 경쾌하게 말했다. "좋은 소식이라고 말할 수도 있겠네요. 그럼 이따 봬요, 빌."

전화를 끊고 나서 요즘 좋은 소식이 될 만한 사항이 있는지 생각해봤다. 아무리 고민해도 특별한 일이 떠오르지 않아 라디오를 켰다. 우리 회사의 가장 큰 리테일 경쟁 업체의 광고가 흘러 나왔다. 광고에서 사람들이 온라인의 친구들과 자동차를 커스터마이징할 수 있는 기막힌 신제품 얘기와 함께 최고의 고객 서비스에 대해 떠들고 있었다.

광고가 괜찮았다. 내가 회사의 충성스러운 직원이 아니라면 경쟁 업체 제품을 바로 사용할 것 같다. 우리 회사가 진흙탕에 빠져 허우적대고 있는 동안 경쟁사는 어떻게 놀랍고도 새로운 기능을 계속 시장에 내놓을 수 있을까?

신경질적으로 라디오를 껐다. 그동안의 모든 노력과 야근이 무색할 정도로 경쟁 업체는 계속 우리를 뛰어넘고 있다. 우리 회사의 마케팅 담당자가 경쟁 업체의 광고를 들으면 엄청나게 열 받을 것이다. 그들은 기술적 배경을 가진 사람이 아니라 음악이나 예술을 전공했을 가능성이 크기 때문에 불가능한 것을 공개적으로 약속할 것이며, IT 부서는 이를 실현할 방법을 찾느라 고생해야 할 것이다.

매년 점점 더 어려워지고 있다. 경쟁력을 유지하면서 비용을 줄이려면 적은 비용으로 더 많은 일을 해야 한다.

언젠가는 그마저도 안 될 것 같다. 내가 해병대에서 너무 많은 시간을 보낸 것일 수도 있다. 해병대에서는 최선을 다해 자신의 견해를 설명하기도 하지만 때로는 "네, 알겠습니다"라고 답하며 무조건 복종하는 것을 배운다.

주차장으로 들어갔다. 3년 전에는 빈 주차 공간을 찾는 것이 불가능했지만 모든 정리해고가 끝난 지금은 주차에 아무런 문제가 없다.

로라와 로라의 부서원들이 있는 5호 건물에 들어서자 그곳을 얼마나 멋지게 꾸몄는지 바로 알아볼 수 있었다. 고급스런 원목 패널로 꾸민 벽이 눈에 들어왔고 새 카펫 냄새가 코를 찔렀다. 갑자기 내가 있는 건물의 페인트와 카펫은 수십 년 동안 바뀌지 않은 낡은 것이라는 느낌이 들었다.

그게 바로 IT 부서에 있는 사람들의 운명이다. 그렇지만 적어도 영국 TV 쇼 〈The IT Crowd[1]〉의 주인공들처럼 우중충하고 어두컴컴한 곳에서 일하는 것은 아니다.

사무실에 들어서니 로라가 고개를 들고 미소를 지었다. "다시 만나서 반가워요, 빌." 나는 로라가 내민 손을 잡고 흔들었다. "스티브 마스터스 사장님 시간이 괜찮은지 바로 확인할게요. 자리에 앉으세요."

스티브 마스터스? 우리 회사 CEO?

---

1 영국의 코미디 드라마. 회사의 미움을 받아 지하실에 처박힌 IT 부서에서 일하는 세 명의 직원이 벌이는 에피소드를 그려냈다. – 옮긴이

로라가 전화하는 동안 자리에 앉아 사무실을 둘러봤다. 마지막으로 여기 왔던 때는 2년 전이다. 수유하는 엄마들을 위해 우리가 일하는 장소를 내줘야 한다고 HR 부서가 통보했을 때다. 사무실과 회의 공간이 매우 부족했고 프로젝트 마감일까지 다가오는 상황이었다.

나는 그냥 다른 건물의 회의실을 사용하려 했다. 하지만 동료였던 웨스가 HR 부서의 방침에 반기를 들고 한바탕 소동을 벌인 탓에 우리 부서는 드라마 〈Mad Men[2]〉에 등장하는 무뢰배가 돼 버렸다. 웨스가 일을 저지르고 얼마 후 우리는 이곳에 소환돼 정치적 재활 훈련과 감수성 교육을 받아야 했다. 고마워, 웨스.

웨스가 네트워크를 담당하고 있어서 나는 무엇보다 네트워크 문제를 면밀히 신경 쓰는 편이다.

로라가 전화 상대방에게 감사 인사를 한 후 나를 돌아봤다. "급하게 연락드렸는데 빨리 와주셔서 감사해요. 가족들은 잘 지내죠?" 그녀가 물었다.

나는 미간을 찡그렸다. 수다가 떨고 싶다면 HR 직원 말고도 말할 사람은 정말 많다. 내 가족과 아이들에 대해 정감 어린 농담을 하면서 다른 시급한 약속은 생각하지 않으려고 노력했지만 결국 참지 못하고 "오늘 아침에 제가 뭐 도와드릴 일이 있나요?"라고 물었다.

"네." 로라는 잠시 멈췄다가 다시 말을 이어갔다. "오늘 아침부로 루크와 데이먼은 회사 직원이 아니에요. 윗선까지 보고됐고 스티브도 알고 있습니다. 그리고 스티브는 당신을 IT 운영 부서장으로 선택했어요."

로라는 미소를 크게 지으며 다시 한번 내게 악수를 청했다. "빌, 당신은 우리 회사의 새로운 부서장이에요. 먼저 축하해드리는 게 순서겠죠?"

---

2 미국의 케이블 방송 연작 드라마로 에미상 16개, 골든 글로브상 5개를 수상했다. 1950년대 광고계를 배경으로 한 작품이며 남성 위주의 당시 사회상을 엿볼 수 있다. - 옮긴이

맙소사! 얼떨떨해진 난 로라가 내민 손을 잡았다.

아니, 아니야, 안 돼. 제일 바라지 않던 게 '승진'이었다.

루크는 우리 회사의 CIO^{Chief Information Officer}였다. 데이먼은 루크 밑에서 일했고 회사 전체의 IT 운영을 책임지던 내 상관이었다. 그런데 둘 다 그 냥 그렇게 사라졌다.

전혀 예상치 못한 일이다. 오만 가지 주제로 잡담을 늘어놓는 〈subspace radio³〉에서 조차 들어본 적 없는 얘기다.

지난 10년 동안 정확히 2년마다 새로운 CIO가 왔다가 떠나갔다. 그들 은 여러 약어^{acronyms}를 이해하고, 화장실이 어디에 있는지 파악하고, 수많 은 프로그램과 계획을 실행했다. 그리고 일을 망쳐 놓고 떠나버렸다.

우리가 '경력의 마지막^{CIO: Career Is Over}'이라고 부르는 IT 운영 부서장은 항상 오래가지 못했다.

난 IT 운영 관리 분야에서 오랜 경력을 쌓는 비결은 좋은 일을 수행할 수 있을 만큼 충분한 연배가 있으면서 스스로를 본질적으로 취약하게 만 드는 정치적 싸움에는 휘말리지 않을 정도로 몸을 낮추는 것임을 알 수 있 었다. 온종일 파워포인트 자료만 주고받는 부서장 중 한 명이 되는 것에는 전혀 관심이 없었다.

더 많은 정보를 얻으려고 농담을 걸었다. "두 명의 임원이 한꺼번에 회 사를 떠났다고요? 어젯밤에 두 사람이 가게에서 돈이라도 훔쳤답니까?"

로라는 웃었지만 금세 HR의 훈련으로 다져진 매우 진지한 표정으로 돌 아왔다. "두 사람 모두 다른 일을 하기로 했어요. 자세한 건 직접 물어보 셔야 해요."

직장 동료가 일을 그만두겠다고 직접 얘기한다면 자발적인 퇴사다. 하

---

3 일주일 동안 하루 24시간 내내 진행하는 게임 콘텐츠 및 채팅 커뮤니티와 관련된 라이브 뮤직 라디오 프로그램 – 옮긴이

지만 다른 누군가가 그들이 그만두기로 했다고 말한다면 강제적인 퇴사다. 따라서 내 상관인 데이먼과 데이먼의 상관인 루크는 그냥 잘린 것이다.

이래서 승진이 싫다. 지난 10년 동안 내가 만들어 놓은 팀을 아주 자랑스럽게 생각한다. 가장 큰 팀은 아니지만 가장 조직력이 있고 가장 신뢰할 수 있는 팀이라고 생각한다. 웨스의 팀과 비교한다면 더욱 그렇다.

그런 웨스를 관리해야 한다는 생각에 신음이 절로 났다. 웨스는 팀 관리를 하지 않는다. 폭도나 마찬가지다.

식은땀이 나기 시작했고 승진을 절대 받아들일 수 없다는 생각이 들었다.

심각하게 고민하는 사이에 로라는 계속 말을 이어갔지만 난 한마디도 듣지 못했다. "…그래서 이런 변화를 어떻게 발표할 것인지 얘기를 좀 해봐야겠네요. 스티브도 가능한 한 빨리 당신을 만나고 싶어 해요."

"이런 기회를 주셔서 감사합니다. 정말 영광이에요. 하지만 저는 그 역할을 원하지 않습니다. 왜냐고요? 지금 하는 일을 좋아하고 끝내야 할 중요한 일이 아직 많이 있거든요."

"선택의 여지는 없어요." 로라는 안타까워하는 얼굴로 나를 바라보며 말을 이었다. "스티브가 직접 지시했어요. 스티브가 당신을 선택했으니 그분과 얘기해보세요."

나는 일어서서 단호하게 다시 한번 말했다. "아니요. 생각해주신 것은 감사하지만 전 지금 하는 일에 충분히 만족하고 있습니다. 다른 분을 찾아보시길 바랍니다."

몇 분 후 로라는 단지에서 가장 높은 건물인 2호 건물로 나를 안내했다. 이런 미친 상황에 빠져든 나 자신에게 화가 났다.

이제라도 도망가면 로라가 날 잡을 수 없을 거라고 확신하지만 그다음에는 어떻게 해야 하지? 스티브가 HR 팀 전체를 보내서 나를 잡으러 오겠지?

아무 말도 하지 않았다. 누군가와 수다를 떨고 싶은 마음이 전혀 없었다. 로라는 내 옆에서 활기차게 걸으며 휴대폰에 얼굴을 바짝 대고 가끔 손짓으로 방향만 알려줬다.

고개를 숙인 채 스티브의 사무실을 바로 찾은 것을 보니 로라는 전에도 여러 번 이곳에 와봤던 모양이다.

바닥은 따뜻하고 좋아 보였다. 건물이 지어진 1920년대와 잘 어울리는 고풍스러운 가구가 비치돼 있었다. 어두운색의 나무 바닥과 스테인드글라스 창문이 있는 사무실은 모든 사람이 시가를 피우고 양복을 입던 시대를 떠올리게 했다. 당시 회사는 호황을 누리고 있었다. 파트 언리미티드는 말horses이 일상에서 사라지던 그때, 자동차의 거의 모든 장치에 들어가는 작은 부품을 만들었다.

스티브의 사무실은 끝부분에 있었고 허튼수작 따위는 용납하지 않을 법하게 생긴 여직원이 지키고 있었다. 그녀는 마흔 살 정도로 쾌활하고 정리 정돈에 능해 보였다. 책상은 깔끔했고 벽에는 포스트잇이 잔뜩 붙어 있었다. 키보드 옆에는 '스테이시에게 시비 걸지 마!'라는 문구가 적힌 머그 잔이 있었다.

"안녕하세요, 로라." 컴퓨터 화면을 보고 있던 여직원이 고개를 들며 말했다. "바쁘죠? 이분이 빌이에요?"

"네. 이분이 바로 빌이에요." 로라가 웃으며 대답했다.

"스테이시는 스티브의 일을 봐주죠. 스테이시에 대해 잘 알게 될 거예요. 저랑은 나중에 마저 얘기하시죠." 로라는 이렇게 말하고 자리를 떴다.

스테이시가 미소를 지으며 내게 말했다. "만나서 반가워요. 얘기 많이 들었습니다. 스티브 사장님께서 기다리고 계세요." 그러고는 문을 가리켰다.

나는 스테이시가 마음에 들었다. 그리고 방금 깨닫게 된 것을 생각해봤다. 로라에게는 힘든 하루다. 스테이시와 로라는 매우 친한 사이다. 스티브는 자주 HR 부서에 연락한다. 스티브 밑에서 일하는 사람은 오래 못 버틸 것 같다.

잘됐군. 빌어먹을….

안으로 들어가다가 스티브의 사무실이 로라 사무실과 비슷해 보여 조금 놀랐다. 내 상사의 사무실, 아니 전 상사의 사무실이라고 해야 하나? 그리고 내가 바보라면 내 사무실이 될 수도 있는 그 사무실과 같은 크기다. 물론 나는 절대 바보가 아니다.

어쩌면 나는 페르시아산 카펫과 분수 그리고 여기저기에 큰 조각상이 놓여 있는 모습을 기대하고 있었나 보다. 기대했던 것 대신 작은 프로펠러 비행기 한쪽 면에 스티브의 가족사진이 있었고, 놀랍게도 열대 지방 어딘가의 활주로에서 미군 제복을 입고 찍은 그의 사진이 있었다. 사진 속 스티브의 옷깃에 달린 휘장을 보고 더욱 놀랐다.

스티브가 장교 출신이었다니….

스티브는 책상 뒤에 앉아 엑셀 자료로 보이는 종이를 면밀히 살펴보고 있었다. 뒤에 놓인 노트북 화면에는 주식 관련 그래프가 가득 차 있었다.

"빌, 다시 만나서 반갑네." 스티브가 일어서서 악수를 청하며 말했다. "오랜만이군. 한 5년 됐나? 인수한 제조업 중 하나를 통합하는 대단한 프로젝트를 시작했을 때였지. 그동안 잘 지낸 것 같은데?"

아주 오래전에 잠깐 만났던 나를 기억하는 것에 놀랐다. 그렇게나 오래됐는데…. 나도 미소 지으며 말했다. "네, 잘 지냈습니다. 감사합니다. 오래전 일인데 기억하고 계시다니 놀랐습니다."

"우리가 아무에게나 그런 기회를 준다고 생각하나?" 스티브가 진지하게 말을 이었다. "그건 중요한 프로젝트였어. 그때 인수 사업이 성과를 거두려면 프로젝트를 성공시켜야 했는데 자네와 자네 팀이 정말 잘해줬지."

"조직 변경 건은 로라가 조금 얘기해줬겠지? 자네도 알다시피 루크와 데이먼은 이제 회사에 없네. 결국에는 CIO 자리를 채워야 하겠지. 하지만 그동안에는 모든 IT 부서 직원들이 내게 보고하도록 할 예정이네."

스티브는 계속해서 딱딱하고 사무적인 태도를 이어갔다. "그렇다 하더라도 데이먼 자리의 공백은 채워야 하니. 조사해보니 자네가 데이먼 자리를 대신할 IT 운영 부서장으로 가장 좋은 후보더군."

이제 막 기억이 난 것처럼 스티브는 "아! 자네, 해병대였지. 언제 어디서 근무했나?"라고 물었다.

자동적으로 큰 소리로 대답했다. "제22 해양 원정대 중사였습니다. 복무 기간 6년 동안 전투는 한 번도 해 본 적 없습니다."

자만심에 찬 열여덟 살짜리가 어떻게 해병대에 입대했는지가 떠올라 작은 미소를 띠며 말했다. "군대가 정말로 저를 사람으로 만들었습니다. 군대에 많은 빚을 졌지만 제 아들 녀석들은 저처럼 그렇게 군대에 가지는 않았으면 합니다."

"그렇겠지." 스티브가 웃었다. "나는 의무 기간보다 약간 긴 8년 동안 육군에 있었네. 하지만 상관없었지. ROTC를 해야 학비를 낼 수 있었고 사람들도 다 잘해줬거든."

스티브가 덧붙였다. "해병대처럼 오냐오냐해주진 않았어도 불만은 없었지."

난 그에 대한 호감이 생기는 것을 느끼면서 웃었다. 이때의 대화가 지금까지 스티브와 했던 가장 긴 대화다. 정치인들이 스티브처럼 행동하는지 갑자기 궁금해졌다.

내가 왜 이 자리에 불려왔는지에 집중하려고 노력했다. 가미카제, 즉 자살 특공대의 임무를 맡기려는 것이다.

"상황이 이렇네." 나를 보고 회의 테이블에 있는 의자에 앉으라고 손짓하면서 스티브가 말했다. "알다시피 수익성을 회복해야 하네. 그러려면 시장 점유율과 평균 주문 규모를 늘려야 하지. 리테일 쪽 경쟁사들이 우리를 박살 내고 있어. 세상이 다 아는 사실이다 보니 우리 주가가 3년 전 주가의 절반으로 뚝 떨어졌네."

스티브가 말을 이어갔다. "피닉스 프로젝트는 경쟁사와의 괴리를 줄이는 데 꼭 필요하네. 그래야 경쟁사가 지난 몇 년간 해왔던 일을 우리도 드디어 할 수 있게 되지. 고객은 인터넷이나 소매점 등 어디서나 원하는 곳에서 우리 제품을 구매할 수 있어야 해. 그렇지 않으면 남아있는 고객이 없을 거야."

고개를 끄덕였다. 내가 기술에 뒤처져 있을지는 모르지만, 우리 팀은 수년간 피닉스 프로젝트에 참여해왔다. 모든 사람이 피닉스 프로젝트의 중요성을 알고 있다.

"하지만 몇 년째 늦어지고 있지." 스티브가 말했다. "우리 투자자와 월가wall street는 야단법석이네. 그리고 지금 이사회는 우리 능력에 회의적이고…."

"직설적으로 말하겠네." 스티브가 말을 이었다. "이런 식이라면 난 6개월 안에 직장을 잃을 걸세. 지난주에 내 상사였던 밥 스트라우스가 회사의 새로운 회장이 됐네. 이해관계자 중에는 회사를 분할하자고 목소리를 내는 사람이 몇몇 있어서 우리가 얼마나 오랫동안 버틸 수 있을지 잘 모르겠어. 문제는 나뿐만 아니라 파트 언리미티드에서 일하는 4천여 명의 직원 목숨이 달려있다는 거지."

갑자기 스티브가 내가 생각했던 50대 초반보다 훨씬 나이 들어 보였다. 스티브는 나를 쳐다보며 말했다. "애플리케이션 개발 담당 부서장인 크리스 알러스가 CIO 직무 대행이기도 한 나한테 보고할 걸세. 자네도 마찬가지로 내게 보고했으면 하네."

스티브는 일어서서 서성거리기 시작했다. "자네가 모든 것을 정상으로 돌려 놔줬으면 한다네. 나쁜 소식 전하기를 두려워하지 않는 믿을 만한 사람이 필요한 상황이야. 무엇보다 올바른 일을 해줄 믿을 만한 사람, 그런 사람이 필요하네. 이번 통합 프로젝트에 많은 어려움이 있었는데도 자네는 항상 이성적이었지. 게다가 자네는 믿을 만하고 현실적이며 실제로 생각하는 것을 기꺼이 말하는 사람으로 평판이 좋더군."

스티브가 솔직했으니 나도 솔직하게 답했다. "대단히 죄송하지만 제가 IT 선임 리더로 성공하기가 매우 어려운 상황입니다. 예산이나 직원에 대한 제 요청은 항상 묵살되기 일쑤였고 임원은 너무 빨리 교체되는 데다 일부는 짐을 완전히 풀 기회조차 없습니다."

나는 단호하게 말했다. "피닉스 프로젝트를 수행하려면 미드레인지 운영 조직이 꼭 필요합니다. 일이 마무리되는 걸 보기 위해서라도 저는 거기에 머물러야 합니다. 제 생각을 해주신 것은 감사합니다만 받아들일 수 없습니다. 좋은 후보자가 있는지는 저도 찾아보겠다고 약속드리겠습니다."

나를 찬찬히 살펴보는 스티브의 표정이 대단히 심각했다. "회사 전체 예산을 줄여야 하네. 이사회에서 직접 나온 말이야. 내가 뭘 어떻게 할 수가 없었지. 지킬 수 없는 약속을 하지는 않겠지만 자네한테 이것만은 약속하지. 자네와 자네의 임무를 지원하는 데 필요한 모든 조치를 다 하겠네."

"빌, 자네가 원하는 일이 아니란 걸 알지만 회사의 존폐가 달려있네. 이 큰 회사를 구할 수 있도록 도와주게. 자네를 믿어도 되겠나?"

아, 이런!

다시 정중하게 거절하기 전에 나도 모르게 이런 말이 불쑥 튀어나왔다. "네, 사장님. 믿으셔도 됩니다."

스티브한테 홀려 넘어갔다는 것을 깨달은 난 공황 상태에 빠졌다. 멍청한 약속을 더 하기 전에 입을 다물어 버렸다.

스티브가 일어서서 내 손을 꼭 잡고 흔들며 말했다. "축하하네." 그리고 내 어깨를 꽉 움켜쥐고는 "자네가 옳은 일을 할 줄 알았네. 전체 경영진을 대표해서 말하지. 이렇게 나서줘서 고맙네"라고 말했다.

스티브가 내 손을 잡은 것을 보고 혹시 빠져나갈 수 있을까 생각해봤다.

절대로 안 되겠다는 생각이 들었다.

속으로는 욕하면서 입으로는 "최선을 다하겠습니다. 그런데 IT 운영 부서장을 맡은 사람 중에 오래 버틴 사람이 없던 이유를 간단히 말씀해 주실 수 있을까요? 저한테 가장 바라는 것은 뭔가요? 바라지 않는 것은요?"라고 물었다.

그리고 체념한 듯 미소 지으며 이렇게 덧붙였다. "실패하더라도 새롭고 참신한 방식으로 하겠습니다."

스티브가 큰 소리로 웃으며 말했다. "그거 좋군! 내가 원하는 건 IT 부서가 현 상태를 유지하는 것이네. 화장실을 사용하는 것과 같아야 한다는 말이지. 내가 화장실을 사용하긴 하지만 화장실이 작동하지 않을까 걱정하지는 않지. 내가 바라지 않는 것은 화장실이 역류해서 건물 전체를 침수시키는 걸세." 스티브는 자신의 농담에 환하게 미소 지었다.

끝내주는군. 스티브의 마음속에 나는 영광스러운 화장실 관리 아저씨다.

스티브가 말을 이어갔다. "자네가 IT 조직에서 가장 유대감이 강한 배를 이끈다는 소문이 자자하더군. 함대 전체를 주겠네. 모든 함대가 다 같은 방식으로 운항하도록 이끌어줬으면 하네."

"크리스는 피닉스 수행에 집중해야 해. 자네가 책임진 부분에서 피닉스에 집중을 못 하게 하는 것은 어떤 것도 용납할 수 없네. 자네나 크리스뿐만 아니라 회사의 다른 사람들도 다 마찬가지네. 무슨 말인지 알겠나?"

"잘 알겠습니다." 난 고개를 끄덕이며 대답했다. "사장님께서는 IT 시스템이 안정적이고 이용 가능하며 비즈니스가 의존할 수 있는 시스템이 되기를 바라시는 거죠. 비즈니스가 피닉스 업무를 수행하는 데 집중할 수 있도록 정상 운영에 방해되는 모든 것을 최소화하길 원하시는 겁니다."

스티브가 놀란 표정으로 고개를 끄덕였다. "정확하네. 맞아, 그 말이지. 자네가 한 말이 바로 내가 원하는 걸세."

스티브는 CFO인 딕 랜드리에게 받은 이메일의 출력본을 내게 건넸다.

발신: 딕 랜드리

수신: 스티브 마스터스

날짜: 9월 2일 오전 8시 27분

우선순위: 최상위

주제: 조치 필요, 급여 지급 실패

스티브 사장님. 이번 주 급여 지급에 심각한 문제가 발생했습니다. 숫자가 문제인지 급여 시스템에 문제가 있는지 파악하려고 노력하는 중입니다. 어느 쪽이든 수천 명 직원의 급여가 시스템에 묶여 지급되지 않을 위험에 처했습니다. 정말 심각한 사안입니다.

급여 마감 시간인 오늘 오후 5시 전에 문제를 해결해야 합니다. 새로 만들어진 IT 조직에 문제를 어떻게 처리할지 알려주길 바랍니다.

딕

나는 움찔했다. 직원들이 급여를 받지 못한다는 것은 가족들이 주택 대출금을 갚지 못하고 식탁에 올릴 음식이 없어질 수도 있다는 의미다.

대출금 상환일이 4일밖에 남지 않았다는 사실이 문득 떠오르며 우리도 영향을 받는 가족 중 하나일 수 있다는 것을 깨달았다. 대출금 상환이 늦어지면 학자금 대출을 내 신용 카드로 바꾸면서 신용 등급을 올리려고 몇 년 동안 노력했음에도 불구하고 등급이 더 떨어질 수도 있다.

"문제를 바로 해결하길 바라십니까?"

스티브는 고개를 끄덕이며 엄지손가락 두 개를 치켜올렸다. "진척 상황을 알려주게." 스티브의 표정이 심각하게 바뀌었다. "책임 있는 모든 회사는 직원을 돌보네. 공장 노동자 대부분 월급으로 생활하는 상황이지. 가족을 힘들게 하지 말게나. 알아듣겠나? 이로써 노동조합에 문제가 생겨 우리가 곤란해질 수도 있고 심지어 파업을 일으켜 언론이 부정적으로 보도할 수도 있네."

나는 자동으로 고개를 끄덕였다. "중요한 비즈니스 업무를 복원하고 우리 기사가 첫 페이지에 나가는 것을 막는다. 알겠습니다. 감사합니다."

왜 감사하다고 했을까? 잘 모르겠다.

• 9월 2일 화요일

"어떻게 됐어요?" 스테이시가 키보드에서 눈을 떼며 친절하게 물었다.

난 그냥 머리를 흔들었다. "믿을 수 없네요. 스티브 사장님은 내가 원치 않는 새로운 일을 하게 만들었어요. 어떻게 이런 일이 생길 수 있죠?"

"사장님은 아주 설득력 있으시죠." 스테이시가 말했다. "독특한 분이세요. 10년 가까이 사장님과 일했는데 사장님이 어디를 가시든 따라갈 거예요. 업무를 더 쉽게 하도록 제가 도와드릴 게 있을까요?"

나는 잠깐 생각하다 물었다. "급한 급여 문제를 해결해야 해요. 딕 랜드리 이사님은 3층에 계시죠?"

"여기요." 내 질문이 끝나기도 전에 스테이시는 딕의 모든 연락처 정보가 담긴 포스트잇 메모를 건네줬다. 사무실 위치, 전화번호를 포함한 모든 것이 적혀 있었다.

감사의 뜻으로 미소를 지었다. "정말 고마워요, 최고예요!"

엘리베이터로 향하면서 딕에게 전화를 걸었다. "딕입니다." 무뚝뚝하게 전화를 받는 딕의 목소리 뒤로 컴퓨터 키보드를 두드리는 소리가 들린다.

"빌 팔머입니다. 스티브 사장님께서 방금 저를 새로운 IT 운영 부서장으로 임명하시면서 저보고…."

"축하합니다." 내 말을 싹둑 자른 딕은 대뜸 물었다. "저기요, 제 직원들이 끔찍한 급여 문제를 발견했습니다. 제 사무실로 언제 오실 수 있죠?"

"바로 가죠." 내가 답하자마자 전화를 끊는 소리가 저쪽에서 들렸다. 일단 따뜻한 환영을 받긴 한 것 같다.

3층에서 나는 풀 먹인 칼라와 핀스트라이프 셔츠를 입은 사람들로 둘러싸인 재무 및 회계 부서를 지나갔다. 딕은 자리에 있었지만 여전히 누군가와 통화 중이었다. 나를 보고는 손으로 수화기를 막으며 무뚝뚝하게 물었다. "IT 부서 사람인가요?"

고개를 끄덕이자 딕이 전화기에 대고 말했다. "이봐! 이만 끊어야겠어. 도와줄 사람이 드디어 여기에 왔거든. 나중에 전화하지." 딕은 상대방의 대답을 듣지도 않고 전화를 끊었다.

실제로 상대방과 통화 중에 전화를 대놓고 끊는 사람을 본 적이 없었다. 나는 "서로를 좀 알아가죠"라는 편안한 말도 없을 것 같은 딕과의 대화에 대비했다.

인질로 잡힌 상황이라도 된 듯 천천히 손을 들어 딕에게 인쇄된 이메일 내용을 보여줬다. "스티브 사장님께서 방금 급여 중단 사태를 설명해주셨습니다. 여기서 상황을 파악할 수 있는 가장 좋은 방법은 뭘까요?"

"아주 곤란한 상황입니다." 딕이 답했다. "어제 급여 지급분에 시간제 직원에 대한 모든 기록이 누락됐어요. IT 문제라고 확신합니다. 망할 IT 때문에 직원들 월급도 못 주게 됐고 수많은 노동법을 위반하게 됐어요. 당연히 노조는 우리에게 죽으라고 악을 써대겠죠."

딕은 잠깐 숨죽여 중얼거렸다. "운영 관리자인 앤을 보러 함께 가시죠. 앤은 어제 오후부터 머리를 쥐어뜯고 있습니다."

딕의 빠른 걸음에 보조를 맞추려 빨리 걷다가 회의실 창 안을 들여다보느라 갑자기 멈춰 선 그와 거의 부딪힐 뻔했다. 딕이 문을 열었다. "어떻게 돼가나, 앤?"

방에는 잘 차려입은 여자 두 명이 있었다. 한 명은 마흔너덧 살 정도로 흐름도와 수많은 도표가 채워진 화이트보드를 열심히 들여다보고 있었다.

다른 한 명은 30대 초반으로 노트북에 타이핑 중이었다. 커다란 회의실 테이블 전체에 엑셀 표가 널려 있었다. 나이가 더 많은 여자가 잠재적 실패 원인의 목록으로 보이는 곳을 뚜껑이 열린 마커로 가리켰다.

둘의 의상 스타일과 걱정스럽고 짜증이 난 표정으로 볼 때, 그들을 현지 회계 법인에서 채용했을 것이라는 생각이 들었다. 즉, 전직 감사관들…. 우리 편으로 두면 좋을 듯하다.

앤은 낙담한 듯이 머리를 흔들었다. "진행되는 게 없어요. 데이터 입력 시스템 중 하나에서 발생한 IT 시스템 장애가 확실해요. 마지막 입력 때 모든 시간제 공장 근로자 기록을 뒤죽박죽 만들어버렸어요."

딕이 앤의 말을 끊었다. "여기는 IT 운영 부서의 빌입니다. 빌은 지금의 난장판을 해결할 임무를 부여받았어요. 해결 못 하면 적어도 노력하다 죽겠다고 말했던 것 같은데…."

"안녕하세요. 방금 IT 운영 부서의 새로운 책임자가 됐습니다. 문제에 대해 알고 있는 것을 처음부터 말씀해 주실 수 있을까요?"

앤은 화이트보드의 흐름도 쪽으로 걸어갔다. "정보 흐름부터 시작하죠. 우리 재무 시스템은 다양한 방식으로 모든 부서에서 급여 데이터를 받습니다. 그러면 우리는 월급제나 시간제 임금을 받는 사람들을 위해 임금과 세금이 포함된 숫자를 계산하죠. 쉬운 것처럼 보이지만 주(州)마다 세금 요율, 노동법 등이 달라서 매우 복잡합니다."

앤이 계속 설명했다. "문제가 발생하지 않게 하려고 합산된 숫자가 각 부서의 세부 숫자와 일치하는지 확인합니다."

내가 서둘러 메모하는 동안 앤은 말을 이어갔다. "매우 번거롭고 수동적인 프로세스입니다. 대부분 문제가 없었는데 어제 시간제 생산 직원의 총계정 원장 데이터가 들어오지 않았다는 것을 발견했습니다. 모든 시간제 근무자의 근무 시간과 급여가 0이 된 거죠."

"지금까지 시간제 직원들에 대한 데이터 입력과 관련한 문제가 많았습니다." 낙담하며 앤이 말했다. "IT 부서에서 저희가 수동으로 수정할 수 있는 프로그램을 줬기 때문에 IT 부서를 더는 괴롭히지 않아도 됐죠."

내가 움찔했다. 나는 재무 담당자가 급여 애플리케이션을 두고 급여 데이터를 수동으로 변경하는 것을 좋아하지 않는다. 오류 발생이 쉽고 매우 위험하기 때문이다. 누군가가 데이터를 USB에 복사하거나 이메일을 통해 회사 밖으로 데이터를 보낼 수 있는데, 그게 바로 조직이 중요한 데이터를 잃어버리는 길이 되곤 한다.

"월급제 직원의 모든 숫자는 괜찮다고 하셨나요?" 내가 물었다.

"네." 앤이 대답했다.

"하지만 시간제 직원은 모두 0이고요." 나는 확인했다.

앤은 다시 "네"라고 대답했다.

그것참, 신기하군. "이전에는 잘 되던 급여 지급이 이번에 안 되는 이유가 뭐라고 생각하세요? 전에 이런 문제가 또 있었습니까?"

앤은 어깨를 으쓱해 보였다. "이런 일은 없었습니다. 무엇 때문인지 도대체 모르겠어요. 급여 기간에 주요 변경이 발생하지도 않았어요. 저도 같은 질문을 계속했지만 IT 담당자에게 소식을 들을 때까지 아무것도 못하고 있어요."

"백업 계획은 뭐죠?" 내가 물었다. "자료가 전부 사라져서 시간제 직원 데이터를 제시간에 확보할 수 없다면 어쩌죠?"

"놀랍게도" 딕이 말문을 열었다. "부서장님이 들고 계신 이메일에 자료가 있습니다. 전자 결제 마감일은 오늘 오후 5시예요. 그때까지 정리를 못하면 직원들에게 나눠주라고 각 부서에 종이 수표를 뭉텅이로 보내야 할지도 모릅니다!"

딕이 말한 시나리오에 눈살이 찌푸려졌고 재무팀도 마찬가지였다.

앤이 마커로 치아를 딱딱 치며 말했다. "그렇게는 안 돼요. 급여 처리를 아웃소싱했습니다. 급여 기간마다 우리가 급여 데이터를 입력하면 아웃소싱 업체 쪽에서 처리하죠. 최악의 경우 이전 급여 지급 내역을 다운로드해 엑셀에서 수정한 다음 다시 입력할 수 있을지는 모르겠네요."

"문제는 각 직원이 몇 시간 일했는지 모르는 상태라 돈을 얼마나 지급해야 하는지 알 수 없다는 겁니다!" 앤이 계속했다. "누군가에게 돈을 더 주고 싶은 건 아니지만 실수로 적게 주는 것보다는 낫겠죠."

대안도 문제투성이다. 기본적으로 각 직원의 월급을 추측해야 하는데, 그러면 해고된 사람에게는 돈을 주면서 새로 고용한 사람에게는 돈을 지급하지 않을 수도 있다.

필요한 데이터를 재무팀에 제공하려면 일부는 수동으로 보고서를 작성해야 할 수도 있다. 애플리케이션 프로그램 개발자나 데이터베이스 담당자를 불러들여야 한다는 의미다.

하지만 그것은 불 난 데 부채질하는 격이다. 개발자는 네트워크 관련 직원보다 못하다. 운영 시스템을 망가뜨리지 않는 개발자가 있다면 해가 서쪽에서 뜨겠지. 혹시 있다 해도 휴가 중이지 않을까?

딕이 말했다. "형편없지만 두 가지 옵션이 있습니다. 정확한 데이터를 얻을 때까지 급여 집행을 미루는 것입니다. 하지만 그럴 수는 없겠죠. 하루만 늦어도 노조가 개입할 테니까요. 금액이 틀리더라도 직원들에게 뭔가를 지급한다는 앤의 제안만 남는군요. 물론 다음 급여 지급 시 모든 직원의 급여를 조정해야 할 겁니다. 하지만 지금은 재무 보고서에 있는 오류를 다시 살펴보고 고쳐야만 합니다."

딕은 손으로 제 콧등을 잡아 연신 비틀어대며 횡설수설했다. "감사관이 SOX-404 감사를 위해 여기 올 시점에 총계정 원장에 이상하게 기록된 항목이 많이 남아 있겠군요. 이걸 보면 절대 그냥 지나치지 않을 거예요."

"맙소사! 재무 보고서 오류라고?" 딕이 중얼거렸다. "스티브 사장님의 승인이 필요하겠군요. 문제가 해결될 때까지는 감사관들이 여기에 아주 진을 치고 살겠군요. 그렇게 되면 아무도 제대로 일을 할 수가 없을 겁니다."

SOX-404는 2002년 사베인스 옥슬리 법$^{Sarbanes-Oxley \, Act}$의 약자로 엔론, 월드컴, 타이코의 회계 조작 사건에 대응해 의회가 제정한 법안이다. SOX-404에 따르면 CEO와 CFO가 회사 재무제표의 정확성을 증명하기 위해 직접 서명해야 한다.

우리 모두 새로운 규제 사항을 모두 준수해서 감사관과 대화하는 데 우리 시간의 절반을 날려버리는 상황이 없기를 희망했다.

나는 노트를 본 다음 시계를 봤다. 시간이 얼마 남지 않았다.

"딕 이사님, 제가 들었던 내용을 토대로 말씀드리자면 이사님께서는 계속해서 최악의 상황에 대비해 계획을 세우시고 저희는 대안을 문서화하는 것이 좋겠습니다. 그러면 더는 상황을 복잡하게 만들지 않고 일을 풀어갈 수 있습니다. 또한 의사 결정을 하기 전에 오후 3시까지 기다려 주셨으면 합니다. 혹시라도 시스템과 데이터를 모두 복구할 수 있을지 모르니까요."

앤이 고개를 끄덕이자 딕이 말했다. "좋아요, 네 시간 남았습니다."

"상황의 긴급성을 이해하고 있으니 진행 상황을 파악하는 대로 알려드리겠습니다."

"고맙습니다, 빌." 앤이 말했다. 딕은 내가 돌아서서 문밖으로 나갈 때까지 아무 말도 없었다.

비즈니스 관점에서 문제를 보고 나자 기분이 조금 나아졌다. 이제는 복잡한 급여 시스템이 어떻게 고장 났는지 들여다보면서 알아볼 차례다.

계단을 내려가다가 휴대폰을 꺼내 이메일을 살펴봤다. 스티브가 내 승진을 발표하지 않은 것을 보자 침착했던 집중력이 사라졌다. 웨스 데이비스와 패티 맥키는 오늘까지 동료였던 내가 둘의 새로운 상관이 됐다는 사실을 전혀 모르고 있다.

스티브, 참 고맙군요.

7호 건물에 들어서자 우리 건물이 파트 언리미티드 단지 내 건물 전체에서 빈민가 수준에 속한다는 것이 느껴졌다.

우리 건물은 1950년대에 지어졌고 1970년대에 마지막으로 리모델링을 했는데 미적으로 지은 것이 아닌 다용도로 개조한 건물이었다. 7호 건물은 데이터 센터와 사무실 공간으로 바뀌기 전까지 대형 브레이크 패드 제조 공장이었다. 그래서인지 건물이 오래되고 아무도 신경 쓰지 않은 것처럼 보였다.

경비원이 활기차게 말을 건넸다. "안녕하세요, 팔머 씨. 오늘 아침은 좀 어떠세요?"

잠깐이지만 행운을 빌어달라는 부탁을 하고 싶었다. 그래야 그도 이번 주에 제대로 월급을 받을 수 있을 테니 말이다. 물론 난 그냥 친절하게 인사를 받아줬다.

나는 NOC^Network Operations Center라고 부르는 네트워크 운영 센터로 향했다. 거기에 웨스와 패티가 있을 가능성이 컸다. 둘은 이제 내 밑에 있는 가장 중요한 관리자다.

웨스는 분산 기술 운영 책임자다. 수천 대의 윈도우 서버와 데이터베이스 및 네트워크 팀에 대한 기술적 책임을 맡고 있다. 패티는 IT 서비스 지원 담당자다. 24시간 내내 전화를 받고 고장 수리 문제를 처리하고 비즈니스 요청을 지원하는 모든 레벨 1과 2에 해당하는 헬프 데스크 기술자를 직원으로 두고 있다. 또한 문제 관리 시스템, 모니터링, 변경 관리 회의 운영과 같이 전체 IT 운영 조직이 의존하는 주요 프로세스와 도구를 책임진다.

나는 다른 모든 건물과 마찬가지로 수많은 칸막이를 지나갔다. 그러나 2호, 5호 건물과 달리 눈에 들어오는 건 벗겨진 페인트와 카펫에 스며든 어두운 얼룩이다.

내가 지금 서 있는 시설은 예전에 조립 라인이 있던 층 위에 지어졌다. 용도를 바꿀 때 원래 있던 기계 기름이나 얼룩을 다 청소할 수 없어서 바닥을 코팅하려고 밀폐용 방수제를 많이 발랐지만 기름은 여전히 카펫을 통해 스며 나왔다.

나는 카펫을 교체하고 벽에 페인트를 칠하기 위해 예산 요청서에 메모를 적었다. 해병대에서 막사를 단정하고 깔끔하게 유지하는 것은 미적 측면뿐 아니라 안전을 위한 것이기도 했다.

오래된 습관이 없어질 리가 없다.

NOC가 보이기도 전에 소리가 먼저 들렸다. NOC는 벽을 따라 긴 테이블이 설치돼 있는 탁 트인 넓은 공간으로 대형 모니터에는 다양한 IT 서비스 상태를 보여주고 있었다. 레벨 1과 2의 헬프 데스크 직원들이 3줄로 배열된 컴퓨터 앞에 앉아 있었다.

영화 〈아폴로 13호〉의 미션 타워와 똑같지는 않겠지만 IT를 모르는 친척들에게는 그렇게 설명한다.

문제가 생기면 해결될 때까지 다양한 이해관계자와 기술 관리자가 의사소통하면서 조정해야 한다. 지금처럼 말이다. 회의 테이블에 있는 UFO처럼 생긴 고전적인 회색 스피커폰 주변에 15명이 모여 시끄럽고 격렬한 토론을 하고 있었다.

웨스와 패티가 회의 테이블에서 나란히 앉아 있었다. 대화 내용을 들으려고 둘의 뒤로 갔다. 웨스는 배 위에 팔짱을 낀 채 의자에 기대고 있었다. 팔짱을 제대로 끼고 있진 않았다. 190㎝의 장신에 몸무게가 113㎏ 이상인 웨스는 대부분 사람에게 그림자를 드리우고 있었다. 끊임없이 움직이는 것처럼 보였고 생각나는 것은 무엇이든 말하는 것으로 유명했다.

패티는 웨스와 정반대다. 웨스가 시끄럽고 대담하고 성급하게 반응한다면 패티는 신중하고 분석적이며 프로세스와 절차에 대한 고집이 있다. 웨스가 크고 전투적이며 걸핏하면 싸우려 든다면 패티는 몸집이 작고 논리적이며 신중하다. 사람보다 프로세스를 더 사랑하는 것으로 유명하며 종종 IT의 혼란에 질서를 부여하는 위치에 있다.

패티는 전체 IT 조직의 얼굴이다. IT에서 문제가 발생하면 사람들은 패티를 불렀다. 패티는 서비스 중단, 웹 애플리케이션 속도 저하, 오늘과 같은 데이터 누락 또는 손상이 있을 때 우리를 전문적으로 지원해주는 사람이다.

또한 컴퓨터 업그레이드나 전화번호 변경, 새 애플리케이션 배포 등의 작업이 필요할 때도 패티를 부른다. 패티는 일정 수립에 관한 일을 모두 관리하기 때문에 사람들은 항상 자신의 업무를 먼저 처리하려고 그녀에게 로비한다. 그러면 패티는 작업을 수행하는 사람들에게 일과 순서를 전달한다. 대상이 되는 사람 대부분은 나의 예전 그룹이나 웨스 그룹에 속해 있다.

웨스는 책상을 쾅 내리치며 말했다. "벤더에 연락해서 여기로 당장 기술자를 보내지 않으면 경쟁 업체로 바꾸겠다고 해! 우리가 가장 큰 고객 중 하나라고! 생각해보니 그런 쓰레기 같은 건 진작 내다 버렸어야 했어."

웨스가 주위를 둘러보며 농담을 했다. "이런 속설 알지? 벤더가 입술을 움직인다는 건 거짓말을 하고 있다는 거야."

맞은 편에 있는 엔지니어가 말했다. "지금 전화 연결됐습니다. SAN Storage Area Network[1] 분야 엔지니어가 여기 도착하려면 4시간 이상 걸린다고 합니다."

난 얼굴을 찌푸렸다. 왜 SAN을 얘기하는 거지? SAN은 중요한 여러 시스템에 중앙 집중식 스토리지를 제공하기 때문에 장애가 일어나면 여파가 작을 수가 없다. 문제가 생기면 다운되는 서버는 하나가 아니고 한 번에

---

1 디스크 어레이, 테이프 라이브러리, 옵티컬 주크박스 같은 원격 컴퓨터 기억 장치를 서버에 연결하는 구조를 가리키는 말이다. – 옮긴이

수백 대의 서버가 다운된다.

웨스가 엔지니어와 말다툼하는 동안 나는 생각을 하려고 애썼다. 급여 지급 문제 중 어떤 것도 SAN 문제처럼 들리지 않았다. 앤도 각 공장을 지원하는 시간 관리 애플리케이션의 뭔가에 문제가 생긴 것이 아닌가 얘기했었다.

다른 엔지니어가 말했다 "하지만 SAN을 롤백하려고 시도한 후 데이터 서비스가 완전히 중단됐습니다. 그러고 나서 화면에는 모든 것이 엉망으로 표시되기 시작했고요! 그게 무슨 말인지 하나도 모르겠더라고요. 그때 알았죠. 공급 업체를 불러와야겠다는 것을요."

내가 늦게 참여하긴 했으나 지금 완전히 잘못된 길을 가고 있다고 확신했다.

나는 몸을 기울여 웨스와 패티에게 속삭였다. "두 사람, 잠깐 나 좀 볼까?"

웨스는 몸을 돌렸지만 내게 완전히 눈길을 주지 않은 채 큰 소리로 말했다. "조금 기다리면 안 될까요? 아직 모르는 것 같은데 지금 엄청난 문제가 있다고요."

나는 웨스의 어깨를 꽉 잡았다. "웨스, 정말 중요한 문제야. 급여 장애에 관한 것이고 스티브 마스터스와 딕 랜드리하고 지금 막 얘기하고 온 내용이라고."

웨스는 놀란 것 같았다. 패티는 이미 의자에서 일어났다. "제 사무실에서 얘기하죠"라고 말하며 앞장섰다.

패티를 따라 사무실에 들어가면서 벽에 걸린 열한 살 정도로 보이는 그녀의 딸 사진을 봤다. 딸이 패티를 꼭 빼닮아 놀랄 정도였다. 대담하고 믿을 수 없을 만큼 똑똑하고 강인한 패티의 모습이 귀여운 소녀에게도 보여 조금은 무서웠다.

걸걸한 목소리로 웨스가 말했다. "좋아요, 빌. 아까 진행하던 심각도 1급 장애 논의를 방해할 정도로 그렇게 중요한 게 뭡니까?"

나쁜 질문은 아니군. 심각도 1급 장애는 업무에 심각한 영향을 주는 치명적인 사고로 문제를 해결하려면 보통 다른 모든 일을 중단한다. 나는 심호흡을 했다. "들었는지 모르겠지만 루크와 데이먼은 이제 회사에 없어. 공식적으로는 시간을 더 갖기로 했다더군. 나도 둘에 대해 더는 아는 게 없어."

웨스와 패티의 얼굴에 나타난 놀란 표정이 나의 의심을 확신으로 바뀌게 했다. 둘은 모르고 있었다. 나는 오전에 있었던 여러 가지 일을 재빨리 얘기했다. 패티는 머리를 흔들면서 불만의 뜻으로 혀를 찼다.

웨스는 화가 난 것 같았다. 그는 수년간 데이먼과 함께 일했다. 얼굴이 붉어졌다. "그래서 앞으로는 빌이 우리에게 명령을 내리는 건가요? 기분 나쁘게 듣지는 말아요. 솔직히 빌은 한물간 것 아닌가요? 몇 년 동안 기본적으로 구닥다리 미드레인지 시스템을 관리했잖아요. 그사이 위에서 조금 편한 일을 하나 만들었는지는 모르겠지만요. 그런데 요즘처럼 분산화된 복잡한 시스템을 실행하는 방법은 전혀 모르잖아요. 빌에게는 20세기 말 시스템도 여전히 신기술일 테니까 말이죠."

"더 솔직하게 말하면 제가 매일 처리하는 일의 끊임없는 속도와 복잡함을 안고 살아야 한다면 빌은 머리가 터져나갈 겁니다."

나는 셋을 세면서 천천히 숨을 내쉬었다. "스티브 사장님한테 당신이 얼마나 내 일을 하고 싶어 하는지 얘기하는 건 어때? 제발 그렇게 해줘. 하지만 먼저 위에서 요구한 것부터 하자고. 그래야 모든 사람이 제때 월급을 받지."

패티가 재빠르게 답했다. "제게 물어보진 않았지만 급여 문제부터 집중해야 한다는 데 동의해요." 그녀는 잠시 멈췄다가 말을 이어갔다. "스티브 사장님께서 좋은 선택을 한 것 같아요. 아무튼 축하해요, 빌. 조만간 예산을 더 받는 문제에 관해 얘기할 수 있을까요?"

나는 패티에게 작은 미소를 보이는 것으로 고마움을 표하고 시선을 웨스에게 돌렸다.

몇 분이 지났고 웨스의 얼굴에는 해석하기 어려운 표정이 나타났다. 마침내 웨스는 "그래, 좋아요, 좋아. 빌 얘기대로 스티브 사장님하고 얘기해볼게요. 사장님은 많은 것을 설명해줘야 할 겁니다"라고 말했다.

난 고개를 끄덕였다. 스티브와의 일을 생각하면서 웨스가 실제로 스티브와 한판 한다면 이기는 쪽은 웨스이길 바랐다.

"협조해줘서 고마워. 진짜 고맙다고. 이제 문제에 대해 알고 있는 게 뭔지 말해줄 수 있어? 문제가 여러 개인가? 어제 SAN 업그레이드가 있었다니 무슨 말이야? 서로 관련이 있나?"

"우리도 몰라요." 웨스가 고개를 저었다. "조금 전 빌이 들어왔을 때 패티와 다른 사람들이 모여서 알아내려고 노력하는 중이었어요. 어제 급여지급 시스템에 문제가 생겼을 때 SAN 펌웨어를 업그레이드하고 있었거든요. 브렌트는 SAN이 데이터를 망가뜨린다고 생각해서 변경 사항에 대해 롤백할 것을 제안했어요. 당연히 그렇게 해야 한다고 생각했죠. 그런데 알다시피 브리킹bricking[2] 됐습니다."

지금까지 난 휴대폰 업데이트가 잘못되는 것처럼 뭔가 작은 것이 망가지는 걸 '브리킹'이라고 들었다. 대체 불가능한 회사의 모든 데이터가 저장된 백억 대 규모의 장비를 같은 표현으로 지칭하는 것을 듣고 있으니 속이 메슥거렸다.

브렌트는 웨스가 관리하는 직원으로 언제나 IT 작업이 진행되는 중요한 프로젝트의 중심에 있는 인물이다. 나도 브렌트와 여러 번 일했었다. 브렌트는 확실히 똑똑한 사람이지만 너무 많이 알고 있어 때로는 위협이

---

2 모바일 장치, 게임 콘솔 또는 라우터 같은 장비에 심각한 물리적 손상이나 설정 오류, 펌웨어 손상, 기타 하드웨어 문제로 더는 기능하지 않는 상태를 말한다. – 옮긴이

될 수도 있다. 설상가상으로 그동안은 대부분 브랜트가 옳았다.

웨스가 중단 사태에 관한 회의를 계속하고 있는 테이블을 가리키며 말했다. "들었죠? SAN이 부팅도 안 되고 데이터를 제공하지도 못하고 직원들은 오류 메시지가 이상한 문자열로 돼 있어 읽을 수조차 없어요. 이제는 급여 시스템뿐만 아니라 여러 데이터베이스가 다운됐어요."

"SAN 문제를 해결하기 위해 사라에게 끝내겠다고 약속한 피닉스 업무에서 브랜트를 빼 와야 했어요." 패티가 불길하게 말했다. "치러야 할 대가가 많을 것 같아요."

"이런! 사라에게 정확히 뭘 약속했지?" 불안해하며 내가 물었다.

리테일 부서의 선임 부서장인 사라는 스티브 바로 밑에서 일한다. 사라는 일이 잘못되면 다른 사람, 특히 IT 부서원들을 비난하는 데 일가견이 있다. 본인은 수년 동안 어떤 종류의 실질적 책임도 다 회피해온 사람이다.

스티브가 사라를 자신의 자리를 대신할 사람으로 키우고 있다는 소문은 들었지만 난 그게 완전히 불가능하다고 항상 무시해왔다. 스티브가 사라의 권모술수나 회피를 못 알아볼 리가 없다고 생각해서다.

"우리가 크리스에게 전달해야 할 환경 지원이 늦어지고 있다는 걸 사라가 누구한테 들었나 봐요"라고 패티는 대답했다. "늦어지는 환경 작업을 처리하려면 하던 일을 모두 그만둬야만 했어요. 물론 SAN 문제를 해결하려고 하던 일을 다 멈추고 지금은 다시 이쪽으로 와있지만 말이에요."

크리스 앨러는 애플리케이션 개발 총괄 부서장으로 비즈니스에 필요한 애플리케이션을 개발한 후 우리에게 운영 및 유지 관리를 맡기는 일의 책임자다. 크리스의 삶은 현재 온통 피닉스에 바치고 있다.

나는 머리를 긁적였다. 회사는 클라우드를 위한 가상화^{virtualization3}에 막

---

3 애플리케이션(application), 데스크톱(desktop), 서버(server), 스토리지(storage), 네트워크(network) 등 IT 리소스의 물리적 성질이나 경계를 숨기고 논리적 리소스 이용 단위로 변환해서 제공하는 기술을 말한다. – 옮긴이

대한 투자를 했다. 비록 1960년대 메인 프레임 운영 환경처럼 보이긴 해도 가상화 환경은 웨스가 속한 세상의 판도를 바꿨다. 갑자기 수천 대의 서버 각각을 관리하기 위해 골치 아파해야 할 필요가 없어진 것이다. 이제 서버들은 하나의 커다란 시스템 내부의 논리적 인스턴스logical instance이거나 시스템 어딘가에 존재하는 요소로 인식될 뿐이다.

새로운 서버 구축은 이제 애플리케이션 내에서 마우스 버튼을 몇 번 클릭하면 된다. 케이블 연결? 이제는 구성만 정의하면 된다. 그러나 가상화가 모든 문제를 해결할 것이라는 약속에도 불구하고 우리가 지금 이런 상황에 부딪혔다. 크리스에게 새로운 가상화 환경을 지원해주는 것이 지연되고 있다.

"SAN 문제를 해결하기 위해 브렌트가 필요하다면 그에게 맡겨 처리하게 해. 사라의 대응은 내가 알아서 하지." 내가 말했다. "하지만 급여 지급 장애가 SAN으로 인한 거라면 더 많은 중단과 장애로 문제가 확산되지 않은 이유는 뭐지?"

"사라는 확실히 불만이 많을 겁니다. 갑자기 빌이 하는 일에 더는 개입하고 싶지 않네요." 웨스가 큰 소리로 웃으며 말했다. "첫날부터 잘리지나 마세요. 다음엔 내 차례일 듯하니까요!"

웨스는 잠시 멈추고 생각했다. "그런데 빌이 SAN에 대해 좋은 지적을 했어요. 브렌트가 현재 문제를 해결하려고 노력 중이니 브렌트 자리로 가서 의견을 들어봅시다."

패티와 나는 둘 다 고개를 끄덕였다. 좋은 생각이다. 관련 사건들을 정확한 시간순으로 재구성해봐야 한다. 지금까지 우리는 들은 얘기를 토대로 단편적인 판단만 하고 있으니 말이다.

단편적인 판단은 문제 해결은커녕 중단 사태를 해결하는 데 아무 소용이 없다.

3장

• 9월 2일 화요일

나는 패티와 웨스가 NOC를 지나 칸막이의 바닷속으로 걸어 들어가는 것을 따라갔다. 마침내 6개의 칸막이를 합쳐서 만든 커다란 작업 공간에 도착했다. 큰 테이블 하나는 벽에 붙어 있었는데 키보드와 4개의 LCD 모니터가 있어 마치 월가의 증권 거래소 모습 같았다. 깜박이는 서버 여기저기에 모든 표시 등이 표시되고 있었다. 테이블 위의 여러 모니터에는 다양한 그래프, 로그인 창, 코드 편집기, 워드 문서와 내가 알아볼 수 없는 애플리케이션들로 뒤덮여 있었다.

브렌트는 주변의 모든 것을 신경 쓰지 않는 듯 어떤 화면에 타이핑하고 있었다. 전화기에서는 NOC 컨퍼런스 회의가 흘러나왔다. 브렌트는 스피커폰 소리가 주변 사람에게 방해가 될 수 있다는 것에 전혀 관심이 없어 보였다.

"어이, 브렌트. 잠깐 시간 있어?" 웨스는 큰 소리로 물으며 브렌트의 어깨에 손을 올렸다.

"나중에 얘기하면 안 될까요?" 브렌트는 고개를 들지도 않고 대답했다. "지금 좀 바빠요. SAN 문제로 작업하고 있거든요."

웨스가 의자를 집었다. "그렇군. 우리가 여기 온 이유도 바로 그거야."

브렌트가 돌아보자 웨스는 말을 이어갔다. "어젯밤 일을 다시 한번 얘기해줘. SAN 업그레이드 때문에 급여 지급 프로그램이 실패했다고 생각한 이유가 뭐지?"

브렌트는 지겹다는 듯 눈을 굴리며 설명하기 시작했다. "모두가 집에 돌아간 후에 SAN 엔지니어 한 명이 펌웨어 업그레이드하는 걸 돕고 있었어요. 생각했던 것보다 훨씬 오래 걸렸죠. 기술 가이드에 맞게 진행된 게 하나도 없었어요. 조마조마했지만 결국 7시쯤 끝냈습니다."

"그러고는 SAN을 재부팅했는데 자체 테스트가 모두 실패하기 시작했죠. 뭐가 잘못된 건지 알아내려고 약 15분 동안 작업했어요. 그러던 중 급여 지급 오류 관련 이메일을 받았습니다. 그때 '게임 오버'였죠."

"많은 소프트웨어 버전이 오래된 것이었어요. SAN 벤더는 아마도 우리가 하던 업그레이드 시나리오를 테스트한 적 없었을 겁니다. 제가 전화드렸잖아요. 플러그를 뽑아버리고 싶다고 말이에요. 그렇게 하라고 하셔서 저희는 롤백을 시작했습니다. 그때 SAN이 충돌했어요." 브렌트는 의자에 털썩 주저앉으며 "급여 시스템뿐만 아니라 다른 서버도 모두 다운됐죠"라고 덧붙였다.

"몇 년 동안 SAN 펌웨어를 업그레이드하려고 했지만 한 번도 제대로 못 했어요." 웨스가 나를 돌아보며 설명을 했다. "한번은 거의 성공했지만 유지 보수 기간을 충분히 확보할 수 없었습니다. 중요한 앱이 많은 영향을 받는 시점까지 성능이 계속 나빠졌죠. 그래서 마지막으로 어젯밤에 우리는 한번 해보자 하고 업그레이드를 결정했습니다."

나는 고개를 끄덕였다. 그때 휴대폰이 울렸다.

앤이었다. 곧바로 스피커폰으로 돌렸다.

"아까 말씀하신 대로 어제 급여 데이터베이스에서 가져온 데이터를 살펴봤습니다. 지난번 급여 데이터는 이상 없었어요. 그런데 이번 급여 데이터는 시간제 공장 근로자들의 사회 보장 번호가 완전히 엉망진창입니다. 게다가 전체 근무 시간과 지급 금액도 0입니다. 이런 경우는 한 번도 본 적이 없어요."

"특정 필드 하나만 데이터가 엉망이란 건가요?" 나는 놀라서 눈썹을 치켜올리며 물었다. "엉망진창이란 게 무슨 뜻이죠? 해당 필드에는 뭐가 있죠?"

앤은 화면에 보이는 것을 설명하려고 애썼다. "음, 숫자나 문자는 아니에요. 하트와 스페이드, 구불구불한 형태가 있습니다. 움라우트[1]가 있는 외국어 형태도 많이 보여요. 그리고 공백은 없어요. 그게 중요한가요?"

앤이 소리 내서 내용을 읽으려고 애쓰는 걸 들으면서 브렌트가 낄낄댔다. 나는 굳은 표정으로 브렌트를 쳐다봤다. 그리고 앤에게 "대충 어떤 건지 알겠네요"라고 말하며 "그건 매우 중요한 단서예요. 손상된 데이터를 엑셀로 제게 보내주세요"라고 덧붙였다.

앤이 그러겠다고 했다. "그런데 지금 많은 데이터베이스가 다운된 건가요? 황당하네요. 어젯밤에는 멀쩡했는데요."

웨스는 브렌트가 입을 열기 전에 그를 조용히 시키면서 소리 낮춰 뭐라고 웅얼거렸다.

"아, 네. 그 문제도 알고 있어요. 현재 그것도 작업 중입니다." 내가 진지하게 말했다.

전화를 끊고 안도의 한숨을 쉬며 급한 불을 끄고 장애를 해결하는 사람들을 보호하는 신이 무엇이든 잠시 감사를 드렸다.

"데이터베이스에서 특정 필드만 손상됐다고? 이건 얘기 좀 해봐야 할 것 같은데? 분명히 SAN 문제로 보이진 않아." 내가 말을 이어갔다. "브렌트, 급여 지급에 문제를 일으킬 만한 게 SAN 업그레드 말고 어제 또 뭐가 있었던 거지?"

브렌트는 의자에 비스듬하게 앉아 몸을 빙그르르 돌리며 곰곰이 생각

---

1 독일어 für에서 u 위에 있는 표기처럼 일부 언어에서 발음을 명시하기 위해 모음 위에 붙이는 표시를 말한다. - 옮긴이

했다. "음, 말씀하시니까 생각난 건데요. 어제 일정 관리 애플리케이션 개발자가 전화로 데이터베이스 테이블 구조에 대해 이상한 질문을 했어요. 저는 한참 피닉스 테스트 환경 작업 중이어서 하던 일을 계속하려고 진짜 빨리 대답해줬죠. 혹시 일정 관리 애플리케이션 개발자가 앱을 망가뜨릴 뭔가를 했다고 생각하시는 건가요?"

웨스는 재빨리 NOC 컨퍼런스 회의에 내내 연결돼 있던 스피커폰으로 몸을 돌려 전화기 음소거 기능을 해제했다. "여보세요, 나 웨스야. 지금 브렌트와 패티, 그리고 새로운 상사인 빌 팔머와 함께 있어. 스티브 마스터스 사장이 빌에게 모든 IT 운영 책임을 맡겼어. 그러니 다들 잘 듣도록 해."

나의 새로운 역할이 제대로 발표되길 바랐던 소망은 점점 사그라들었다.

웨스가 말을 계속했다. "공장에서 일정 관리 애플리케이션에 뭐든 변경한 개발자가 있는지 아는 사람 있어? 브렌트는 데이터베이스 테이블 변경에 대해 문의하는 전화를 받았다고 하는군."

스피커폰에서 목소리 하나가 튀어나왔다. "예, 제가 공장과 네트워크 문제가 있는 사람을 지원하고 있었습니다. 일정 관리 앱을 담당하는 개발자인 것 같습니다. 보안 애플리케이션을 설치하면서 이번 주 안으로 적용하라고 존이 시켰답니다. 아, 개발자 이름이 맥스라고 한 것 같은데요. 어딘가에 연락처가 있을 겁니다. 맥스는 오늘 휴가를 가기 때문에 일을 빨리 처리해야 한다고 했습니다."

이제 방향이 보이기 시작했다.

휴가를 가려고 급하게 변경 사항을 쑤셔 넣은 개발자…. 어쩌면 정보 보호 최고 책임자인 존 페스케가 주도하는 긴급 프로젝트의 일환일 수도 있겠다.

이런 상황은 개발자에 대한 나의 뿌리 깊은 의혹을 강하게 한다. 개발자들은 종종 부주의하게 뭔가를 망가뜨리고 사라져버려 운영 부서가 뒤처리하게 만든다.

일반 개발자보다 더 위험한 것은 보안팀과 공모하는 개발자다. 함께 일하는 보안팀과 개발자는 우리가 할 일에 대한 수단과 동기 그리고 기회를 준다.

우리 회사의 CISO^{Chief Information Security Officer}가 개발팀 관리자에게 뭔가를 하도록 강요했을 것이고 결국 개발자가 엉뚱한 일을 해서 급여 지급이 중단된 것 같다.

정보 보안팀은 조직의 다른 부서에 어떤 결과가 생길지 생각하지도 않고 항상 사람들에게 거들먹거리며 긴급한 요구를 해댄다. 그래서 우리는 웬만하면 보안팀을 회의에 부르지 않는다. 어떤 일이 일어나지 않도록 하는 제일 좋은 방법이 보안 쪽 사람들을 방에 가만히 두는 것이기 때문이다.

정보 보안팀은 우리가 무엇을 하든 간에 외계에서 온 해커가 조직 전체를 약탈한다고 여긴다. 모든 코드, 지적 재산권, 신용 카드 번호 및 사랑하는 사람의 사진을 훔치는 데 악용할 보안 구멍을 만든다며 항상 수백만 가지 이유를 댄다. 잠재적으로 일어날 수 있는 위험이겠지만 나는 아직도 보안팀의 까다롭고 히스테리가 심한 자의적 요구와 실제로 우리 환경의 방어력을 강화하는 것이 어떤 연결 고리가 있는지 모르겠다.

"좋아." 나는 단호하게 말했다. "급여 지급 문제는 범죄 현장이고 우리는 지금 런던 경찰국이야. SAN은 이제 용의선상에서 제외됐지만 유감스럽게도 조사 중 실수로 불구가 돼 버렸어. 브렌트, 부상당한 SAN 관련 작업을 계속하도록 해. 조만간 SAN을 가동해야 한다는 건 분명하니까 말이야."

이어서 웨스와 패티에게 말했다. "우리의 새로운 관심 대상은 맥스와 맥스의 관리자야. 수단과 방법을 가리지 말고 그들을 찾아서 묶어놓고 둘이 한 일을 알아내. 맥스가 휴가 중이어도 상관없어. 아마도 뭔가를 엉망으로 만든 것 같은데 오후 3시까지 그걸 고쳐야만 해."

나는 잠시 생각했다. "내가 존을 찾아볼게. 둘 중 한 사람이 같이 가겠어?"

웨스와 패티는 존을 심문하는 데 누가 도움이 될지 언쟁을 벌였다. 패티가 딱 잘라 말했다. "내가 해야 해. 지난 몇 년 동안 존의 직원들이 규칙을 지키게 하려고 노력한 사람이 나야. 보안팀은 우리 프로세스를 따르지 않고 항상 문제를 일으켜. 난 스티브와 딕이 이런 식으로 문제를 일으키는 존을 혼내주는 걸 보고 싶어."

확실히 설득력 있는 주장이었는지 웨스가 수긍했다. "좋아, 네가 맡아. 벌써 존이 불쌍해지는군."

나는 갑자기 단어 선택이 후회됐다. 이건 마녀사냥도 아니고 응징하려는 것도 아니다. 그래도 문제로 이어진 모든 관련 사건을 시간순으로 정리할 필요는 있었다.

성급하게 엉뚱한 결론을 내버리는 바람에 지난 밤 SAN 오류가 발생했다. 이와 같은 실수를 다시는 하지 않아야 한다. 내가 버티고 있는 한 말이다.

패티가 존의 전화번호를 검색해서 보여줄 때, 나는 패티의 전화기 화면에 뜬 번호를 눈을 가늘게 뜨고 들여다보면서 안경을 쓰라는 아내의 충고를 들을 때가 된 건지 궁금했다. 내일모레면 나도 사십 대에 접어든다.

전화번호를 입력하고 통화 버튼을 누르자마자 어떤 목소리가 응답했다. "존입니다."

나는 급여와 SAN 오류에 대해 존에게 재빨리 설명하고 질문을 했다. "어제 일정 관리 애플리케이션을 변경했습니까?"

"나쁜 소식 같은데요. 하지만 미드레인지 시스템을 조금도 바꾸지 않았다는 것은 확실히 말씀드릴 수 있습니다. 더 도와드릴 수 없어서 죄송하네요."

나는 한숨을 쉬었다. 지금쯤이면 스티브나 로라가 내 승진 발표를 해야 했다. 매번 내가 맡은 새로운 역할을 내 입으로 설명해야만 하다니….

내가 직접 발표한다면 일이 더 수월할지 궁금할 따름이다.

나는 급하게 승진하게 된 걸 다시 한번 반복 요약했다. "웨스, 패티 그리고 저는 어제 당신이 긴급한 뭔가를 배포하기 위해 맥스와 함께 일하고 있었다고 들었습니다. 무슨 일이 있었습니까?"

"루크와 데이먼이 떠났다고요?" 존은 놀란 것 같았다. "스티브가 정말 컴플라이언스^{compliance} 감사 결과 때문에 두 사람을 해고하리라 생각한 적은 없습니다. 하지만 누가 미래를 알겠어요? 어쩌면 이제 상황이 바뀌기 시작했나 봅니다. 빌, 이번 일이 부서장님께 교훈이 됐으면 합니다. 이제부터는 운영 직원이 보안 문제를 질질 끌도록 하지 마시라고요! 단지 조언하고 싶을 뿐이네요."

"그리고 말이 나왔으니 하는 말인데 어쩌다 우리한테 불똥이 튄 건지 궁금하네요." 존이 말을 이어갔다. "그들이 말한 것처럼 한 번은 우연의 일치겠죠. 두 번째도 우연이겠죠. 세 번째는 적대적 행위인 게 틀림없습니다. 어쩌면 영업 사원의 전자 메일 시스템이 해킹됐는지도 모르죠. 그렇다면 우리가 왜 그렇게 많은 거래를 잃고 있는지 설명이 되겠네요."

존은 계속 말을 이어갔지만 나는 루크와 데이먼이 보안과 관련된 일 때문에 해고됐을지도 모른다는 암시 때문에 다른 생각이 안 들었다. 존은 스티브와 이사회는 물론 내부 및 외부 감사관 같은 매우 힘 있는 사람들을 일상적으로 만난다.

하지만 스티브는 두 사람이 회사를 떠난 이유를 설명하면서 존이나 정보 보안에 대해 언급하지는 않았다. 피닉스에만 초점을 맞출 필요가 있다고 했을 뿐이다.

나는 의아한 표정으로 패티를 쳐다봤다. 패티는 눈을 굴리며 귀에 손가락을 대고 빙글빙글 돌렸다. 존의 이론이 말도 안 된다고 생각하는 게 분명했다.

"스티브가 새로운 조직 구조 관련 내용을 말하던가요?" 나는 진심으로 호기심이 생겨 물었다. 존은 항상 정보 보안의 우선순위가 낮다고 불평했다. 그동안 존은 CIO와 동급이 되기 위해 로비를 해왔으며, 그렇게 되면 본질적인 이해 충돌이 해결될 것이라고 말했다. 내가 알기로 존은 로비에 성공하지 못했다.

루크와 데이먼이 가능한 한 존을 배제했다는 것은 공공연한 사실이다. 존이 진짜 일하는 사람들을 방해하지 않도록 하려는 조치였다. 그러나 둘의 노력에도 불구하고 존은 여전히 회의에 나타났다.

"뭐라고요? 무슨 일이 일어나고 있는지 저는 전혀 모르죠." 존은 분개하며 말했다. 내 질문이 신경을 건드렸던 모양이다. "평소처럼 저한테 아무런 얘기를 하지 않았습니다. 그동안 경험으로 비춰보면 아마 제가 가장 마지막에 알게 되겠죠. 지금 이런 얘기를 듣기 전까지 저는 제가 아직도 루크에게 보고하고 있다고 생각했습니다. 이제 루크가 사라졌으니 누구한테 보고해야 할지 모르겠네요. 스티브 사장님의 전화를 받으셨다고요?"

"전부 저보다 높은 사람들 일이에요. 저도 당신과 마찬가지로 아무것도 모릅니다." 나는 멍청한 척하며 대답했다. 그리고 주제를 빠르게 전환해서 물었다. "일정 관리 앱 변경에 대해 알고 계신 사항이 있나요?"

"제가 스티브 사장님께 전화해서 무슨 일인지 알아보겠습니다. 어쩌면 사장님은 정보 보안이 존재하는지조차 잊고 있을지도 모르겠네요." 존은 말을 계속 이어갔다. 나는 우리가 급여 지급 문제에 관해 존과 얘기할 수 있을지 궁금했다.

다행스럽게도 존이 말을 꺼냈다. "아, 맞아요. 맥스에 관해 물어보셨죠. PII^personally identifiable information 스토리지에 관한 긴급 감사 문제가 있었습니다. PII는 SSNS^Social Security numbers 같은 개인 식별 정보를 말합니다. 사회 보장 번호나 생일 등이 여기에 속하지요. 유럽 노동법과 현재 많은 미국 주법은 개인 정보의 저장을 금지합니다. 해당 문제를 찾아낸 엄청난 감사 결과가 나왔죠. 저는 회사를 구하고 이런 일의 재발을 방지하는 것은 우리 팀이 어떻게 하느냐에 달려있다는 것을 알았죠. 뉴스 머리기삿감이거든요, 아시겠어요?"

존은 계속해서 말했다. "해당 정보를 토큰화하는 제품을 발견했기 때문에 더는 SSNS를 저장할 필요가 없습니다. 거의 1년 전에 배포하기로 돼 있어서 제가 끊임없이 요청했는데도 불구하고 계속 안 됐죠. 더 기다릴 수 없었습니다. PCI^{Payment Card Industry}라고 하는 지불 카드 산업에 대한 감사는 이번 달 말에 우리 회사에 들이닥칠 예정이라 일정 관리팀과 함께 작업을 신속하게 추진했습니다."

나는 아무 말 없이 전화기를 응시했다.

한편으로는 존이 명백한 증거를 갖고 있다는 것을 알게 돼 매우 기뻤다. 존이 언급한 SSN 필드가 앤이 설명한 손상된 데이터와 일치했다.

"제가 제대로 이해했는지 한번 확인해보자면…." 나는 천천히 말했다. "감사에서 발견한 것을 고치려고 토큰화 애플리케이션을 배포했다는 건데, 그것 때문에 딕과 스티브를 초조하게 만든 급여 지급 중단 사태가 발생했다는 건가요?"

존이 열을 내며 답했다. "첫째, 전 토큰화 보안 제품이 문제를 일으키지 않았다는 것을 확신할 수 있습니다. 벤더도 해당 제품이 안전하다고 확인해줬고 저희도 업체의 레퍼런스 사이트를 다 확인했습니다. 둘째, 딕과 스티브가 초조해야 할 이유는 많습니다. 컴플라이언스는 선택 사항이 아니거든요. 법이라고요, 법! 제 임무는 딕과 스티브가 오렌지색 점프 수트를 입지 않게 해주는 것이기에 해야 할 일을 했을 뿐입니다."

"오렌지색 점프 수트라니요?"

"교도소에 가면 입는 거 말이에요." 존이 말했다. "제 업무는 경영진이 모든 관련 법률, 규정 및 계약 의무를 준수하도록 하는 겁니다. 루크와 데이먼은 무모했던 거죠. 감사와 보안 상태에 심각한 영향을 미치는 절차를 무시한 겁니다. 제가 아니었다면 지금쯤 우리 모두 교도소에 가 있을 것입니다."

급여 문제를 얘기하고 있는 줄 알았는데 상상 속의 경찰들이 우리를 체포해 교도소에 처넣는 얘기가 나왔다.

"존, 저희한테는 운영 시스템에 변경 사항을 도입하는 방법에 대한 프로세스와 절차가 있습니다." 패티가 말했다. "당신은 그걸 조금 우회했죠. 그래서 다시 말할게요. 우리가 이제 해결해야 하는 큰 문제를 일으킨 겁니다. 왜 프로세스를 따르지 않은 거죠?"

"하! 좋은 지적이군요, 패티." 존이 코웃음을 쳤다. "프로세스를 따랐습니다. 당신네 사람들이 제게 뭐라고 말했는지 아세요? 가능한 다음 배포 시점이 4개월 뒤라고 했습니다. 알아들으세요? 감사단이 다음 주에 현장에 도착한다고요!"

존은 단호했다. "관료적 절차에 갇혀 있는 것이 선택 사항이 아닙니다. 내 처지였다면 당신도 똑같이 했을 겁니다."

패티의 얼굴이 붉어졌다. 내가 침착하게 말했다. "딕의 말로는 일정 관리 앱을 실행하는 데 4시간도 채 걸리지 않는다고요. SSNS에 영향을 미친 변경 사항이 있다는 것을 알게 됐으니 필요한 건 다 알게 된 것 같은데요."

나는 말을 이어갔다. "배포를 도와준 맥스가 오늘 휴가 중이더군요. 당신이 배포한 토큰화 제품에 대해 자세히 알아보려고 웨스와 브렌트가 연락할 것입니다. 두 사람에게 필요한 도움을 주실 것으로 알고 있겠습니다. 중요한 일입니다."

존이 그러겠다고 하자 나는 시간 내줘서 고맙다고 전했다. "잠깐, 질문이 하나 더 있습니다. 해당 제품이 문제를 일으키지 않았다고 생각하는 이유는 뭐죠? 변경 사항을 테스트하셨습니까?"

존이 대답하기 전에 잠시 침묵이 흘렀다. "아니요. 변경 사항을 테스트할 수 없었습니다. 테스트 환경이 없었으니까요. 몇 년 전에 그쪽에서 예산을 요청했던 것으로 알고 있지만…."

내가 알고 있었어야 했다.

패티는 존이 전화를 끊자 "음, 좋은 소식이네요"라고 말했다. "수정이 쉽지 않을 순 있지만 적어도 무슨 일이 벌어지고 있는지는 알게 됐잖아요."

"존의 토큰화 작업이 변경 일정에 있었어?" 내가 물었다.

패티가 건조하게 웃으며 답했다. "얘기하고 싶은 게 그거예요. 존은 변경 프로세스를 거치지 않았어요. 다른 사람도 대부분 마찬가지예요. 여기는 마치 서부 시대 같아요. 다들 성급하게 일 처리를 하려고 해요."

패티는 방어적으로 말했다. "IT 프로세스에 대한 도구 활용 및 교육을 포함해서 더 많은 프로세스와 상부의 더 나은 지원이 필요해요. 대부분 직원이 일을 완료하는 방법을 그냥 수행하는 것으로만 생각하거든요. 그런 생각들이 제가 일하는 것 자체를 방해하고 있어요."

내가 속했던 예전 그룹에서는 항상 변경 사항을 체계적으로 처리하는 훈련이 돼 있었다. 다른 사람에게 알리지 않고는 누구도 변경하지 않았으며 변경 사항이 다른 사람의 일을 망치지 않게 하려고 함께 노력했다.

나는 이렇게 막무가내로 일 처리하는 데 익숙지 않다.

"문제가 생길 때마다 전부 조사할 시간은 없어." 난 화를 내며 말했다. "지난 3일 동안의 변경 사항 목록을 가져와 줘. 정확한 시간에 따라 일 처리에 대한 흐름을 파악하지 못하면 원인과 결과를 확인할 수 없어서 결국 다른 문제를 초래할 수도 있어."

"좋은 생각이에요"라며 패티가 고개를 끄덕였다. "필요하다면 IT 부서 전체에 이메일을 보내서 각자 하는 일을 파악하고 우리가 파악한 일정에 없는 것을 찾아낼게요."

"'부서 전체에 이메일을 보낸다'라는 게 무슨 뜻이지? 사람들이 변경 사항을 넣을 수 있는 시스템이 없는 거야? 티케팅 시스템[2]이나 변경 승인 시

---

2 서버나 네트워크 장애를 효율적으로 추적하고 관리할 수 있는 기술 지원 시스템이다. 서비스 이용 중 문의 사항이나 서비스 요청이 있을 때 티케팅 시스템을 활용할 수도 있다. - 옮긴이

스템은?" 나는 망연자실한 채 물었다. 이건 마치 범죄 현장 근처에 누가 있었는지 알아내기 위해 런던에 있는 모든 사람한테 이메일을 보내는 런던 경찰청 같은 느낌이었다.

"꿈 깨시죠." 패티는 신입 사원을 대하듯 나를 보며 말했다. 어쩌면 난 신입이나 마찬가지다. "몇 년 동안이나 사람들이 변경 관리 프로세스와 도구를 사용하도록 노력했어요. 그런데 아무도 사용하지 않았어요. 티케팅 시스템도 마찬가지고요. 그냥 운에 맡기고 있는 거죠."

생각보다 상황이 훨씬 나쁘다.

"좋아, 각자 해야 할 일을 합시다." 결국 좌절감을 숨기지 못한 채 내가 입을 열었다. "일정 관리 시스템 관련 개발자와 시스템 관리자, 네트워킹 담당자를 모두 만나봐. 각 분야 관리자에게 전화해서 중요하지 않은 것처럼 보이는 사소한 변경 사항이라도 우리가 다 아는 것이 중요하다고 말해. 특히 존 쪽 사람들은 빠뜨리지 말고 확인해야 해."

패티가 고개를 끄덕이자 내가 말했다. "자, 이제 패티가 변경 관리 책임자야. 여태까지 해왔던 것보다 더 잘해야 해. 상황에 대한 인식을 특히 더 잘해야 하지. 일종의 기능적 변경 관리 프로세스가 필요하다는 걸 의미하는 거야. 모두에게 변경 사항을 가져오라고 해서 실제로 진행되는 상황을 파악할 수 있어야 해."

뜻밖에도 패티는 낙담한 것 같았다. "해봤죠. 어떻게 될지 알려줄까요? 변경 관리 위원회CAB: Change Advisory Board에 사람들이 이렇게 할 거예요. 너무 바빠서 참석할 수 없다고요. 아니면 마감 때문에 승인을 기다리지 않고 그냥 변경할 수도 있어요. 어느 쪽이든 한 달 안에 흐지부지될 걸 장담하죠."

"이번엔 아니야." 나는 강하게 말했다. "모든 기술 책임자에게 회의 알림을 보내고 참석 여부가 선택 사항이 아니라고 얘기해. 참석할 수 없다면 대리인을 보내라고 해. 다음 회의가 언제지?"

"내일이요." 패티가 말했다.

"좋아." 나는 진심으로 열의를 갖고 말했다. "기대되는군."

마침내 집에 도착했을 때는 자정이 넘은 시각이었다. 온종일 실망한 끝에 난 너무 지쳤다. 풍선이 바닥에 널려 있고 반쯤 남은 와인병이 식탁에 놓여 있었다. 벽에는 크레용으로 적은 '축하해요, 아빠!'라는 문구가 담긴 포스터가 걸려 있었다.

회사에서 아내 페이지에게 전화를 걸어 승진 소식을 알렸을 때 그녀는 나보다 훨씬 더 기뻐했다. 페이지는 이웃들을 초대해 작은 축하 파티를 열겠다고 고집을 부렸다. 그런데 집에 너무 늦게 돌아오는 바람에 나를 위한 파티를 놓치고 말았다.

오후 2시에 패티는 지난 3일간 변경된 27가지 변경 사항을 확인했다. 그중 존의 토큰화 변경과 SAN 업그레이드 두 가지가 급여 지급 실패와 관련 있다는 의견을 얘기했다. 하지만 웨스와 웨스의 팀은 여전히 SAN 운영을 복구하지 못했다.

오후 3시에 나는 앤과 딕에게 나쁜 소식을 전해야만 했다. 플랜 B를 실행하는 것 외에는 선택의 여지가 없다고 전했다. 앤과 딕의 좌절감과 실망감이 너무 명백하게 느껴졌다.

오후 7시가 돼서야 일정 관리 애플리케이션이 정상적으로 작동했고 밤 11시가 되자 마침내 SAN이 복구됐다.

IT 운영 부서장으로서 첫날 이룬 성과치고는 너무 보잘것없었다.

퇴근하기 전에 스티브, 딕, 앤에게 이메일로 간단한 현황 보고를 하면서 앞으로 이런 장애가 다시 발생하지 않도록 모든 조치를 하겠다고 약속했다.

위층으로 올라가 양치질을 한 후 페이지가 깨지 않도록 조심하면서 잠자리에 들기 전에 마지막으로 휴대폰을 확인했다. '나쁜 소식입니다. 내일이면 신문 첫 페이지에 나겠네요'라는 제목의 이메일이 우리 회사 PR 관리자에게서 온 것을 보고는 욕이 나왔다.

침대에 걸터앉아 눈을 가늘게 뜨고 첨부된 뉴스 기사를 읽어 내려갔다.

엘크하트 그로브 헤럴드 타임즈

파트 언리미티드 급여 지급 실패, 지역 노조 지도자는 '비양심적' 문제로 규탄

자동차 부품 공급 업체인 파트 언리미티드의 내부 문건에 따르면 근로자들에게 적절한 급여를 지급하는 데 실패했으며 일부 직원은 임금을 전혀 받지 못한 상태다. 현지에 본사를 둔 해당 기업은 시간제 공장 직원 중 일부에게 정확한 월급을 지급하지 못했으며 다른 직원은 업무에 대한 보상을 제대로 받지 못했다고 인정했다. 파트 언리미티드는 이번 사건이 현금 흐름 문제와 연관 있다는 의혹을 부인하면서 급여 시스템 오류로 문제가 발생했다고 밝혔다.

한때 고공행진을 하던 40억 달러 규모의 해당 회사는 최근 분기에 매출 부진과 손실 증가로 어려움을 겪어왔다. 일부 고위 경영진의 경영 실패가 불러온 이런 재정 문제는 가족을 부양하기 위해 고군분투하는 지역 노동자들의 걷잡을 수 없는 고용 불안으로 이어졌다.

문건에 따르면 급여 지급 실패의 원인이 무엇이든 직원들은 월급을 받기 위해 며칠 또는 몇 주를 기다려야 할 수도 있다.

네스터 메이어스의 최고 산업 분석가인 켈리 로렌스는 이번 상황에 대해 "최근 몇 년 동안 회사에서 발생한 경영 실수 중 가장 최근에 일어난 일에 불과하다"라고 전했다.

파트 언리미티드의 CFO 딕 랜드리는 급여 문제, 회계 오류 및 관리 역량 문제에 대한 의견을 요청하는 「헤럴드 타임즈」의 전화를 받지 않았다.

파트 언리미티드를 대신해 발표된 성명서에서 랜드리는 '사소한 오류'에 유감을 표하고 실수가 반복되지 않을 것이라고 다짐했다.

「헤럴드 타임즈」는 진행 상황을 계속 업데이트할 예정이다.

뭔가를 하기에는 너무 피곤해서 내일 딕을 직접 찾아가 사과하겠다고 머릿속에 새기며 불을 껐다. 눈을 감고 잠을 자려고 노력했다.

그러나 한 시간 후에도 꽤 말짱한 상태로 여전히 천장을 응시하고 있었다.

• 9월 3일 수요일

오전 7시 30분. 노트북을 열고 커피를 마셨다. 8시 회의에 들어가기 전에 이메일과 음성 메일을 모두 확인할 수 있길 바라면서 노트북 화면에 집중했다. 승진한 지 22시간 만에 526개의 새 이메일이 받은 편지함에 도착해 있었다.

세상에 이럴 수가!

어제 일어난 문제에 관한 메시지는 모두 건너뛰고, 승진 축하 메시지를 남기면서 같이 점심을 먹자는 벤더가 많아 깜짝 놀랐다. 어떻게 알았지? 우리 회사 내 대부분 조직도 아직 모를 텐데 말이야.

이전 상사의 비서인 엘렌에게서 온 이메일을 읽었다. 엘렌은 이제부터 내 일을 도와주게 됐다고 먼저 밝히고 축하 인사를 하며 언제 만날 수 있는지 물었다. 오늘 오전에 같이 커피나 마시자고 답했다. 엘렌이 내 일정에 접근할 수 있는 권한을 부여해달라는 요청 메모를 IT 서비스 데스크에 보냈다.

탁상전화기의 빨간색 표시등이 깜박이면서 내 주의를 끌었다. '오전 7시 50분. 62개의 새로운 음성 메일'

입이 딱 벌어졌다. 모두 확인하려면 한 시간은 족히 걸릴 것이다. 음성 메일을 듣고 있을 시간이 없다. 엘렌에게 이메일을 보내 내 음성 사서함을 확인해보고 조치가 필요한 것은 메모해달라고 부탁했다.

보내기 버튼을 누르기 전에 다음과 같이 덧붙였다. '스티브나 딕이 보낸 메시지가 있으면 즉시 휴대폰으로 연락해주세요.'

클립 보드를 집어 들고 첫 번째 회의 장소로 서둘러 가는데 휴대폰 진동이 울렸다. 긴급 이메일이 도착했다.

발신: 사라 몰튼

수신: 빌 팔머

참조: 스티브 마스터스

날짜: 9월 3일 오전 7시 58분

우선순위: 가장 높음

주제: 최근 피닉스 건

빌, 아시다시피 피닉스 프로젝트는 회사가 수행하고 있는 가장 중요한 프로젝트입니다. 그런데 부서장님께서 릴리스를 보류 중이라는 불편한 소문을 들었습니다.

경쟁사가 아무것도 하지 않고 가만히 있는 건 아니라는 사실을 제가 굳이 상기해드릴 필요는 없을 것 같습니다. 매일 우리의 시장 점유율이 내려가고 있습니다. 모두가 긴장해야 할 때입니다. 특히 부서장님께서 긴장감을 가져 주시면 좋겠습니다.

오늘 오전 10시에 긴급 프로젝트 관리 회의가 있습니다. 참석하셔서 지금과 같이 수용할 수 없는 지연 상황에 관해 설명해주시기 바랍니다.

스티브 사장님, 이사회에 약속하신 것을 감안할 때 피닉스 프로젝트가 사장님께 얼마나 중요한지 알고 있습니다. 회의에 부담 없이 참석해주십시오. 오셔서 의견을 주시면 좋겠습니다.

감사합니다.

사라

아, 이런.

사라가 보낸 이메일에 매우 높은 우선순위 깃발 표시를 해서 웨스와 패티에게 전달했다. 받은 이메일 절반이 긴급 메시지인 상황이 뭔가 잘못된 것 같다. 모든 것이 정말로 그렇게 중요할 수 있나?

웨스의 휴대폰으로 전화를 걸었다. "사라에게 받은 이메일 공유한 거 확인했어요." 웨스가 말했다. "완전 개소리예요."

"무슨 일이 있는 거야?" 내가 물었다.

웨스가 답했다. "그거 분명히 브렌트가 피닉스 개발자에 대한 환경 구성 작업을 다 마치지 않아서일 거예요. 개발자들이 실제 테스트 환경이 어떻게 되는지 우리에게 알려주지 않으니 다들 쓸데없이 바쁘기만 한 상황이에요. 우리는 최선을 다하고 있는데 우리가 뭔가를 전달할 때마다 우리보고 잘못했다고 말하고 있어요."

"그들이 언제 그런 얘기를 했지?"하고 물었다.

"2주 전에요. 개발팀이 헛소리를 자주 하긴 하지만 지금은 더 한심하군요. 마감 기한을 맞추느라 정신 못 차리다가 이제야 테스트와 배포 방법에 대해 생각했겠지…. 분명히 우리 탓으로 돌리고 있는 겁니다. 빌도 나처럼 석면 속옷을 입고 있어야 할 거예요. 사라는 라이터라도 들고 회의실에 나타나 우리를 불구덩이 속으로 내던져버리고 싶어 할 테니까요."

개발팀과 IT 운영 부서 간 떠넘기기가 항상 엉망이라는 것이 놀라울 따름이다. 하지만 개발과 운영의 두 부서가 끊임없이 전쟁하는 걸 감안하면 놀랄 일이 아닐지도 모르겠다.

내가 답했다. "무슨 말인지 알겠어. 참, 개발 사양specification 문제를 개인적으로 살펴봐 줘. 이런 문제는 어떻게든 해결해야 해. 개발자든 운영 부서원이든 관계없이 모두 참여시키고 명확한 문서로 합의한 사양을 만들 때까지 방에서 못 나오게 해. 피닉스가 워낙 중요하니 망치면 안 돼."

알겠다고 답하는 웨스에게 내가 물었다. "사라가 터뜨릴 만한 게 또 있을까?"

웨스는 잠깐 생각하더니 마침내 입을 열었다. "아니, 없을 겁니다. 우리한테는 이해할 만한 이유가 있잖아요. 급여 지급 실패 말이죠. 그것 때문에 브렌트가 하던 작업을 못 마친 거니까요."

맞는 말이다. 충분한 안전장치가 있는 것 같아 웨스에게 말했다. "그럼, 10시에 봐."

한 시간도 채 지나지 않아서 나는 수많은 마케팅 담당자가 홈home이라고 부르는 9호 건물로 뜨거운 햇살을 받으며 걸어가고 있었다. 놀랍게도 같은 방향으로 가는 소규모의 IT 사람들과 합류하게 됐다. 왜지?

그때 문득 떠올랐다. IT가 없으면 대부분의 마케팅 프로젝트를 수행할 수 없다. 잠재 고객들과 직접 대면하는 고감도 마케팅에는 일반적으로 첨단 기술이 필요하다. 우리 중 그렇게 많은 사람이 마케팅 프로젝트에 배정됐다면 마케팅 쪽 사람도 우리한테 와야 하는 게 아닌가?

나는 사라가 느긋하게 앉아 있는 거미 한 마리가 돼 자신의 거미줄로 들어오는 회사의 모든 부하 직원을 보며 즐거워하는 모습을 상상해봤다.

도착하자마자 프로젝트 관리 사무소를 운영하는 커스틴 핑글이 상석에 앉아 있는 것을 봤다. 나는 커스틴의 엄청난 팬이다. 그녀는 체계가 있고 편견이 없으며 책임감이 강한 사람이다. 커스틴은 5년 전 회사에 처음 입사했을 때 우리 조직에 완전히 새로운 차원의 전문성을 들여왔다.

커스틴의 오른쪽에 있는 사라는 의자에 몸을 기댄 채 우리가 있거나 말거나 아이폰을 두들기고 있었다.

서른아홉 살로 나와 동갑인 사라는 실제 나이가 드러나지 않게 하려고 노력했다. 항상 다른 사람들이 사라가 실제보다 훨씬 더 나이가 많다고 생각하게끔 말을 하지만 그렇다고 거짓말을 한 적은 없다.

그것이 사라에게 짜증이 나는 또 다른 이유이긴 하다.

방에는 약 25명이 있었다. 대부분의 비즈니스 관련 책임자가 있었고 그 중 일부는 사라와 함께 일했다. 크리스 앨러스도 방에 있었다. 크리스는 나보다 조금 나이가 많고 날씬하며 건강해 보였다. 그는 마감일을 놓쳤다고 누군가를 자주 혼냈지만 그만큼 누군가와 농담하는 때도 많았다. 크리스는 유능하고 합리적인 관리자로 명성이 높았다. 200명가량의 개발자가 크리스의 지휘 아래 일하고 있으니 그럴 만도 하다.

피닉스 프로젝트를 수행하기 위해 크리스의 프로젝트 조직은 지난 2년 동안 50여 명씩 늘려왔는데, 대부분 해외 개발 용역 조직을 통해 들어왔다. 크리스는 더 적은 비용으로 더 많은 기능을 더 짧은 일정 안에 개발하라는 요청을 지속적으로 받아왔다.

크리스와 함께 일하는 리더 중 일부도 같은 공간에 있었다. 웨스도 크리스 옆에 앉아 있었다. 빈자리를 찾기 시작하면서 나는 모든 사람이 비정상적으로 긴장한 것처럼 보인다는 점을 눈치챘다. 그리고 이유를 바로 알 수 있었다.

회의 탁자에 유일하게 비어 있는 자리 바로 옆에 스티브가 앉아 있었다.

모두 스티브를 쳐다보지 않으려고 큰 노력을 기울이는 것 같았다. 내가 아무렇지 않은 듯 스티브 옆자리에 앉으려는데 휴대폰 진동이 울렸다. 웨스가 보낸 문자 메시지였다.

'제기랄, 스티브는 프로젝트 관리 회의에 한 번도 참석한 적이 없었어요. 우리는 완전히 망한 것 같아요.'

커스틴은 목청을 가다듬었다. "오늘 회의의 첫 번째 의제는 피닉스입니다. 상황이 좋지 않습니다. 피닉스 프로젝트는 약 4주 전에 노란색에서 빨간색으로 변경됐으며 마감 준수가 심각하게 위험한 상태라는 것이 개인적인 평가입니다."

커스틴은 전문가다운 목소리로 계속 말했다. "여러분의 기억을 다시 상기해드리자면 피닉스 1단계의 임계 경로$^{critical\ path}$에 지난주에는 12개 작업이 있었습니다. 그중 세 가지 작업만 완료된 상태입니다."

방에 있던 사람들 모두 탄식했고 몇 사람은 서로에게 뭐라고 중얼댔다. 스티브는 나를 돌아보며 "그런가?"라고 물었다.

"브렌트가 해당 사안의 중요 자원입니다. 브렌트는 저희도 잘 알고 있는 급여 관련 문제를 복구하는 일을 처리하는 데 100% 투입됐습니다. 이번 일은 완전히 예상치 못한 비상사태였지만 분명히 저희가 처리해야 할 문제입니다. 피닉스가 얼마나 중요한지 모두 잘 알고 있으며 브렌트가 계속 집중할 수 있도록 최선을 다하고 있습니다." 내가 설명했다.

"빌, 매우 창의적인 설명 고마워요." 사라가 바로 답했다. "진짜 문제는 여러분이 피닉스가 회사에 얼마나 중요한지 파악하지 못한다는 겁니다. 경쟁사가 우리를 시장에서 매장시키고 있어요. 경쟁사의 새로운 서비스 광고를 보고 들으셨을 겁니다. 오프라인과 온라인 상점 모두 혁신적인 측면에서 우리를 압도하고 있습니다. 이미 우리의 가장 큰 파트너 중 일부를 끌어가서 우리 영업팀이 공황 상태에 빠지기 시작했습니다. 제가 '그럴 줄 알았어'라고 말하는 타입은 아니지만, 경쟁사의 최신 제품 발표를 보면 우리가 왜 평소처럼 행동하면 안 되는지 알 수 있습니다."

사라가 계속했다. "빌, 우리가 시장 점유율을 높이려면 피닉스를 완료해야 합니다. 그러나 어떤 이유로 부서장님과 부서장님의 팀들은 계속 일을 질질 끌고 있습니다. 어쩌면 우선순위를 제대로 정하지 못한 게 아닐까요? 아니면 부서장님께서 이렇게 중요한 프로젝트를 지원하는 일에 익숙지 않으신가 보죠?"

정신적으로 만반의 준비를 했는데도 불구하고 화가 나서 얼굴이 뜨거워지는 것이 느껴졌다. 어쩌면 사라는 스티브가 나한테 할 말을 잘난 체하며 흉내 내는 건지도 모르겠다. 아니면 일장 연설을 하면서 나를 보는 게 아니라 스티브가 어떻게 반응하는지 보고 있는 게 아닐까? 그것도 아니라면 기본적으로 나를 상황 파악도 못 하는 무능한 인간이라고 말한 것인지도 모르겠다.

내가 숨을 크게 들이쉬려고 노력하는 동안 모두 침묵을 지켰다.

분노가 조금 사그라들었다. 그저 회사 일일 뿐이다. 좋지는 않지만 있는 그대로 받아들였다. 하사관 후보가 됐을 때 해병대에 말뚝을 박으려고 했었다. 하지만 정치적이지 않고는 해병대에서 선임 부사관까지 올라가기가 어렵다.

"흥미롭군요." 사라에게 내가 말했다. "어느 쪽이 더 중요한지 말씀해주시겠습니까? 공장 직원들이 급여를 받게 해주는 건가요, 아니면 피닉스 업무를 수행하는 건가요? 스티브 사장님은 급여 문제를 해결하라고 하셨습니다. 어떻게 스티브 사장님과 우선순위가 다를 수가 있죠?"

스티브를 언급하자 사라의 표정이 바뀌었다. "글쎄요, 어쩜 IT 부서가 처음부터 문제를 일으키지 않았다면 약속을 못 지키는 일도 없었겠죠. 저는 우리가 부서장님과 부서장님의 팀을 신뢰할 수 있다고 생각하지 않습니다."

나는 사라가 던진 미끼를 물지 않고 천천히 고개를 끄덕였다. "조언해주실 게 있다면 겸허히 듣겠습니다."

사라는 나를 쳐다보고 나서 스티브를 쳐다봤다. 더는 얻을 게 없었는지 그녀는 눈동자를 굴렸다. 나는 웨스가 평소와 다르게 조용한 채로 이런 논쟁을 믿을 수 없다는 듯이 고개를 가로젓는 모습을 봤다.

사라가 말을 이어갔다. "저희는 피닉스에 2천만 달러 이상을 투자했는데 거의 2년이나 지체됐습니다. 이젠 시장에 내놔야 할 때입니다." 그러고는 크리스를 바라보고 물었다. "빌의 부서가 이렇게 지연시킨 걸 감안해서 가장 빨리 가동할 수 있는 시기가 언제죠?"

문서를 들여다보던 크리스가 고개를 들었다. "지난주에 얘기한 이후로 해당 문제를 살펴봤습니다. 일을 신속하게 처리하고 빌의 부서가 맡은 가상화 환경이 예상대로 준비된다면 다음 주 금요일이면 운영 단계로 들어갈 수 있습니다."

나는 놀라서 입이 딱 벌어졌다. 크리스는 지금 배포하기 전에 해야 할 모든 일을 완전히 무시하고 시스템 운영에 들어갈 날짜를 임의로 정해버렸다.

갑자기 옛날 일이 떠올랐다. 해병대에서는 모든 선임 부사관을 위한 의식이 있었다. 맥주를 마시며 다 같이 어울려 〈스타워즈: 제다이의 귀환〉을 보는 것이었다. 아크바 제독이 "이건 함정이야!"라고 외칠 때마다 우리는 배꼽이 빠질 듯 웃어 대며 다시 틀어보라고 소리쳤었다.

이번에 난 웃지 않았다.

"여기서 잠깐만요!" 웨스가 테이블을 두드리며 말을 끊었다. "도대체 뭘 하려는 겁니까? 저희는 2주 전에야 피닉스 배포 사양을 알았습니다. 그쪽 직원들이 지금까지도 저희한테 어떤 인프라가 필요한지 정보를 알려주지 않아서 필요한 서버와 네트워킹 장비를 주문조차 못 하고 있습니다. 그런데 벤더들은 장비 납품에 최소 3주가 필요하다고 얘기하고 있어요!"

웨스는 이제 크리스를 손가락으로 가리키며 화를 내고 있었다. "아, 그리고 제가 듣기로 당신네 코드 성능이 거지 같아서 끝내주는 빠른 장비를 주문해야겠더군요. 초당 250건의 트랜잭션을 지원해야 하는데 겨우 4건도 처리하지 못하고 있잖습니까! 그걸 다 처리하려면 서버가 엄청나게 많이 필요할 거고, 설치하려면 또 다른 설치 공간이 필요할 거고, 제시간에 맞추려면 주문 제작 비용도 내야겠네요. 그렇게 되면 예산에 어떤 영향을 미칠지 알 수도 없네요."

크리스가 대답하려 했으나 웨스는 거침없이 말을 이어나갔다. "우리는 운영계와 테스트 시스템 구성 방법에 대한 구체적인 사양도 아직 받은 바

없습니다. 아, 당신네는 이제 테스트 환경이 필요 없는 건가요? 아직 당신네 코드를 실제로 테스트 못 했다죠? 그것도 일정이 틀어져서 말이죠!"

결과가 어떻게 될지 뻔한 상황이라 심장이 요동쳤다. 전에도 이런 영화를 본 적이 있다. 줄거리는 간단하다. 첫째, 월가 또는 중요한 고객에게 했던 약속으로 배포 날짜를 지연하지 않으려고 일정이 급한 프로젝트를 수행한다. 그런 다음 수많은 개발자를 투입하고 개발자들이 일정상 모든 시간을 다 소비해버려 테스트나 운영 환경을 준비할 시간이 남지 않는다. 하지만 전달 일정을 지키기 싫어하는 사람은 없으므로 개발 이후 모든 사람은 약속 날짜를 맞추기 위해 터무니없고 용납할 수도 없는 선택을 한다.

결과는 전혀 아름답지 않다. 이런 방식으로 만들어진 소프트웨어 제품은 일반적으로 매우 불안정하고 사용도 거의 불가능하다. 그래서 제품을 환호하며 기대하던 사람조차 결국에는 사용할 가치가 없다고 말한다. 계속 밤을 새우면서 쓰레기 같은 코드를 개선하기 위해 서버를 매시간 재부팅하고, 그것들이 얼마나 형편없는지가 세상에 노출되지 않도록 필요한 모든 고된 임무를 해내는 것은 결국 IT 운영 담당자들이다.

"여러분이 피닉스를 가능한 한 빨리 운영 환경으로 내보내고자 하는 마음을 이해합니다." 나는 최대한 차분하게 스티브와 크리스에게 말했다. "하지만 방금 웨스가 설명한 내용에 따르면 배포하기가 너무 이르다는 생각이 듭니다. 성능 목표를 달성하는 데 어떤 장비가 필요한지도 모르고 추측한 것을 확인하기 위한 성능 테스트를 하지도 않았습니다. 이걸 운영 환경으로 보낼 만큼 충분히 문서화 작업을 한 것 같지도 않습니다. 모든 걸 모니터링하거나 백업하지 않은 것은 물론이고요."

나는 가장 설득력 있는 목소리로 말을 이어갔다. "저도 여기 계신 다른 분들처럼 피닉스를 시장에 내놓고 싶습니다. 하지만 사용자 경험이 나쁘다면 결국 고객을 경쟁사에 갖다 바치는 꼴이 됩니다."

크리스에게 시선을 돌렸다. "저희한테 이런 식으로 일을 떠넘겨 놓고 주차장에서 서로 하이파이브를 하면서 마감일을 지켰다고 서로를 축하하시면 안 됩니다. 웨스가 말하기로는 그 일은 아마 문제가 생기게 될 거고, 그렇게 되면 결국 주말도 없이 날을 지새워가며 시스템을 살려 놓는 건 우리가 되겠죠."

크리스가 화를 내며 말했다. "일을 떠넘긴다는 말은 하지 마세요! 저희 아키텍처와 계획 수립 회의에 오라고 요청했잖아요. 하지만 여러분이 실제로 참석한 횟수는 다섯 손가락으로 꼽을 수 있을 정도입니다. 우리는 필요한 걸 얻으려고 몇 날 며칠을 기다려야 했다고요!"

그런 다음 크리스는 마치 모든 것이 통제 범위를 벗어났다는 듯 양손을 치켜들었다. "저도 시간이 더 있으면 좋겠습니다. 하지만 처음부터 시간이 촉박한 프로젝트라는 것을 알고 있었습니다. 그건 우리 모두 내렸던 비즈니스 결정 사항이었으니까요."

"바로 그겁니다!" 내가 뭐라고 대답도 하기 전에 사라가 외쳤다. "빌 부서장님과 부서장님의 팀이 이렇게 긴박함이 없다는 것을 보여주네요. 완벽한 것만 고집하다가는 아무것도 못 하죠. 부서장님 기준이 얼마나 높은지는 모르겠지만 거기에 맞춰서 갈고 닦을 시간이 없습니다. 긍정적인 현금 흐름을 만들어야 하는데 시장 점유율을 되찾지 않으면 불가능합니다. 그렇게 하려면 피닉스를 배포해야 합니다."

사라는 스티브를 쳐다봤다. "위험이 뭔지 우리 모두 잘 알고 있습니다, 아닌가요, 스티브 사장님? 사장님께서는 분석가들은 물론이고 심지어 CNBC에 있는 사람에게까지 이걸 제대로 홍보하신 아주 놀라운 일을 해오셨잖아요. 이미 늦긴 했지만 지금보다 더 늦게 배포해서 체면을 구길 수는 없다고 봅니다."

생각에 잠긴 스티브는 자리에 앉아 의자를 앞뒤로 흔들며 고개를 끄덕이고 턱을 문질렀다. "맞는 말이야." 마침내 스티브가 입을 열었다. "이번 분기에 피닉스를 출시한다고 투자자와 분석가들에게 약속했었지."

기가 막혀 입이 딱 벌어졌다. 사라는 나의 주장을 꺾어버리고 스티브가 무모하고 파괴적인 길로 가도록 이끌었다.

격분한 내가 말했다. "이게 정말로 이상하다고 생각하시는 분이 없는 건가요? 이전에 회사가 각 매장 앞에 새로운 생수기를 설치하는 것을 얘기할 때 저도 여기에 있었습니다. 그때 그걸 실행할 시간으로 담당 부서에 9개월을 줬습니다. 9개월이요! 그리고 우리 모두 그게 합리적이라는 데 동의했습니다."

"지금 우리는 수천 개의 POS 시스템과 모든 백오피스 주문 입력 시스템에 영향을 미치는 피닉스에 관해 얘기하고 있습니다. 피닉스는 새로운 정수기를 설치하는 것보다 최소 만 배 이상 복잡하고 비즈니스에도 훨씬 더 큰 위험을 초래합니다. 그런데 일주일 만에 계획을 짜고 실행하라고요?"

스티브에게 애원하듯 양손을 뻗으며 말했다. "이게 조금 무모하고 불공평해 보이지 않으십니까?"

커스틴은 고개를 끄덕였지만 사라는 오만방자한 태도로 말했다. "빌, 감동적인 얘기네요. 하지만 우리가 지금 정수기 문제를 얘기하는 게 아니잖아요. 피닉스에 관해 얘기하고 있습니다. 게다가 이미 결론이 난 것 같은데요."

스티브는 "그렇네. 결론이 났지. 위험에 대한 자네 의견을 말해줘서 고맙네"라며 사라를 돌아봤다. "출시일이 언제지?"

사라가 재빠르게 대답했다. "마케팅 출시는 다음 주 토요일인 9월 13일입니다. 피닉스는 전날 오후 5시에 배포될 거예요."

스티브는 노트 뒷면에 날짜를 받아 적었다. "좋아. 진행 상황을 계속 알려주고 혹시 필요한 게 있으면 얘기해."

내가 웨스를 쳐다보자 그는 손으로 비행기 한 대가 앞에 있는 탁자에 충돌해 불꽃이 일고 있는 듯한 손짓을 해 보였다.

복도에서 웨스가 말했다. "꽤 잘 된 것 같은데요, 두목."

난 웃지 않았다. "저 안에서 도대체 무슨 일이 있었던 거지? 어쩌다가 이렇게 돼버린 거냐고? 피닉스 론칭을 위해 우리가 해야 할 일이 뭔지 아는 사람이 있긴 한 거야?"

"다들 아무 생각이 없어 보이네요." 웨스가 진절머리 난다는 듯이 고개를 저었다. "개발 부서와의 배포 방법에 대해서조차 합의가 없었잖아요. 전에도 그냥 네트워크 폴더를 손가락으로 가리키고는 '저거 배포해'라고 했었죠. 교회 문 앞에 갓난아이를 두고 가면서 남기는 글보다 더 짧게 말이에요."

웨스가 말한 끔찍한 이미지에 머리가 절로 가로저어지긴 했으나 틀린 말은 아니다. 정말 심각한 문제다.

웨스가 말을 이어갔다. "이번 일을 어떻게 처리해야 할지 파악하려면 크리스 쪽 사람을 포함해서 거대한 팀을 꾸려야 합니다. 모든 레이어^{layer}에 문제가 있거든요. 네트워킹, 서버, 데이터베이스, 운영 체제, 애플리케이션, 레이어 7 스위칭 등 모든 게 엉망이에요. 앞으로 9일 동안 우리 모두 야근해도 모자랄 거라고요."

나는 낙담하며 고개를 끄덕였다. 이런 유형의 배포가 IT에서는 일상적인 일이라고 말할 수도 있지만, 누군가 계획 수립을 제대로 하지 못한 것 때문에 우리가 몸을 날려 볼을 잡아야 한다는 것이 화가 난다.

"웨스가 팀을 꾸려보고 크리스에게도 따로 팀을 만들라고 해줘. 이메일로 하거나 티케팅 시스템에서는 작업하지 마. 같은 사무실에 함께 있어야 해."

내가 계속 말을 이어갔다. "일에 전념하는 얘기가 나와서 하는 말인데, 크리스가 피닉스 아키텍처와 계획 수립 회의에 우리 부서 사람들이 참석하지 않았다고 했잖아. 그게 무슨 말이지? 사실이야?"

웨스는 당황한 듯 눈이 흔들렸다. "어, 크리스네 사람들이 막판에 우리를 초대한 건 맞아요. 하지만 생각해봐요. 누가 그날 당장 요청한 미팅에 일정을 비울 수 있겠어요?"

잠시 뒤 웨스가 계속했다. "공평하게 말하자면 한두 가지 큰 계획 수립 회의에 대해서는 미리 통지를 받기는 했죠. 그리고 거기에 갔어야 할 중요한 사람 중 하나는 갈 수가 없었죠. 바빠서 그랬어요. 누군지는 대충 아실 것 같은데…."

"브렌트?" 한숨이 절로 났다.

웨스가 고개를 끄덕였다. "맞아요. 브렌트가 회의에 참석해서 바보 같은 개발자들에게 현실 세계에서 일이 어떻게 돌아가고, 어떤 것들이 운영 환경에서 계속 말썽을 일으키고 있는지 알려줬어야 하죠. 아이러니한 건 브렌트가 개발자들에게 얘기해줄 수가 없었다는 거예요. 개발자들이 망쳐 놓은 것을 처리하느라 너무 바빴거든요."

웨스의 말에 틀린 게 없었다. 우리가 악순환을 깨지 못하면 악순환의 고리에서 벗어나지 못할 것이다. 브렌트가 소스 코드와 관련된 문제를 개발자들과 해결하는 작업을 해줘야 급한 불을 끌 수 있다. 하지만 우습게도 브렌트는 너무 바빠서 불 끄는 데 참석할 수 없으니 근본적인 화재 진압을 할 수 없는 것이다.

"이번 배포를 준비하려면 최고의 인재들이 필요해. 특히 브렌트는 꼭 있어야 해."

내 말에 웨스가 잠시 당황한 듯 보여 물었다. "왜?"

"브렌트는 지금 네트워크 중단 사태 관련 작업을 하고 있을 거니까 말이죠." 웨스가 답했다.

"디는 안 돼." 내가 말했다. "그쪽에선 브렌트 없이 문제를 해결해야 해. 혹시 누군가 거기에 이의를 제기하면 나한테 보내."

"보스가 원하신다면 그렇게 하지요." 웨스가 어깨를 으쓱하며 말했다.

프로젝트 관리 회의 후 누구와도 얘기할 기분이 아니었다. 책상에 앉아 노트북이 켜지지 않아 툴툴거렸다. 디스크 드라이브 표시등이 계속 깜박였다. 화면에 아무것도 보이지 않아서 아내 페이지와 두 아들의 사진 옆에 뒀던 빈 머그잔을 들고 구석에 있는 커피 머신으로 걸어갔다.

자리로 돌아왔을 때 화면에 중요한 새 업데이트가 설치될 것이라는 메시지가 떠 있었다. 의자에 앉아 '확인'을 클릭하고 상태 표시 막대가 화면을 가로질러 가는 것을 지켜봤다. 갑자기 끔찍한 '죽음의 블루 스크린^{blue} ^{screen}'이 보였다. 내 노트북은 완전히 잠겨서 사용할 수조차 없게 됐다.

재부팅 후에도 계속 같은 일이 발생했다. 좌절한 나는 "지금 나랑 장난해!"라고 중얼거렸다.

그때 새로운 비서인 엘렌이 구석에서 머리를 쓱 내밀었다. 그녀가 손을 뻗으며 말했다. "좋은 아침입니다. 승진 축하드려요, 빌!" 엘렌은 내 노트북의 블루 스크린을 보고는 안타깝다는 듯이 말했다. "이런, 좋아 보이지는 않네요."

엘렌에게 악수하려고 손을 뻗으며 말했다. "음, 고마워 엘렌. 그나저나 노트북 말인데 지금 데스크톱 지원 담당자를 불러줄 수 있겠나? 피닉스에서 우리 쪽으로 보낸 중요한 자료들이 지금 필요하거든."

"그러죠." 엘렌은 웃으며 고개를 끄덕였다. "새 부서장님이 화가 나서 방방 뛰면서 노트북을 고치라 했다고 전할게요. 다른 사람보다 빌 부서장님은 제대로 작동하는 컴퓨터가 필요하니까요, 그렇죠?"

"그거 아세요?" 엘렌이 덧붙여 말했다. "다른 사람들도 오늘 같은 문제를 겪고 있다고 들었어요. 빌 부서장님이 대기자 명단 제일 위쪽에 가도록 해볼게요. 줄 서서 기다릴 시간이 없으시잖아요."

다른 많은 노트북도 작동이 안 됐다고? 온 세상이 오늘 나를 못살게 굴고 있다는 증거임이 분명하다.

"그건 그렇고 긴급 피닉스 회의 조정에 도움이 필요한데 말이야. 내 캘린더에 대한 접근 권한을 부여받았나?" 내가 물었다.

엘렌은 눈을 굴렸다. "아니요. 사실 그것 때문에 왔어요. 다음 며칠 동안의 일정을 인쇄해주실 수 없을까 싶어서요. 그런데 확실히 안 되겠네요. 데스크톱 지원 담당자가 오면 그때 해달라고 할게요. 가끔 이메일 관리자가 이런 일을 하는데, 몇 주가 걸리기도 하더라고요."

몇 주라고? 말도 안 돼. 난 재빨리 시계를 보고는 문제를 나중에 해결해야 한다는 것을 깨달았다. 벌써 늦었다.

"최선을 다해줘. 지금 패티의 변경 관리 회의에 가니까 필요하면 전화해, 알았지?"

패티의 회의에 10분 늦었기에 서둘러 방에 들어서면서 많은 사람이 초조하게 나를 기다리고 있거나 아니면 회의가 이미 진행 중일 것으로 생각했다.

그런데 패티 혼자서 회의 테이블에 앉아 노트북에 타이핑하고 있는 모습이 보였다.

"변경 관리 위원회 미팅에 오신 것을 환영해요, 빌. 빈 의자를 찾을 수 있길 바랍니다." 패티가 말했다.

"다들 어디로 간 거지?"

나는 당황했다. 미드레인지 그룹을 운영할 때 우리 팀은 변경 관리 회의에 꼭 참석했다. 변경 관리 회의야말로 우리가 스스로 발등을 찍지 않기 위해 모든 작업을 조정하고 조율하는 회의였다.

패티가 한숨을 내쉬며 말했다. "어제 말했잖아요. 여기는 변경 관리가 주먹구구식이라고요. 일부 그룹은 자체적인 변경 관리 프로세스를 갖고 있기도 해요. 하지만 대부분 그룹은 아예 아무것도 하지 않는 상황이에요. 어제의 중단 사태는 우리가 기업 차원에서 뭔가를 해야 한다는 증거일 뿐이죠. 지금은 오른손이 하는 일을 왼손이 거의 모르는 상황이에요."

"그렇다면 뭐가 문제인 거지?"

패티는 입술을 삐죽거렸다. "잘 모르겠어요. 많은 사람을 ITIL[1] 교육에 보내서 서비스 관리 지식을 배울 수 있게 했어요. 티케팅 시스템을 ITIL 기반의 변경 관리 도구로 교체하는 일에 도움을 줄 컨설턴트도 불렀지요. 사람들은 변경 요청 승인을 받기 위해 변경 요청서를 제출하게 했죠. 그런데 2년이 지난 지금 우리에게 남은 건 아무도 따르지 않는 문서로 정의된 훌륭한 프로세스와 누구도 사용하지 않는 도구뿐이에요. 사람들에게 그것을 사용하라고 종용하면 불평불만만 되돌아오는 상황이지요."

나는 고개를 끄덕였다. ITIL은 잘 정의한 많은 IT 프랙티스를 문서화한 IT 인프라스트럭처 라이브러리이며, ITIL 프로그램은 단순히 둘러보는 것도 몇 년은 족히 걸릴 정도로 방대한 것으로 유명하다.

웨스가 여기에 없는 게 신경 쓰였다. 바쁘다는 것은 알고 있다. 하지만 웨스가 없으면 함께 일하는 사람들이 귀찮게 여기까지 올 이유가 있을까? 이와 같은 노력은 위에서 시작해서 지속적으로 유지돼야만 한다.

"글쎄, 사람들이 나한테 불만과 변명을 쏟아내러 올 수는 있겠지." 내가 단호하게 말했다. "변경 관리 프로세스를 다시 구축하려고 해. 그리고 전폭적으로 지지할 생각이야. 스티브는 사람들이 피닉스에 계속 집중할 수 있게 해달라고 했어. SAN 장애와 같은 문제로 피닉스 완료 일정을 놓치게 됐고, 이제 대가를 치러야 하는 거지. 변경 관리 회의를 건너뛰고 싶은 사람이 있다면 특별한 코칭을 받아야 할 거야. 내가 개인적으로 코칭하는 것 말이야."

피닉스를 언급하자 패티가 당황한 표정을 보였다. 그래서 웨스와 내가 오전에 어떤 상황을 겪으면서 죽을 뻔했는지 얘기해줬다. 사라와 크리스

---

1 IT Infrastructure Library. IT 서비스 관리 프레임워크를 만들기 위한 관련 문서들의 모임을 말한다. 영국에서 만들어져 발전해왔으며 기능 중심의 V1, 프로세스 중심의 V2, 서비스 중심의 V3, 가치 흐름 중심의 V4로 진화하고 있다. – 옮긴이

가 운전대를 잡았고 스티브는 뒷자리에 앉아 우리를 납작하게 눌러버리라고 응원하는 모습을 묘사했다.

"모양새가 안 좋네." 패티가 못마땅해하며 말했다. "커스틴까지 눌러버렸다고요?"

나는 조용히 고개를 끄덕이고 더는 말하지 않았다. 평소에 〈라이언 일병 구하기〉에 나오는 문구를 좋아했다. '여기 지휘 계통이 있다. 불만은 위로 올라가지, 아래로 내려가지 않는다.'

말을 하는 대신 현재 변경 관리 프로세스와 도구 안에서의 자동화된 방식에 대해 알려달라고 패티에게 요청했다. 하지만 프로세스가 제대로 작동하는지 확인할 방법은 한 가지뿐이다.

"금요일 같은 시간에 다시 CAB 회의를 잡아줘. 모든 CAB 회원에게 참석이 필수라고 내가 이메일을 보낼게."

내 자리 칸막이로 돌아왔을 때 엘렌이 내 책상에 앉아 노트북 위로 몸을 굽히고 메모를 하고 있었다.

"다 잘되고 있겠죠?"라고 물었다.

엘렌은 내 목소리에 깜짝 놀랐다. "세상에! 놀랐잖아요." 엘렌이 웃으며 말했다. "담당자가 30분 동안 여러 시도를 했는데 노트북을 부팅할 수 없어서 임시 노트북을 두고 갔어요."

엘렌은 책상의 먼 쪽을 손으로 가리켰고 난 놀라서 두 번이나 쳐다봐야 했다.

임시 노트북은 족히 10년은 된 것 같았다. 기존 노트북보다 2배나 크고 3배는 무거워 보였다. 배터리는 테이프로 붙여 놓았고 키보드 글자의 절반이 사용 이력을 말해주듯 지워져 있었다.

잠깐이지만 난 이게 장난이 아닐까 싶었다.

자리에 앉아서 이메일을 여는데 모든 것이 너무 느려서 몇 번이나 노트북이 또 잠겼다고 생각했다.

엘렌의 얼굴에 동정심이 서렸다. "지원 담당자 말이 이게 오늘 쓸 수 있는 유일한 거래요. 200명 이상이 비슷한 문제를 겪고 있는데 대부분 임시 컴퓨터도 못 받았다고 하네요. 부서장님이 쓰시던 노트북 모델을 사용하는 사람들도 보안 패치 때문에 일을 못 하고 있대요."

잊고 있었다. 오늘이 패치 화요일이란 걸 말이다. 패치 화요일에는 존과 존의 팀이 주요 공급 업체의 모든 보안 패치를 실행하는 날이다. 존이 또다시 내 팀과 내게 엄청난 문제와 혼란을 야기하고 있다.

힘없이 고개를 끄덕이고 도와줘서 고맙다고 했다. 엘렌이 나간 후 자리에 앉아서 CAB 회원들에게 이메일을 보내는데 입력한 글자가 화면에 나타나기까지 10초씩 걸리기도 했다.

발신: 빌 팔머

수신: 웨스 데이비스, 패티 맥키, IT 운영 관리팀

날짜: 9월 3일 오후 2시 43분

우선순위: 최고

주제: 필수 CAB 회의 금요일 오후 2시

오늘 저는 주간 CAB 회의에 참석했습니다. 어제 발생한 완전히 피할 수 있었던 변화 관련 실패를 감안할 때 패티 외에 제가 유일한 회의 참석자라는 사실에 매우 실망했습니다.

지금부터 관리자(또는 위임받은 대리인)는 예정된 모든 CAB 회의에 참석하고 할당된 임무를 수행해야 합니다. 우리는 파트 언리미티드의 변경 관리 프로세스를 다시 적용할 것이며 여러분은 해당 프로세스를 철저히 준수해야 합니다.

변경 관리를 무시하거나 피하는 사람은 누구든 징계를 받게 됩니다.

금요일 오후 2시에 반드시 참석해야 하는 CAB 회의가 있습니다. 거기서 뵙겠습니다.

궁금한 점이나 우려되는 점이 있으면 전화주시기 바랍니다.

도와주셔서 감사합니다.

빌

전송 버튼을 누르고 이메일이 최종적으로 보낼 편지함에서 떠날 때까지 15초 동안 기다렸다. 거의 동시에 휴대폰이 울렸다.

웨스였다. 내가 말했다. "노트북 문제로 전화하려던 참이었네. 관리자와 직원들이 업무를 할 수 있게 노트북을 교체해줘야 할 것 같은데 말이야."

"네. 진행 중입니다. 그것 때문에 전화한 건 아니고요. 피닉스 때문에 전화한 것도 아니고요." 웨스는 짜증이 난 듯했다. "변경 관리에 대한 메모 말인데요. 빌이 상사라는 건 알겠어요. 하지만 우리가 마지막으로 이런 변경 관리 어쩌고를 수행했을 때 IT 부서가 완전히 나가떨어졌다고요. 일을 제대로 할 수 있던 사람이 아무도 없었다니까요. 패티는 모두에게 번호를 부여하고 그 잘나신 분이 변경 사항을 승인하고 일정을 잡을 때까지 기다리라고 주장했었죠. 정말 터무니없었고 시간 낭비였어요."

웨스의 말을 막을 수 없었다. "우리더러 사용하라고 한 애플리케이션은 완전히 허접했어요. 간단한 5분짜리 변경을 하려고 양식을 채우는 데만 20분이 걸린다니까요! 누가 프로세스를 설계했는지는 모르겠지만 우리가 모두 시간제로 임금을 받으면서 일도 안 하고 일했다고 얘기하길 원한다고 생각한 것 같았어요."

웨스는 열이 나서 말을 계속 이어갔다. "결국 네트워크와 서버 담당팀이 패티가 권고한 도구 사용을 거부하면서 반란을 일으켰죠. 그런데 존이 감사 결과를 흔들어 대더니 이전 CIO인 루크한테 갔어요. 그러고는 빌이 지금 한 것처럼 루크가 다음과 같은 정책은 고용 조건이니 따르지 않는 사람을 해고하겠다고 위협했지요."

"제 직원들 중 반은 서류 작업을 하고 그놈의 필참 CAB 회의에 앉아 있느라 일하는 시간의 절반을 날렸어요." 웨스가 계속했다. "운 좋게도 일은 결국 끝이 났고, 존은 회의에 실제로 참석한 사람이 아무도 없다는 사실을 깨닫지도 못했죠. 존조차 1년 넘게 회의에 참석하지 않았으니 말이죠!"

흥미로운 얘기였다.

"무슨 말인지 알겠어." 내가 대답했다. "그런 일을 반복할 수는 없지만 그렇다고 또 다른 급여 문제를 겪을 수는 없잖아. 웨스, 회의에 꼭 와줘야 해. 그리고 이번 일을 해결하는 것을 도와줘야 해. 그렇지 않으면 자네도 문제가 돼. 자네를 믿어도 되겠지?"

웨스가 크게 한숨 쉬는 소리가 들렸다. "그래, 좋아요. 하지만 패티가 모든 사람의 삶의 의지를 앗아가는 일종의 관료주의 같은 것을 만들려고 한다면 개떡 같다고 말할 수도 있다는 걸 잊지 마세요."

이번엔 내가 한숨을 쉬었다.

이전에는 IT 운영 부서가 개발, 정보 보안, 감사 및 비즈니스 부서로부터 공격받는 것만 걱정했었다. 이제는 중요한 관리자들끼리도 서로 전쟁하고 있다는 것을 알게 됐다.

모두가 잘 지내려면 어떻게 해야 할까?

5장

● 9월 4일 목요일

오전 6시 15분, 알람 소리를 듣고 깜짝 놀라 잠에서 깼다. 밤새 턱을 앙다물고 있었는지 턱이 아팠다. 다가오는 피닉스 출시에 대한 우울한 전망이 멀게만 느껴지지 않았다.

평소 하던 대로 침대에서 일어나기 전에 나쁜 소식은 없었는지 재빨리 휴대폰을 살펴봤다. 보통 이메일 회신에 약 10분 정도 걸린다. 내 쪽에서 할 일을 다른 쪽으로 한두 개 날려버리는 일은 항상 기분이 좋다.

난 뭔가를 보자마자 아내 페이지를 깨울 정도로 세게 몸을 벌떡 일으킬 수밖에 없었다. "깜짝이야, 뭐에요? 뭐?" 페이지는 잠에서 채 깨지도 않은 상태에서 정신 나간 것처럼 물었다.

"스티브한테서 온 이메일이야. 잠깐만, 여보….." 눈을 가늘게 뜨고 이메일을 읽으며 페이지에게 말했다.

발신: 스티브 마스터스

수신: 빌 팔머

참조: 낸시 메일러, 딕 랜드리

날짜: 9월 4일 오전 6시 5분

우선순위: 가장 높음

주제: 긴급 : SOX–404 IT 감사 결과 검토

빌, 최대한 빨리 알아보게. 깔끔하게 SOX-404 감사를 받는 것이 얼마나 중요한지 굳이 말하지 않아도 알고 있으리라 여기네.

낸시, 현재 IT 운영을 담당하고 있는 빌 팔머와 협력하게.

스티브

>>> 전달 메시지 시작

다가올 SOX-404 외부 감사 준비를 위해 Q3 내부 감사를 방금 완료했습니다. 사장님과 논의해야 할 몇 가지 걱정되는 문제를 발견했습니다. 결과의 심각성과 긴급성으로 오늘 아침에 IT 부서와 만나야 합니다.

낸시

실제로 최고 감사 책임자인 낸시 메일러가 설정한 오전 8시로 예정된 2시간짜리 회의가 일정표에 잡혀 있었다.

맙소사! 낸시는 엄청나게 똑똑하고 만만찮은 상대다. 몇 년 전 리테일 인수 통합 과정에서 낸시가 인수한 사업부의 관리자를 다그치는 것을 봤다. 사업부 관리자가 재무 실적을 발표하고 있을 때 낸시는 콜롬보, 매틀록, 스카페이스가 섞인 사람처럼 심문과 취조를 마구 해대기 시작했다.

그러자 관리자는 자기 부서의 성과를 과장했음을 시인하면서 바로 무너졌다.

당시 회의를 떠올리자 겨드랑이가 축축해졌다. 난 잘못한 것이 없는데? 하지만 이메일의 어조를 감안할 때 낸시는 중요한 뭔가 때문에 화가 나 있었고 스티브는 그녀가 나아가는 길에 나를 내던져버렸다.

미드레인지 기술 그룹에서 나는 항상 팀 운영을 매우 신경 써서 했다. 감사 문제는 그다지 많지 않았다. 물론 여전히 많은 질문과 문서 요청이 있기는 했지만 몇 주 동안 데이터를 수집하고 응답을 준비했다. 때때로 뭔가 나오기도 하지만 우리는 재빨리 문제 될 만한 것을 수정하곤 했다.

서로 존중하는 업무 관계를 구축했다고 생각하고 싶었다. 그러나 이번 이메일은 뭔가 불길하다.

시계를 들여다봤다. 회의는 90분 후인데 낸시가 얘기하고 싶은 것이 무엇인지 아무 단서도 없었다.

"제기랄!" 페이지의 어깨를 흔들면서 내뱉었다. "여보, 오늘 당신이 애들을 학교에 데려다줄 수 있겠어? CAE^Chief Audit Executive와 스티브 사장님이랑 관련해서 뭔가 정말 나쁜 일이 생겼어. 전화 몇 통 해보고 사무실로 바로 가야 해."

짜증이 난 듯 페이지가 말했다. "2년 동안 목요일은 당신이 데려다주는 날이었잖아! 나도 오늘 일찍 가야 한단 말이야!"

"미안, 여보. 정말 중요한 일이라 그래. 회사 CEO가 나보고 이번 문제를 처리하라고 했어. 스티브 마스터스 말이야. TV에도 나오고 회사 휴가 파티에서 중요한 연설을 하는 사람 알지? 어제 그런 일이 있었는데 또 일을 망칠 순 없어. 그리고 그저께 신문 헤드라인에…."

페이지는 말 한마디 없이 계단을 뛰어 내려갔다.

오전 8시 회의가 예정된 회의실을 겨우 찾고 나서 얼마나 조용한지 알아차렸다. 보통은 회의 참석자들이 회의실로 들어가면서 대화를 하기 마련인데 그런 일상적인 대화가 전혀 없었다.

낸시는 테이블 상석에 앉아 있었고 다른 네 사람이 그녀 주변에 있었다. 낸시 옆에 앉아 있는 존은 항상 들고 다니는 검은 색 3링 바인더와 함께였다. 언제나처럼 나는 존이 어리다는 것에 놀랐다. 존은 30대 중반쯤 돼 보이고 굵은 검은색 곱슬머리를 갖고 있다.

오늘따라 존은 초췌해 보였고 많은 대학생처럼 파트 언리미티드에서 3년간 근무하면서 계속 체중이 늘어 있었다. 어쩌면 실패한 도덕 개혁 운동으로 인한 스트레스 때문이리라.

존은 실제로 방에 있는 다른 누구보다 브렌트를 더 많이 생각나게 했다. 하지만 항상 리눅스 티셔츠를 입는 브렌트와는 달리 존은 약간 커 보이는 풀 먹인 칼라 셔츠를 입었다.

웨스는 방에 있는 다른 사람들과 비교해 눈에 띄게 편한 옷을 입었지만, 옷 입는 것에 그다지 신경 쓰는 것 같지 않았다. 마지막에 앉아 있는 사람은 내가 모르는 젊은 사람으로 아마도 IT 감사관인 듯싶었다.

낸시가 말을 시작했다. "앞으로 다가오는 SOX-404 외부 감사에 대비해 Q3 내부 감사를 마쳤습니다. 상황이 심각합니다. IT 감사팀은 주목할 만한 IT 관리 문제를 다수 발견했습니다. 설상가상으로 많은 사안이 3년째 반복적으로 발견됐습니다. 해결하지 않고 그대로 뒀다가는 회사가 재무제표의 정확성을 주장하기에 충분한 통제력이 더는 없다고 결론 날 수 있습니다. 이로써 미국 증권 거래 위원회가 요구하는 10-K 연례 보고서에 외부 감사관들이 부정적인 감사 의견을 달 수 있습니다."

"비록 예비 조사 결과일 뿐이지만 상황의 심각성을 감안해서 감사 위원회에 구두로 이미 정보를 제공했습니다."

나는 충격으로 얼굴이 핼쑥해졌다. 감사 관련 용어를 전부 이해하지는 못했지만, 이것이 딕의 하루를 망칠 수 있고 심하면 신문 1면 기사가 될 수도 있다는 것쯤은 알 수 있었다.

내가 상황의 심각성을 이해한 것에 만족한 듯 낸시는 고개를 끄덕였다. "팀, 결론을 자세히 설명해주세요."

팀은 스테이플러가 박힌 두꺼운 종이 뭉치를 꺼내서 회의 참석자들에게 한 부씩 나눠줬다. "저희는 모든 중요한 재무 시스템에 대한 파트 언리미티드의 일반적인 IT 컨트롤 감사를 마쳤습니다. 8주 동안 4명으로 구성된 팀이 지금 여러분께 드린 통합 보고서를 작성했습니다."

이럴 수가! 손에 있는 5센티미터 두께의 종이 뭉치를 들어 올렸다. 이렇게 큰 스테이플러 철심을 어디서 샀지?

글자 크기 8의 작은 폰트로 페이지 당 20줄을 인쇄한 엑셀 자료였다. 마지막 페이지 번호는 189였다. "안에 수천 가지 문제가 들어있겠군요!" 난 믿을 수 없다는 듯 말했다.

"안타깝지만 그렇습니다." 팀은 우쭐한 감정을 완전히 숨기지 못한 채 대답했다. "저희는 952개의 일반 IT 관리 결함을 발견했습니다. 그중 16개는 중대 결함이고 2개는 잠재적 문제점입니다. 저희는 매우 놀랐습니다. 외부 감사가 얼마나 빨리 시작될지를 감안하면 가능한 한 빨리 수정 계획이 필요합니다."

웨스는 한 손을 이마에 대고 다른 손으로는 페이지를 한 장 한 장 넘기면서 테이블 위로 몸을 굽혔다. "이게 도대체 무슨 헛소리죠?"

웨스가 한 페이지를 들어 올렸다. "'문제 127. 안전하지 않은 윈도우 운영 체제 MAX_SYN_COOKIE 설정'이라니요? 지금 농담하는 겁니까? 모르시나 본데 저희가 다뤄야 할 진짜 문제는 따로 있다고요. 그게 만약 여기 계신 전문 감사관님들 돈벌이에 방해가 된다면 미안하기는 하네요."

사람들이 생각은 하고 있어도 입 밖으로는 내지 않을 소리지만 웨스는 그냥 내뱉었다.

낸시는 심각하게 대답했다. "안타깝게도 지금 시점에 관리 및 테스트 관련 검토는 끝났습니다. 이제 우리가 여러분에게 받고자 하는 것은 '관리자 답변서'입니다. 각 결과를 조사하고 확인한 다음 개선 계획을 세워야 합니다. 그러면 저희가 계획을 검토한 후 감사 위원회와 이사회에 제출하겠습니다."

낸시가 계속했다. "정상적이라면 답변서를 준비하고 개선 계획을 실행하는 데 몇 달이 걸릴 겁니다." 그러고는 갑자기 미안하단 듯이 말을 이어갔다. "안타깝지만 감사 테스트 일정이 진행되는 방식으로 볼 때 외부 감사가 도착할 때까지 3주 밖에 시간이 없습니다. 유감입니다. 다음 감사 주기 때는 IT 부서에 더 많은 시간을 드릴 수 있도록 하겠습니다. 그러나 이번에는 답변서를….”

낸시는 달력을 쳐다봤다. “늦어도 다음 주 월요일까지 주셔야 합니다. 가능하시겠습니까?”

이런 젠장.

겨우 6일이다. 문서를 읽는 것만 해도 3일은 걸릴 텐데 말이다.

오랫동안 정의와 객관성을 위한 집단이라고 믿었던 감사관들도 지금은 나한테 허튼소리를 하는 게 아닐까?

두꺼운 종이 더미를 다시 집어 들고 무작위로 몇 페이지를 훑어봤다. 웨스가 읽었던 것과 같은 항목이 많이 있었지만 다른 항목은 부적절한 보안 설정, 고스트 로그인 계정의 존재, 변경 관리 문제 및 업무 분리 문제에 대한 참조 등이 있었다.

존은 3링 바인더를 열고는 거만하게 말했다. “빌 부서장님, 저는 웨스씨와 부서장님의 전임자들께도 이런 문제를 여러 번 제기했었습니다. 그분들은 CIO를 설득해서 CIO가 위험을 감수하고 아무것도 하지 않겠다고 쓴 관리 제외 합의서에 서명하게 했습니다. 몇 가지가 반복되는 감사 결과라는 걸 감안하면 이번에는 빠져나갈 방법이 없을 것 같습니다.”

존이 낸시를 돌아봤다. “이전 관리 체제에서는 IT 관리가 우선순위는 분명히 아니었죠. 하지만 그게 어떤 결과를 가져왔는지 잘 아실 테니 빌 부서장님은 더욱 신중하게 행동하실 겁니다.”

웨스는 존을 경멸하듯 바라봤다. 존이 감사관들 앞에서 잘난 체하는 것이 믿기지 않았다. 이럴 때는 존이 도대체 누구 편인지 궁금하다.

존은 웨스와 나를 의식하지 않은 채 낸시에게 말했다. “정보 보안 부서는 몇 가지 관리 문제를 개선하고 있는데 그 부분은 인정받아야 한다고 생각합니다. 우선 저희는 중요한 금융 시스템에서 PII 토큰화를 완료했으므로 적어도 그 총알은 피했습니다. 해당 부분은 이제 해결됐습니다.”

낸시는 무미건조하게 답했다. "글쎄요. PII의 존재는 SOX-404 감사 범위에 있지도 않기 때문에 그런 관점에서 본다면 IT 일반 관리에 초점을 맞춰서 시간을 더 효과적으로 사용했을 수도 있었을 텐데요."

잠깐, 존이 한 긴급 토큰화 변경이 아무것도 효과가 없었다고?

사실이라면 존과 나중에 얘기를 좀 해야겠다.

내가 천천히 말했다. "낸시, 금요일까지 우리가 무엇을 드릴 수 있을지 정말 모르겠습니다. 저희는 복구 작업에 파묻혀 있는 데다 곧 출시될 피닉스를 지원하기 위해 노력하고 있습니다. 이 중 어느 것이 저희가 꼭 답변해야 할 만큼 중요한 걸까요?"

낸시가 팀에게 고개를 끄덕여 보이자 팀이 말했다. "물론입니다. 첫 번째 문제는 잠재적인 자료 약점으로 7페이지에 요약돼 있습니다. 이 결과는 재무 보고를 지원하는 애플리케이션에 대한 무단 또는 테스트 되지 않은 변경이 운영 환경에 적용됐을 수 있음을 나타냅니다. 그렇게 되면 사기같이 감지되지 않은 자료 오류가 발생할 수 있습니다. 경영진은 그런 변화를 막거나 감지할 수 있는 통제력이 없습니다."

"또한 부서장님 조직은 관리 정책에 따라 매주 만나야 할 변경 관리 회의에 대한 회의록을 만들지 못했습니다."

어제 CAB 회의에 아무도 나타나지 않았고 급여 지급 중단 사태가 있던 때 누구도 존의 토큰화 변경을 인지하지 못 한 탓에 결국 SAN을 먹통으로 만든 게 떠올라 움찔했으나 표정에 드러내지 않으려고 노력했다.

만약 우리가 그런 변화에 대해 아무것도 모르고 있다면 누군가가 1억 달러의 사기 거래를 가능하게 하도록 관리를 불능으로 만들어버려도 알아차릴 수 있을까 싶기는 하다.

"정말입니까? 믿기지 않는군요! 조사해보겠습니다." 나는 적당히 놀라고 적당히 도덕적으로 화를 내는 것처럼 말했다. 무작위로 아무 단어에 동그라미를 치고 밑줄을 그으며 내 클립 보드에 자세한 메모를 하는 척한 후

팀에게 계속하라고 고개를 끄덕여 보였다.

"다음으로 저희는 개발자가 운영 환경에 있는 애플리케이션 및 데이터베이스에 대한 관리 접근 권한이 있는 수많은 서비스 호출을 발견했습니다. 이것은 사기 위험을 방지하는 데 필요한 의무 분리를 위반하는 것입니다."

나는 존을 바라봤다. "정말인가요? 아무 말도 없었잖아요. 승인된 변경 명령 없이 애플리케이션을 변경하는 개발자라니요? 확실히 보안 문제가 있는 것처럼 들립니다. 누군가 맥스 같은 개발자에게 승인받지 않은 뭔가를 강제로 만들게 하면 어떻게 됩니까? 해당 부분에 대해서는 뭔가를 해야겠네요. 안 그렇습니까, 존?"

존은 얼굴이 벌게졌지만 정중하게 대답했다. "네, 물론입니다. 부서장님 말씀에 동의하고 기꺼이 도와드리겠습니다."

팀이 말했다. "좋습니다. 16개의 중대한 결함으로 넘어가시죠."

30분 후에도 팀은 여전히 말을 이어가고 있었다. 나는 침울하게 엄청난 양의 결과물을 쳐다봤다. 이런 문제 대부분은 정보 보안에서 나오는 양만 많고 쓸데없는 보고서 같다. 그게 바로 존의 평판이 좋지 않은 또 다른 이유겠지 싶었다.

이건 끝없이 쳇바퀴 도는 햄스터의 고통 같았다. 정보 보안 부서는 분기마다 끝도 없는 중요한 보안 치료 작업 목록으로 사람들의 수신함을 채웠다.

팀이 마침내 말을 마치자 존이 말했다. "취약한 시스템에 패치를 설치해야 합니다. 도움이 필요하시다면, 참고로 저희 팀은 시스템 패치 경험이 풍부합니다. 이런 감사 결과는 큰 보안 허점을 막을 좋은 기회입니다."

"자, 두 분 다 지금 본인들이 무슨 말을 하고 있는지 전혀 모르고 있군요!" 웨스는 몹시 화가 나서 존과 팀에게 소리쳤다. "제조 ERP 시스템이 실행되는 서버 중 일부는 20년이 넘었습니다. 만약 해당 서버들이 멈추면 회사의 절반이 멈출 거고 벤더는 수십 년 전에 망했을 겁니다! 서버들은 너무 취약해서 잘못 들여다만 봐도 충돌이 발생하기 때문에 성공적으로 재부팅하려면 갖은 마술을 다 부려야 할 정도입니다. 당신들이 얘기하는 그런 요청을 다 받아들이지 못한다고요!"

웨스는 테이블 위에 몸을 굽히고는 손가락을 존의 얼굴 바로 앞에 들이댔다. "패치를 하고 싶다면 그렇게 하시죠. 하지만 그 전에 당신이 패치 버튼을 눌러서 비즈니스가 통째로 멈춘다면 공장 관리자들에게 날아가 굽신거리면서 그들이 생산 목표를 왜 맞추지 못했는지 설명하겠다고 서명한 문서부터 주시죠. 그렇게 하시겠습니까?"

존이 실제로 웨스의 손가락 쪽으로 몸을 들이밀고는 화를 내며 말했을 때 난 놀라서 눈이 휘둥그레졌다. "그래요? 그렇다면 우리가 보호해야 할 고객 데이터를 잃어버려서 신문 첫 페이지에 나온다면 어떻겠습니까? 그때는 러시아 마피아가 팔아먹고 있는 데이터의 주인인 수천 또는 수백만 가족에게 개인적으로 사과하시겠습니까?"

내가 말했다. "다들 그만하시죠. 우리 모두 회사에 좋은 일을 하고 싶습니다. 문제는 우리가 해야 할 일이 무엇인지 그리고 실제로 패치를 설치할 수 있는 시스템이 무엇인지 파악하는 겁니다."

나는 종이 뭉치를 쳐다봤다. 웨스, 패티, 그리고 내가 사람들에게 각 문제를 조사하도록 작업을 할당할 수는 있지만 누가 실제로 작업을 수행할 수 있을까? 우리는 이미 피닉스에 파묻혀 있어서 새로운 대규모 프로젝트로 인내심이 한계에 다다를까 두렵다.

내가 낸시에게 말했다. "저희 팀을 바로 불러서 계획을 세워보죠. 그때까지 답변서를 보내겠다고 약속할 수는 없어도 최선을 다하겠습니다. 그 정도면 충분할까요?"

낸시는 "그 정도면요"라고 우호적으로 말했다. "예비 감사 결과를 검토하고 다음 단계를 정하는 것이 이번 회의의 유일한 목표였습니다."

회의가 끝나고 나는 웨스에게 남으라고 얘기했다.

내가 웨스에게 말하는 것을 들은 존도 회의실에 남았다. "이건 완전히 재앙입니다. 모든 목표와 보너스는 SOX-404와 PCI 감사에 대한 명확한 컴플라이언스 보고서와 엮여 있습니다. 운영 부서가 스스로 똥을 못 치워서 저까지 망하게 됐다고요!"

"우리랑 같은 신세가 되겠군요." 내가 말했다.

그리고 날 그만 괴롭히도록 말을 이어갔다. "사라와 스티브는 피닉스 배포 날짜를 다음 금요일로 결정했습니다. 모든 보안 검토를 건너뛰고 싶어 하죠. 크리스와 사라를 만나 바로 얘기해보는 게 좋을 것 같은데요."

예상했던 대로 존은 욕을 하며 문을 쾅 닫고 뛰어나갔다.

지친 나는 의자에 몸을 기대고 웨스에게 말했다. "이번 주는 일이 정말 안 풀리는군."

웨스는 재미없다는 듯 웃었다. "주변 상황이 빌의 머리를 폭발하게 할 거라고 말했잖아요."

나는 감사 결과를 가리켰다. "피닉스의 모든 핵심 인력을 보호해야 하겠지만 저놈이 모든 사람을 다 빨아들이고 있어. 감사 결과에 투입할 수 있게 벤치에 앉아 기다리는 사람이 있을 리가 없잖아?"

웨스는 긴장으로 초췌한 얼굴을 하고는 고개를 가로저었다.

그리고 종이 뭉치를 다시 뒤적였다. "여기에 선임 기술 인력을 투입하기는 해야 해요. 하지만 빌이 말했듯이 이미 다들 피닉스 팀에 투입돼 있어요. 여기로 다시 투입해야 할까요?"

솔직히 나도 모르겠다. 웨스는 한동안 특정 페이지를 뚫어지게 쳐다봤다. "그런데 이것들 대부분 브렌트가 있어야 할 것 같은데요."

"무슨 말이야?" 내가 중얼거렸다. "브렌트…. 브렌트, 브렌트, 브렌트! 브렌트 없이는 아무것도 할 수 없는 거야? 우리 좀 봐! 업무와 자원 관리에 관해 얘기하려는데 고작 우리가 하는 거라고는 한 사람 얘기밖에 없잖

아. 브렌트가 얼마나 재능있는지 난 상관 안 해. 자네가 우리 조직이 브렌트 없이는 아무것도 할 수 없다고 말한다면 그거야말로 진짜 큰 문제야."

웨스는 약간 당황해하며 어깨를 으쓱했다. "브렌트가 최고 중 하나라는 것은 의심할 여지 없어요. 정말 똑똑하고 우리 조직에 있는 거의 모든 것을 알고 있으니까요. 브렌트는 모든 애플리케이션이 엔터프라이즈 차원에서 어떻게 서로 연관돼 있는지를 실제로 이해하는 몇 안 되는 사람 중 하나죠. 어쩌면 브렌트가 저보다 회사가 돌아가는 상황을 더 자세히 알고 있을 겁니다."

"웨스, 당신은 선임 관리자야. 나도 그렇지만 당신한테도 용납할 수 없는 일이어야지!" 나는 단호하게 말했다. "도대체 브렌트가 몇 명이나 더 필요한 거야? 하나, 열, 아니면 백? 모든 작업의 우선순위를 정하려면 스티브와 얘기해야겠어. 웨스는 우리가 필요한 자원만 알려줘. 스티브에게 더 많은 인력을 요청하면 나중에 더 달라고 기어가서 구걸할 일은 없겠지."

웨스는 어이없다는 듯이 눈을 굴렸다. "빌! 무슨 일이 일어날지 제가 말해볼까요? 우리가 경영진에게 가서 이번 일을 얘기해요. 그러면 그들은 거절만 하는 게 아니라 예산을 5% 더 줄일 거예요. 그게 지난 5년간 일어났던 일이라고요. 그동안 모든 사람이 동시에 모든 것을 계속 원했고 우리가 할 일은 계속 늘어났다고요."

격분한 웨스가 말을 이어갔다. "그래서 빌도 알고 있다시피 난 그동안 브렌트 같은 사람을 더 많이 고용하려고 애썼죠. 예산을 확보하지 못하니까 브렌트와 같은 경력의 상급 엔지니어 4명을 더 고용하려고 다른 직책을 여럿 없앴죠. 그랬더니 어떻게 된 줄 알아요?"

난 그저 눈썹만 치켜올렸다.

"그중 절반은 1년 안에 그만뒀고, 남은 사람들로는 원하는 생산성 근처에도 못 갔어요. 그걸 입증할 데이터는 없지만 브렌트는 어느 때보다 일을 제대로 못 했어요. 브렌트는 새로운 사람들을 훈련하고 도와주는 데 많은 시간을 들여야 했다고 불평했어요. 결국 지금은 어느 때보다 바빠졌죠. 그런데도 브렌트는 아직도 모든 일의 중심에 있어요."

내가 대답했다. "조금 전에 할 일이 계속 늘어난다고 했지. 목록은 어떻게 생겼지? 목록 복사본이라도 어디서 구할 수 있나? 누가 목록을 담당하지?"

웨스가 느리게 답했다. "글쎄, 목록에는 비즈니스 프로젝트와 여러 가지 IT 인프라스트럭처 프로젝트가 있어요. 하지만 대부분 업무가 다 적혀 있는 건 아니고요."

"비즈니스 프로젝트는 몇 개지? 인프라스트럭처 프로젝트는 몇 개고?" 내가 물었다.

웨스는 고개를 절레절레 흔들었다. "지금 당장은 나도 몰라요. 비즈니스 프로젝트는 커스틴에게 달라고 할 수 있지만, 인프라 쪽 질문에 대한 답을 아는 사람이 있을지는 모르겠네요. 인프라 프로젝트는 PMO^Project Management Office를 거치지 않거든요."

심장이 쿵 하고 내려앉는 느낌이 들었다. 수요, 우선순위, 진행 중인 작업 상태 및 가용 자원이 무엇인지 모르는 상태에서 운영 시스템을 어떻게 관리할 수 있을까? 첫날에 이런 질문을 하지 않은 것이 갑자기 후회됐다.

내가 관리자처럼 생각하고 있다니….

패티에게 전화를 했다. "웨스와 내가 방금 감사팀에게 난도질당했는데 다음 주 월요일까지 답변서가 필요하다고 하네. 지금 우리가 해야 할 일들이 무엇인지 파악해줬으면 좋겠어. 그래야 내가 인력에 관해 스티브와 지적인 논의를 할 수 있을 것 같은데 말이야. 지금 얘기 가능한가?"

패티는 "명확히 제 관심사네요. 이쪽으로 오세요."

웨스가 테이블에 쿵 하니 던져 놓은 엄청난 감사 보고서의 내용을 간략하게 전달하자 패티는 휘파람을 불었다.

"패티도 회의에 감사관들과 같이 있었어야 했어." 내가 말했다. "가장 큰 문제 대부분이 기능적 변경 관리 프로세스가 없어서였어. 어쩌면 패티가 감사관들과 가장 잘 친해질지도 모르겠네."

"감사관에게도 친구가 있어요?" 패티가 웃었다.

"패티가 웨스를 도와서 월요일까지 감사 결과를 수정하는 작업이 얼마나 걸릴지 예상할 수 있도록 도와줘. 그런데 지금은 더 중요한 문제를 얘기하고 싶은데⋯. 회사에 대한 모든 프로젝트 목록이 있었으면 좋겠어. 목록이 얼마나 길고 어떻게 진행되고 있지?" 내가 말했다.

웨스가 내게 해준 말을 듣고 나서 패티가 답했다. "웨스 말이 맞아요. 커스틴은 공식적인 비즈니스 프로젝트 목록을 보유하고 있고, 목록에 있는 거의 모든 프로젝트에 우리가 엮여 있어요. 우리도 일반적으로 기술 예산 책임자가 관리하는 자체 IT 운영 프로젝트를 갖고 있죠. 다만 그런 프로젝트는 하나로 관리하는 목록이라는 게 없어요."

패티가 계속했다. "새로운 요구든 뭔가를 고쳐달라는 요구든 유형과 관계없이 모든 요청은 서비스 데스크로 들어가요. 하지만 비즈니스 부서에 있는 많은 사람이 각자 좋아하는 IT 담당자와 얘기하기 때문에 목록도 완전하진 않아요. 그런 일은 목록에는 전혀 기재되지 않죠."

내가 천천히 물었다. "그래서 패티 말대로라면 우리가 해야 할 일이 무엇인지 전혀 모른다는 거야? 정말?"

웨스는 방어적으로 말했다. "지금까지 아무도 묻지 않았죠. 우리도 항상 똑똑한 사람을 고용하고 특정 분야별로 책임을 맡겼으니까요. 그 이상 관리할 필요가 없었죠."

"음, 이제라도 시작해야겠네. 지금 우리가 해야 할 일이 무엇인지도 모르면서 다른 사람에게 새로운 약속을 할 수는 없잖아! 적어도 감사 결과를 수정하기 위한 작업 견적을 줘봐. 그런 다음 각 인원을 현재 하는 일에서 빼내려면 해야 할 다른 일이 무엇인지 알려줘."

잠시 생각하고 나서 내가 덧붙였다. "그 문제에 대해서 말인데, 피닉스에 투입된 모든 사람에 대해서도 동일한 작업을 수행해줘. 내 생각엔 이미 과부하 상태인 것 같지만 어느 정도인지는 알고 싶거든. 어떤 프로젝트가 서로 부딪히는지 사람들에게 적극적으로 말해줘야 우리가 약속한 내용을 완료하지 못해도 놀라지 않겠지."

웨스와 패티 둘 다 놀란 것처럼 보였다. 웨스가 먼저 말했다. "하지만…. 하지만 거의 모든 사람하고 얘기해야 해요! 패티는 사람들이 어떤 변경 사항을 만드는지 닦달하는 재미를 보겠지만 우리는 돌아다니며 최고의 사람들이 가진 시간을 낭비하게 할 수는 없어요. 진짜 해야 할 일이 엄청 많거든요!"

"맞아, 해야 할 진짜 일이 많다는 걸 알아." 나는 단호하게 말했다. "단지 한 줄로 모든 일이 무엇이며 얼마나 오래 걸릴지를 알려주면 돼!"

이런 일이 어떤 인상을 줄지 알기에 내가 덧붙였다. "우리가 이렇게 하는 것은 더 많은 자원을 확보하기 위한 것이라고 꼭 알려줘. 누구도 우리가 아웃소싱하거나 누군가를 해고할 것으로 생각하는 사람은 없어야 해."

패티가 고개를 끄덕였다. "더 일찍 해야 했어요. 항상 우선순위를 높이지만 실제로 어떤 것이 빠졌는지는 제대로 모르는 게 문제죠. 정리하자면 누군가가 우리한테 왜 안 했느냐고 소리를 지르기 전까지는 뭘 안 했는지도 모른다는 거예요."

패티는 노트북에 계속해서 타이핑해 나갔다. "조직의 프로젝트와 사람들이 작업하고 있는 업무와 소요 시간에 대한 하나의 목록을 원하는 거죠? 먼저 모든 피닉스와 감사 결과 수정 작업 리소스부터 시작하겠지만 결국 전체 IT 운영 조직을 다 포괄하게 될 거예요. 내 말이 맞아요?"

난 패티가 간결하게 정리한 내용이 정말 마음에 들어 미소를 지었다. 패티가 훌륭한 일을 해낼 것이다. "바로 그거야. 패티랑 웨스가 가장 많이 사용되는 자원과 필요한 새로운 자원의 수를 결정할 수 있으면 보너스 포인트를 줄게. 그게 바로 스티브에게 더 많은 인력을 요청하는 근거가 될 거야."

패티가 웨스에게 말했다. "아주 간단한 일이어야 해. 15분짜리 인터뷰를 하고, 서비스 데스크와 티케팅 시스템에서 데이터를 가져오고, 커스틴의 프로젝트 목록 등을 가져올 수 있어."

놀랍게도 웨스가 동의하며 덧붙였다. "인사 관리와 하드웨어 요청을 어떻게 했는지 보려면 예산 수립 도구도 들여다봐야겠네."

내가 자리에서 일어섰다. "좋은 생각이야. 금요일 이전에 두 사람이 찾은 내용을 살펴볼 회의를 하자. 실질적인 데이터로 중무장하고 월요일에 스티브와 회의를 하고 싶거든."

패티가 내게 엄지손가락을 치켜들었다. 이제 방향이 잡혀가고 있다.

6장

• 9월 5일 금요일

끝없는 피닉스 현황 회의 중에 내가 걱정했던 것보다 개발자들이 훨씬 더 뒤처져 있다는 것을 알게 됐다. 웨스가 예측한 대로 거의 모든 테스트를 포함해 점점 더 많은 작업이 다음 릴리스로 연기되고 있었다.

결국 운영 과정에서 문제가 발생한다면 문제를 발견하는 사람이 QA^{Quality Assurance} 부서가 아닌 우리가 될 것이라는 의미다.

끝내주는군.

토론 시간 중간에 휴대폰을 내려다보면서 패티로부터 온 이메일을 확인했다. 패티는 눈이 번쩍 뜨일 만큼 놀랄 일이 있다며 인력에 관한 회의를 하고 싶어 했다.

첨부된 엑셀 파일을 열자 여러 세부 사항이 보였지만 작은 휴대폰 화면으로는 도대체 무슨 말인지 알아볼 수 없었다. 패티에게 내가 그쪽으로 가는 길이니, 웨스와 함께 만나자고 답을 했다.

도착했을 때 웨스가 프로젝터를 설치하고 벽에 엑셀 파일을 띄우고 있는 것을 보고 놀랐다. 매일 급한 불만 끄다가 상황 분석을 위한 회의를 하게 돼 기뻤다.

자리를 잡고 물었다. "좋아, 뭐가 나왔지?"

웨스가 말문을 열었다. "패티가 내용 정리를 잘해줬네요. 우리가 발견한 건…. 음, 조금 재밌군요."

패티가 설명을 이어갔다. "우리는 인터뷰를 하고 데이터를 수집한 다음 분석을 했죠. 현재 숫자들은 주요 인력에만 해당하는 거예요. 그런데 벌써 문제점이 보이고 있어요."

패티는 엑셀 파일 내용 중 어떤 줄을 가리켰다. "무엇보다 프로젝트가 많아요. 커스틴은 공식적으로 약 35개의 주요 비즈니스 프로젝트를 관리하고 있고 프로젝트마다 우리가 맡은 업무가 있다고 했어요. IT 운영 내부에서는 이미 70개가 넘는 프로젝트가 있는데 우리가 한 사람씩 인터뷰할 때마다 프로젝트 수는 계속 증가하고 있어요."

"잠깐만!" 나는 너무 놀라 의자에 자세를 똑바로 잡았다. "IT 운영 인력이 150명 맞아? 이미 105개가 넘는 프로젝트를 찾았다면 프로젝트당 1.5명이야. 너무 많은 것 같지 않아?"

웨스가 답했다. "엄청 많죠. 게다가 프로젝트 수가 아직 다 파악도 안됐어요. 결국에는 프로젝트당 한 사람 정도가 될 거 같아요. 정말 미쳤지."

"이런 내부 프로젝트 규모는 어떻지?"

웨스는 엑셀 시트에서 탭을 눌러 다른 페이지로 전환한 후 둘이 작성한 프로젝트 목록과 예상 맨위크man-week 수치를 보여줬다. '이메일 서버 통합 및 업그레이드', '35개의 오라클 데이터베이스 인스턴스 업그레이드', '지원되는 레밍Lemming 데이터베이스 서버 설치', '기본 비즈니스 애플리케이션 가상화 및 마이그레이션' 등.

끙하는 신음이 절로 났다. 일부 프로젝트는 규모가 작지만 대부분 3년 이상으로 추정되는 주요 사업 같았다.

패티가 내 표정을 보고는 말했다. "우리도 빌과 같은 표정을 지었어요. 수많은 프로젝트에 엮인 거죠. 우리 역량이 어떤지 살펴봐야 해요. 프로젝트에 무작위로 사람들을 배정할 수 없어서 이 부분이 더 어려워졌어요."

패티는 말을 이어갔다. "각 프로젝트에 누가 배정돼 있고 각자 맡은 업무는 무엇이며 가용 인력은 누가 있는지 들여다봤어요. 이게 우리가 알아낸 거예요."

다른 엑셀 시트 탭으로 넘어가자 심장이 덜컥 내려앉는 듯했다.

"암울하죠?" 웨스가 말했다. "대부분 자원이 피닉스에 가 있어요. 다음 줄을 한번 봐요. 컴플라이언스가 다음으로 큰 프로젝트예요. 컴플라이언스 작업만 수행하더라도 일 년 동안 대부분 주요 인력이 다 참여해야 한다고요! 브렌트도 포함해서 말이죠."

나는 못 믿겠다는 듯이 말했다. "농담이겠지. 모든 프로젝트를 보류하고 감사 결과에만 몰입해도 핵심 인력들이 1년 동안 묶여 있어야 한다고?"

"그렇죠." 패티가 고개를 끄덕였다. "믿기 어렵겠지만 감사 결과에 얼마나 많은 업무가 포함돼 있는지 이게 보여주고 있어요."

나는 말을 잃은 채 테이블만 내려다봤다.

스티브와 처음 얘기를 나눌 때 누군가가 수치를 보여줬다면 나는 어린 소년처럼 비명을 지르면서 방에서 도망쳐 나왔을 것이다.

그 생각을 하면서 지금도 늦은 것은 아니라고 생각했다.

침착하려고 노력하면서 입을 열었다. "좋아, 모르고 있는 것보단 낫겠지. 계속해봐."

웨스가 엑셀 시트로 시선을 돌렸다. "세 번째로 큰일은 사고 및 고장 수리 작업이에요. 지금은 아마도 직원들이 시간의 70%를 이쪽에 소비하고 있을 겁니다. 그리고 여기에는 중요한 비즈니스 시스템이 포함돼 있어서 다른 모든 것보다 우선해요. 피닉스와 감사 결과 수정 작업을 포함해서 말이죠."

"그건 그렇고 어제 브렌트와 얘기할 때 브렌트가 장애 문제를 해결하는 걸 도와줘야 해서 인터뷰 일정을 두 번이나 다시 잡아야 했다는 거 알아요? 우리가 피닉스 작업을 하는 브렌트를 방해하고 있었는데, 그것마저도 장애 해결 때문에 방해받았다고요!"라고 웨스가 웃으며 말했다.

나도 같이 웃다가 갑자기 멈췄다. "잠깐, 장애? 무슨 장애? 왜 난 아무 말도 못 들었지? 이런 식으로 조직을 계속 운영할 순 없잖아!"

"음, 또 다른 SAN 문제였지만 중요한 건 아니었어요." 웨스가 답했다. "몇 달 전에 드라이브가 제대로 작동하지 않아서 SAN을 중복 없이 실행했었어요. 그런데 다른 드라이브도 고장이 나서 전체 볼륨이 다운됐죠. SAN을 백업할 때 브렌트가 데이터베이스 일부를 복원하는 걸 도와줘야 했거든요."

나는 화가 나서 소리를 질렀다. "제기랄, 웨스. 그런 일은 미리 방지할 수도 있었잖아! 직원 한 명 시켜서 매일 드라이브 고장에 대한 로그를 확인하게 하면 되잖아. 아니면 담당 직원한테 드라이브를 육안으로 검사하고 깜박이는 표시 등을 모두 세도록 했을 수도 있잖아. 그런 걸 예방 유지라고 한다고! 브렌트는 피닉스에 필요하지, 이런 잡다한 일에 필요한 게 아니라고!"

웨스가 방어적으로 말했다. "이봐요, 빌. 이게 사실 그렇게 간단한 문제만은 아니에요. 교체 드라이브 주문을 했는데 몇 주 동안 조달이 안 됐어요. 그나마 공급 업체 중 하나를 통해 외상으로 받아와야 했어요. 그게 우리 잘못은 아니잖아요."

나는 격분했다. "웨스, 잘 들어. 상관없다고! 조달에는 관심이 없어. 공급 업체가 얼마나 친절한지도 내 알 바 아니야. 자네는 자네 할 일을 해야 해. 다시는 이런 일이 일어나지 않도록 하라고!"

나는 깊게 심호흡을 했다. 내 좌절감이 드라이브 실패 때문이 아니라 회사에 가장 중요한 것에 계속 집중할 수 없기 때문이라고 생각했다.

"이봐, 지금 이런 얘기는 그만하자고." 웨스를 돌아보며 내가 말했다. "하지만 누군가에게 SAN을 매일 보게 하자는 건 진심이야. 다음 주 하루 날 잡아서 나, 웨스 그리고 패티가 이런 장애 문제를 해결할 회의를 했으면 해. 고장 수리 작업량을 줄이는 방법을 알아내야 프로젝트도 완료할 수 있어. 피닉스 프로젝트를 끝내지 못하면 회사가 위태로워지니까 말이야."

"그래, 알겠어요. 피닉스 출시 전에 해결해볼게요." 웨스가 침울하게 고개를 끄덕이며 말했다. "SAN 문제는 오늘 오후에 해결할게요."

"좋아, 스프레드시트로 돌아가지."

패티는 침울하게 바라봤다. "그 말이 맞아요. 인터뷰에서 나온 한 가지 일관된 주제는 모든 사람이 프로젝트 작업을 끝내려고 애쓰고 있다는 거예요. 시간이 있어도 모든 업무의 우선순위를 정하는 데 어려움을 겪고 있어요. 비즈니스 쪽 사람들이 우리 직원들에게 계속 자기네 일을 먼저 해달라고 요청하거든요. 특히 마케팅 부서가 그렇죠."

"사라?"

패티는 "예, 하지만 꼭 사라만 그런 건 아니에요"라고 답했다. "실제로 회사의 모든 경영진은 자신이 좋아하는 IT 담당자에게 직접 연락해서 부탁하거나 뭔가를 끝내달라고 압력을 넣는 몹쓸 짓을 저지르고 있죠."

내가 물었다. "이런 문제를 어떻게 바꾸고 모든 프로젝트에 필요한 자원을 제대로 얻으려면 어떻게 해야 하지? 스티브에게는 뭘 요청해야 하고?"

웨스가 엑셀 시트를 아래로 내렸다. "대략적인 수치에 따르면 데이터베이스 관리자 3명, 서버 엔지니어 2명, 네트워크 엔지니어 1명, 가상화 엔지니어 1명 등 7명을 추가로 채용해야 해요. 물론 해당 인력을 찾는 데 시간이 걸리고 찾은 뒤에도 생산성을 높이려면 6개월에서 12개월은 더 걸리겠죠."

새로운 직원들이 채용 즉시 생산성을 낼 수 없다는 것을 나도 잘 알고 있다. 하지만 스티브가 추가 채용 인원을 승인하더라도 실질적인 도움을 받으려면 아직 멀었다는 웨스의 지적을 듣는 것은 여전히 우울한 일이다.

그날 오후 두 번째 CAB 회의 장소로 이동하면서 희망을 떠올렸다. 이전의 변경 프로세스를 계속 진행할 수 있다면 가장 큰 감사 문제 중 하나를 신속하게 해결하고 운영상 이점도 얻을 수 있다고 생각했다.

패티와 웨스가 서로 잘 협력하고 있다는 점이 그나마 기뻤다.

회의실 근처에 다다르자 싸우는 듯한 큰 소리가 들렸다.

"…그런 다음에 패티가 담당 기술자를 해고해버렸지. 그때 해고한 기술자는 최고의 네트워크 전문가 중 하나였다고! 그건 당신이 할 일이 아니었어!"

소리치고 있는 사람은 틀림없이 웨스다. 화가 나서 대답하는 패티의 목소리도 들렸다. "뭐? 웨스 당신도 그때 해고 통지서에 서명했잖아! 왜 이게 갑자기 내 잘못이 됐지?"

지금까지 너무 술술 풀린다고 생각한 걸까?

그러자 존이 말하는 것이 들렸다. "그렇게 하는 것이 옳았습니다. 똑같은 변경 관리 조사 결과만 3년째입니다. 감사 위원회 앞에 또다시 놓일 겁니다. 제 생각이 맞는다면 다음번에는 엔지니어 한 명만 해고당하는 걸로 끝나지 않을 수도 있습니다."

잠깐, 누가 이번 모임에 존을 오라고 한 거지?

존이 상황을 악화시키기 전에 재빨리 문을 열고 들어가 밝게 말했다. "안녕하신가요, 다들! 변경 사항을 검토할 준비는 됐나?"

14명의 인원이 나를 돌아봤다. 다양한 그룹의 기술 리더가 테이블에 앉아 있었다. 웨스는 자기 의자 뒤에 서서 열을 올리고 있었고, 패티는 팔짱을 낀 채 앞쪽에 서 있었다.

존은 회의실 뒤쪽에서 항상 들고 다니는 3링 바인더를 펼쳐 둔 채 있었다. 참석하길 바랐던 손님은 아니었다.

두 손으로 내 고물 노트북을 내려놓았다. 배터리를 붙여 났던 테이프가 툭 떨어지면서 충격으로 노트북이 테이블에 부딪혀 덜그럭 소리를 내더니 디스크 드라이브가 회전하면서 긁히는 소리가 들렸다.

웨스의 화난 표정이 잠시 사라졌다. "우와, 보스, 장비가 좋네. 그거 카이프로 II예요? 한 30년 만에 보는 것 같네요. CP/M 기동할 때 20센티미터 플로피 디스크가 필요하면 얘기해요. 우리 집 다락방에 하나 남아있거든요."

두 명의 엔지니어가 킥킥대며 내 고물 노트북을 가리켰다. 나는 만화 같은 반응에 고마워하며 웨스에게 가벼운 미소를 보냈다.

나는 선 채로 모든 사람에게 말했다. "내가 왜 이렇게 많은 사람을 여기에 모이라고 했는지부터 얘기하지. 피닉스의 긴급함을 감안할 때 중요하지 않게 생각했다면 여러분의 시간을 빼앗는 일은 없었겠지?"

나는 말을 이어갔다. "먼저 화요일에 있었던 SAN과 급여 문제로 이어진 일련의 일들은 절대로 다시 일어나면 안 돼. 중간 규모의 급여 문제로 시작된 것이 눈덩이처럼 불어나 대규모 아군에 대한 폭격처럼 커져 버렸어. 왜 그랬을까? 우리가 계획하거나 구현 중인 변경 사항에 대해 서로 얘기하지 않았기 때문이지. 절대 있을 수 없는 일이야."

"둘째, 존 말이 맞아. 어제 아침에 감사관들과 함께 그들이 발견한 많은 지적에 관해 얘기했어. 해당 문제가 분기별 재무제표에 영향을 줄 수 있어서 딕 랜드리는 벌써 걱정이 이만저만이 아니야. 우리 모두 변경 관리를 강화해야 하고, 관리자 및 기술 리더로서 아군이 폭격당하는 일을 예방하고, 감사관들이 우리를 못살게 굴지 않도록 지속 가능한 프로세스를 만드는 동시에 작업을 계속 수행할 방법을 찾아야 해. 제대로 된 계획을 만들 때까지는 이 방을 떠날 수 없어. 알겠지?"

모든 사람이 제대로 주눅 든 것을 보고 만족하며 나는 토론을 시작했다. "그래서 우리가 일을 완료하는 데 방해가 되는 것은 뭐지?"

기술 리더 중 한 명이 재빨리 말했다. "제가 먼저 시작하겠습니다. 변경 관리 도구를 사용할 수 없습니다. 수십 개의 필수 입력란이 있는 데다 '영향을 받는 애플리케이션'에 대한 드롭 다운 상자에는 정작 필요한 항목이 없습니다. 그래서 저는 변경 요청하는 일을 그만뒀습니다."

다른 리더가 소리쳤다. "농담이 아닙니다. 패티의 규칙을 따르려면 텍스트 상자 중 하나에 수백 개의 서버 이름을 수동으로 입력해야 합니다. 대부분 칸도 모자랄 정도입니다! 백 개 서버 이름을 64자 텍스트 상자에 들어가게 써야 한다고요? 어떤 바보가 서식을 만들었습니까?"

더욱 매정한 웃음소리가 다시 새어 나왔다.

패티의 얼굴이 벌게졌다. "데이터 무결성을 유지하려면 드롭 다운 상자를 사용해서 애플리케이션 목록을 최신 상태로 유지하고 싶지만 리소스가 없습니다. 누가 애플리케이션 카탈로그와 변경 관리 데이터베이스를 최신 상태로 유지하죠? 그게 마술처럼 스스로 업데이트된다고 생각하나요?"

"패티, 도구만 그런 게 아니야. 전체 프로세스가 엉망이라 그렇지"라고 웨스가 주장했다. "우리 직원들이 변경 요청을 할 때 일정을 잡는 것은 물론 승인을 받기까지 평생을 기다려야 해. 비즈니스 쪽 사람들은 그놈의 프로젝트를 끝내라고 우리 목덜미에다가 콧김을 내뿜고 있다고. 패티가 우리보고 서식을 제대로 작성하지 않았다고 불평하면서 우물쭈물하는 걸 기다릴 시간이 없다는 말이야."

패티가 쏘아붙였다. "헛소리 말아요! 여기 있는 사람 모두 알고 있을 거예요. 항상 규칙을 위반하죠. 예를 들어 자기들이 하는 모든 변경 요청은 '긴급' 또는 '긴급 변경'으로 표시하죠. 그 칸은 실제로 긴급한 사항을 위한 것이라고요!"

웨스가 응수했다. "긴급이라고 표시해야 요청을 들여다보니 그렇게 해야 한다고! 승인받는 데 누가 3주나 기다릴 수 있겠어?"

수석 엔지니어 중 한 사람이 제안했다. "'매우 긴급'이라는 칸을 하나 더 만들면 어떨까요?"

나는 소동이 가라앉을 때까지 기다렸다. 이대로라면 결론을 낼 수도 없다. 화가 나서 어떻게 할지를 생각하다가 마침내 입을 열었다. "10분간 휴회하지."

회의가 재개됐을 때 내가 입을 열었다. "우리가 앞으로 30일 안에 승인할 예정인 변경 사항과 이미 승인한 변경 사항 목록이 모두 정리될 때까지 회의실을 떠날 생각은 하지 말게."

"내 비서가 빈 색인 카드 한 뭉치를 가져왔다네. 그룹별로 계획 중인 모든 변경 사항을 색인 카드에 하나씩 작성해봐. 변경을 계획 중인 사람, 변경할 대상 시스템 그리고 한 문장으로 된 변경 내용 요약의 세 가지 정보가 필요해."

"화이트보드에 일정을 그려 놨는데, 여기에 예정된 구현 일정에 따라 승인된 변경 사항을 게시할 거야." 나는 이어 말을 했다. "이게 규칙 전부야. 짧고 간단하지."

웨스는 한 묶음의 카드를 집어 들고 의심스럽다는 듯이 바라봤다. "이거 실화예요? 지금이 어떤 시대인데 종이 카드를 써요? 종이보다 더 오래된 부서장님 노트북을 쓰는 건 어때요?"

패티만 빼고 모두 웃었다. 패티는 일이 진행되는 상황이 만족스럽지 않은 듯 화가 나 있어 보였다.

"이건 제가 여태까지 봐온 변경 관리 프로세스와는 다릅니다"라고 존이 말했다. "하지만 앞으로 며칠 동안 예정된 방화벽 업데이트 및 모니터링 변경 사항 같은 내용을 적겠습니다."

뜻밖에도 존의 실행 의지가 다른 사람들을 고무시켰는지 모두가 각자의 카드에 계획된 변경 사항을 적기 시작했다.

마침내 웨스가 입을 열었다. "좋아, 한번 해보지. 뭐가 됐든 그 망할 놈의 변경 관리 도구를 사용하는 것보단 나을 거야."

리더 중 한 사람이 한 손 가득 카드를 들어 올렸다. "전 계획하고 있는 모든 데이터베이스 변경 사항을 다 작성했습니다."

계속하라는 뜻으로 내가 고개를 끄덕이자 그는 카드 중 하나를 빠르게 읽었다. "소매점의 POS 성능 문제를 수정하기 위해 옥타브 서버 XZ577에 벤더가 권장한 데이터베이스 유지 관리 스크립트 실행. 그러면 주문 항목 데이터베이스 및 애플리케이션에 영향이 있음. 이 일은 다음 주 금요일 저녁 8시 30분에 수행하길 원함."

그가 제안한 변경 사항이 명확해 만족감을 느끼며 고개를 끄덕였다. 그러나 웨스는 "그건 변경 사항이 아니잖아! 그냥 데이터베이스 스크립트만 실행하는 거지. 스크립트를 변경한다면 얘기할 내용이 있을 텐데 말이야. 다른 거!"라고 했다.

리더가 바로 대답했다. "아니요. 확실히 변경 사항이 맞습니다. 일시적으로 일부 데이터베이스 설정이 변경되기 때문에 운영 환경에 어떤 영향을 줄지 알 수 없습니다. 제가 보기에는 이게 데이터베이스 구성 변경만큼이나 위험합니다."

변경인가, 아닌가? 두 사람의 관점 모두 이해할 수 있었다.

30분의 논쟁 끝에도 '변경 사항'이 무엇인지에 대한 정의가 확실히 내려지지 않았다.

서버 재부팅이 변경 사항인가? 그렇다. 특히 중요한 서비스를 실행하는 서버를 아무나 닥치는 대로 재부팅하길 바라는 사람은 없다.

서버를 끄는 것은 어떤가? 같은 이유로 그것도 변경 사항이다.

서버를 켜는 것은? 변경이 아니라고 모두가 생각했다. 누군가가 중복 DHCP 서버를 켜서 24시간 동안 전체 엔터프라이즈 네트워크를 망쳤다는 사례를 생각해낼 때까지는 그랬다.

약 30분 후 마침내 화이트보드에 다음과 같이 썼다. "'변경'은 개발해야 하는 서비스에 영향을 줄 수 있는 애플리케이션, 데이터베이스, 운영 체제, 네트워크 또는 하드웨어에 대한 모든 물리적, 논리적 또는 가상의 활동이다.'

시계를 들여다봤을 때 우리가 거의 90분 동안 회의실에 있었다는 사실에 놀랐다. 그러나 여전히 첫 번째 변경 사항을 승인조차 못 하고 있었다. 빨리 논의하라고 재촉했지만 2시간의 회의가 끝났을 때 화이트보드에 게시된 변경 사항은 겨우 5개였다.

놀라운 것은 나 외에는 실망한 사람이 없어 보였다는 점이다. 패티조차 토론에 적극적으로 참여하고 있었다. 모두 제안된 변경 사항의 위험에 대해 논의하고 있었고, 심지어 어떤 변경 사항은 필요하지 않다는 것을 함께 알게 됐다.

살짝 고무돼서 나는 이렇게 말했다. "월요일에 결정하지. 최대한 빨리 모든 카드를 패티에게 전달해줘. 패티, 카드를 처리하는 가장 좋은 방법은 뭘까?"

패티는 간결하게 말했다. "오늘 오후에 바구니를 하나 준비하겠습니다. 우선 탁자 앞에 쌓아두세요."

회의를 멈추자 몇몇 사람이 나가면서 내게 말했다. "좋은 회의였어요.", "변경 사항에 대해 논의할 시간이 더 있으면 좋겠네요." 그리고 "월요일이 기대돼요."

패티만 여전히 팔짱을 낀 채 뒤에 남았다. "오래된 변경 관리 정책을 수립하느라 많은 피, 땀, 눈물을 흘렸어요. 그리고 모두가 정책을 망쳤어요. 이렇게 한다고 뭐가 달라질 거로 생각해요?"

나는 어깨를 으쓱했다. "모르지. 하지만 제대로 작동하는 시스템이 생길 때까지 계속 시도할 거야. 그리고 난 모든 사람이 목표를 이루기 위해 우리를 계속 도울 수 있도록 노력할 거야. 만족스러운 감사 결과만 얻으려고 하는 건 아니야. 안전하게 계획하고 의사소통하며 변경할 방법이 필요한 거지. 일하는 방식을 바꾸지 않으면 조만간 우리 모두 백수가 되겠지."

패티가 오래된 규정집을 가리키면서 말했다. "모든 걸 창밖으로 내던져 버리면 안 돼요. 이걸 만들려고 도구를 바꿔가면서 몇 주 동안 컨설턴트와 함께 수십만 달러를 썼어요."

패티는 살짝 눈물을 보였다. 해당 프로세스를 조직에 통합하려고 패티가 얼마나 오랜 시간을 보냈는지 생각해봤다.

"모든 프로세스에 커다란 노력을 쏟았다는 걸 알아." 동정 어린 말투로 패티를 다독였다. "그렇지만 현실을 직시해야 해. 감사에서 지적받은 것처럼 실제로는 아무도 따르지 않았잖아. 그리고 다들 자기 업무를 끝내려고 시스템을 악용한다는 것도 알고 있잖아."

나는 진심으로 말했다. "다시 시작하는 것 같지만 이번 일이 제대로 효과를 내려면 패티의 모든 경험과 역량이 필요해. 이건 여전히 패티가 만든 프로세스고 우리 성공에 절대적으로 중요하단 것도 알고 있어."

"알겠어요." 패티는 체념하듯 한숨을 쉬었다. "저도 오래된 프로세스를 사용할지 말지보다는 모두의 생존이 더 걱정되기는 해요."

패티의 표정이 바뀌었다. "회의 결과와 변경 사항 요청 제출에 관한 새로운 지침을 제가 작성할까요?"

그날 오후 패티가 전화했을 때 난 피닉스 상황실에 있었다. 복도로 나가 전화를 받으며 물었다. "무슨 일이야?"

패티 목소리에서 스트레스가 느껴졌다. "문제가 생겼어요. 다음 주에 검토할 변경 사항이 50개 정도 있을 것으로 예상했는데 이미 243개의 변경 사항이 들어왔어요. 주말 내내 더 많은 카드를 보내겠다는 사람들의 이메일을 계속해서 받는 중이고…. 다음 주에 400개가 넘는 변경 사항이 있을 것 같아요!"

말도 안 돼. 400개라고? 400개 중 몇 개의 변경 사항이 위험성이 높으며 피닉스와 급여 애플리케이션에 잠재적인 영향을 끼치거나 더 나쁜 영향을 줄 수 있을까?

갑자기 해병대 사격장 훈련 교관인 레인지 마스터^{Rangemaster} 의무가 생각났다. 레인지 마스터였던 나는 사격장에 있는 모든 사람의 안전을 책임졌다. 트럭에서 뛰어내리고 사격장으로 달려가고, 소총을 공중으로 발사하고, 소리를 질러 대는 열여덟 살짜리 폭도 400명의 끔찍한 모습이 떠올랐다.

"어…. 사람들이 최소한 프로세스는 잘 따르고 있네." 내가 걱정스러운 듯 웃으며 말했다.

패티의 웃음소리가 들렸다. "변경 요청이 접수되면 월요일까지 모든 요청을 어떻게 승인하죠? 변경 사항을 모두 승인할 때까지 일시적으로 보류할까요?"

"절대 그러면 안 돼." 나는 바로 대답했다. "모든 사람의 열정과 지원을 없애는 가장 빠른 길은 해야 할 일을 막는 거야. 일을 바로잡을 기회를 놓칠 수는 없어."

"월요일까지 다음 주에 할 모든 변경 사항을 제출하도록 이메일을 보내. 월요일에 예정된 변경 사항은 승인이 필요 없겠지만 나머지 요일에 할 변경 사항은 승인이 필요해. 예외는 없어."

전화상으로 패티가 타이핑하는 소리가 들렸다. "알았어요. 직원들 시켜서 주말 내내 모든 변경 사항 카드를 정리할게요. 솔직히 말하면 얼마나 많은 변경 사항이 있는지 알고 놀랐어요."

나도 마찬가지다.

"좋아!" 내가 걱정하는 게 들킬까 봐 조심하면서 말했다.

7장

• 9월 5일 금요일

내 자리로 돌아가 항상 책상 위에 두는 두통약을 찾고 있을 때 휴대폰이 울렸다. 서랍을 뒤적거리며 "팔머입니다"라고 대답했다.

"여보세요, 빌 부서장님. 스티브 사장님 비서, 스테이시입니다. 드디어 연결됐네요. 모든 IT 임원과 얘기해야 하는 에릭 레이드라는 새로운 이사회 멤버 후보가 계십니다. 지금 부서장님과 1시간 정도 얘기할 시간이 되는지 물어보십니다."

"잠깐만요. 일정을 확인해볼게요." 나는 대답했다.

오래된 노트북의 화면 해상도가 너무 낮아서 주간 일정표가 제대로 보이지 않았다. 일일 일정 모드로 변경하자 노트북이 윙 하는 소리를 내더니 화면이 꺼졌다.

기다리는 것을 포기하고는 진지하게 말했다. "저기, 중요한 일인 건 알겠지만 혹시 월요일에 하면 안 될까요? 오늘 무슨 일을 겪고 있는지 말해도 믿지 못할 거예요."

스테이시가 재빨리 대답했다. "그러면 좋겠지만 에릭 레이드 씨는 오늘만 계실 거라서요. 제가 알아본 바로는 밥 스트라우스, 아시죠? 회사의 새로운 회장님과 스티브 사장님 모두 초조하고 계세요. 에릭에게 이사회에 합류해달라고 한 저희 제안을 거절할까 봐서요. 에릭은 기술 쪽에서 아주 잘나가는 분이시고, 밥과 스티브는 에릭에게 구애하려고 오늘 겨우 모셨거든요. 돌아가시기 전에 IT 조직 리더를 만나겠다고 하십니다.”

“알겠습니다.” 나는 한숨이 나오는 것을 참으며 대답했다.

“감사합니다. 제 자리 바로 옆 회의실에 에릭을 모셨습니다. 이리로 오세요. 여기 맛있는 커피와 도넛을 많이 준비해놨습니다.”

나는 웃었다. “음, 그거야말로 오늘 온종일 들은 것 중 제일 반가운 소식이군요. 바로 가겠습니다.”

2호 건물 회의실로 들어선 나는 스테이시에게 손을 흔들며 내가 끌려들어 온 이상한 세상에 대해 생각해봤다. 이사회라는 정치판의 한가운데 던져지는 상황이 낯설게만 느껴졌다.

스테이시 말대로 창문 옆에는 4가지 종류의 커피와 온종일 줄이 끊이지 않는, 회사 근처에서 아주 유명한 밴달 도넛^{Vandal Doughnuts} 상자가 6개나 있는 대형 카트가 있었다.

주름진 카키색 바지에 안으로 넣지 않은 단추 달린 데님 셔츠를 입은 남자가 카트 앞에 무릎을 꿇고 두 개의 접시에 도넛을 옮겨 담고 있었다. 난 밴달 도넛이 배달되는 줄도 몰랐다.

컵 하나를 들고 커피를 채우면서 도넛에 눈길을 줬다. “나와 내 아내는 너희들의 열렬한 팬이란다. 우리가 데이트할 때 금요일 밤이면 도넛을 먹겠다고 20분씩 줄 서서 기다렸지. 이제 애들이 생겨서 아내는 나보고 혼자 사 오라고 시키지. 오늘 밤에 집에 갈 때 아내를 위해 하나 챙겨가야겠네.”

프루트 룹스^{Froot Loops}로 뒤덮인 커다란 초콜릿 도넛과 베이컨을 얹은 거대한 프로스트 글레이즈 도넛^{frosted glazed doughnut}을 챙기고 맛있어 보이는 도넛을 3개 더 집었다.

배달 기사가 일어서며 나를 보고 웃었다. “그래, 이게 왜 그리 인기가 많은지 알겠군. 도넛을 정말 맛있게 먹는 중이거든. 이런 건 한 번도 먹어본 적이 없었어. 오늘 여기 와서 5개쯤 먹은 것 같군. 저탄수화물 다이어트를 하는 데는 안 좋겠지만….”

말을 마친 배달 기사가 손을 내밀며 말했다. "에릭일세."

젠장.

나는 아래를 내려다봤다. 한 손에는 커피가 담긴 컵, 다른 손에는 도넛이 넘치는 접시를 들고 있었다.

"아, 이런." 서둘러 들고 있던 것들을 뒤에 있는 테이블 위에 놓고 돌아서서 에릭의 손을 잡고 흔들었다. "만나서 반갑습니다. 저는 빌 팔머입니다."

에릭을 살펴봤다. 콧수염 난 얼굴, 6피트 정도 되는 키, 약간 통통한 체형에 어깨까지 내려오는 긴 흰머리를 하고 있었다. 서 있으면 '기술 분야의 거물'은 차치하고라도 잠재적인 이사회 멤버라기보다 택배 기사가 훨씬 더 어울렸다.

에릭을 다시 한번 보고는 생각이 바뀌었다. 택배 기사의 옷 주름이 더 깔끔할 것 같았다.

"걱정하지 말게." 에릭은 쟁반에서 다른 도넛을 집어 들고 테이블을 가리키며 경쾌하게 말했다. "앉지. 여기 와 있는 동안 IT 리더와 얘기해보길 바랐거든. 물론 스티브와도 얘기를 조금 해야 했고, 그리고 음, CFO 이름이 뭐더라? 대런인가? 뭐든 간에 다들 좋은 사람 같더군. 앞을 못 보는 건 있지만…."

에릭은 아무것도 아니라는 듯한 제스처를 해 보였다. "개발 책임자와도 얘기를 좀 나눴지. 음, 캐리인가? 캘빈인가? 그다음에는 보안 담당자인 지미와 리테일 담당자인 실비아와 얘기를 나눌 예정이야."

에릭이 모두의 이름을 엉망으로 만드는 것을 들으면서 난 짜증스러운 표정을 숨기려고 노력했다.

"아, 그렇군요…. 그럼 지금까지 어떤 인상을 받으셨습니까?" 조심스럽게 물었다.

에릭은 씹는 것을 멈추고 콧수염에서 부스러기를 털어내며 잠깐 생각하는 듯했다. "자네들은 고통의 세상 속에 있는 것 같더군. IT 운영 부서는 제일 중요한 회사 프로젝트를 포함해서 모든 주요 작업 흐름에 자리 잡은 것 같고. 전체 경영진이 미쳐 날뛰면서 개발 부서 직원들이 프로젝트 결과를 운영 환경으로 넘기게 하려고 필요한 건 뭐든지 하라고 나사를 꽉 조이면서 말이야."

에릭은 내 눈을 똑바로 바라봤다. "만성적인 IT 가용성 문제를 겪고 있어서 회사 임원들 얼굴이 신문 1면에 여기저기 나오고 있어. 이제는 감사 때문에 똥줄이 타고 있지. 말하자면 더 많은 신문 기사 1면을 장식할 거라는 뜻일세. 분기별 재무제표에 대한 부정적인 주석이 달릴 수도 있다는 거지. 피닉스에 대해 아는 사람이라면 누구나 알고 있을 거야. 앞으로 신문 1면에 나올 나쁜 소식이 훨씬 많다는 것을…. 하! 하나라도 터질 것을 대비해서 자네도 일정을 비워두는 게 좋겠어."

에릭이 말하는 동안 나는 화가 나서인지 당황해서인지 모르겠지만 얼굴에 피가 쏠리는 것이 느껴졌다.

"이봐, 자네 상황이 그리 좋아 보이진 않아"라고 에릭이 말했다. "적어도 자네의 성과를 감독하고 평가하게 될 예비 이사회 멤버로서 하는 말이야."

나는 방어적인 말을 하고 싶은 충동을 참으려고 입을 꾹 다물었다. 그리고 최대한 감정을 싣지 않고 말했다. "스티브 사장님께서 3일 전에 저보고 해당 업무를 맡으라고 하셨습니다. 계속 '싫다'라고 거절했지만 결국 받아들이도록 설득하셨습니다. 그동안 놀랄만한 일이 많이 있었고…."

에릭은 나를 잠시 바라보더니 큰 소리로 웃었다. 그러고는 편안하게 말했다. "그래, 그렇겠지! 하하! 놀랄 일이라니. 그래, 그럼 자네가 자네 함대를 올바로 이끌어갈 계획은 뭔가?"

나는 이번 주부터 시행한 몇 가지 시정 조치를 설명할 방법을 생각해내려고 잠시 위쪽을 쳐다봤다. "솔직히 말씀드리자면 전 아직도 상황 파악을 위해 노력하고 있습니다. 대부분은 긴급 상황에서 다른 긴급 상황으로 끌려가는 중입니다. 일하는 방식에 더 많은 엄격함과 규율이 필요하다는 것은 알고 있습니다. 여기서 작업을 수행하기 위해 어떤 프로세스를 사용하는지 파악하려 애쓰고 있습니다. 제가 봐온 것을 토대로 볼 때 저희가 스스로 발등을 찍는 것을 멈추려면 프로세스를 개선해야 합니다."

나는 잠시 생각했다. "그건 단지 급한 불만 끄는 방식에서 벗어나는 것입니다. 저는 아직도 갑자기 하늘에서 툭 떨어진 감사 결과 개선 프로젝트에 어떻게 자원을 제공할 수 있을지 고민하고 있습니다. 여태까지 파악한 것을 바탕으로 말씀드리면 저희는 하기로 한 모든 업무 일정에서 심각하게 뒤처져 있습니다. 모든 일을 완수하려면 더 많은 인원이 필요하거나 훨씬 더 효율적이어야 합니다."

에릭이 눈살을 찌푸렸다. "'엄격함과 규율'이라고? 자네는 군대에서 장교는 아니었나 보군. 상사였나? 아니야, 그러기엔 너무 젊어. 중사 정도 됐겠군, 맞나?"

나는 놀라서 눈만 깜박였다. "네 맞습니다. 해병대 중사였습니다. 어떻게 아셨습니까?"

"찍은 거지." 에릭은 말솜씨 있게 둘러댔다. "한 가지 확실한 건 자네가 화학 엔지니어나 감사관처럼 보이지는 않았거든."

"네?" 내가 물었다.

에릭은 내 말을 무시한 채 계속했다. "전술을 숙달시키기 전까지는 전략을 달성할 수 없다는 건 맞는 말이야. 하지만 해당 프로젝트가 어떻게 돌아가는지 생각해보면 해병대에서 먹혔던 것이 여기서는 절대 효과가 없어. 명령 체계에는 장군 한 명만 있는 게 아니야. 회사에는 발사하라고 명령을 내리는 10명의 리더가 있고, 모든 리더는 회사 내 각각의 이등병에게 직접 연결돼 있지."

"잠깐만요. 엄격함과 훈련이 중요하지 않다고 말씀하시는 건가요?" 나는 천천히 물었다.

"물론 중요하지." 에릭이 딱 잘라 말했다. "하지만 자네한테는 훨씬 더 큰 문제가 있어. '효율성'과 '프로세스'라는 시끄러운 논쟁과는 전혀 상관이 없지. 현시점에서 가장 큰 문제는 실제 '작업'이 뭔지 모른다는 거야."

나는 그를 뚫어지게 쳐다봤다.

이 사람 대체 뭐지? 잠시지만 웨스나 패티를 불러 에릭을 상대하라고 하면 어떨까 생각해봤다. 그러나 스티브는 분명 나 혼자 처리하길 바랐다.

"일이 뭔지는 알고 있습니다"라고 천천히 말했다. "불을 밝히고 비즈니스가 원하는 작업을 마치지 못하면 전 백수가 되겠죠."

"그렇다면 정확하게 '일'에 대한 자네의 정의는 뭔가?" 에릭은 진심으로 궁금한 표정으로 질문했다.

"글쎄요, 스티브 사장님께서 피닉스를 출시해야 한다고 분명하게 여러 번 말씀하셨다는 것은 말씀드릴 수 있습니다. 그 정도면 제가 생각하는 '일'의 자격은 되겠죠."

에릭은 천장을 올려다봤다. 마치 자기 자신과 대화를 나누는 것처럼 보였다. "그렇지. 그건 확실히 한 가지 유형의 일이지. 그러나 자네는 여전히 IT 운영 부서가 담당하는 다른 세 가지 유형의 일을 놓치고 있군. 내가 보기에 그건 프로젝트 결과물이나 규정 준수와 관련된 문제 해결에 필요한 작업에 대한 이해 수준에 전혀 미치지 못하네."

에릭이 자리에서 일어섰다. "물건 챙기게. 드라이브나 가지."

혼란스럽고 짜증이 난 상태로 시계를 들여다봤다. 오후 4시 17분이다. 에릭과 더 많은 시간을 낭비하기에는 당장 해야 할 일이 너무 많았다.

그런데 에릭이 사라졌다. 복도를 내다봤지만 없었다. 무슨 일인가 싶어 스테이시를 쳐다봤더니 엘리베이터 쪽을 가리켰다. 나는 에릭을 따라잡으려고 뛰었다.

에릭은 방금 열린 엘리베이터 안으로 들어갔다. 그러고는 돌아서서 나를 위해 문을 잡아줬다. "자네 조직에 일이 내려올 때도 자네는 그걸 모를 수도 있어. 모르면 관리할 수가 없지. 정리하거나 순서를 정하고 자네의 인적 자원이 일을 끝낼 수 있을지 확신조차 가질 수 없는 것은 물론이고 말이야."

나는 지난 회의에서 웨스와 패티와 함께 조직의 모든 작업 목록을 작성하느라 고생한 것을 떠올리며 얼굴을 찌푸렸다. "무슨 말씀인지요? 혹시 무슨 지능 테스트라도 하시는 겁니까?"

"그렇지, 그렇다고 할 수 있겠지." 에릭이 답했다. "하지만 걱정하지 말게. 자네뿐만이 아니야. 스티브도 지능 테스트를 통과해야 하고 딕도 마찬가지일세."

파란색 소형 렌터카로 걸어가는 에릭을 뒤따라갔고, 그는 제조 공장 중 하나인 MRP-8까지 5분을 운전했다. 공장은 내가 있는 건물의 네 배쯤 되는 엄청나게 큰 건물이었지만 최근의 보수 공사와 부속 건물들로 깔끔해진 상태였다.

50대 후반의 경비원이 우리에게 인사했다. "안녕하세요, 레이드 박사님. 만나 뵙게 돼 반갑습니다! 잘 지내시죠? 오랜만이시네요."

에릭이 따뜻하게 그녀의 손을 잡고 흔들면서 윙크로 대답했다. "다시 만나서 반가워요, 도로시. 공장 전체를 위에서 한번 둘러보려고 왔어요. 아직도 보행자 통로에 올라갈 수 있나요?"

도로시는 들뜬 미소로 대답했다. "출입 금지라고 해도 박사님은 예외지요."

나는 에릭을 의심스럽게 바라봤다. 다른 사람의 이름을 제대로 발음하지도 못하면서 오래전에 만난 경비원 이름은 기억하고 있다. 게다가 레이드 박사라는 명칭을 언급한 사람은 아무도 없었다.

5개의 계단을 오르자 2개 이상의 도시에 걸쳐 뻗어 있는 것처럼 우리는 모든 방향에서 공장 전체를 내려볼 수 있는 좁은 통로에 서 있었다.

"저기를 내려다보게." 에릭이 말했다. "건물 양쪽에 짐이 실리는 곳이 보일 걸세. 원자재는 이쪽으로 들어오고 완제품은 다른 쪽으로 나가지. 주문은 저 밑에 있는 프린터로 들어온다네. 여기에 서 있다 보면 실제로 모든 WIP^work in process를 볼 수 있지. WIP라는 말은 공장 초보자들에게는 '진행 중인 작업' 또는 '재고'를 말하는데, 이것들이 공장 바닥의 저쪽으로 옮겨지고 거기서 완성품이 돼 고객에게 배송되는 걸세."

"여기 공장에는 수십 년 동안," 그가 말을 이어갔다. "재고 더미가 여기 저기 있었지. 대부분 저기 있는 저 큰 지게차를 사용해서 쌓을 수 있는 만큼 높게 쌓여 있었네. 어떤 날에는 건물의 다른 쪽이 안 보일 정도였어. 이제서야 알게 된 것이지만 WIP가 만성적인 일정 지연 문제, 품질 문제 그리고 원료 공급 담당자가 매일 우선순위를 바꿔야 하는 문제의 근본 원인 중 하나라는 거지. 그런데도 사업이 망하지 않은 것이 놀라운 따름이야."

에릭은 두 팔을 쭉 벌렸다. "1980년대 이 공장은 과학에 근거한 3가지 놀라운 경영 활동의 수혜자였네. 제약 이론^the Theory of Constraints, 린 생산^Lean production 또는 도요타 생산 시스템^the Toyota Production System 그리고 통합 품질 관리^Total Quality Management에 대해 들어봤을 걸세. 각 활동이 비록 서로 다른 장소에서 시작됐지만 모두 한 가지에는 동의했지. WIP가 조용한 살인자라는 것 말이야. 그래서 모든 공장 관리에서 중요한 메커니즘 중 하나가 작업 및 재고에 대한 처리일세. 그것 없이는 WIP를 통제할 수 없지."

에릭은 우리가 있는 곳에서 가장 가까운 하역장 근처의 책상을 가리켰다. "저기 저 책상 보이나?"

나는 고개를 끄덕이며 시간을 확인했다. 오후 4시 45분이다.

내 조바심 따위는 아랑곳하지 않고 에릭이 계속 말했다. "얘기를 하나 해주지. 수십 년 전에 마크라는 사람이 있었네. 저기 바로 아래 책상 옆에 있는 첫 번째 작업장의 감독관이었어. 저 선반에는 들어오는 작업을 위한 폴더들이 있지. 폴더들이 당시와 똑같은 모습이라니 놀랍지 않나?"

"어쨌든," 에릭이 말을 이어갔다. "하루는 마크가 작업을 시작하려고 어떤 폴더를 선택하는 걸 봤지. 내가 물었네. 무슨 근거로 다른 작업이 아닌 그 작업을 선택했는지 말이야."

"마크가 뭐라고 말했는지 아나? 가장 먼저 수행해야 할 작업이라서 선택했다고 답했네. 그리고 열려 있다는 표현을 썼지."

에릭은 믿기지 않는다는 듯이 고개를 저었다. "나는 마크의 말을 거의 믿을 수 없었어. 그래서 말했지. '당신의 작업은 스무 개의 작업 중 첫 번째일 뿐입니다. 결정할 때 다른 19개의 작업에 대한 가용성을 고려하지 않나요?' 그랬더니 '음, 네. 고려하지 않아요. 이게 제가 20년 동안 해왔던 방법입니다'라고 답하더군."

에릭은 웃었다. "어떤 작업을 수행할지를 선택하는 자기 나름의 합리적인 방법이 있다고 생각했지. 마크는 첫 번째 작업에서 바쁘게 일했는데, 그건 마치 선입 선출 일정 관리와 유사했네. 하지만 첫 번째 작업의 가용성에 따라 작업 전체 결과가 좌우되지 않는다는 것을 지금은 모두가 알고 있지. 그 대신 병목 현상이 어디서 나타나고 얼마나 빨리 병목을 해소할 수 있는지를 기반으로 일해야 하지."

나는 에릭을 멍하니 응시했다.

에릭이 계속했다. "마크가 작업을 처리하는 방식으로 인해 병목 현상 지점 앞에 재고가 계속 쌓여서 제시간에 작업이 끝나지 않았네. 매일 비상사태였지. 그래도 수년간 우리는 항공 화물 운송 회사로부터 올해의 최우수 고객상을 수상했네. 거의 매주 성난 고객들에게 수천 개 완제품을 보내려고 매일 밤을 새웠기 때문이지."

에릭은 잠시 멈췄다가 강조하듯 말했다. "제약 이론the Theory of Constraints을 만든 엘리야후 골드렛 박사Dr. Eliyahu M. Goldratt는 '병목 현상이 나타나는 지점 외에' 다른 모든 것의 개선은 환상이란 것을 보여줬지. 놀랍지만 사실이네! 병목 현상이 발생한 지점의 다음을 개선하는 것은 쓸데없는 짓이야. 병목 지점에서 작업을 기다리다 보니 항상 굶주린 상태라 그렇기는 하지. 그리고 병목 지점 이전을 개선하면 병목 지점에 더 많은 재고를 쌓이게 할 뿐이고."

에릭은 계속했다. "우리의 병목 지점은 골드렛의 소설인 『더 골The Goal』(동양북스, 2019)과 마찬가지로 열처리 오븐이었어. 페인트 경화 부스도 나중에 제약이 됐지. 새로운 작업을 모두 중단하기 전까지 병목 지점 작업 센터가 거대한 재고 더미로 둘러싸여 아예 보이지도 않았다네. 여기서도 안 보였다니까!"

나도 모르게 에릭과 함께 웃었다. 지나고 나니 명확히 보이지만 당시의 마크에게는 명확해 보이지 않았음이 상상이 갔다. "저기요, 역사 수업은 감사합니다. 하지만 말씀하신 대부분을 직업 학교에서 배웠습니다. 이런 모든 것들이 IT 운영 관리와 어떻게 관련이 있는지 잘 모르겠는데요. IT는 공장을 운영하는 것과는 다릅니다."

"아, 정말 그럴까?" 에릭은 내 쪽을 보며 심하게 인상을 썼다. "어디 보세. 자네는 IT가 순수한 지식 분야라 모든 작업은 장인이 하는 작업과 같다고 말하겠지. 그래서 표준화, 문서화한 작업 절차 그리고 아주 소중히 여기는 그 잘난 '엄격함과 규율'을 지킬 수 없다는 거겠지."

나는 눈살을 찌푸렸다. 지금 내가 믿고 있는 것에 대해 설득하려는 건지 아니면 터무니없는 결론을 받아들이게 만들려는 건지 에릭의 마음을 도통 알 수가 없었다.

"IT 운영이 공장 운영에서 아무것도 배울 점이 없다고 생각한다면 잘못이네. 아주 잘못된 거지. IT 운영 부서장이라는 역할은 계획하지 않은 작업의 영향과 중단을 최소화하면서 비즈니스에 가치를 제공하는 계획된 작업의 빠르고 예측 가능하며 중단 없는 흐름을 보장해서 안정적이고 예측 가능하며 안전한 IT 서비스를 제공하는 것이라네."

에릭의 말을 들으면서 메모라도 해야 하나 생각했다.

에릭은 나를 찬찬히 들여다봤다. "음, 이런 얘기를 나눌 준비가 아직 안된 것 같군. 작업이 무엇인지 더 잘 이해하기 전까지는 일 관리에 관한 대화를 자네는 전혀 알아듣지 못할 걸세. 중력을 모르는 사람에게 곡예를 얘기하는 것과 같지."

"한 가지 확실한 건," 에릭이 작업대를 가리키며 말을 이어갔다. "가고자 하는 곳으로 가려면 저 작업대와 같은 것이 무엇인지 알아내야 하네. IT 운영으로 작업 릴리스를 제어하는 방법을 알아내야 해. 무엇보다 더 중요한 것은 자네가 가진 자원 중 가장 제약이 많은 자원이 하나의 사일로가 아니라 전체 시스템의 목표를 제공하는 작업만을 수행하고 있는지 확인해야 하네."

"이봐 젊은이, 자네가 이걸 알아내면 세 가지 방법[1]을 이해하게 될 걸세"라고 에릭은 말했다. "첫 번째 방법은 작업이 개발에서 IT 운영으로 이동하는 동안 빠른 업무 흐름을 만드는 법을 이해하는 데 도움이 될 거야. 그게 비즈니스와 고객 사이에 있는 것이기 때문이지. 두 번째 방법은 피드백을 확대하면서 주기를 단축하는 방법을 보여주기 때문에 소스 품질을 개선하고 재작업을 피할 수 있지. 그리고 세 번째 방법은 실험, 실패로부터의 학습, 반복과 실천이 숙달의 전제 조건이라는 것을 이해하는 동시에 지원하는 문화를 어떻게 조성해야 할지 알게 해준다네."

이상하게도 에릭의 말이 영화 〈쿵푸 팬더〉에 나오는 시후 마스터의 말처럼 들렸으나 열심히 들었다. 엄격함과 규율 그리고 기술을 지속적으로 연습하고 숙달시켜야 한다는 것은 내가 해병대에서부터 지켜온 중요한 교훈이다. 내 사람들의 목숨이 거기에 달려있었고, 내 임무가 지금은 여기에 달려있다. 예측 가능성을 만드는 것이 내가 IT 운영 그룹에 불어넣고자

---

1 『피닉스 프로젝트』라는 책이 유명해진 여러 이유 중 하나가 에릭이 제시하는 세 가지 방법이다. 데브옵스(DevOps) 원칙을 뒷받침하는 프로세스 개선에 대한 큰 원칙을 제시한다. - 옮긴이

가장 전념하는 것이다.

에릭은 전화번호가 적힌 종이를 내게 건네줬다. "기억하게. 작업에는 네 가지 유형이 있어. 자네가 이미 알고 있듯이 비즈니스 프로젝트가 작업의 하나지. 다른 세 가지가 생각나면 전화하게."

그러고는 주머니에서 자동차 열쇠를 꺼내면서 물었다. "사무실까지 태워다줄까?"

내 자리가 있는 칸막이로 돌아온 것은 오후 5시 10분이었다. 이메일에 답장하려고 고물 노트북에 다시 로그인했다. 그러나 집중이 되지 않았다.

에릭과 보낸 한 시간은 이상한 평행 우주에 있는 것 같았다. 아니면 약물에 취해 몽롱한 상태에서 만들어진 사이키델릭한 영화를 보도록 강요받은 느낌이었다.

에릭이 말한 4가지 유형의 작업이란 무엇일까?

웨스와 패티와 함께했던 회의를 다시 생각해봤다. 웨스는 IT 인프라 프로젝트와 비즈니스 프로젝트가 별도 목록으로 돼 있다고 언급했다. 인프라 프로젝트가 다른 유형의 작업일까?

이와 같은 문제를 고민하는데 컴퓨터 화면에 메일 알림 창이 떠서는 응답이 필요한 이메일이 있음을 나타냈다.

이메일이 또 다른 유형의 작업일까?

그건 아니리라. 공장에서 에릭은 공장 바닥 전체를 가리켰다. 그가 작업을 언급했을 때 개개인의 기여자나 관리자 수준이 아닌 조직 수준의 작업을 의미하는 것 같았다.

좀 더 생각해봤다. 그런 다음 머리를 흔들고는 에릭과의 만남을 보고하는 짧은 이메일을 스티브에게 썼다. 나는 10년 뒤 친구들에게 제조 공장에서 만난 미치광이와의 짧은 대화에 관해 얘기하고 있을 것이 분명했다.

이제는 움직여야 했다. 금요일에 밤늦게 귀가하면 페이지가 심하게 짜증을 낼 것이다. 도킹 스테이션에서 노트북의 도킹을 해제하자 아주 큰 경고음이 울렸다.

"이런, 제기랄!" 경고음이 노트북에서 난다는 것을 알고는 소리쳤다. 어설프게 소리를 줄이고 전원을 끄려고 노력했지만 시끄러운 소리는 멈추지 않았다.

정신없이 노트북을 뒤집어 배터리를 꺼내려고 했다. 이마저도 테이프 때문에 분리되지 않았다. 결국 편지 봉투 오프너를 집어 들고 테이프를 쭉 찢어버린 후에야 겨우 배터리를 분리할 수 있었다.

노트북은 마침내 조용해졌다.

8장

• 9월 8일 월요일

스티브와 함께 할 오늘 오전 회의를 위해 주말 내내 파워포인트 슬라이드와 씨름했다. 노력했음에도 불구하고 여전히 준비가 부족하다는 생각이 들었다.

스티브와 건전하고 열정적인 비즈니스 관련 토론을 마치고 원하는 것을 다 얻어 걸어 나가는 상상을 하며 억지로라도 긴장을 풀려고 노력했다. 이번 일이 회사와 조직에 얼마나 중요한지 계속 상기했다. 이번 일을 준비하는 데 모두가 열심히 노력했다. 이제 성공이냐, 실패냐는 내가 스티브에게 모든 것을 얼마나 잘 전달하는지에 달렸다.

내가 도착하자 스테이시는 웃으며 따뜻하게 말했다. "들어가세요. 30분밖에 못 드려 죄송해요."

사라가 테이블에 스티브와 함께 있는 것을 보고는 문 바로 안쪽에서 멈춰 섰다. 사라는 스티브에게 말하는 중이었다. "…저희가 어디로 가고 있는지 정말 멋지게 잘 얘기해주셨습니다. 그들은 가장 회의적인 분석가들이었는데 분명히 흥분했더라고요. 그리고 피닉스가 실행되면 다시 얘기할 명분도 제공하셨어요. 분석기들은 피닉스 로드맵에도 깊은 인싱을 빈은 것 같았습니다."

분석가들에게 피닉스 로드맵에 대해 말하고 있다고? 많은 기능이 다음 릴리스로 미뤄지는 상황에서 시장에 대고 충분한 정보도 없는 약속을 하는 일이 옳은지 의문을 품었다.

스티브는 그저 고개를 끄덕이며 기분 좋게 대답했다. "그게 우리에 대한 인상을 바꾸는지 보자고. 통화 일정을 잘 잡은 것 같군. 이따 오후에 다음 통화 일정을 잡아보도록 해."

사라가 나를 보고 웃으며 말했다. "안녕하세요, 빌 부서장님. 오늘은 일찍 시작하시네요."

이를 악물고 사라의 말을 무시했다. "좋은 아침입니다." 관심을 보이려고 노력하면서 "전화 통화가 좋았던 것 같네요"라고 말했다.

사라는 더 환하게 미소를 지었다. "네, 다들 우리 비전에 정말로 흥분하고 있어서 이것이 진정으로 판도를 바꿀 거라는 데 동의하더라고요. 더 넓은 시장과 월가에서 우리를 어떻게 생각하는지 바꾸려면 꼭 필요한 것이죠."

차분하게 사라를 바라보며 혹시 외부 조직에 제공하는 이런 브리핑이 크리스의 팀에게 그렇게 급하게 피처들을 릴리스하라고 압력을 가하는 원인이 아닌지 생각했다.

나는 스티브의 맞은편 자리에 앉았다. 사라에게 완전히 등을 돌리고 앉을 수는 없어도 그러려고 노력은 했다.

사라가 회의실을 떠날 때까지 스티브에게 작성해온 자료를 주고 싶지 않았다. 그러나 사라는 계속해서 스티브와 자신들이 했던 회의의 내용과 다음 분석가와의 통화를 위해 대화 트랙을 변경하는 방법에 관해 얘기했다.

그들이 얘기를 나누는 동안 사라가 내 시간을 얼마나 잡아먹고 있는지밖에 생각나지 않았다.

11분쯤 지나자 스티브는 사라의 농담에 웃었고 결국 그녀는 사무실을 나갔다. 스티브가 나를 돌아보며 말했다. "얘기가 길어져서 미안하네. 다음 피닉스 분석가와의 브리핑은 20분 뒤야. 그래, 자네 생각은 어떤가?"

나는 "사장님께서는 제가 피닉스 출시 성공 확률을 극대화해야 한다고 아주 처음부터 강조해 오셨습니다"라고 말문을 열었다. "지난주에 관찰한 바에 의하면 피닉스가 몹시 나쁜 상황에 있다고 생각할 정도로 위험한 상태입니다."

나는 계속해서 말을 이어갔다. "저는 직원들에게 우리의 수요와 역량이 실제로 어느 정도인지 파악하게 했습니다. 크든 작든 관계없이 요청받은 모든 것을 목록화하기 시작했습니다. 지금까지의 분석에 따르면 IT 작업에 대한 수요가 저희가 제공할 수 있는 능력을 훨씬 초과하는 것이 분명합니다. 작업 파이프라인이 어떨지 제대로 가시화하도록 요청했으니 누가, 언제, 무엇을 해야 하는지에 대해 더욱 현명한 결정을 내릴 수 있습니다."

나는 최대한 진지하게 말했다. "하지만 한 가지는 매우 분명합니다. 저희는 확실히 인력이 부족합니다. 약속한 모든 것을 전달할 방법이 없습니다. 프로젝트 요건을 줄이거나 직원을 더 고용해야 합니다."

주말 내내 연습한 타당하고 논리적인 주장을 되풀이하려고 노력하면서 말을 이어갔다. "또 다른 큰 문제는 우리의 관심을 끌기 위해 서로 경쟁하는 프로젝트가 너무 많다는 점입니다. 사장님께서는 피닉스가 가장 중요하다는 점을 일관되고 명확하게 알려주셨습니다. 그러나 피닉스 프로젝트에 인력을 전담시킬 수 없습니다. 예를 들어 지난 목요일에는 내부 감사로부터 일주일 이내에 저희가 조사해서 응답 서한을 작성해야 하는 감사 결과를 전달받았습니다. 문제는 그렇게 하면 피닉스에 영향을 줄 수밖에 없다는 것입니다."

말하면서 스티브를 지켜봤다. 지금까지는 어떤 표정도 드러내지 않았다. 침착하게 스티브를 바라보며 "오늘 회의를 통해 제가 얻고 싶은 것은 감사 결과 대비 피닉스의 상대적 우선순위를 이해하고 프로젝트 수와 적절한 직원 배치 방법을 얘기하는 것입니다"라고 했다.

마음속으로는 내가 도덕적 판단을 하지 않고 비즈니스를 가장 잘 수행하는 방법을 결정하기 위해 냉정하게 노력하는 유능하고 열정적인 관리자처럼 잘했다고 생각했다.

스티브는 몹시 화가 난 목소리로 대답했다. "이게 도대체 무슨 우선순위에 관한 헛소리지? 내가 만약 이사회에 가서 영업이나 마케팅을 해야 한다면서 뭘 해야 할지 물어보면 웃음거리가 될 걸세. 두 가지를 다 해야지, 자네가 둘 다 해야 하는 것처럼! 인생은 녹록지 않아. 피닉스가 회사의 최우선 과제이긴 하지만 그렇다고 SOX-404 감사관을 인질로 잡아둘 수 있다는 건 아니야."

대답을 하기 전에 셋을 셌다. "제가 제대로 전달을 못 한 것 같습니다. 피닉스와 컴플라이언스 프로젝트는 모두 브렌트 같은 특정 핵심 인력을 공유합니다. 컴플라이언스 프로젝트만으로도 그런 사람들을 1년 동안 묶어 둘 수 있습니다. 하지만 그들은 피닉스에 집중해야 합니다. 게다가 인프라가 너무 취약해서 장애 발생이 빈번하고 정상 운영 복구에 핵심 인력을 투입해야 할 때가 많습니다. 급여 지급 실패와 비슷한 업무 중단 사태가 오늘이라도 다시 발생한다면 무슨 일이 있었는지 파악하기 위해 피닉스와 컴플라이언스 작업 모두에서 브렌트를 빼 와야 할 것입니다."

스티브를 대놓고 바라보면서 말을 이어갔다. "직원 채용 및 부서 이동을 포함해 다양한 인력 활용 방안을 살펴봤지만 어느 것도 변화를 일으킬 정도로 빠른 효과를 낼 수는 없습니다. 피닉스가 정말 최우선순위라면 일부 컴플라이언스 작업을 보류해야 합니다."

"말도 안 돼." 내가 말을 마무리하기도 전에 스티브가 말했다. "나도 감사 결과가 산더미처럼 쌓여있는 걸 봤지만 그 문제들을 해결하지 못하면 아주 난처해질 걸세."

계획대로 돌아가지 않는 게 확실했다. "좋습니다." 내가 천천히 말했다. "최선을 다하겠지만 둘 다 제대로 수행하기에는 직원이 매우 부족한 상황이라는 점은 꼭 말씀드려야겠습니다."

스티브가 내 요점을 인정하길 기다렸다. 몇 초가 흐르고 그가 마침내 고개를 끄덕였다.

스티브의 끄덕임이 내가 얻을 수 있는 최선이라는 것을 깨닫고 그에게 건넨 유인물의 첫 페이지를 가리켰다. "여기 프로젝트 수요와 생산 능력에 대한 것이 있습니다. 현재 저희는 커스틴의 PMO를 통해 35개가 넘는 비즈니스 프로젝트를 지원하고 있으며, 부가적으로 70개 이상의 다른 소규모 비즈니스 프로젝트와 내부 계획들을 지원하고 있습니다. 그리고 아직 분석도 못 한 다른 일들이 있다는 것을 파악했습니다. 143명의 IT 운영 직원으로는 기존 계획대로 모든 것을 수행할 수 없습니다."

나는 유인물의 두 번째 페이지를 가리키며 말했다. "아시다시피 저희 조직과 저는 가장 일손이 부족한 자원에 추가로 6개의 리소스를 요청했습니다."

결론으로 접어들었다. "제 목표는 수행 역량을 늘려서 다시는 이런 상황이 되지 않도록 하고 최대한 많은 프로젝트를 적시에 완료하는 것입니다. 필요한 역할에 대한 승인을 바로 해주신다면 적당한 인력 찾기를 시작할 수 있습니다. 브렌트처럼 재능있는 사람은 찾기가 쉽지 않아서 가능하면 빨리 시작해야 합니다."

혼자 리허설을 할 때는 스티브가 손가락으로 숫자를 짚어가며 내게 몇 가지 질문을 하고 최고의 절충안을 내도록 의미 있는 논의가 이뤄지는 시점이었다. 어쩌면 등을 토닥여주며 내가 한 분석의 품질을 칭찬해 줄지도 모른다.

하지만 스티브는 유인물을 집어 들지도 않았다. 대신 나를 쳐다보며 말했다. "빌, 피닉스는 이미 예산보다 천만 달러를 더 썼어. 곧 현금 흐름을 플러스로 바꿔야 하네. 자네가 지금 회사 전체에서 가장 비싼 자원을 갖고 있네. 지금 가진 것을 활용해야 해."

스티브는 팔짱을 끼더니 말을 이어갔다. "작년에 일부 IT 분석가가 여기 와서 경쟁사들과 우리 회사를 비교했지. 그들은 우리가 경쟁사보다 IT에 훨씬 더 많은 돈을 쓰고 있다고 하더군."

"자네 생각에 3천 명의 직원이 있는데 6명 더 뽑는 게 대수냐고 생각하겠지. 그러나 모든 비용은 면밀히 조사받네. 수익성 격차를 해소할 수 없으면 정리 해고를 또 해야 해. 200만 달러의 인건비를 추가하는 계산은 해봐야 소용없어."

스티브는 더욱 동정적인 목소리로 계속했다. "하고 싶은 말이 뭐냐고? 자네 동료에게 가서 자네 사례를 얘기해보게나. 자네 말이 정말 맞는다면 그들이 자기네 예산 일부를 기꺼이 양도하겠지. 하지만 이거 하나는 확실히 하세. 예산 증액은 논의할 여지가 없네. 오히려 자네 부서의 인원 몇몇을 잘라야 할 수도 있어."

주말 동안 최악의 시나리오로 역할극을 했던 꼴이 됐다. 확실한 것은 앞으로는 더욱 비관적인 것을 연습해야 한다는 것이다.

"스티브 사장님, 제가 어떻게 하면 더 명확하게 말할 수 있을지 모르겠습니다." 조금은 자포자기한 심정으로 말했다. "이건 마술이 아닙니다. 이렇게 쌓이는 모든 일은 실제 사람들이 합니다. 컴플라이언스 작업 같은 프로젝트는 피닉스처럼 이미 사람들이 해야 하는 일은 고려하지 않고 할당됩니다."

내게 잃을 것이 거의 없다는 것을 알고는 스티브에게 약간의 충격을 주려고 노력했다. "피닉스를 성공시켜서 간극을 없애고 싶으시다면 사장님께서는 지금 이렇게 하시면 안 될 것 같습니다. 제가 보기에 사장님께서는 달랑 칼 한 자루만 들고 나타나 총격전에 급하게 합류한 것처럼 보입니다."

어떤 반응이 있으리라 기대한 것과 달리 스티브는 팔짱을 끼고 그냥 뒤로 기댈 뿐이었다. "우리 모두 최선을 다하고 있네. 그러니 자네도 돌아가서 그렇게 하게."

바로 그때 문이 열리더니 사라가 들어왔다. "스티브 사장님, 방해해서 죄송하지만 2분 후에 다음 분석가와 통화하셔야 합니다. 제가 전화할까요?"

젠장. 시계를 내려다봤다. 9시 27분이다.

사라는 내게 남은 마지막 3분까지 빼앗았다.

완전히 패배한 나는 "알겠습니다. 계속 밀어붙이세요. 저도 계속 연락 드리겠습니다."

스티브는 고맙다는 듯이 고개를 끄덕이고는 내가 문을 나서자 사라에게 몸을 돌렸다. 나가는 길에 주말 내내 작업했던 프레젠테이션 자료를 스테이시의 재활용 쓰레기통에 던져버렸다.

CAB 회의에 들어가면서 실패의 흔적을 털어버리려고 했다. 패티가 '변경 관리 회의실'이라고 이름 붙인 회의실에 걸어 들어가면서 웨스와 패티에게 나쁜 소식을 어떻게 전할지 계속 생각했다.

회의실 안에 있는 것을 보자 스티브에 관한 생각이 싹 사라졌다.

사방 모든 벽에 화이트보드가 놓여 있었다. 그중 두 개 벽면에는 거의 모든 부분이 색인 카드로 덮인 화이트보드가 있었다. 그냥 한 층으로 있는 것도 아니었다. 어떤 곳에는 10개의 카드가 걸려 있는 고리가 보드에 부착돼 있었다.

회의실 테이블에는 20장, 심지어 30장 이상의 많은 카드 더미도 쌓여 있었다.

테이블의 반대편에는 패티의 부하 직원 두 명이 내 쪽으로 등을 보이고 카드를 살펴보고 있었다. 잠시 후 그들은 그들 앞에 있는 두 개의 카드를 테이프로 붙였다.

"세상에나." 탄성이 흘러나왔다.

"문제가 생겼어요." 패티가 내 뒤에서 말했다.

"화이트보드를 끌어 놓을 공간이 더는 없다고?" 내가 반농담으로 말했다.

패티가 대답하기 전에 웨스가 방에 들어오는 소리가 들렸다. "헉! 이게 다 어디서 난 거지? 전부 이번 주에 나온 건가?"

웨스는 방 안의 화이트보드를 둘러보고 테이블에 놓인 카드를 본 다음 "우리 직원들이 바쁜 건 알았지만 여기 있는 변경 사항은 거의 수백 개가 되겠는데?"라고 말했다.

패티는 노트북을 돌려 방금 연 엑셀 데이터를 보여줬다. "지난 금요일 오후부터 시작해서 이번 주에만 437건의 변경 사항이 들어왔어요."

한순간 말을 잃은 듯 보이던 웨스가 고개를 가로저으며 입을 열었다. "이제 여기 있는 모든 것을 살펴보고 승인해야 하는 거야? 회의는 한 시간만 예정돼 있었잖아. 이걸 다 보려면 몇 날 며칠은 걸리겠어!"

웨스가 나를 쳐다봤다. "이러면 안 된다고 말하는 건 아니지만 매주 이렇게 한다면…."

우리 앞에 놓인 일들에 할 말이 없는 듯 웨스는 또다시 말을 멈췄다.

솔직히 말해 나도 마찬가지였다. 모든 관리자가 일주일 동안 할 변경 사항을 제출하도록 한 것이 첫 번째 단계였다. 우리가 데이터 수집 이후에 변경 사항을 처리하고 승인하기 시작하면서부터 프로세스가 망가질 줄은 예상도 못 했다.

나는 일부러 유쾌하게 말했다. "시작이 좋은데 뭐. 다른 것들과 마찬가지로 상황이 나아지기 전에 악화되는 법이지. 기술 관리자에게 열성적인 지원을 받고 있으니 이제 지속적으로 이런 변경 사항을 면밀히 조사하고 일정을 잡는 방법을 찾아야 하겠네. 혹시 좋은 생각이 있어?"

패티가 먼저 입을 열었다. "우리가 모든 변경 사항을 검토해야 한다고는 아무도 말하지 않았어요. 그러니 일부는 다른 사람들에게 위임할 수도 있어요."

나는 웨스와 패티가 아이디어를 주고받는 얘기를 듣고 있다가 입을 열었다. "목표를 다시 생각해보자. 왼손이 하는 일을 오른손도 알게 해서 중단 사태가 발생하면 우리가 상황 파악을 할 수 있게 하고, 감사팀에는 우리가 변경 관리를 한다는 증거를 제공하는 거였어."

"가장 위험한 변경 사항부터 집중해야 해." 내가 말을 이어갔다. "80/20 규칙이 여기에 적용될 수 있겠네. 20%의 변경 사항이 80%의 위험을 차지하지."

우리 앞에 놓인 카드 더미를 다시 쳐다보면서 영감을 얻고자 무작위로 몇 개를 선택했다.

찡그린 얼굴이 그려진 카드를 들고 "PUCCAR가 뭐야?"라고 물었다.

"쓸데없는 앱이에요." 웨스가 혐오스럽다는 듯이 말했다. "20년 전쯤 누군가가 구현한 파트 언리미티드의 수표 확인 및 조정 서비스PUCCAR: Parts Unlimited Check Clearing and Reconciliation Application죠. 그걸 바꿀 때마다 망가지는데 아무도 고치는 방법을 몰라 오만상이 찌그러져서 퍼커pucker라고 부를 정도예요. 닷컴 붐이 있던 시절에 벤더가 사업을 중단했지만 앱을 대체할 자금을 확보하지 못해 지금까지 쓰고 있어요".

내가 물었다. "앱이 그렇게 쉽게 엉망이 된다면 그걸 왜 변경해야 하는 거지?"

웨스가 재빨리 대답했다. "안 그러고 싶죠. 하지만 관련 비즈니스 규칙이 변경되면 패치를 붙여야 할 때도 있어요. 유지 관리가 중단된 운영 체계에서 실행되다 보니 항상 위험하죠."

"그래! 이건 위험한 변경 사항이군. 요청 중에 PUCCAR처럼 일반적이지 않은 유형의 변경 사항이 많이 있나?" 내가 물었다.

레인보우, 새턴 및 테이저 애플리케이션에 대한 변경 사항을 제안하는 카드와 비즈니스 전체나 상당 부분에 영향을 줄 수 있는 네트워크 및 특정 공유 데이터베이스에 대한 변경 사항 카드 등 약 50장 정도가 쌓여 있었다.

웨스가 말했다. "저 카드들은 보고만 있어도 가슴이 두근거려요. 여기에 위험한 변경 사항 일부가 있거든요."

웨스 말이 맞는다는 생각이 들어 내가 말했다. "좋아. 이쪽 변경 사항에 '취약'이라고 표시하자. 이것들은 위험도가 높아서 CAB의 승인이 필요해. 패티, 이런 변경 사항은 회의할 때 변경 사항 더미의 맨 위에 있어야 해."

패티는 고개를 끄덕이고는 메모를 하며 말했다. "무슨 말인지 알겠어요. 변경 사항 요청서를 제출해야 할 뿐만 아니라, 계획 및 구현 전에 고위험 범주의 변경 사항 건을 사전에 분류하자는 거죠."

우리는 가장 높은 순위 10개의 취약한 서비스, 애플리케이션 그리고 인프라스트럭처의 목록을 재빨리 만들었다. 이들 중 어느 것에라도 영향을 줄 수 있는 변경 요청은 CAB가 즉시 대처하기 위해 표시를 했다.

패티가 덧붙였다. "이런 변경 사항에 대해 몇 가지 표준 절차를 만들 필요가 있겠네요. 예를 들면 언제 구현하기를 원하는지, 그리고 핵심 인력이 변경 사항을 인식하고 있어서 일이 잘못되면 빠르게 대응할 수 있도록 대비해야겠어요. 관련 벤더도 마찬가지고요."

패티는 반쯤 웃으며 한마디를 더했다. "비행기가 화재로 착륙할 것을 대비해서 소화기를 뿌릴 준비를 하고 활주로에 소방관과 구급차를 줄지어 준비해 두는 것처럼 말이죠."

웨스도 웃고 나서 씁쓸하게 덧붙였다. "그래, PUCCAR의 경우에는 검시관에게 시체 가방 한 다발을 준비하라고 해. 그리고 고객 일부가 우리가 사용한 소화기에 알레르기 반응을 보였다고 사업부에 화를 내며 전화할지 모르니 대응할 직원도 준비시켜야 할 거야."

나는 웃었다. "그거 재밌는 생각이군. 사업부가 소화기를 선택하도록 하지. 그래야 모든 책임을 우리가 떠맡지 않아도 되니까 말이야. 미리 사업부 쪽에 이메일을 보내서 적용할 가장 좋은 시간을 물어볼 수도 있겠네. 이전 변경의 결과에 대한 데이터를 제공할 수 있다면 사업부 쪽에서 변경을 철회할 수도 있겠어."

패티가 열심히 노트북에 입력했다. "알았어요. 이런 유형의 변경은 직원에게 얘기해서 변경 성공률 및 관련 중단 시간에 대한 보고서를 작성하도록 할게요. 그러면 사업부가 변경 사항에 대해 더욱 현명한 결정을 내리는 데 도움이 될 거예요."

패티의 아이디어에 매우 만족했고 우리가 올바른 길을 가고 있다고 확신했다. "좋아, 그래도 여전히 400개 카드가 남아있네. 무슨 좋은 생각이라도 있나?"

웨스가 카드를 세심하게 살펴보면서 그 옆에 두 개의 큰 카드 더미를 쌓았다. 그리고 좀 더 큰 더미에서 카드를 하나 집으며 말했다. "이쪽 더미에는 우리가 항상 하는 변경 사항들이 있어요. POS 시스템에 월별 세금표를 업로드하는 것 같은 일 말이죠. 이런 변경 사항을 군이 잡아둘 필요는 없죠."

"반면에 여기에는 '자바 애플리케이션 서버 스레드 풀 크기 늘리기', '성능 문제를 해결하기 위해 KQ 업체 애플리케이션 핫픽스 설치' 그리고 '듀플렉스 세팅을 디폴트로 만들기 위한 켄터키 데이터 센터 로드 밸런서 재설정' 같은 변경 사항들이 있네요."

"이런 변경 사항들은 제가 전혀 모르는 것들이에요!" 웨스가 말했다. "실제로 의견을 제시할 수 있을 만큼 상황을 알고 있지 못해요. 난 갈매기처럼 날아가서 사람들한테 똥이나 싸고 다시 날아가 버리고 싶지는 않다고요, 무슨 말인지 알죠?"

패티가 흥분해서 말했다. "아하! 좋아요! 첫 번째는 ITIL이 '표준 변경'이라고 부르는 위험이 적은 변경 사항들이에요. 이전에 여러 번 성공적으로 수행한 변경에는 사전 승인을 하면 돼요. 변경 사항 신청서는 제출해야하지만 우리 없이 일정을 잡을 수 있는 것들이죠."

모두 고개를 끄덕이자 패티가 말을 이어갔다. "그러면 우리가 살펴볼 필요가 있는 중간 정도의 위험률을 가진 변경 사항이 약 200개 정도 남네요."

"웨스 말에 동의해." 내가 답했다. "이런 변경 사항들은 관리자가 스스로 하는 일이 어떤 것인지 알고 있다고 믿어야 해. 하지만 변경이 가져올 수 있는 영향을 다른 사람들에게 제대로 통보했는지, 그리고 다른 모든 사람에게 '진행해도 좋다'는 것을 확인받았는지를 패티가 확인해줬으면 좋겠어."

난 잠시 생각을 하고 다시 말을 이어갔다. "존의 토큰화 애플리케이션을 생각해볼까? 변경 요청서가 우리에게 오기 전에 존은 애플리케이션과 데이터베이스 관리자 그리고 사업부 쪽에 좋다는 허락을 받았으면 좋겠어. 그렇게 하면 충분하지. 존이 연관된 일에 관해 관심을 두고 처리하는 것을 확인하는 일까지가 우리 역할이라고 생각해. 지금 시점에서는 프로세스의 무결성이 중요하지, 실제 변경 사항은 그다지 중요하지 않아."

패티가 열심히 적어 내려갔다. "내가 제대로 이해했는지 확인해볼게요. '자잘한 중간급의 변경 사항'은 변경 사항 요청서 제출자가 잠재적으로 영향을 받는 사람들과 상의했는지, 그리고 그들에게 승인을 받았는지에 대한 책임을 다했는지 확인한다. 일단 그게 되면 변경 카드를 우리에게 제출해서 우리가 검토하고 일정을 승인해준다."

내가 미소 지으며 말했다. "맞아. 웨스, 이러면 될까?"

마침내 웨스가 말했다. "그러면 될 것 같네요. 한번 해보죠."

패티가 웃으며 말했다. "좋아요."

패티는 노트북에서 얼굴을 떼고 생각하는 듯이 펜으로 테이블을 톡톡 치면서 화이트보드를 쳐다봤다. "오늘이 월요일이죠. 오늘 할 변경 사항들은 승인이 됐다고 이미 전달했어요. 내 생각에는 내일까지 기간을 연장해주고 수요일에 CAB 회의를 다시 열어 나머지 변경 사항 일정을 잡는 게 좋을 듯해요. 그러면 다른 사람들에게도 충분히 준비할 시간이 될 거예요."

나는 웨스를 쳐다봤다. 웨스는 패티에게 "그건 좋은데 난 사실 벌써 다음 주가 걱정돼. 일단 모두에게 변경 요청서를 계속 제출하라고 말하고 19일 금요일부터는 매주 CAB 회의를 열지"라고 말했다.

패티는 웨스가 다음 주를 미리 계획하는 것에 불평하기보다는 나만큼 기뻐하는 것처럼 보였다. "조금 이따 모두에게 알릴게요."

패티가 타이핑을 마치고 말을 이어갔다. "한 가지 더 있어요. 이 수동 프로세스 실행에는 나를 포함해 두 사람이 묶여 있다는 점을 지적하고 싶어요. 고된 일이라는 말이죠. 나중에라도 자동화하는 방법을 생각해봐야 할 것 같아요."

나는 고개를 끄덕였다. "지금 상태로 지속될 수 없다는 것은 의심할 여지가 없군. 하지만 CAB 회의를 두 번 해보고 규칙이 정확히 무엇인지 먼저 알아보자고. 확실한 건 우리가 이걸 다시 살펴봐야 한다는 거야."

회의를 마무리하고 다들 웃으며 회의실을 나섰다. 처음 있는 일이었다.

• 9월 9일 화요일

그동안 참석한 회의 가운데 가장 무자비한 예산 회의에 참석하고 있었다. 딕은 방 뒤쪽에 앉아 주의 깊게 얘기를 듣다가 가끔 회의를 진행했다. 딕이 연간 계획의 첫 번째 삭감을 하자 모두 그의 결정을 따랐다. 사라는 딕의 옆에 앉아 아이폰을 두드리고 있었다.

전화기를 집어 들었다. 긴급 상황인 것 같았다. 몇 분간 계속 진동이 울려댔다.

'1급 장애: 신용 카드 처리 시스템 다운. 모든 매장에 영향.'

이런 젠장.

모두가 내 예산에 눈독 들인다는 걸 알지만 회의장을 떠나야 했다. 나는 커다란 노트북이 산산이 분해되는 것을 막으려고 애쓰면서 자리에서 일어섰다. 그때 사라가 물었다. "또 다른 문제인가요, 빌?"

나는 얼굴을 찡그렸다. "처리할 수 없는 일은 아니죠."

실제로 1급 중단 사태는 매우 큰 문제지만 사라에게 약점을 잡히고 싶지 않았다.

NOC에 도착하자마자 스피커폰으로 통화하고 있던 패티의 옆에 자리를 잡았다. "모두 들으세요, 빌이 방금 도착했습니다. 잠깐 상황을 설명하자면 주문 입력 시스템이 다운됐다는 것을 확인해서 1급 장애로 선언했습니다. 뭐가 변경됐는지 파악하는 중입니다."

패티는 말을 잠깐 멈추고 나를 쳐다봤다. "우리가 제대로 알고 있는 건지 확신이 없어요."

나는 모두에게 말했다. "패티가 방금 한 얘기 들었지? 오늘 장애를 일으켰을 수도 있는 변경 사항에 어떤 것들이 있지?"

모두 서로를 의심스럽게 쳐다보거나 눈을 내리깔고 있어서 어색한 침묵이 펼쳐졌다. 다들 눈을 마주치지 않으려 했다.

"전 크리스입니다." 내가 무슨 말을 하기도 전에 누군가 입을 열었다. "패티에게 아까도 말했지만 지금 다시 말씀드리겠습니다. 개발자들은 아무것도 변경하지 않았습니다. 그러니 의심 대상에서 저희는 제외해주십시오. 아마도 데이터베이스가 바뀌었을 겁니다."

테이블 끝에 앉아 있는 누군가가 화를 내며 말했다. "뭐라고요? 저희도 변경한 게 없습니다. 음, 주문 입력 시스템에 영향을 줄 수 있는 어떠한 것도 변경하지 않았습니다. 운영 환경 패치가 잘못되지 않은 게 확실한가요?"

두 자리 건너 앉은 누군가가 똑바로 앉더니 열을 내며 말했다. "절대 아닙니다. 3주 동안 해당 시스템에 일정이 잡힌 업데이트는 없습니다. 문제가 네트워크 변경이라는 데 50달러 걸죠. 그쪽에서 하는 변경 사항들이 항상 문제를 일으킨다고요."

눈높이에서 손뼉을 치며 웨스가 소리쳤다. "다들 열 내지는 말라고!"

화가 난 듯 혹은 체념한 듯 보이는 웨스는 테이블 반대편의 누군가에게 얘기했다. "너는 할 말 없냐? 물론 다들 한마디씩 해야겠지."

테이블 반대편에 있던 네트워크 리더는 화가 난 듯 양손을 부여잡고 있었다. "네트워크가 장애로 인해 계속 비난받는 것은 불공평합니다. 오늘 예정된 변경 사항은 없었습니다."

데이터베이스 관리자가 "증명해보시죠"라고 받아쳤다.

네트워크 리더는 얼굴이 벌게지고 목소리가 갈라졌다. "다 헛소리예요! 우리가 아무 짓도 하지 않았다는 것을 증명하라고 하네요? 당신은 하지도 않은 것을 증명할 방법이 있습니까? 제 생각에는 잘못된 방화벽 변경이 문제라고 생각합니다. 지난 몇 주 동안 발생한 대부분 장애는 그중 하나로 인해 생긴 것들이었다고요."

이런 난장판을 끝내야 한다고 생각은 했지만, 그러는 대신 의자에 몸을 기대며 화가 터져 나와 폭발하지 않도록 한 손으로 내 입을 틀어막고는 계속 지켜봤다.

패티는 격분해서 나를 돌아봤다. "존의 팀원 중에는 아무도 전화 연결이 안 됐어요. 존의 팀이 모든 방화벽 변경 사항을 처리하거든요. 계속 연결해볼게요."

스피커폰에서 키보드를 두드리는 소리가 나더니 "어…. 이거 누가 좀 해볼 수 있어?"라는 소리가 들렸다.

주문 입력 시스템에 접근하려고 여러 사람이 노트북 키보드를 두드리는 소리가 들렸다.

"잠깐!" 내가 자리에서 튕겨 일어나면서 스피커폰을 가리키며 소리쳤다. "방금 얘기한 사람이 누구지?"

어색한 침묵이 길어졌다.

"전데요, 브렌트요."

아, 이런.

다시 자리에 앉아서 길고 깊게 숨을 들이마시려 노력했다. "브렌트! 시작해준 건 고마운데 1급 장애가 발생하면 조치를 하기 전에 논의부터 해야지. 절대 하지 말아야 할 일은 상황을 악화시키고 근본 원인을 파악하는 것을 복잡하게 만드는 일이잖아."

내가 말을 다 하기도 전에 테이블의 다른 쪽 끝에 있는 누군가가 노트북 뒤에서 끼어들었다. "와, 시스템이 다시 돌아왔네. 잘했어, 브렌트."

아, 이런.

나는 불만으로 입을 꾹 다물었다.

확실한 건 훈련되지 않은 폭도들도 운이 좋을 수 있다는 것이다.

"패티, 마무리하지. 패티와 웨스는 지금 바로 패티 사무실에서 같이 좀 보자고." 나는 자리에서 일어나 회의실을 떠났다.

나는 두 사람의 시선을 끌 때까지 패티의 사무실에 계속 서 있었다. "확실하게 해두지. 1급 장애가 있을 때는 직감으로 행동하면 안 돼. 패티, 이제부터 1급 장애 회의를 주도하는 사람으로서 모든 관련 이벤트, 특히 변경 사항의 타임 라인을 제시하는 것부터 시작했으면 해."

"패티는 그런 정보를 가까이에 둬야 할 책임이 있는 거야. 패티가 변경 프로세스를 제어하기 때문에 그런 정보 얻는 건 쉬운 일이어야 해. 정보는 컨퍼런스 콜을 하면서 질러대는 소리로 얻는 게 아니라 패티한테서 나오는 거란 말이지. 이해돼?"

패티는 실망한 눈빛으로 나를 돌아봤다. 말을 부드럽게 해야겠다고는 생각했지만 그만뒀다. 그동안 열심히 일해온 패티에게 일을 더 던져주고 있다는 걸 나도 잘 알고 있다.

"네, 다 이해해요." 피곤한 듯 패티가 말했다. "그 과정을 문서화하고 최대한 빨리 진행할게요."

"그 정도로는 안 돼. 2주마다 장애 관리 회의와 훈련을 해줬으면 좋겠어. 모두 체계적인 방식으로 문제를 해결하고, 다들 회의에 참석하기 전에 타임 라인을 준비하는 데 익숙해져야 해. 사전 훈련하는 동안 문제에 대처하지 못하면 어떻게 실제 상황에서 사람들이 제대로 대처하길 기대하겠어?"

나는 한껏 낙담한 표정을 짓는 패티의 어깨에 손을 얹었다. "요즘 패티가 하는 모든 일에 감사하고 있어. 이건 중요한 일이고 패티 없이는 어떻게 헤쳐나갈지 모르겠어."

다음으로 웨스에게 얼굴을 돌렸다. "비상사태가 생기면 모든 사람이 실제로 구현한 사항은 물론이고 생각하고 있는 변경 사항에 대해서도 모두 논의해야 한다는 점을 브렌트에게 즉시 알려줘. 증명할 수는 없지만 왠지 브렌트가 장애를 일으켰다는 생각이 들어. 스스로 뭘 잘못했는지 깨닫고 되돌린 게 아닐까 싶어."

웨스가 대답하려고 했지만 내가 말을 잘랐다.

"이런 식으로 일하는 것을 멈추게 해줘." 웨스를 향해 강력하게 말했다. "무단 변경이나 장애 중에 공개되지 않은 변경 사항이 더는 없어야 해. 직원들을 통제할 수 있겠어?"

웨스는 놀란 듯이 잠시 내 얼굴을 들여다봤다. "알았어요, 그러죠, 보스."

웨스와 나는 피닉스 상황실에서 화요일과 수요일에 깨어 있는 시간을 함께 보냈다. 배포는 불과 3일 앞으로 다가왔다. 날이 갈수록 상황은 더 악화돼 보였다.

변경 관리 회의실로 돌아가면서 조금은 안심했다.

회의실로 들어서자 CAB 구성원 대부분이 자리에 있었다. 산만한 색인 카드 더미는 없었다. 카드는 벽에 있는 화이트보드 중 하나에 매달려 있거나 방 앞에 놓여 있는 '대기 중인 변경 사항'이라는 라벨이 붙은 테이블에 깔끔하게 정리돼 있었다.

"변경 관리 회의를 시작하겠습니다." 패티가 회의를 시작했다. "화이트보드에서 볼 수 있듯이 표준 변경 사항은 모두 일정을 잡았습니다. 오늘은 고위험과 중간 위험도의 변경 사항을 검토하고 일정을 잡을 예정입니다. 그런 다음 조정이 필요한 일정에 대해 변경 일정을 살펴볼 것입니다. 지금은 아무 말씀도 드리지 않겠지만 여러분이 주의를 기울여야 할 사항은 진행하면서 알아보실 수 있을 것입니다."

패티는 첫 번째 카드 더미를 집어 올렸다. "첫 번째 리스크가 큰 변경 사항은 존이 제출한 것으로 금요일에 예정된 방화벽에 대한 것입니다." 그런 다음 해당 변경에 대해 누구와 상의했고 누가 서명했는지 읽어내려 갔다.

패티는 웨스와 내게 물었다. "빌 그리고 웨스, 해당 변경 사항을 금요일 변경 사항으로 보드에 올리는 것을 승인하시겠습니까?"

이 문제가 충분한 시선을 끈다는 데 만족하며 나는 고개를 끄덕였다.

웨스 역시 "나도 마찬가지야. 이거 나쁘지 않군. 첫 번째 변경을 승인하는 데 23초밖에 안 걸렸어. 이전에 했던 최장 시간에서 59분이나 줄였다고!"라며 흐뭇해했다.

여기저기에서 박수 소리가 터져 나왔다. 패티는 기세를 몰아 나머지 여덟 개의 고수준 리스크에 대한 변경 사항 진행을 이어갔고 더 짧은 시간 안에 승인을 끌어냈다. 박수 소리가 더 쏟아지는 와중에 패티의 직원 중 한 명이 화이트보드에 카드를 게시했다.

패티는 중간 수준의 리스크를 가진 변경 사항 카드 더미를 집었다. "147개의 변경 사항이 제출됐습니다. 모두 절차를 따르고 필요한 사람들과 얘기를 나눴다는 데 여러분을 칭찬해드리고 싶습니다. 이런 변경 사항 중 90개가 일정이 준비돼서 게시했습니다. 모두가 검토할 수 있도록 인쇄를 해왔습니다."

웨스와 나를 돌아보며 패티가 말했다. "이들 중 10%를 샘플링했는데 대부분 괜찮아 보입니다. 앞으로 조금 더 면밀한 조사가 필요한 때를 대비해서 문제에 대한 추세를 추적하도록 하겠습니다. 반대 의견이 없으시면 중간 수준의 위험 변경 사항도 다 끝낸 것 같은데요. 사실 해결해야 할 더 시급한 문제가 있습니다."

웨스가 "이의 없습니다"라고 했고 나는 패티에게 진행하라고 고개를 끄덕여 보였다. 그러자 패티는 화이트보드 쪽을 가리켰다.

잘못된 게 있어 보였지만 아무 말 하지 않고 가만히 있었다. 리더 중 한 명이 상자 하나를 가리키며 "금요일에 몇 개의 변경 사항이 예정돼 있습니까?"라고 물었다.

빙고!

패티는 미소를 띠며 "173개입니다"라고 말했다.

화이트보드에 있는 거의 절반의 변경 사항이 금요일로 예정된 것이 분명했다. 남은 변경 사항 중 절반은 목요일에 예정돼 있으며 나머지는 다음 주 초에 뿌려져 있었다.

패티가 말을 이어갔다. "금요일에 173건의 변경 사항이 있는 게 나쁘다고 말씀드리는 것은 아니지만 변경 충돌 및 리소스 가용성에 문제가 생길까 봐 걱정입니다. 금요일은 피닉스가 배포되는 날이기도 합니다."

"여기가 항공 관제국이라면 영공이 위험할 정도로 붐비는 상황이라고 하겠습니다. 비행 일정을 바꾸고 싶은 분 계신가요?"

누군가가 "다들 괜찮다면 오늘 하고 싶은 일이 3개 있습니다. 피닉스가 착륙할 때 공항 근처에 있고 싶지 않아서요"라고 말했다.

"그래, 운이 좋네." 웨스가 중얼거렸다. "우리 중 일부는 금요일에 여기에 와 있어야 하는데 말이야. 벌써 날개에서 불꽃이 튀는 게 보이는 것 같다고…."

두 명의 다른 엔지니어가 주 초로 변경 사항을 옮겨 달라고 요청했다. 패티는 그들에게 화이트보드로 가서 변경 사항 카드를 옮기라고 말하고 이미 예약된 다른 변경 사항을 방해하지 않는지 확인했다.

15분 후 변경 사항 보드에 카드가 더 균등하게 퍼져 있었다. 마치 숲속의 동물들이 산불을 피해 멀리 도망치는 것처럼 모두가 금요일에서 가능한 한 멀리 변경 사항을 옮기는 것이 기쁘지는 않았다.

변경 사항 카드가 이리저리 이동하는 것을 보고 있자니 뭔가 다른 것이 신경 쓰이기 시작했다. 피닉스 주변에서 벌어지는 대학살과 아수라장의 이미지가 아니었다. 에릭과 MRP-8 공장과 관련이 있었다. 나는 카드를 계속 쳐다봤다.

패티가 내 집중을 방해했다. "…빌, 이걸로 이제 다 한 것 같습니다. 이번 주의 모든 변경 사항에 대한 승인 및 일정이 잡혔습니다."

정신을 차리려고 했을 때 웨스가 입을 열었다. "패티, 정리하느라 정말 수고했어. 내가 가장 시끄러운 불평가 중 하나였다는 거 알지? 그런데…." 웨스는 화이트보드를 가리키며 "이거 모두 정말 대단해"라고 말했다.

그렇다고 중얼거리는 소리가 여기저기에서 들리자 패티의 얼굴이 눈에 띄게 빨개졌다. "감사합니다. 실질적인 변경 사항 프로세스를 처리한 첫 주가 아직 끝나지 않았습니다. 지금까지 했던 것 중 가장 많은 분이 참여해 주셨습니다. 서로 등을 두드리며 칭찬하기 전에 두 번째 주까지 끝내보는 건 어떨까요?"

"당연하지. 그동안 정말 수고했어, 패티. 계속 부탁할게." 내가 말했다.

회의가 끝났지만 나는 변경 사항 게시판을 뚫어지게 쳐다보며 남아있었다.

회의 중에 여러 번 머릿속에서 뭔가가 자꾸 깜빡거렸다. 에릭이 얘기했는데 내가 무시한 게 있었던가? 일과 관련된 건가?

지난 목요일 웨스와 패티는 모든 프로젝트 목록을 일일이 손으로 작성해서 거의 100개의 프로젝트를 파악했다. 모든 작업자를 인터뷰해 수동으로 만든 목록이었다. 그런 프로젝트는 확실히 비즈니스 프로젝트와 내부 IT 프로젝트라는 두 가지 작업 유형에 속한다.

벽에 있는 변경 사항 카드들을 살펴보다가 내가 이전에 수동으로 생성했던 다른 작업 모음을 다시 보고 있다는 것을 깨달았다. 패티에 따르면 이번 주에 우리가 하는 일이 437개의 개별 작업이라고 했다.

해당 변경 사항들은 세 번째 범주에 속한다는 것을 깨달았다.

패티의 직원들이 금요일에서 주초로 변경 사항 카드를 옮겼을 때 그들은 우리의 작업 일정을 바꾸고 있는 것이었다. 각 변경 사항 카드는 우리 팀이 그날 수행할 작업이었다.

물론 이런 변경 사항은 전체 프로젝트보다 훨씬 작긴 하지만 여전히 일은 일이다. 변경 사항과 프로젝트의 관계는 무엇일까? 두 가지 다 똑같이 중요한가?

실제로 이선에 이런 변경 사항 중 어떤 것이라도 특정 시스템과 연관돼 추적할 수 있지 않을까? 만약 그렇다면 모든 변경 사항은 도대체 어디서 온 걸까?

변경 사항이 프로젝트와 다른 유형의 작업이라면 실제로 우리가 100개 이상의 프로젝트를 수행하고 있는 것일까? 이들 중 몇 개의 변경 사항이 백 개 프로젝트 중 하나를 지원하는 걸까? 그중 하나를 지원하는 것이 아니라면 실제로 해당 작업을 할 필요가 있을까?

모든 프로젝트 작업에 필요한 만큼의 자원만 갖고 있다면 이런 모든 변경 사항을 구현할 역량이 충분하지 않을 수 있다는 의미일까?

나는 더 크고 의미가 있는 통찰력을 얻기 직전인 것처럼 스스로와 논쟁하고 있었다. 에릭은 공장 현장의 작업대에 해당하는 것으로 우리 조직에는 어떤 것이 있는지 물었다. 변경 관리와 관련이 있을까?

터무니없이 많은 질문을 쏟아내며 고민하는 내 모습에 갑자기 웃음이 터져 나왔다. 혼자만의 토론 대회를 열고 열변을 토한 느낌이었다. 아니면 에릭이 나한테 주문을 걸어 한 가지만 계속 생각하게 만든 것 같았다.

잠시 생각하면서 변경 사항이 또 다른 범주의 작업을 나타낸다는 것을 안다는 사실만으로도 가치 있다고 생각했지만 왜 그런지는 모르겠다.

이제 네 가지 작업 범주 중 세 가지를 파악했다. 잠깐이지만 네 번째 작업 범주가 무엇인지 궁금했다.

10장

• 9월 11일 목요일

다음 날 아침 일찍 피닉스 상황실로 돌아갔다. 커스틴은 매일 하루를 시작할 때 가장 중요한 피닉스 프로젝트 작업을 설명했다. 상황이 어렵다 보니 커밋된 작업은 책임 관리자가 '완료'된 것으로 보고하고 있었다.

커스틴의 반대편에 서고 싶어 하는 사람은 없었다. 스티브의 반대편에 서는 것과 마찬가지였기 때문이다.

오늘의 나쁜 소식은 크리스 밑에서 일하는 품질 보증 이사인 윌리엄 메이슨에게서 나왔다. 어찌 된 일인지 그들은 제대로 만든 것보다 망가진 피처를 2배나 더 많이 발견하고 있었다.

자동차가 조립 라인을 따라 움직이는데 부품이 차에서 떨어져 나가는 상황이라면 결코 좋은 징조가 아니다. 모두가 배포 날짜를 두려워하는 것은 너무 당연하다.

커스틴이 브렌트를 부르는 소리를 세 번째로 들었을 때 나는 어떻게 이런 위험을 줄일 수 있을지 고민하고 있었다. 그리고 웨스는 뭔가가 이뤄지지 않은 이유를 세 번째 설명해야 했다.

사라는 방 뒤쪽에서 이렇게 말했다. "웨스, 당신네 사람들 때문에 병목 현상이 또 생기고 있습니다. 여기에 해결해야 할 인력 문제가 있는 건가요?"

웨스는 얼굴이 벌게져서 대답하려 했지만 내가 재빨리 끼어들었다. "커스틴, 브렌트에게 할당된 다른 작업이 몇 개나 있죠?"

커스틴이 신속하게 대답했다. "오늘 기준으로 밀린 작업이 5개 있습니다. 3개는 지난 수요일에 할당된 것이고 2개는 지난 금요일에 할당됐습니다."

"좋아요. 제가 처리하죠." 내가 말했다. "여기 일이 끝나면 진행 상황을 직접 살펴보겠습니다. 오늘 정오까지 현황 보고서와 완료 일정을 수정해서 함께 보내드리죠. 필요한 게 있으면 다시 말씀드리겠습니다."

7호 건물에 있는 브렌트의 자리로 걸어가면서 내 목표는 관찰과 이해라고 스스로 상기했다. 브렌트는 내가 새로운 역할을 맡은 후부터 모든 대화에 줄곧 등장한 인물이다.

어쩌면 브렌트는 생각만큼 똑똑하지 않을 수도 있다. 아니면 정말로 기술 쪽의 아인슈타인이라 그런 비슷한 기술력이 있는 사람들을 찾으려는 모든 시도가 실패하는 것일 수도 있다. 그것도 아니라면 우리가 브렌트의 일을 빼앗으려 하자 그가 고의로 우리를 방해하는 것일 수도 있다.

그러나 브렌트는 똑똑해 보였고 프로 같았다. 과거에 함께 일했던 많은 수석 엔지니어와 크게 다르지 않았다.

브렌트의 책상에 다다랐을 때 전화를 받으며 키보드를 두드리는 소리가 들렸다. 브렌트는 헤드셋을 착용한 채 4대의 모니터 앞에 앉아 어떤 애플리케이션 화면에 뭔가를 입력하고 있었다.

나는 칸막이 밖에 서서 조용히 귀를 기울였다.

"아니, 아니, 아니. 데이터베이스는 이미 잘 실행 중이야. 그래, 바로 앞에 있어서 나도 잘 알고 있다고…. 응, 쿼리할 수 있어. 응…, 그래…, 아니…. 내가 말했잖아, 애플리케이션 서버라고…. 지금 된다고? 알았어, 확인해볼게. 잠깐, 수동 동기화를 해볼게. 하고 있어, 지금…."

그때 브렌트의 휴대폰이 울렸다. "잠깐만, 다른 전화가 들어왔어. 다시 전화할게."

브렌트는 포스트잇에 뭔가를 적고는 모니터 위에 있던 두 개의 다른 포스트잇 옆에 나란히 붙였다. 그러고는 몹시 짜증 난 상태로 휴대폰을 받았다. "네, 브렌트입니다. 어떤 서비스가 다운됐다고요? 재부팅해보셨나요? 저기요, 지금 피닉스 때문에 할 일이 많아서요. 오늘 오후에 다시 연락드리면 안 될까요?"

나는 브렌트가 "이런…. 방금 그게 누구였는지 모르겠네. 어디 부서장이라고 했었나? 그래, 한번 보자"라며 혼잣말하는 것을 듣기 전까지는 잘한다고 조용히 칭찬하는 중이었다.

한숨을 쉬고는 '브렌트의 하루'라는 드라마 한 편을 감상하기 위해 빈 칸막이 자리에 앉았다.

브렌트는 다시 5분 정도 전화기를 붙잡고 있다가 중요한 운영 환경 내 데이터베이스가 다시 실행된 후에야 전화를 끊었다.

IT 시스템에 의존하는 모든 사람이 각자의 업무를 수행할 수 있도록 브렌트가 정말 신경 쓰고 있는 것처럼 보여 감사한 마음이었지만, 모두가 그를 자신들만의 무료 서비스 요원처럼 여기며 마음대로 부린다는 사실에 경악했다.

브렌트는 모니터에서 포스트잇 하나를 떼더니 수화기를 들었다. 브렌트가 다이얼을 돌리기 전에 내가 일어서서 말을 걸었다. "안녕하신가, 브렌트."

"아!" 브렌트가 놀라서 소리쳤다. "언제부터 거기 계셨어요?"

가장 친절한 미소를 짓고 브렌트 옆에 자리를 잡으며 "몇 분 됐어"라고 말했다. "두 사람 문제를 해결하는 걸 볼만큼 충분한 시간이었네. 문제 해결은 칭찬할 일이야. 하지만 난 지금 막 커스틴의 피닉스 일일 스탠드업 회의에서 왔지. 자네에게 할당된 작업이 5개나 밀려 있다고 하더군."

프로젝트 관리 회의에서 얘기했던 5개 작업을 보여줬다. 브렌트는 재빨리 답했다. "이미 반은 끝냈습니다. 몇 시간 조용히 작업할 시간만 있으면 전부 끝낼 수 있습니다. 할 수만 있다면 집에서라도 했겠지만 네트워크 연결이 너무 느려서요."

"누가 전화를 하지? 그리고 자네에게 원하는 게 뭔가?" 내가 찡그리며 물었다.

"주로 뭔가를 고치는 데 어려움을 겪고 있는 다른 IT 직원들입니다." 브렌트는 눈을 굴리며 대답했다. "무슨 일이 생기면 제가 유일하게 어디를 살펴봐야 할지 아는 사람인 것 같습니다."

"웨스가 이런 문제를 맡아서 해줄 사람들을 몇 명 고용한 걸로 아는데 말이야."

브렌트가 다시 눈을 굴렸다. "생각만 그랬던 거죠. 대부분 다른 업무가 있었고 정작 필요할 때는 시간을 내지 못했습니다. 아주 바쁘지 않다는 이유로 일부는 인원 정리 때 해고됐고요. 제 생각에 그리 큰 손실은 아니었어요. 어쨌든 결국은 대부분 문제를 제가 처리하게 됐습니다."

"매일 오는 전화가 몇 건이나 되지? 이렇게 오는 전화를 어딘가에 기록하나?"

"티케팅 시스템처럼 말입니까? 아니요, 통화할 때마다 티켓을 만들면 문제를 해결하는 것보다 시간이 더 오래 걸려서요." 브렌트가 내 말을 일축하며 말했다. "전화 건수는 요일마다 다릅니다. 지난주는 평상시보다 더 많았습니다."

이제 알았다. 누군가 지금 당장 브렌트에게 전화해서 충분히 큰 소리를 지르거나 아는 사람을 들먹인다면 브렌트는 누군가의 문제를 몇 시간 동안이나 해결하면서 끌려다닐 수 있다.

"마지막으로 전화한 사람에게는 응답하려는 것으로 보이던데 말이야. 그냥 전화를 끊지 않고 문제를 해결하기로 한 이유는 뭐지?" 내가 물었다.

"보급 주문이 생성되지 않아서 즉시 해결하지 못하면 매장에서 잘나가는 제품이 품절될 위험에 처했다며 물류Logistics 부서장이 소리를 질러 대고 있다고 해서요. 매장에서 재고 소진을 일으킨 사람으로 불리고 싶지는 않거든요."

나는 입을 닫았다. 자기들 요청을 당장 처리하라고 내 엔지니어들을 휘두르는 회사 중역들은 정말 쓰레기다. 피닉스를 위태롭게 하는 것은 생각조차 하지 않는다.

자리에서 일어서며 말했다. "좋아, 하지만 지금부터는 피닉스 일에 몰두해야 해. 스티브 마스터스 사장님은 피닉스가 모두의 최우선 과제라고 했거든. 어느 때 보다 브렌트가 필요해. 누구든 일을 시키려고 하면 싹 다 거절해버려!"

브렌트는 안심하면서도 걱정하는 듯이 보였다. 아마도 물류 부서장을 생각하고 있는지도 모르겠다.

내가 말을 덧붙였다. "피닉스 외의 일로 누군가가 연락하면 웨스한테 보내. 웨스가 멍청이들을 상대하게 하란 말이야."

브렌트는 의심스럽다는 듯이 말했다. "저, 감사하긴 한데요, 장기적으로는 별 효과가 없을 겁니다. 여기 있는 사람들은 시스템이 어떻게 돌아가는지 잘 모르거든요. 결국 저한테 다시 돌아올 게 뻔하다고요."

"글쎄, 그들도 배워야겠지. 어쨌든 사람들이 전화하면 웨스에게 돌려. 혹시 문제가 생기면 나한테 보내고. 피닉스 이외의 것에는 답장하지 않을 테니 다른 사람에게 연락해보라는 휴가 메시지를 이메일에 써서 보내도록 해."

내 말에 브렌트가 엷은 미소를 띠며 말했다. "웨스…."

"거봐, 이제 무슨 말인지 이해하는군." 내가 웃음으로 답했다.

이어 탁상전화기를 가리키며 말했다. "사람들이 당신에게 직접 연락하는 습관을 버리도록 할 수 있는 건 전부 해봐. 전화 소리를 끄고 음성 메일에 인사말을 변경해서 전화를 받을 수 없으니 웨스에게 연락하라고 해. 어쨌든 뭔가 바꿔봐."

단지 거기에 있는 것만으로도 브렌트가 피닉스에서 눈을 돌리게 했다는 걸 깨닫고 재빨리 말했다. "아니지, 내 비서 엘렌한테 브렌트 음성 메일 안내를 바꾸라고 하면 되겠군."

브렌트는 다시 한번 미소 지으며 말했다. "아니, 아니에요. 제가 할 수 있습니다. 어쨌든 감사해요."

나는 포스트잇에 내 휴대폰 번호를 적어 브렌트에게 주면서 말했다. "엘렌이 할 거야. 브렌트는 피닉스 작업에만 집중해. 내가 해줄 게 있으면 바로 연락하고."

브렌트가 고개를 끄덕였다. 나는 9호 건물로 돌아가다가 다시 뒤돌아 물었다. "저기, 다음 주에 맥주 한잔하지."

그러겠다고 말하는 브렌트의 표정이 밝아졌다.

건물을 나가면서 즉시 패티에게 전화했다. 패티가 전화를 받자 내가 말했다. "웨스를 찾아서 피닉스 상황실 밖에서 함께 만나. 브렌트가 웨스에게 일을 위임하도록 관리 방식을 바꿔야겠어. 지금 바로 만나자고."

우리는 피닉스 상황실 복도 건너편 회의실에 앉아 있었다.

"브렌트 일은 어땠어요?" 웨스가 물었다.

브렌트가 모든 장애 처리 작업으로 피닉스 업무를 할 수 없다고 말하자 웨스의 얼굴이 창백해졌다. "브렌트는 다른 비상 회의에도 참석했어요! 어떻게 다른 일이 피닉스보다 더 중요하다고 생각할 수 있지?"

"좋은 질문이야, 웨스. 브렌트가 도대체 왜 피닉스를 두고 다른 일을 하는 걸까?"

웨스가 소리 지르던 것을 잠시 멈췄다. "어쩌면 나 같은 사람이 브렌트에게 소리를 질러대며 가장 중요한 일을 완료하려면 브렌트의 도움이 절대적으로 필요하다고 말했겠죠. 아마 그랬을 거예요. 브렌트야말로 정말 많은 것들이 실제로 어떻게 작동하는지 아는 유일한 사람인 것 같거든요."

"나도 그렇겠지만 브렌트라면 몇 분 안 걸릴 거라고 말하면서 일을 처리해달라고 말했을 거예요." 패티가 말했다. "정말 그랬을 게 분명해요. 결국 난도질해서 죽이는 거나 다름없죠."

"프로세스는 사람들을 보호해야 해. 브렌트를 보호할 방법을 찾아야 한다고." 그렇게 말하고는 브렌트에게 뭔가 원하는 사람이 있다면 모두 웨스에게 보내버리라고 했다는 말을 전했다.

"네? 브렌트의 시간을 세세하게 관리하라고요? 저도 브렌트의 비서나 헬프 데스크 직원이 될 시간이 없다고요!" 웨스는 소리쳤다.

"알아. 하지만 웨스가 가진 자원들이 피닉스의 중요한 일을 끝내게 하는 것보다 중요한 게 뭐지?" 내가 물었다.

웨스는 멍한 얼굴로 나를 몇 초간 돌아보더니 이내 웃었다.

"네, 무슨 말인지 알겠어요. 브렌트는 똑똑한 사람이죠. 하지만 내가 만나본 사람 중에 뭔가를 적어 두는 것을 제일 못하는 사람 중 하나이기도 해요. 그게 어떻게 불가능한지 일례를 들어볼게요. 몇 달 전에 1급 장애가 3시간째 이어지고 있었어요. 브렌트한테 가지 않도록 우리는 최선을 다했죠. 그런데 결국 아이디어가 부족했고 상황은 악화 일로로 치달았죠. 브렌트를 해당 문제에 투입할 수밖에 없었어요."

웨스는 당시 상황이 뚜렷이 떠오르는 듯 머리를 가로저었다. "키보드 앞에 앉은 브렌트는 마치 무아지경에 빠진 것 같았어요. 문제는 10분 만에 해결됐어요. 모두가 신이 났고 시스템이 다시 가동됐다고 안심했죠. 그런데 누군가가 '어떻게 한 거예요?'라고 묻더라고요. 나 원 참, 그때 브렌트가 뭐라고 했는지 아세요? 무표정하게 돌아보더니 '모르겠는데요. 그냥 된 건데요'라고 하더군요."

웨스는 테이블을 두들기며 말했다. "브렌트의 문제가 바로 이거예요. 이런 식으로 하는 걸 어떻게 문서화하겠어요? 눈을 감고 다시 무아지경이 되라고 말해요?"

패티도 당시를 기억하는지 웃었다. "브렌트가 의도적으로 그러지 않겠지만 자기의 모든 지식을 일종의 힘으로 보고 있는 건 아닌지 궁금해요. 아마도 포기하기 싫을 테죠. 그러다 보니 브렌트를 대체하기란 불가능하게 된 위치에 있게 된 거죠."

"그럴 수도 있고 아닐 수도 있어." 내가 말했다. "내가 아는 걸 말해볼게. 우리 중 누구도 되풀이할 수 없는 문제를 브렌트에게 맡길 때마다 브렌트는 조금씩 더 똑똑해지고 전체 시스템은 점점 멍청해지고 있는 거야. 이젠 그런 일을 끝내야 해."

"에스컬레이션[1]으로 일을 효율적으로 처리하기 위해 레벨3 엔지니어로 인력 풀을 만들되 브렌트는 거기서 빠질 거야. 레벨3 인력은 모든 문제를 해결할 책임이 있고 브렌트에게 접근할 수 있는 사람들이 되는 거지. 한 가지 조건이 있지만 말이야."

"브렌트와 대화하려면 먼저 웨스나 내 승인이 필요해. 배운 것은 스스로 문서화해야 할 책임이 있고 브렌트는 결코 같은 문제를 두 번 처리하면 안 돼. 매주 각 문제를 내가 검토할 거고 브렌트가 혹시 같은 문제를 두 번 처리했다는 것을 알게 되면 혹독한 대가를 치르게 될 거야. 레벨3 인력들과 브렌트 모두 예외는 없어."

내가 계속 말했다. "웨스의 얘기를 듣고 나니 브렌트한테 아예 키보드를 주지 말아야겠네. 사람들에게 뭘 입력하라고 시키고 어깨너머로 보는 건 괜찮지만 우리가 차후에 문서화할 수 없는 일은 어떤 상황에서도 허락하면 안 돼. 알겠어?"

패티는 "그거 괜찮은데요?"라고 했다. "각 문제가 해결될 때마다 어려운 문제를 해결하는 방법에 대한 글이 우리 지식 체계에 쌓이게 되고, 문

---

1 일을 처리할 때 자기의 역할이 아니거나 권한 밖의 일이라고 판단되는 일 처리는 상급 관리자나 규정으로 정한 역할자에게 위임하는 프로세스 - 옮긴이

제를 해결할 수 있는 사람들이 점점 많아지겠네요."

완전히 확신하는 것처럼 보이지 않던 웨스도 곧 웃었다. "좋아요. 브렌트를 한니발 렉터처럼 다뤄보죠. 브렌트가 필요하다면 죄수복을 입혀서 휠체어에 묶은 다음 밀고 나오는 거지."

나도 따라 웃었다.

패티가 덧붙여 말했다. "모든 키 입력과 터미널 세션을 기록해서 브렌트한테 에스컬레이션되는 걸 막아볼게요. 누군가가 비디오카메라를 들고 브렌트를 따라다니며 감시해서 무엇을 변경했는지 정확히 알도록 할 수도 있죠."

조금 극단적으로 들리긴 해도 나쁘지 않았다. 현재 상황에서 벗어나려면 극단적인 조치가 어느 정도 필요하다는 생각이 들었다.

내가 조심스럽게 입을 뗐다. "어쩌면 브렌트의 운영 시스템 접근 권한을 빼앗아서 작업을 수행할 유일한 방법을 레벨3 인력에게 무엇을 해야 하는지 알려주는 것으로 만들어버릴 수도 있지."

웨스는 호탕하게 웃었다. "그렇게 하면 브렌트가 그만둘 수도 있다고요."

"그러면 레벨3 인력 풀에 넣을 수 있는 사람이 누가 있지?" 내가 물었다.

웨스는 잠시 망설였다. "음…. 1년 전에 브렌트를 받쳐주려고 뽑은 직원 두 명이 있어요. 둘 중 한 명이 서버 빌드 관련 표준화 작업을 하고는 있는데 거기서 일시적으로 빼는 건 가능하죠. 그리고 몇 년 전에 교차 훈련을 하려고 뽑은 두 명의 다른 엔지니어도 있긴 해요. 실제로 교차 훈련을 할 수 있는 시간은 없었지만요. 어쨌든 총 세 사람이 있네요."

패티가 말했다. "그럼, 새로운 브렌트 프로세스를 정의할게요. 빌과 웨스를 통해 브렌트에 대한 모든 접근을 통제한다는 아이디어가 마음에 들어요. 하지만 물류 부서장 같은 사람들이 브렌트한테 직접 연락하는 것을 어떻게 막을 수 있죠?"

내가 즉시 대답했다. "그런 사람들의 이름을 모아서 그들의 상사에게 전화하는 거지. 브렌트에게 직접 연락하는 일이 없도록 해달라고 내가 얘기할게. 그런 다음 스티브에게 그들이 피닉스를 얼마나 방해하고 있는지 알릴게."

"좋아요. 한번 해보죠." 패티가 말했다. "자, '채찍'은 마련했는데 '당근'은 어떻게 하죠? 브렌트와 엔지니어들이 새로운 프로세스를 따르도록 동기부여 할 방법이 없을까요?"

"원하는 컨퍼런스나 교육에 보내 주는 방법이 있지. 선임 엔지니어가 브렌트 수준에 도달하거나 브렌트처럼 되길 바란다면 자신이 한 일을 배우고 공유하고 싶어 할 거야. 브렌트에게는 에스컬레이션 의무를 부여하지 말고 일주일 정도 쉽게 해주는 건 어때?" 웨스가 제안했다.

"맙소사!" 웨스가 고개를 가로저으며 말을 이었다. "생각해보니 브렌트는 거의 3년 동안 휴대폰 없이 쉰 날이 하루도 없었던 것 같아. 휴가를 주면 브렌트가 울음을 터뜨릴지도 모르겠군."

"그렇게 되게 만들어야지." 브렌트가 감격하는 장면을 상상하고는 내가 웃으며 말했다.

그리고 잊기 전에 한마디 덧붙였다. "웨스, 매일 브렌트의 일정표를 받아보고 싶어. 브렌트가 하는 모든 에스컬레이션 업무는 티케팅 시스템을 통해서 하면 좋겠어. 브렌트 시간을 뺏는 사람은 내게 충분히 이유를 설명해야 할 거야. 그렇지 않으면 스티브에게 보고해야지. 브렌트 시간을 뺏는 사람과 그의 관리자는 왜 자신의 프로젝트나 태스크가 그렇게 중요하다고 생각했는지 스티브에게 직접 설명해야만 할 거야."

"정말 놀라운데요?" 패티가 말했다. "우리가 한 주 동안 만든 변화와 사건, 에스컬레이션 과정이 지난 5년 동안 했던 것보다 많아요."

웨스도 안심하듯 말했다. "아주 아슬아슬했지. 부탁하는데 내가 그렇게 말했다고 아무한테도 말하지 마. 여태 지켜온 명성에 금이 가면 안 되니 말이야."

11장

• 9월 11일 목요일

점심시간에 큰 소리로 욕을 쏟아냈다. 일정이 잡히지 않은 소중한 몇 분의 시간을 이메일 확인에 쓰려고 했지만 형편없는 노트북이 도킹 스테이션에 있을 때는 켜기만 해도 먹통이 된다는 것을 잊고 있었다. 이번 주에만 벌써 세 번째다.

이미 점심 먹는 게 늦어졌고 드디어 접속됐을 때는 점심시간의 절반이 날아갔다.

주위를 둘러보니 책상 위에 놓인 빈 포스트잇이 눈에 들어왔다. 난 커다란 글씨로 '전원이 켜질 때까지 도킹 금지!!!'라고 적은 후, 다음에는 이렇게 시간 낭비하는 멍청한 짓을 피하려 도킹 스테이션에 붙여뒀다.

스스로 만든 방지책이 마음에 들어 미소 짓고 있을 때 패티의 전화가 걸려왔다. "잠깐 얘기할 시간 있어요? 지금 변경 일정에서 아주 이상한 게 보여서요. 와서 보셔야 할 것 같아요."

회의실로 들어서자 이제는 익숙해진 변경 사항 카드가 벽에 걸려 있는 것이 보였다. 받은 편지함 바구니는 카드로 가득했고 더 많은 카드가 탁자 위에 가지런히 쌓여 있었다. 패티는 손톱을 물어뜯으며 노트북에 있는 뭔가를 자세히 들여다보고 있었다.

무척 지쳐 보이는 패티가 말했다. "여기 모든 변경 사항 프로세스가 완전히 시간 낭비라는 생각이 들기 시작했어요. 변경 사항을 정리하고 모든 이해관계자 간 커뮤니케이션을 관리하는 것이 정규직 직원 3명의 시간을 다 잡아먹고 있어요. 지금 내가 보고 있는 걸 보면 이게 다 소용없는 건지도 모르겠네요."

수년 동안 옹호해 온 프로세스를 갑자기 폄하하는 패티를 보는 것은 정말 놀랄 만한 일이었다.

"워워, 진정해." 나는 패티 앞으로 양손을 흔들며 말했다. "얘기해봐. 난 패티가 그동안 엄청난 일을 해냈다고 생각하거든. 옛날 방식으로 돌아가고 싶은 건 아니잖아. 뭐가 그리 걱정이지?"

패티는 월요일과 화요일의 변경 사항 상자를 가리켰다. "매일 하루가 끝날 때쯤 직원들이 그날 일정에 잡혀 있던 변경 사항을 마무리하기 시작해요. 완료되지 않은 변경 사항이 있으면 다시 일정을 잡을 수 있도록 표시하고 일정이 현실적으로 어떻게 되고 있는지 제대로 추적하면서 확인하고 싶었거든요."

패티는 한 장의 카드 모서리를 가리켰다. "완료된 것으로 확인된 변경 사항 카드에 체크 표시한 다음 서비스 문제나 장애 유발 여부를 표시해요. 그런데 지난 금요일부터 예정된 변경 사항의 60%가 처리되지 않았어요! 즉, 변경 사항을 승인하고 일정을 짜려고 모든 작업을 수행하고 있는데, 그 변경 사항들이 제대로 진행되지 않고 있다는 것을 알게 된 거죠!"

패티가 왜 놀랐는지 이해됐다.

"왜 완료되지 않는 거지? 그리고 완료되지 않은 변경 사항 카드는 어떻게 하고 있고?"

패티는 머리를 긁적였다. "변경 요청한 사람들에게 전화했고 해당 이유가 여기 화이트보드 사방에 널려 있어요. 어떤 사람은 변경 사항을 처리하기 시작하는 데 필요한 모든 사람을 확보할 수 없었다는 거예요. 또 다른 사람은 변경 사항을 반쯤 처리했는데 스토리지 직원들이 약속했던 대로 SAN 확장을 끝내지 않았다는 것을 알게 됐고, 그래서 변경 사항 절차를 두 시간 동안 보류해야만 했대요."

나는 낭비한 시간과 노력을 생각하며 신음했다. 패티가 계속 말했다. "또 어떤 사람은 진행 중인 장애가 있어서 자기가 맡은 변경 사항을 이행할 수 없었다는 거죠. 그리고 많은 사람이 말하길…."

더 설명하는 것을 불편해하는 듯 보였지만 계속하라고 재촉했다. "음, 다들 변경 사항 일부분을 처리하려면 브렌트가 필요한데 브렌트가 시간이 없다고 해서 못했다고 하네요." 패티가 마지못해 말했다. "변경 작업 전에 브렌트를 투입하기로 미리 계획했든, 변경을 시작한 후에 브렌트의 도움이 필요하다는 것을 알게 됐든, 브렌트가 시간이 없어 중단했다고 해요."

패티의 말이 끝나기도 전에 화가 치밀어 올랐다.

"뭐라고? 또 브렌트야? 도대체 어떻게 된 거지? 어떻게 브렌트는 모두의 일에 끼어들 수 있는 거야?"

"아, 제기랄!" 무슨 일이 일어나고 있는지 깨닫고 탄식하지 않을 수 없었다. "우리가 브렌트를 피닉스에만 집중시켜서 이런 문제가 생긴 거야? 새로운 방침이 잘못된 거란 말이지?"

잠시 후 패티가 답했다. "음, 재밌는 질문이네요. 만약 브렌트가 가장 중요한 프로젝트에만 집중해야 한다고 진심으로 믿는다면 새로운 정책이 옳다고 생각해요. 그러니 그것을 되돌려서는 안 돼요."

"최근까지만 해도 브렌트는 사람들이 변경 사항을 구현하는 데 도움을 줬는데, 그런 의존성이 어디에도 기록되지 않았다는 점도 주목할 만하다고 생각해요. 아니 오히려 기록을 하려고 했을 수도 있죠. 하지만 브렌트가 항상 너무 바쁘다 보니 모두를 돕지 못할 것이기 때문에 이런 수많은 변경 사항을 기존 방식으로 처리했다고 해도 다 끝내지는 못했을 거예요."

나는 전화기를 들고 단축 버튼을 눌러 웨스에게 연결한 후 빨리 오라고 했다.

2, 3분 뒤 도착한 웨스는 자리에 앉으며 내 낡은 노트북을 보고 말했다. "이런, 아직도 갖고 다녀요? 빌이 사용할 수 있는 8년 된 신형 비슷한 노트북 두어 대가 있을 텐데요."

웨스의 말을 무시한 채 패티는 재빨리 상황을 설명했다. 문제를 파악한 웨스의 반응이 나와 크게 다르지 않았다.

"농담이지?" 웨스는 화가 나서 손바닥으로 이마를 치며 말했다. "어쩌면 다시 이전처럼 브렌트한테 사람들이 변경하는 걸 도우라고 해야 할 것 같네?"

나는 재빨리 답했다. "아니, 그건 해답이 될 수 없어. 나도 잠시 그렇게 생각했었지. 하지만 패티는 그렇게 되면 막혀버린 변경 사항들이 피닉스보다 더 중요하다는 것을 암시할 거라고 지적했어. 그건 아니잖아."

나는 생각나는 대로 말했다. "어쨌든 브렌트에게 사람들이 일하는 것을 도와달라고 부탁하는 관행을 깨고 있는 것처럼 우리도 변경 사항 수행에 똑같이 적용할 필요가 있어. 필요한 모든 지식을 실제로 일하는 사람들의 손에 쥐여 줘야 해. 그들이 그런 지식을 이해하지 못한다면 해당 팀의 기술 역량에 문제가 있는 거겠지."

누구도 말을 꺼내지 않아 나는 망설이며 한마디 덧붙였다. "배정된 레벨3 엔지니어들이 이런 변경 사항 문제를 돕도록 하면 브렌트를 지원 업무에서 보호할 수 있지 않을까?"

웨스가 즉시 답했다. "가능할 수도 있죠. 하지만 장기적인 해결책은 아니에요. 많은 사람이 남들 모르는 지식을 비축하는 것 대신 스스로 무엇을 하고 있는지 알게 하려면 지식 기반을 만들어야 해요."

웨스와 패티가 브렌트에 대한 의존도를 줄이려고 아이디어를 짜내는 걸 듣고 있는데 뭔가가 마음에 걸렸다. 에릭은 WIP, 즉 진행 중인 작업을 '침묵의 살인자'라고 불렀고 생산 현장에서 WIP를 통제할 수 없다면 만성적 납기 문제와 품질 문제의 근본 원인 중 하나라고 말했다.

방금 알게 된 것은 변경 사항의 60%가 예정대로 완료되지 않았다는 것이다.

에릭은 생산 현장에서 점점 늘어나는 산더미 같은 작업은 현장 관리자들이 진행 중인 작업을 통제하지 못했다는 표시라고 했다.

나는 마치 거대한 눈밭이 모든 변경 사항 카드를 앞으로 밀어 놓은 것처럼 오늘 날짜에 쌓여 있는 변경 사항 카드 더미를 쳐다봤다. 에릭이 생산 현장 바닥에 그렸던 그림이 우리 조직의 상태를 묘사하는 듯한 이상한 느낌이 들기 시작했다.

IT 업무를 정말로 생산 현장 작업과 비교할 수 있을까?

패티의 질문이 깊은 사색을 방해했다. "어떻게 생각해요?"

패티를 돌아봤다. "지난 이틀 동안 예정된 변경 사항의 40%만 완료됐어요. 나머지는 이월되고 있고요. 브렌트가 가진 모든 지식을 공유하는 방법을 알아내는 동안 이런 상태가 조금 더 이어진다고 가정해 보자고요." 패티가 계속 말했다.

"이번 주에는 미완성된 변경 사항이 240개 있어요. 다음 주에 400개의 새로운 변경 사항이 들어 온다면 다음 주 일정에만 640개의 변경 사항이 있는 거예요!"

"그러면 변경으로 가득 찬 유령선 같겠지." 내가 믿을 수 없다는 듯 말했다. "변경 사항이 들어는 가는데 절대 나오지 못하는 거지. 그렇게 되면 한 달 안에 수천 가지의 변경 사항이 생길 거고 그것들끼리 서로 먼저 수행되려고 경쟁하겠지."

패티가 고개를 끄덕이며 "바로 그게 내가 걱정하는 거예요. 수천 건의 변경 사항을 보자고 한 달을 기다릴 필요도 없어요. 이미 942건의 변경 사항을 추적하고 있거든요. 다음 주 중에 천 건이 넘는 미결된 변경 사항이 생길 거라고요. 변경 사항 카드를 올리고 보관할 공간조차 부족할 지경이에요. 변경 사항들이 구현조차 되지 않을 거라면 도대체 왜 이런 고생을 하는 거냐고요!"

가득 쌓인 카드가 혹시 답을 주지 않을까 싶어 모든 카드를 뚫어지게 쳐다봤다.

생산 현장에 발이 묶여 지게차가 쌓을 수 있는 최대 높이로 쌓여 있는 재고 더미를 말이다.

변경 카드를 게시할 공간이 부족해 IT 운영 부서 내부에 발이 묶여 끊임없이 증가하는 변경 사항 더미라니….

작업을 배포하는 자리에 앉아 있는 마크 때문에 열처리 오븐 앞에는 작업이 계속 쌓이고 있다.

마찬가지로 브렌트 앞에도 작업이 쌓이고 있는 이유는….

뭐 때문이지? 뭐가 문제지?

브렌트가 우리에게 열처리 오븐이라면 마크는 누구지? 시스템에 모든 작업을 집어넣을 수 있도록 허가하는 사람이 누구지?

음, 우리가 그랬군. 아니, CAB가 그랬군.

젠장, 우리가 자초한 거야?

하지만 변경 사항은 완료돼야 하는 게 아닌가? 그러니 그것들이 변경 사항이지. 게다가 처리해야 할 변경 사항이 계속 들어오는데 어떻게 거절할 수 있지?

쌓이는 카드를 바라보면서 우리가 안 해도 될까 하는 생각이 들었다.

우리가 그 일을 해야 하는지에 대해 질문을 제기한 게 언제지? 어떤 근거로 결정을 내렸던 거지?

다시 말하지만 나는 답을 모른다. 더 나쁜 것은 에릭이 성난 미치광이가 아닐지도 모른다는 느낌이 든 것이다. 어쩌면 에릭이 옳을 수도 있다. 생산 현장 관리와 IT 운영에 어떤 연관성이 있을지도 모른다. 둘 사이에 유사한 어려움과 문제가 있을 수 있다.

나는 일어서서 변경 사항 보드로 걸어갔다. 그리고 생각한 것들을 이야기했다. "패티는 변경 사항의 반 이상이 예정대로 완료되지 않았다는 것에 놀라움을 금치 못하고 있지. 또한 모든 변화 과정이 우리가 투자하는 시간만큼 가치가 있는지 의문을 품고 있어."

"게다가," 내가 말을 이어갔다. "패티는 브렌트가 어떻게든 걸림돌이 되기 때문에 변경 사항의 상당 부분이 완료될 수 없다고 지적했는데, 그건 우리가 브렌트에게 피닉스 작업이 아닌 모든 작업을 거부하도록 지시해서 그렇다고 생각해. 정책을 뒤집는 것은 잘못된 일인 것 같아."

나는 직관에 따라 생각을 발전시켰다. "그리고 이것이 확실히 잘못된 것이 아니라는 데 백만 달러를 걸겠어. 이 과정 때문에 처음으로 우리는 얼마나 많은 작업이 끝나지 않고 있는지 알게 됐잖아! 과정을 없애버리면 상황 파악조차 할 수 없을 거야."

핵심을 제대로 짚은 듯한 기분이 들어 단호하게 말했다. "패티, 어떤 일이 브렌트에게 향하게 될지 더 잘 이해해야 해. 브렌트와 어떤 변경 사항 카드가 연관돼 있는지 알아야 한단 말이야. 사람들이 카드를 제출할 때 함께 써내라고 할 수도 있겠네. 다른 색 카드를 사용하는 방법도 있어. 그건 알아서 해줘. 브렌트의 도움이 필요한 변경 사항이 무엇인지 조사하는 게 중요해. 브렌트 대신 레벨3 엔지니어가 그걸 만족시키도록 노력해봐. 그렇지 않으면 브렌트와 함께 분류할 수 있도록 우선순위를 정해줘."

말을 하면 할수록 우리가 올바른 길을 가고 있다는 확신이 들었다. 이 시점에서 문제 해결을 기대할 수는 없어도 어느 정도의 데이터는 얻을 수 있을 것이다.

패티가 고개를 끄덕였다. 앞서 보여준 걱정과 절망의 표정이 사라졌다. "브렌트에게 향한 변경 사항을 붙잡아서 변경 사항 카드에 표시하고, 모든 새 카드에 해당 정보를 요구할 수도 있다는 거군요. 그리고 브렌트가 해야 하는 변경 사항이 얼마나 많은지, 변경 사항이 무엇인지 등등 우선순위와 함께 다시 알려주면 되겠죠? 맞나요?"

나는 고개를 끄덕이며 미소 지었다.

패티가 노트북에 타이핑하며 말했다. "좋아, 이해했어요. 우리가 무엇을 알아낼지는 모르겠지만 내가 생각해 낸 것보다 훨씬 낫네요."

나는 웨스를 쳐다봤다. "뭔가 걱정이 있는 눈치로군. 하고 싶은 말이 있나?"

"으음…." 웨스가 마침내 입을 열었다. "사실은 그다지 할 말이 없어요. 그동안 IT에서 본 것과는 전혀 다른 작업 방식이라는 점만 빼면 말이에요. 기분 나쁘게 듣지 마세요. 혹시 최근에 먹던 약을 바꾸기라도 했나요?"

나는 힘없이 웃어 보였다. "아니, 제조 공장의 생산 현장이 내려다보이는 캣워크에서 어떤 미치광이와 대화를 나누긴 했지."

에릭이 IT 운영의 WIP에 대해 생각하는 것이 옳다면 구체적으로 무엇이 옳은 것일까?

12장

• 9월 12일 금요일

금요일 저녁 7시 30분. 피닉스 배포 예정 시간을 2시간이나 넘겼는데 일이 잘 풀리지 않았다. 나는 피자 냄새와 죽음의 행진에 대한 허무함을 연관 지어 생각하기 시작했다.

배포에 대비해 오후 4시에 IT 운영팀 전체가 소집됐다. 하지만 크리스 팀에게서 아무것도 받지 못했기 때문에 할 일이 거의 없었다. 크리스 팀은 여전히 막판까지 수정하고 있었다.

우주 왕복선의 발사 순간까지 부품을 장착하고 있는 것은 좋은 징조가 아니다.

오후 4시 30분에 윌리엄은 테스트 환경에서 피닉스 코드를 실행할 사람이 아무도 없다는 것에 격분하고 혐오감을 느끼며 피닉스 상황실을 밀고 들어왔다. 설상가상으로 작동되던 피닉스의 몇 안 되는 부분조차 중요한 테스트를 통과하지 못하고 있다는 것이다.

윌리엄은 개발자들에게 중요한 버그 보고서를 보내기 시작했는데 개발자 다수는 이미 퇴근한 상태였다. 크리스는 개발자들을 다시 불러야 했고 윌리엄의 팀은 개발자가 새로운 버전을 보내주길 기다려야 했다.

우리 팀도 앉아서 손가락만 꼼지락거리고 있지만은 않았다. 윌리엄 팀과 미친 듯이 협력하며 피닉스의 모든 것이 테스트 환경에 들어오도록 노력했다. 테스트 환경에서조차 작동하지 않는다면 운영 환경에 배포하고 잘 운영되길 기도조차 할 수 없기 때문이다.

내 시선은 시계에서 회의 테이블로 옮겨갔다. 브렌트와 세 명의 엔지니어가 품질 관리 쪽 직원들과 옹기종기 모여 있었다. 오후 4시부터 정신없이 일한 터라 초췌한 모습이다. 대부분 노트북에 구글 검색창을 열어 놓았고 일부는 서버, 운영 체제, 데이터베이스, 피닉스 애플리케이션 등의 설정을 만지작거리며 개발자들이 가능하다고 확신을 준 모든 것을 제대로 작동시키는 방법을 알아내려고 애쓰고 있었다.

개발자 중 한 명이 실제로 몇 분 전에 걸어 들어와서는 "이봐, 내 노트북에서는 작동하고 있어. 별로 어렵지 않아"라고 말했다.

웨스는 욕하기 시작했고 우리 엔지니어 두 명과 윌리엄의 엔지니어 세 명은 무엇이 테스트 환경과 다른지 알아내려 애쓰면서 개발자의 노트북을 샅샅이 뒤지기 시작했다.

방의 다른 쪽에서는 어떤 엔지니어가 전화로 누군가에게 열변을 토하고 있다. "그래, 네가 준 파일을 복사했어. 그래, 버전 1.0.13이고…. 뭐? 잘못된 버전이라는 게 무슨 뜻이지? 뭐라고? 언제 또 바꿨어? 지금 복사하고 다시 해볼게. 좋아, 이봐! 이건 안 되는데…. 이거 네트워크 문제 같은데…. 방화벽 포트를 열어야 한다는 게 무슨 뜻이야? 도대체 왜 이 얘기를 두 시간 전에는 안 했어?"

그러고는 수화기를 세게 내리치더니 주먹으로 테이블을 세게 치며 "병신 같은 새끼!"하고 소리 질렀다.

브렌트는 피로한 눈을 비비며 개발자 노트북에서 얼굴을 들었다. "내가 한번 맞춰보지. 방화벽 포트를 열어야 한다고 누구도 알려주지 않았기 때문에 애플리케이션 프런트엔드가 데이터베이스 서버에 연결되지 않는다는 거지?"

엔지니어는 지칠 대로 지쳐서 고개를 끄덕이며 말했다. "지금 상황을 진짜 믿을 수가 없어. 이런 멍청이와 20분이나 통화했는데 코드 문제가 아니라는 생각은 전혀 하지 않았나 봐. 완전 개판^{FUBAR}이야."

조용히 계속 듣고만 있던 나는 그의 말에 동의하며 고개를 끄덕였다. 해병대에서도 개판이라는 용어를 사용하곤 했다.

성질이 날카로워지는 것을 느끼면서 시계를 들여다봤다. 저녁 7시 37분이었다.

우리 팀이 경영진의 의지를 확인할 시간이다. 웨스와 패티를 불러 모은 다음 윌리엄을 찾았다. 윌리엄이 기술자 중 한 사람의 어깨 너머를 뚫어지게 바라보고 있는 것을 발견했다. 윌리엄에게 다가가 함께 가자고 부탁했다.

평소 협업이 이뤄지지 않았던 이유로 윌리엄은 잠시 어리둥절해 보였지만 이내 고개를 끄덕이며 내 사무실로 따라왔다.

"자, 여러분, 지금 상황에 대해 어떻게 생각하는지 말해봅시다." 내가 말했다.

웨스가 먼저 말을 꺼냈다. "저들의 말이 맞아요. 지금은 개판 오분 전이에요. 여전히 개발자에게서 불완전한 코드가 날아오고 있다고요. 두 시간 동안 개발자들이 중요한 파일을 몇 개 주는 것조차 잊은 걸 두 번이나 봤는데, 해당 파일이 없으면 코드가 절대 실행되지 않아요. 그리고 알다시피 피 피닉스가 실제로 깔끔하게 실행되도록 테스트 환경을 어떻게 구성해야 할지 아직 알 수가 없어요."

웨스는 다시 고개를 저었다. "지난 30분 동안 내가 본 걸 보면 정말 우린 거꾸로 간 것 같아요."

패티는 혐오감에 고개를 저으며 손을 흔들었지만 아무 말도 하지 않았다.

내가 윌리엄에게 밀했다. "우리가 함께 일하지 않은 것은 알지만, 윌리엄 자네가 정말로 어떻게 생각하는지 알고 싶어. 자네가 보기에는 어때?"

윌리엄은 아래를 내려다보고 천천히 숨을 내쉬더니 말했다. "솔직히 모르겠습니다. 코드가 너무 빨리 바뀌어서 따라가는 데 문제가 있어요. 제가 도박사라면 피닉스가 운영 환경에서 폭발할 거라고 말하겠습니다. 크리스에게 릴리스 중단에 대해 두어 번 얘기했지만 크리스와 사라는 제 말을 무시했습니다."

내가 다시 물었다. "'따라가는 데 문제가 있다'라는 게 무슨 뜻이지?"

윌리엄은 "테스트에서 문제점을 발견하면 다시 개발팀에 보내 고치게 합니다"라고 설명했다. "그러면 개발팀이 새로운 릴리스를 보내죠. 문제는 모든 것을 설치하고 가동하는 데 30분 정도 걸리고 스모크 테스트를 실행하는 데 3시간이 더 걸린다는 겁니다. 그동안 저희는 개발팀에게서 릴리스를 세 번 정도 더 받게 되죠."

나는 스모크 테스트, 즉 서킷circuit 설계자들이 사용하는 용어를 듣고는 웃었다. '서킷 보드를 켜고 연기가 나오지 않으면 아마 작동할 것이다'라는 속설이 있다.

윌리엄은 고개를 가로저으며 말했다. "아직 스모크 테스트를 다 통과하지도 못했습니다. 저희가 충분한 버전 관리를 더는 할 수 없다는 게 걱정됩니다. 전체 릴리스 버전 번호를 너무 허술하게 추적해왔습니다. 개발팀은 뭔가를 고칠 때마다 다른 것을 망가뜨리곤 하죠. 그래서 그들이 전체 패키지 대신 단일 파일을 전송하는 겁니다."

윌리엄이 말을 이어갔다. "지금 너무 혼란스러운 상태라 피닉스가 기적적으로 스모크 테스트를 통과한다고 해도 바뀌고 있는 부분이 여전히 많아서 저희가 그것을 복구할 수 없을 것이라고 장담합니다."

그리고 안경을 벗으며 단호하게 말했다. "아마 모두에게 밤샘 작업이 될 것 같습니다. 매장이 문을 여는 내일 아침 8시에 제대로 작동하는 것은 전혀 없을 수도 있어요. 그게 가장 심각한 문제죠."

대단히 절제된 표현이다. 오전 8시까지 릴리스가 끝나지 않으면 고객의 주문 계산을 하는 데 사용되는 매장의 POS 시스템이 작동하지 않을 것이다. 다시 말해 고객의 거래를 완료할 수 없다는 뜻이다.

웨스가 고개를 끄덕였다. "윌리엄 말이 맞아요. 우리는 밤새 여기 있을 게 분명해요. 성능은 생각했던 것보다 더 나쁠 거예요. 작업량을 분산하려면 적어도 20대 서버가 더 필요할 텐데, 이렇게 짧은 시간에 어디서 그렇게 많은 서버를 찾을 수 있을지 모르겠네요. 남는 하드웨어를 찾으려고 애쓰고 있는 사람들은 있어요. 어쩌면 운영 환경에 있는 서버까지 다 뜯어서 부품을 찾아야 할지도 모를 일입니다."

"배포를 중단하기엔 너무 늦었나?" 내가 물었다. "정확히 언제가 돌이킬 수 없는 시점인 거지?"

"그거 아주 좋은 질문이군요." 웨스가 천천히 대답했다. "브렌트에게 확인해봐야 정확히 알겠지만 지금이라면 아무 문제 없이 배포를 중단할 수 있을 것 같아요. 그런데 우리가 매장 내 POS 시스템과 피닉스 전체에서 주문받을 수 있도록 데이터베이스를 변환하기 시작하면 빼도 박도 못해요. 이런 속도라면 아직 두어 시간 정도는 있어요."

나는 고개를 끄덕였다. 들어야 할 말을 다 들은 것 같다.

"자, 내가 스티브, 크리스, 사라에게 메일을 보내서 배포를 늦출 수 있는지 알아볼게. 그런 다음 스티브를 찾아보도록 하지. 일주일 정도 더 얻어낼지도 몰라. 단 하루만 시간을 벌어도 좋겠어. 어떻게 생각해?"

웨스, 패티, 윌리엄 모두 아무 말도 하지 않고 침울한 표정으로 고개를 저었다.

나는 패티를 돌아봤다. "윌리엄과 협력해서 어떻게 하면 릴리스에 대한 트래픽 조율을 더 낮게 할 수 있을지 알아봐. 개발자들이 있는 곳으로 가서 항공 교통 관제사 역할을 해줬으면 해. 모든 것에 라벨을 붙이고 버전 관리가 됐는지 확인해줘. 웨스와 팀에 무슨 일이 일어날지도 알려줘. 더 나은 모니터링과 함께 사람들이 절차를 따르도록 할 누군가가 필요해. 코드에 대한 단일 진입점ᵃ single entry point, 시간대별 릴리스 관리, 문서화 같은 것들이 필요해. 내 말 알겠지?"

패티가 답했다. "네, 조치하겠습니다. 우선 피닉스 상황실로 갈게요. 필요하다면 문을 박차고 내려가서 '우리가 도와주러 왔다'라고 말하죠."

나는 모두에게 고맙다는 인사를 한 뒤 이메일을 쓰려고 노트북 쪽으로 갔다.

발신: 빌 팔머

수신: 스티브 마스터스

참조: 크리스 앤더슨, 웨스 데이비스, 패티 맥키, 사라 몰튼, 윌리엄 메이슨

날짜: 9월 12일 오후 7시 45분

우선순위: 최고

제목: 긴급: 피닉스 배포 중대 문제 봉착 제안: 1주일 연기

스티브 사장님.

우선 저는 다른 사람들 못지않게 피닉스가 운영 단계로 넘어가길 바란다는 말씀을 드리고 싶습니다. 피닉스가 회사에 얼마나 중요한지 잘 알고 있습니다.

하지만 제가 본 바에 따르면 내일 아침 8시까지 피닉스 배포 관련 작업을 끝내지 못할 것 같습니다. 매장 내 POS 시스템에 영향을 미칠 수 있는 '심각한 위험'이 있기 때문입니다.

윌리엄과 논의한 후 피닉스의 출시를 1주일 연기해 피닉스의 목표 달성 가능성을 높이고 '거의 확실시되는' 재앙을 피할 것을 제안합니다.

지금 우리는 '1999년 11월 추수 감사절에 발생한 토이저러스(Toys R Us) 열차 사고'에 버금가는 비상 상황에 놓여 있습니다. 이는 잠재적으로 고객과 주문 데이터를 위험에 빠뜨릴 수 있는 수일간의 가동 중단과 성능 문제를 의미합니다.

스티브 사장님, 몇 분 후에 전화드리도록 하겠습니다.

빌 올림

잠시 생각을 가다듬고 스티브에게 전화를 걸었다. 스티브는 연결음 한 번에 전화를 받았다.

"스티브 사장님, 빌입니다. 방금 사장님과 사라, 크리스에게 이메일을 보냈습니다. 현재 배포가 얼마나 엉망이었는지를 말로 형용하기 어려울 정도입니다. 분명히 후환으로 돌아올 겁니다. 심지어 윌리엄도 동의했습니다. 저희 팀은 지금 릴리스가 내일 동부 시간으로 오전 8시 매장이 개점하는 시간에 맞춰 완료되지 않을 것을 극도로 우려하고 있습니다. 매장들의 판매 능력에 지장을 줄 뿐만 아니라 웹사이트를 며칠간 중단해야 할 수도 있습니다."

"이번 사태를 수습하기에 아직 늦지 않았습니다." 나는 간청했다. "실패하면 매장에 있든 인터넷상이든 주문 접수에 문제가 생길 거라는 뜻입니다. 또한 주문 데이터와 고객 기록을 위태롭게 하고 망치게 돼 고객을 잃게 된다는 뜻이기도 합니다. 일주일을 늦춘다면 고객들이 실망하겠죠. 하지만 그 고객들은 최소한 다시 돌아올 겁니다!"

전화기 너머 스티브는 숨을 들이쉬더니 대답했다. "상태가 나쁜 것 같지만 현재로서는 선택의 여지가 없네. 계속 진행해야 해. 마케팅 부서는 이미 피닉스의 가용성을 알리는 주말 신문 광고면을 계약했어. 광고가 실린 신문은 벌써 전국의 가정에서 배달되는 중이라네. 우리 파트너들 모두 진행할 준비를 하고 있네."

너무 놀란 나는 "스티브 사장님, 상태가 얼마나 나빠야 릴리스를 연기하시겠습니까? 릴리스를 진행한다는 건 무모한 수준의 위험을 감수할 수도 있다는 말입니다!"

스티브는 몇 분 동안 말이 없었다. "이보게, 사라에게 릴리스를 연기하도록 설득할 수 있다면 그때 얘기하지. 그렇지 않으면 계속 진행하도록 하게."

"농담하세요? 사라야말로 이번 난장판을 만든 장본인이란 말입니다!"

스스로 화를 누르지 못하고 통화를 제대로 마무리 짓지 않은 채 전화를 먼저 끊어버렸다. 그러나 곧바로 스티브에게 다시 전화를 걸어 사과해야 할까 잠시 생각했다.

정말 싫지만 지금 상황 같은 미친 짓을 막으려면, 또 회사를 위해서라면 마지막으로 시도해봐야 할 것 같은 기분이다. 사라와 직접 만나 대화를 해보겠다는 의미다.

피닉스 상황실로 다시 들어갔다. 방은 답답하고 너무 많은 사람이 긴장과 공포로 땀을 흘리고 있어 냄새까지 났다. 사라는 노트북에 타이핑하며 혼자 앉아 있었다.

나는 큰 소리로 말했다. "사라, 잠깐 얘기 좀 할 수 있을까요?"

사라는 옆에 있는 의자를 가리키며 말했다. "그럼요, 무슨 일이세요?"

내가 목소리를 낮춰 말했다. "복도에서 얘기합시다."

말없이 함께 걸어 나왔을 때 사라에게 물었다. "지금부터 릴리스가 어떻게 돼 갈 것 같아요?"

사라가 모호하게 말했다. "일을 빨리 처리하려고 하면 어떻게 진행되는지 아시잖아요? 기술에 관한 한 항상 예측할 수 없는 것들이 있죠. 오믈렛을 만들려면 달걀부터 깨야죠."

"평소 배포 때보다 상황이 좀 더 나쁜 것 같은데요. 제 이메일 보셨죠?"

"네, 물론이죠. 제 답장은 보셨나요?" 사라의 답변은 간단명료했다.

젠장.

내가 말했다. "아니요, 하지만 말씀하시기 전에 우리가 비즈니스에 제기하는 의미와 위험을 확실히 이해하셨는지 확인하고 싶습니다." 그런 다음 몇 분 전에 스티브에게 했던 말을 그대로 반복했다.

사라는 놀라는 기색이 없을 뿐 아니라 조금도 큰일이라고 여기지 않는 것 같았다. 내가 말을 멈추자마자 사라가 말했다. "우리 모두 피닉스를 여기까지 만들어오느라 고생했습니다. 마케팅 부서와 개발 부서는 준비를 마쳤죠. 전부 준비됐는데 빌 부서장님은 아닌가 보네요. 이전에도 말씀드렸지만 제 얘기를 제대로 듣지 않으셨나 봐요. 완벽을 추구하려다 손에 잡힌 기회마저 놓칠 수 있어요. 계속 진행해야 합니다."

이런 엄청난 시간 낭비에 경악하며 나는 그저 고개를 저을 수밖에 없었다. "그렇지 않습니다. 기회를 물거품으로 날려버리는 건 무능 때문이죠. 제 말을 잊지 마십시오. 당신의 그 멍청한 결정 때문에 몇 주는 아니더라도 며칠 동안 깨진 조각들을 줍게 될 겁니다."

NOC에 다시 뛰어 들어가자마자 사라의 이메일을 확인했다. 내용을 읽은 나는 더욱 격분했다. 이메일에 답장을 써서 불에 기름을 붓고 싶은 충동을 겨우 참았다. 그것을 삭제해버리고 싶은 감정적 욕구도 억눌러야 했다. 나중에 스스로를 방어하려면 필요할지도 모른다.

발신: 사라 몰튼

수신: 빌 팔머, 스티브 마스터스

참조: 크리스 앤더슨, 웨스 데이비스, 패티 맥키, 윌리엄 메이슨

날짜: 9월 12일 오후 8시 15분

우선순위: 최상위

제목: Re: 긴급: 피닉스 배포 중대 문제 봉착 제안: 1주일 연기

부서장님을 제외한 모두가 준비를 마쳤습니다. 마케팅, 개발, 프로젝트 관리 부서 모두 이번 프로젝트에 모든 것을 쏟아부었습니다. 이제 부서장님 차례입니다.

계속해야 합니다!

사라

몇 시간 동안 집에 있는 페이지에게 아무 연락도 하지 않았다는 걸 문득 깨닫고 짧은 순간 당황했다. 페이지에게 짤막한 문자 메시지를 보냈다.

'밤이 되니 상황이 더 악화되고 있음. 적어도 두어 시간 이상은 더 있을 예정. 아침에 봐. 사랑해. 행운을 빌어줘, 여보.'

누군가가 어깨를 툭툭 쳐서 돌아보니 웨스가 있었다. "보스. 아주 심각한 문제가 생겼어요." 웨스의 얼굴에 나타난 표정만으로도 나를 두렵게 하기에 충분했다. 얼른 일어서서 웨스를 따라 방 저편으로 갔다.

"오후 9시쯤에 우리가 돌아올 수 없는 지점에 도달한다고 했던 거 기억해요? 피닉스 데이터베이스 전환 진행 상황을 추적해 봤는데 생각보다 훨씬 더 느려요. 몇 시간 전에 완성됐어야 하는데 이제 겨우 10% 진행됐어요. 모든 데이터가 화요일까지는 전환되지 않을 거라는 말이죠. 완전히 망했어요."

정말 피곤한 상태였는지 웨스의 말이 순간적으로 이해되지 않았다. "왜 이게 문제지?"

웨스가 다시 설명했다. "POS 시스템이 올라오려면 스크립트부터 완성해야 해요. 스크립트를 멈출 수도 없고 다시 시작할 수도 없어요. 사실 더 빨리 완성할 방법이 없어요. 피닉스를 해킹해서 실행할 수 있을 것 같은데 매장 내 POS 시스템은 잘 모르겠어요. 테스트해 볼 POS 시스템도 전혀 없어요."

이런 젠장!

두 번 생각한 끝에 내가 물었다. "브렌트는?"

웨스는 그저 고개를 저었다. "몇 분 동안 살펴보게 했죠. 누군가가 너무 빨리 데이터베이스 인덱싱을 켜서 입력 속도가 느려진 것 같다고 하더군요. 데이터를 망치지 않고서는 지금 우리가 할 수 있는 일이 아무것도 없어요. 브렌트를 피닉스 배포에 다시 투입했어요."

"다른 일은 어떻게 진행되고 있지?" 상황을 전체적으로 평가하고 싶어서 웨스에게 물었다. "성능 개선은? 데이터베이스 유지 관리 도구에 대한 업데이트는 어떻게 되고 있어?"

"성능은 여전히 형편없어요. 내 생각엔 메모리 누수가 대단히 큰 것 같아요. 심지어 사용자가 없는 상태에서도 그래요. 우리 직원들은 서버가 다운되지 않게 하려고 몇 시간마다 서버를 재부팅해야 할 걸로 생각하고 있어요. 망할 놈의 개발자들…."

웨스가 말을 이어갔다. "15대의 서버를 추가로 확보했어요. 일부는 새것이고 일부는 회사 여기저기에서 들고 왔어요. 그리고 믿거나 말거나, 이제 데이터 센터 랙에 공간이 부족해서 배포가 불가능해요. 케이블 작업과 랙 작업을 해야 하고 주위 장비들을 치워야 해요. 패티가 방금 전화해서 도와줄 직원을 잔뜩 불러들였어요."

정말 깜짝 놀라 속눈썹이 눈썹에 올라붙는 것 같았다. 나는 웃으면서 앞으로 몸을 숙였다. "오, 하느님. 마침내 배포할 서버를 찾았는데 이젠 그것들을 넣을 공간이 없다니…. 말도 안 돼. 이러니 도저히 쉴 수가 없지!"

웨스가 고개를 가로저었다. "그거 알아요? 친구들한테 이미 이런 얘기를 들은 적이 있어요. 이번 일이 배포 실패의 대표 사례가 될 듯하네요."

웨스는 계속해서 말했다. "가장 놀라운 부분은 따로 있어요. 그동안 회사는 가상화 분야에 막대한 투자를 했거든요. 이런 일들에서 우리를 구하리라 생각했죠. 그런데 개발 쪽에서 성능 문제를 해결하지 못하자 모든 문제를 가상화 탓으로 돌렸단 말이에요. 그래서 모든 것을 물리적 서버로 다시 옮겨야 했다고요!"

가상화가 우리를 구해줄 수 있을 것으로 여겼기에 크리스가 공격적인 릴리스 날짜를 제안했다는 것을 생각해봤다.

나는 눈가를 닦으며 억지로 웃음을 멈췄다. "그러면 개발자들이 약속했던 데이터베이스 지원 도구는 어때?"

웨스도 즉시 웃음을 멈췄다. "완전 쓰레기죠. 피닉스가 생성하는 모든 오류를 수정하려면 우리 팀원들이 데이터베이스를 수동으로 직접 편집해야 할 거예요. 데이터 전환도 수동으로 해야 할 거고요. 아직도 피닉스에 얼마나 많은 수작업이 필요할지 파악하는 중이죠. 오류가 발생하기 쉽고 그걸 고치려면 많은 사람이 필요할 거예요."

난 망가진 애플리케이션이 해야 할 사소한 일들을 하느라 또 얼마나 많은 우리 직원이 묶여 있을까 생각하니 얼굴이 찡그려졌다. 감사 추적과 적절한 통제 없이 직접 데이터를 편집하는 것만큼 감사관들에게 걱정되는 일은 없다.

"웨스, 자네는 잘하고 있어. 지금 우리의 최우선 과제는 불완전한 데이터베이스 전환이 매장 내 POS 시스템에 어떤 영향을 미칠지 알아내는 거야. 그런 것들을 속속들이 알고 있는 사람을 찾아서 무슨 생각인지 알아봐 줘. 필요하다면 매일 리테일 업무를 처리하는 사라의 팀원을 불러. 어떤 영향을 미치는지 우리가 직접 알아볼 수 있도록 로그인할 수 있는 POS 기기와 서버를 손에 넣을 수 있으면 보너스 포인트를 줄게."

"알았어요." 웨스가 고개를 끄덕이며 말했다. "이런 문제에 투입할 사람을 알고 있어요."

웨스가 나가는 것을 지켜보다가 내가 도움을 줄 수 있는 곳을 찾으려고 애쓰며 주위를 둘러봤다.

창문으로 빛이 들어오기 시작하면서 커피잔과 종이, 그 밖의 온갖 잔해들이 쌓여 있는 것을 선명하게 드러냈다. 한쪽 구석의 의자 밑에는 개발자가 쪽잠을 자고 있었다.

화장실로 달려가서 세수하고 이를 닦았다. 조금 상쾌해진 기분이 들긴 했지만 밤샘을 한 건 몇 년 만이다.

사라 밑에서 일하는 리테일 프로그램 관리 선임 책임자인 매기 리는 오전 7시에 비상 회의를 시작했다. 약 30명의 인원이 방에 꽉 들어찼다. 매기가 피곤한 목소리로 말했다. "대단한 밤이었습니다. 피닉스에 대한 약속을 지키려고 최선을 다한 여러분, 정말 감사합니다."

"이번 긴급회의 소집 이유는 다들 잘 알고 계시리라 생각합니다. 바로 데이터베이스 전환에 문제가 있었기 때문입니다." 매기가 말을 이어갔다. "모든 점포 내 POS 시스템이 다운된다는 것을 의미하며, 매장에 작동하는 계산대가 없다는 것을 의미합니다. 즉, 수동식 계산대와 수동으로 카드를 긁어야 한다는 말입니다."

매기는 "좋은 소식은 피닉스 웹사이트가 작동되고 있다는 것입니다"라고 덧붙였다. 그러고는 나를 가리키며 "이번 일을 성사시킨 빌과 전체 IT 운영팀에 감사드립니다"라고 말했다.

난 짜증이 나서 대꾸했다. "저라면 피닉스 대신 POS 시스템을 작동시키겠습니다. NOC에서 모든 지옥의 문이 열리고 있습니다. 모든 전화기가 지난 한 시간 동안 계속 반짝거리고 있습니다. 매장 안의 사람들이 시스템이 반응하지 않는다고 소리 지르고 있기 때문이죠. 그건 마치 제리 루이스의 자선기금 모금 운동 같습니다. 여러분과 마찬가지로 제 음성 메일에는 이미 120개 매장의 직원들이 보낸 메시지로 가득 채워졌습니다. 전화를 받을 인력을 따로 고용해야 할 지경입니다."

내 말의 요점을 강하게 짚어주려는 듯 전화기 한 대가 탁자 위 어딘가에서 울렸다. "이제 적극적으로 대응해야 합니다." 사라에게 말했다. "무슨 일이 일어났는지, 그리고 POS 시스템 없이 어떻게 운영해야 하는지에 대한 구체적인 지침을 요약한 내용을 가능한 한 빨리 매장에 있는 모든 사람에게 보내야 합니다."

사라는 순간적으로 멍한 표정을 짓더니 "그거 좋은 생각이네요. 부서장님께서 이메일의 첫 테이프를 끊으시고 그다음부터 저희가 하는 건 어떨까요?"라고 했다.

난 어안이 벙벙해서 말했다. "뭐라고요? 전 매장 관리자가 아닙니다! 그쪽 팀에서 첫 테이프를 끊으면 크리스와 제가 정확한지 확인할 수 있습니다."

크리스가 고개를 끄덕였다.

사라가 방을 둘러봤다. "좋아요. 앞으로 두어 시간 후에 같이 뭔가 해보도록 하죠."

"농담하십니까?" 내가 소리쳤다. "동부 지역의 매장 오픈 시간은 한 시간도 채 남지 않았습니다. 지금 바로 뭔가 해야 합니다!"

"제가 처리하겠습니다." 매기가 손을 들어 보이며 말했다. 그러고는 즉시 노트북을 열고 타이핑을 시작했다.

두통이 조금 나아지게 할 수 있는지 보려고 두 손 사이에 머리를 쥐어박으면서 이번 릴리스가 얼마나 더 망가질 수 있을지 걱정했다.

토요일 오후 2시가 되자 우리가 떨어질 나락이 내가 생각했던 것보다 훨씬 더 깊다는 게 확실해졌다.

현재 모든 매장은 수동 후선 작업 모드로 운영하고 있다. 모든 판매는 수동 신용 카드 장비로 처리하고 있으며 전표는 신발 상자에 보관하고 있다.

매장 관리자는 직원들에게 근처 사무용품 매장으로 뛰어가 수동 카드 승인 장비에 쓸 더 많은 전표를 찾으라고 보냈고, 정확한 거스름돈을 줄 수 있도록 은행에도 보냈다.

피닉스 웹사이트를 이용하는 고객들은 그것이 작동하지 않거나 사용이 어려울 정도로 느린 점을 불평하고 있었다. 심지어 우리는 트위터 트렌드 화제가 되기까지 했다. 우리 서비스를 이용하려고 들떠 있던 고객들은 TV와 신문 광고를 보고 엄청난 IT 실패에 대해 불평하기 시작했다.

온라인으로 주문할 수 있었던 고객들은 주문한 물품을 받으러 가게에 갔을 때 모든 상황을 알 수 있었다. 피닉스는 무작위로 거래 내역을 누락하고 있었고, 일부 고객의 신용 카드에는 두 번이나 세 번에 걸쳐 중복 과금을 하고 있었다.

잠재적으로 판매 주문 데이터의 무결성을 잃어버릴 수 있다는 것에 화가 난 재무팀의 앤은 차를 몰고 들어왔다. 그리고 이제 복도 건너편에 또 다른 상황실을 차려 놓고 문제가 된 주문을 처리하기 위해 매장으로 걸려 오는 전화를 받고 있었다. 정오가 되자 매장에서 보낸 팩스를 받은 수백 명의 열 받은 고객으로부터 온 서류들이 쌓여 있었다.

앤을 지원하기 위해 웨스는 훨씬 더 많은 엔지니어를 데려왔다. 계속해서 늘어나는 엉망이 된 거래의 로그 데이터를 처리하는 데 앤의 직원들이 사용할 도구를 만들기 위해서였다.

NOC 테이블을 세 번째로 지날 때쯤 너무 지쳐서 스스로 아무에게도 쓸모가 없다고 생각됐다. 그때가 오후 2시 30분 경이었다.

웨스는 방 건너편에서 누군가와 말다툼을 하고 있었다. 얘기가 끝날 때까지 기다렸다가 말을 건넸다. "이게 여러 날 걸리는 시련이 될 것이라는 사실을 직시하자고. 좀 어때? 잘 버티고는 있는 거야?"

웨스가 하품하며 답했다. "겨우 한 시간 눈 좀 붙였어요. 와, 빌은 정말 안 좋아 보여요. 집에 가서 몇 시간 좀 쉬세요. 여기 있는 것들은 제가 잘 처리하고 있을게요. 무슨 일이 생기면 전화하죠."

말을 잇지 못할 만큼 지친 나는 웨스에게 고맙다고 전하고 자리를 떴다.

휴대폰 벨 소리를 듣고 깜짝 놀라 잠에서 깼다. 똑바로 앉아 휴대폰을 집었다. 오후 4시 반이다. 웨스의 전화다.

조금이라도 정신을 차리려고 머리를 흔든 다음 말했다. "무슨 일이야?"

"나쁜 소식입니다. 짧게 말할게요. 피닉스 웹사이트가 고객 신용 카드 번호를 유출하고 있다고 트위터에 떠다니고 있어요. 심지어 스크린샷도 올라오고 있지요. 장바구니를 비우면 세션이 중단되면서 마지막에 성공적으로 주문했던 건의 신용 카드 번호가 표시돼요."

나는 이미 침대에서 뛰쳐나와 샤워하러 욕실로 가고 있었다. "존을 불러. 지금 몹시 초조할 거야. 이런 일에는 아마도 수많은 서류 작업과 법 집행까지 수반되는 어떤 프로토콜이 있을 거야. 변호사도 있을 거고 말이야."

웨스가 답했다. "벌써 전화했어요. 존이랑 존의 팀이 오고 있어요. 존은 화가 머리끝까지 났죠. 〈펄프 픽션〉에 나오는 사람 같았다니까요. 심지어 엄청난 복수와 분노로 사람들을 쳐부수고 패던 날에 대한 대사까지 인용했다고요."

나는 힘없이 웃었다. 존 트라볼타와 사무엘 잭슨이 나오는 장면은 나도 무척 좋아한다. 온화한 성격의 CISO(최고 정보 보호 책임자)에 대한 고정 관념이 있는 것은 아니지만 사람들은 항상 조용한 사람을 조심해야 한다고 했다.

재빨리 샤워를 마치고 부엌으로 달려가서 아들이 먹기 좋아하는 스트링 치즈 두 조각을 집었다. 그걸 들고 차에 타서는 사무실로 차를 몰았다.

고속도로를 타자마자 페이지에게 전화했다. 페이지는 바로 전화를 받았다. "여보, 어디 갔었어? 난 회사에 있고 애들은 외할머니랑 같이 있어."

내가 전했다. "사실 한 시간 동안 집에 있었어. 침대로 기어들어 가는 순간 잠이 들었는데, 웨스한테 방금 전화가 왔어. 피닉스 시스템이 전 세계 사람의 신용 카드 번호를 보여주기 시작했대. 엄청난 보안 위반이라 지금 다시 차를 몰고 회사로 가는 중이야."

페이지는 못마땅하다는 듯이 한숨을 내쉬고 말했다. "당신은 10년 넘는 기간을 거기에 있으면서 이렇게 일한 적은 한 번도 없었잖아. 당신이 승진한 걸 좋아해야 하는지 정말 잘 모르겠어."

"당신만 그런 거 아니야. 나도 그래, 여보…." 내가 말했다.

13장

• 9월 15일 월요일

월요일이 되자 피닉스 위기는 실패 사례로 알려졌다. 모든 기술 사이트의 1면 뉴스로 실렸다. 「월 스트리트 저널」의 누군가가 스티브를 인터뷰하려 했다는 소문도 있었다.

스티브가 내 이름을 언급하는 것을 들었다고 상상하니 소름이 끼쳤다.

정신이 혼미해진 나는 주위를 둘러봤다. 회사에서 피닉스 현황 회의가 시작되길 기다리는 동안 깜빡 잠이 들었던 모양이다. 시계를 슬쩍 보니 오전 11시 4분이다.

휴대폰을 확인하고 나서야 월요일이란 걸 알았다.

소중한 일요일이 어디로 사라졌는지 잠시 궁금해했다. 그러나 스티브가 얼굴을 붉히고 방 전체를 대상으로 연설하는 것을 보니 바로 집중이 됐다.

"…이것이 누구의 잘못인지 조금도 개의치 않네. 내가 눈 뜨고 있는 한 다시는 이런 일이 없을 거라고 장담하지. 하지만 지금 당장은 미래가 뭐든 상관없어. 우리는 지금 고객과 주주들을 완전히 망치고 있네. 내가 듣고 싶은 것은 우리가 어떻게 이 구멍에서 빠져나와 정상적인 비즈니스 운영을 회복할 것인가 하는 것뿐이네."

스티브는 돌아서서 사라를 가리켰다. "사라, 당신은 매장 관리자 모두 정상 거래가 가능해졌다고 말하기 전까지는 여기서 못 벗어나. 수동으로 카드를 긁는다고? 뭐야, 이게! 우리가 지금 개발도상국에 있는 건가?"

사라가 침착하게 대답했다. "이번 일이 얼마나 용납될 수 없는 일인지 잘 알고 있습니다. 제 밑의 직원들에게도 책임이 있다는 것을 확실히 전달하겠습니다."

"아니." 스티브가 빠르고 진지하게 대답했다. "사라, 당신한테 궁극적으로 책임이 있는 거지. 그걸 잊지 말게나."

스티브가 사라의 사술에서 벗어난 것인지 궁금하면서도 마음은 잠시 가벼워졌다.

스티브는 방 안의 모든 사람에게 주의를 돌리며 "점장들이 우리가 더는 인공호흡기를 사용하지 않아도 된다고 말하면, 그때 이번 일에 관여했던 모든 사람은 15분씩 시간을 내게. 일정을 비워주길 바라네. 변명은 통하지 않아"라고 했다.

"그건 자네들, 사라, 크리스, 빌, 커스틴, 앤을 말하는 거야. 그리고 존, 자네도 마찬가지일세." 스티브는 한 명씩 가리키며 호명했다.

잘했어, 존. 마침내 스티브에게 주목받을 수 있는 좋은 시기를 골랐군.

스티브는 "이 난장판 때문에 기자와 전화 통화를 해야 해. 두 시간 후에 다시 돌아오겠네!"라고 말했다.

스티브가 나가면서 문을 세게 쾅 닫아 벽이 다 흔들렸다.

사라가 침묵을 깼다. "음, 다들 스티브 사장님 말씀 잘 들으셨죠. POS 시스템을 가동할 필요가 있을 뿐만 아니라 피닉스 사용성 문제도 해결해야 합니다. 주문 인터페이스와 성능의 덜떨어진 상태를 보고 언론은 아주 좋아서 난리가 난 것 같네요."

"제정신이 아니군요!" 나는 앞으로 기대면서 말했다. "저희는 순전히 온몸을 바쳐 피닉스를 살려내고 있습니다. 웨스가 매시간 모든 프런트엔드 서버를 미리미리 재부팅한다고 말했을 때 농담한 게 아니었다고요. 다시는 불안정성을 담보로 할 수 없습니다. 하루에 단 두 번 코드를 배포하고 성능을 개선하는 코드 변경만 처리할 것을 제안합니다."

놀랍게도 크리스가 즉시 동의했다. "동의합니다. 윌리엄, 어떻게 생각해?"

윌리엄이 고개를 끄덕였다. "물론이죠. 개발자들에게 모든 코드 커밋에 성능 문제에 해당하는 결함 번호가 있어야 한다는 것을 알려야 한다고 생각합니다. 해당 번호가 없으면 모두 거부할 겁니다."

크리스가 나를 보며 말했다. "그거면 충분한가요, 빌?"

해결책에 만족한 나는 "완벽합니다"라고 말했다.

웨스와 패티는 기뻐하면서도 개발 부서의 갑작스러운 협력에 당황하는 것 같았다. 사라는 탐탁지 않아 했다. "저는 동의할 수 없습니다. 시장에 대응할 수 있어야 하는데 지금 시장에서는 피닉스를 사용하기가 너무 힘들다고 말하고 있어요. 이대로 망칠 수 없습니다."

크리스는 이렇게 대답했다. "보세요, 사용성 테스트와 타당성 검토 일정은 몇 달 전이었습니다. 처음부터 제대로 못 했다면 지금이라도 진짜 뭔가를 하지 않고는 제대로 안 될 겁니다. 제품 관리자들이 테스트 방안과 시나리오를 제대로 개선하게 시키세요. 위기가 끝나면 최대한 빨리 처리하도록 노력하겠습니다."

나는 크리스의 입장에 공감하며 말했다. "저도 동의합니다."

"좋은 지적을 해줬어요. 저도 승인할게요." 사라도 논쟁에서 이길 수 없다는 것을 깨달았는지 그렇게 말했다.

사라가 실제로 뭐라도 승인할 수 있는 위치에 있는지 잘 모르겠다. 그러나 다행히도 대화는 어떻게 POS 기능을 되찾을 것인가로 빠르게 돌아섰다.

나는 크리스에 대한 의견을 몇 단계 상향 조정했다. 크리스가 사라의 공범을 자처했다는 생각은 변함없으나 지금은 믿어줘야 할 것 같다.

피닉스 상황실을 떠나면서 앤과 앤의 팀이 문제가 된 주문을 처리하는 방이 복도를 가로질러 있는 게 보였다. 그들이 어떻게 하고 있는지 진심으로 보고 싶은 호기심에 갑자기 사로잡혔다.

회의실에서 가져온 오래된 베이글을 씹으며 방에 노크하고 들어갔다. 토요일부터 모두를 업무에만 집중시키려고 피자, 페이스트리, 졸트 콜라, 커피가 끝없이 공급됐다.

내 눈앞에서 상황이 정신없이 돌아가고 있었다. 매장에서 들어오는 팩스 더미로 뒤덮인 테이블이 여기저기에 있고 12명의 인원이 테이블 사이를 바삐 돌아다녔다. 각각의 팩스 문서는 문제가 된 주문들로 일의 해결에 동원된 재무팀 및 고객 서비스 담당자들이 하나씩 처리하고 있었다. 여기에 모인 사람들의 임무는 이런 모든 거래의 중복된 부분을 제거하거나 되돌리는 것이었다.

내 앞에는 재무팀 소속 인원 4명이 테이블에 앉아서 간이 계산기와 열린 노트북 위로 손가락을 마구 던져대고 있었다. 그들은 수작업으로 주문을 표로 작성하고 피해 금액을 계산하며 잘못된 내역을 바로잡는 조정 작업 중이었다.

벽에는 총계를 추적하고 있었다. 지금까지 5천 명이 넘는 고객이 중복으로 결제하거나 주문이 누락된 것으로 조사됐다. 그리고 아직 조사해야 할 거래가 2만 5천 건 정도로 추산된다.

나는 믿을 수 없어 고개를 가로저었다. 스티브의 말이 옳다. 우리는 이번에 고객을 완전히 말아먹었다. 정말 창피한 일이다.

반면에 이 난장판을 수습하기 위해 재무팀에서 하는 일을 존중해야 한다고 생각했다. 사람들은 각자 해야 할 일을 체계적으로 하는 것처럼 보였다.

내 옆에서 누군가의 목소리가 들렸다. "피닉스 열차에 사고가 또 발생한 거죠?"

나처럼 현장을 보고 있던 존이다. "그러게, 이럴 줄 알았다고 얘기했잖아요"라고 말하지는 않았지만 거의 그런 거나 다름없다. 물론 존은 늘 들고 다니는 검은 3링 바인더와 함께였다.

존은 손바닥으로 자신의 얼굴을 때렸다. "만약 우리 경쟁자에게 이런 일이 일어난다면 실컷 웃었을 거예요. 이런 일이 생길 가능성에 대해 크리스에게 몇 번이고 말했지만 듣지 않았죠. 지금 대가를 치르고 있는 겁니다."

존은 테이블 중 하나로 다가가 사람들의 어깨 너머로 상황을 보기 시작했다. 그러고는 서류 더미를 줍다가 갑자기 긴장하는 모습을 보였다. 서류를 휙휙 넘겨보는 동안 존의 얼굴이 흙빛이 됐다.

그리고 내가 서 있는 곳으로 돌아와 속삭였다. "빌, 큰일 났어요. 밖에서 봐요. 지금 바로요."

"여기 주문 전표 좀 보세요." 밖으로 나가자 존이 소곤거렸다. "문제가 보이십니까?"

해당 전표를 들여다봤다. 스캔한 주문 전표인데 옆으로 삐딱하고 해상도가 낮았다. 여러 가지 자동차 부품을 구매하기 위한 것인데 금액은 53달러로 적당해 보였다.

"문제가 뭔지 그냥 말하면 안 돼요?" 내가 말했다.

존은 스캔한 신용 카드와 고객 서명이 있는 곳에 손으로 갈겨쓴 번호를 가리켰다. "이 세 자리 숫자는 신용 카드 뒷면에 있는 CVV2 코드에요. 신용 카드 사기를 막기 위한 것이죠. 결제 카드 산업 규정에 따르면 마그네틱 카드의 2번 트랙에 있는 어떤 것도 저장하거나 전송할 수 없게 돼 있어요. 심지어 이걸 소지하는 것은 자동으로 카드 소유자 데이터 침해와 벌금 대상이 됩니다. 어쩌면 1면 뉴스까지 나올 수도 있어요."

아, 제발…. 다신 없어야 할 일이다.

존은 마치 내 마음을 읽은 것처럼 말을 이어갔다. "맞아요, 그런데 이번엔 상황이 더 나빠요. 단순히 지역 뉴스에만 나오는 것이 아니라, 고객과 매장이 있는 모든 지역 뉴스 일면에 스티브 사진이 실린다고 상상해 보라고요. 분노한 유권자들을 대신해서 상원의원들의 조사를 받으러 스티브가 워싱턴으로 날아가는 모습을요."

존은 또 "이거 정말 심각한 일이에요. 빌, 모든 정보를 즉시 없애야 해요"라고 덧붙였다.

나는 절대 안 된다며 고개를 저었다. "정말 안 될 말이에요. 고객에게 잘못된 요금을 부과하거나 심지어 두 번의 요금을 부과하지 않도록 모든 주문을 처리해야 해요. 우리는 이렇게 할 책임이 있어요. 아니면 결국 우리가 돌려줘야 할 돈을 고객에게서 빼내오는 거라고요."

존이 내 어깨에 손을 얹었다. "그게 중요해 보일지 몰라도 빙산의 일각일 뿐입니다. 피닉스가 카드 소유자 데이터를 유출했기 때문에 우리는 이미 골치 아픈 상황에 있어요. 그것도 대단히 나쁜 상황이지요. 피해를 본 카드 보유자 수에 따라 벌금을 물어야 합니다."

존은 모든 문서를 가리키며 말했다. "이걸로 벌금이 두 배 이상 될 수 있습니다. 지금도 감사가 나쁘다고 생각하시죠? 그런데 이렇게 되면 그들은 우리를 영원히 레벨1 업체로 분류할 것이고 지금보다 열 배는 더 고통스러워지겠죠. 심지어 거래 수수료를 3%에서 더 올릴 수도 있어요. 얼마나 올릴지 누가 알겠습니까? 그렇게 되면 우리 소매점 이윤이 반감될 수 있고…."

말을 멈춘 존은 3링 바인더를 열어 달력을 폈다. "아, 제기랄! PCI 감사관들이 오늘 현장에서 업무 프로세스 실사를 하고 있어요. 2층에서 주문 관리 직원들과 운영 관련 인터뷰 중이에요. 원래 이 회의실까지 이용하기로 돼 있다고요!"

"지금 농담하는 거죠?" 지난 3일 동안 아드레날린이 계속 분비됐다는 것을 생각해보면 극심한 공포감이 느껴지기 시작하는 게 놀라웠다.

나는 회의실의 창문을 통해 재무팀 전체 인원이 고객 주문 문제를 처리하는 것을 봤다. 젠장.

"이봐요, 존." 내가 말했다. "사람들은 가끔 당신이 우리 편이 아니라고 생각하는 건 알지만 지금은 정말 당신의 도움이 필요해요. 감사관들이 여기에는 못 들어오게 해주세요. 건물 밖으로 내보낼 수 있다면 더욱 좋겠네요. 창문에 커튼을 치거나 문에 바리케이드라도 설치해볼게요."

존은 나를 쳐다보더니 고개를 끄덕였다. "좋아요, 감사관들은 제가 맡겠습니다. 하지만 전 아직도 부서장님이 상황을 완전히 이해했다고 생각하지 않습니다. 카드 소유자 데이터의 관리자로서 우리는 수백 명의 사람이 카드 소유자 데이터에 접근할 수 있도록 허용할 수는 없습니다. 절도와 사기 위험성이 너무 높아요. 당장 모든 자료를 파기해야 해요."

끝없이 이어지는 문제에 허탈하게 웃지 않을 수 없었다.

집중하려고 노력하면서 내가 천천히 말했다. "좋아요, 재무팀에서 현 상황을 이해하고 처리하도록 할게요. 어쩌면 전부 스캔해서 해외에 있는 회사로 보내 입력하게 할 수도 있을 겁니다."

"아니, 안 돼요, 안 돼. 그건 더 심해요!" 존이 말했다. "꼭 기억하세요. 자료를 제삼자에게 보내는 것은 고사하고 송신 자체가 금지예요. 아시겠어요? 보세요, 제가 관련 사실을 부인할 수 있도록 지금 하신 말씀은 못 들은 걸로 할게요. 금지된 자료를 모두 파기하는 방법을 알아내셔야만 해요!"

나는 존이 선의로 한 것이든 아니든 간에 관련 사실을 부인하겠다는 말에 화가 났다. 심호흡을 한번 하고는 존에게 말했다. "감사관들을 이 층에 못 오게 해주세요. 저는 카드 전표에 대해 걱정해볼게요, 아셨죠?"

존이 고개를 끄덕이며 말했다. "알겠습니다. 감사관들을 안전한 곳에 모셔놓고 전화할게요."

존이 복도를 따라 재빨리 계단을 내려가는 것을 보면서 나는 계속 혼자 중얼거렸다. "존은 자기 일을 하는 것뿐이야. 단지 자기 일을 할 뿐이라고."

숨죽여 생각을 다지고 나서 회의실을 돌아봤다. 문에 걸린 큼지막하게 프린트된 이름이 보였다. '피닉스 POS 복구 상황실'

난 갑자기 십 대 소년들이 계속해서 청부 살인 업자가 볼 수 없도록 시체를 숨기거나 위장하는 내용의 영화 〈버니의 주말〉에 나온 것 같은 기분이 들었다. 그렇다면 이것이 엔론이 망한 후 조사받던 감사 회사인 아서 앤더슨의 사무실에서 일어난 것으로 알려진 대규모 24시간 파쇄 작전 같은 것인지 궁금했다. 중요한 증거를 없애는 데 복잡하게 얽혀버린 걸까?

정말 엉망진창이다. 고개를 떨구고 나쁜 소식을 전하러 다시 회의실로 걸어 들어갔다.

마침내 오후 2시 30분에 NOC로 돌아가서 내 사무실로 가는 길에 아수라장을 다시 살펴봤다. 더 많은 회의 공간을 만들기 위해 7개 테이블이 추가로 마련됐고 각 테이블 주위에는 사람들이 모여 있었다. 빈 피자 상자들이 테이블과 방 한쪽 구석에 쌓여 있었다.

나는 안도의 한숨을 쉬며 책상 뒤에 앉았다. 앤의 팀과 카드 소유자 데이터 문제에 대해 논의하며 거의 한 시간을 보냈고, 이후 30분 동안은 카드 소유자 데이터 문제가 내 문제가 아니라 실제로 그들의 문제라고 논쟁을 벌였다. 내가 도울 수는 있지만 우리 팀은 피닉스가 제대로 돌아가게 하느라 너무 바빠 더 많은 책임을 질 수는 없다고 말했다.

내가 새로운 역할을 맡은 이후로 회사에서 누군가의 요구를 거절한 것은 이번이 처음일지도 모른다는 생각이 들자 약간 놀라웠다. 매장의 주문 입력 시스템이 거의 수동으로라도 작동하지 않았다면 그런 말을 할 수 있었을지 궁금하다.

이런 생각에 한창 빠져 있을 때 전화벨이 울렸다. 존이었다. 감사관 문제에 대한 상황을 듣고 싶어 재빨리 전화를 받았다. "어이, 존. 어떻게 되고 있어요?"

"끔찍하지는 않아요. 감사관 사무실을 제 방 바로 옆에 차려 놨어요. 여기 7호 건물에서 모든 인터뷰를 진행하도록 재정리를 조금 했습니다. 감사관들은 피닉스 상황실 근처 어디에도 가지 않을 것입니다. 9호 건물 경비원들에게 감사관들이 건물 입구를 지나가지 못하게 하라고 대놓고 얘기했습니다." 존이 상황을 설명했다.

나는 모든 규칙을 어긴 존을 보고 낄낄거렸다. "대단하군요. 전부 잘 처리해줘서 고마워요. 앤도 조금 도와줬으면 좋겠어요. 카드 소유자 데이터 규정을 준수하는 데 정확히 어떤 것이 필요한지 알아내야 하거든요. 제가 할 수 있는 선에서는 최선을 다해서 도와줬지만…."

존은 "걱정하지 마세요. 제가 기꺼이 도울게요"라고 답했다.

그러더니 존이 잠시 머뭇거리며 말했다. "지금 이런 얘기를 꺼내기는 싫지만 원래 오늘 부서장님께서는 SOX-404 답변서를 내부 감사팀에 제출하기로 돼 있습니다. 어떻게 되고 있나요?"

나는 웃음을 터뜨렸다. "존, 원래 우리 계획은 피닉스를 배포하고 나서 주말에 보고서를 완성하는 거였어요. 하지만 당신도 알다시피 일이 계획대로 풀리지 않았죠. 금요일 이후에 아마 아무도 그 일을 못 했을 거예요."

존은 매우 걱정스러운 목소리로 "감사 위원회 전체가 이걸 보고 있다는 건 아시죠? 만약 저희가 기한을 어긴다면 심각한 관리 문제가 있다고 인식할 거예요. 그렇게 되면 외부 감사 기간이 늘어날 수 있습니다"라고 말했다.

나는 가능한 한 태연하게 대꾸했다. "내가 할 수 있는 일이 있다면 당연히 할 거예요. 하지만 지금 우리 팀 전체가 24시간 내내 피닉스 복구 작업을 지원하고 있어요. 팀원들이 보고서를 완성하고, 내가 할 일이라고는 몸을 굽혀 그것을 줍는 일뿐이라 해도 지금은 그럴 수가 없어요. 그러기엔 일이 너무 많아요."

우리 팀이 모두 바빠서 새로운 일을 할 여력이 없다고 말하는 도중에 사람들이 실제로 내 말을 믿어준다는 게 얼마나 안심이 되는지 깨달았다.

존이 말했다. "아시다시피 제가 두 명의 엔지니어를 내드릴 수 있습니다. 문제 해결 업무를 추정하는 데 도움이 될 수 있을지 모르겠네요. 아니면 복구 업무에 도움이 되도록 기술 리소스 풀에 넣을 수도 있습니다. 두 사람 다 기술이 뛰어나고 경험도 많거든요."

귀가 번쩍 뜨였다. 우리는 비상사태에 필요한 모든 종류의 일을 하도록 모두를 배치했고 그들 대부분 최소한 하루 이상 밤을 꼬박 새웠다. 일부는 취약한 서비스와 시스템을 모니터링하고, 다른 일부는 매장 관리자의 전화 통화를 돕고, 또 다른 일부는 QA 빌드 시스템 구축 및 테스트 작성을 돕고, 일부는 개발 문제를 재현시키는 데 도움을 주고 있었다.

나는 즉시 답했다. "정말 큰 도움이 될 겁니다. 웨스에게 두 명의 엔지니어에 관한 몇 가지 특징을 적어 이메일로 보내주세요. 웨스가 해당 엔지니어의 기술을 긴급하게 필요로 하지 않다면 제가 그들에게 개선에 대해 추정 산출하는 일을 조금 줄게요. 피닉스 작업을 하는 사람들에게 방해가 되지 않는 한에서요."

"좋습니다." 존이 답했다. "오후에 웨스에게 이메일을 보내고, 웨스와 제가 어떤 결정을 내렸는지 알려드리죠."

전화를 끊고 나서 혹시 누군가가 감사 답변서 작업을 하지는 않았을까 하는 요행을 잠시 바랐다.

피로가 몰려오는 게 아닌가 생각됐다. 같은 날 개발 부서와 보안 부서에 감사할 일이 생기다니…. 세상이 정말 어떻게 돌아가는 건지 알 수가 없다.

14장

• 9월 16일 화요일

월요일 밤늦은 시간이 되자 우리는 상황을 안정시켰다. 크리스의 팀과 함께 일하면서 매장들은 마침내 현금 등록기를 다시 작동시켰다. 하지만 일시적인 해결책일 뿐이라는 것은 모두가 알고 있었다. 적어도 민감한 카드 소유자 데이터를 더는 보관할 필요가 없었고, 존은 안심했다.

오전 10시 37분, 나는 크리스와 함께 스티브의 사무실 밖에 서 있었다. 크리스는 벽에 몸을 기댄 채 바닥을 뚫어지게 바라보고 있다. 앤, 존, 커스틴도 함께 있었다. 자리를 지키고 선 모습이 흡사 초등학교 교장실 밖에서 반성하며 면담 순서를 기다리는 학생들 같았다.

스티브의 사무실 문이 열리고 사라가 걸어 나왔다. 얼굴이 창백해 보였고 금방이라도 울 것 같았다. 제일 먼저 들어갔던 사라의 면담은 10분도 채 걸리지 않았다.

사라는 문을 닫고 숨을 몰아쉬며 크리스와 내게 "두 분 차례에요"라고 했다.

"밑져야 본전이지…." 내가 문을 열면서 중얼거렸다.

스티브는 창가에 서서 회사 건물 너머를 내다보고 있었다. "자리에 앉게나."

우리가 자리를 잡자 스티브가 우리 앞으로 다가왔다. "사라와 얘기했네. 프로젝트 리더인 사라에게 피닉스 성패를 책임지라고 했지. 리더십에 문제가 있는지 아니면 사라가 엉뚱한 사람들을 데리고 있는 건지 나로서는 전혀 알 수가 없네."

입이 딱 벌어졌다. 사라가 이 재앙에서 어떻게 빠져나갈 수 있었던 걸까? 모든 게 그녀의 잘못인데!

스티브는 크리스에게 시선을 돌렸다. "우리는 이번 프로젝트에 2천만 달러 이상을 투입했고 제일 큰 몫이 자네 팀에 돌아갔네. 내 입장에서 보면 아무것도 보여주지 않는 게 더 나을 뻔했어. 그런데 그렇게 하는 대신 자네가 일으킨 피해의 잔해를 수습하려고 우리 회사의 반이 허둥지둥하고 있지."

우리 둘을 돌아보며 스티브가 말을 이어갔다. "우리가 5%의 순 마진 기업이었던 시절이 있었지. 1백만 달러를 벌려고 2천만 달러의 상품을 팔아야 했다는 걸세. 지난 주말 동안 얼마나 많은 매출을 잃었는지, 그리고 얼마나 많은 충성 고객을 영원히 잃게 됐는지 누가 알겠나."

스티브는 다시 서성대기 시작했다. "고객에게 끔찍한 폐를 끼쳤어. 출근하려면 차를 고쳐야 하는 사람들이지. 각자의 아이들과 함께 일을 하는 아버지들이고 말이야. 우리는 최고의 공급 업체와 고객사들도 망쳤네."

"피닉스를 실제로 사용한 사람들을 달래려고 마케팅 부서에서 100달러짜리 쿠폰을 나눠주고 있어. 수백만 달러를 쏟고 있다는 말이야. 보라고! 고객한테 돈을 받아내지는 못할망정 퍼주고 있다니까!"

전직 부사관이었던 나는 누군가를 질책해야 할 때와 장소가 있다는 것을 알고 있다. 그래도 이번에는 좀 너무했다. "기분 상하게 하려는 건 아니지만 말씀하신 일이 제게 새로운 소식은 아닙니다. 무슨 일이 일어날지 설명하면서 론칭을 연기해 달라고 사장님께 전화했었습니다. 그때 저한테 화를 내셨을 뿐만 아니라 사라를 설득하라고 하셨죠. 이번 사태에 대해 사장님은 책임질 일이 전혀 없다는 건가요? 설마 사장님 생각까지 사라한테 맡기신 건 아니겠죠?"

말하는 도중에 나는 내가 실제 생각하는 것을 입 밖으로 꺼냄으로써 큰 실수를 저지르는 것 아닌가 하는 생각이 들었다. 몇 주 동안 위기로 뿜어져 나온 아드레날린 때문일지도 모르겠지만 스티브에게 대놓고 얘기하니 기분은 좋았다. 정말 좋았다.

서성대는 것을 멈춘 스티브는 손가락으로 내 이마를 가리켰다. "나는 책임에 대해 자네가 평생 배울 수 있는 것보다 더 많이 알고 있네. 하늘이 무너진다고 소리치다가 신이 나서는 '내가 그랬잖아'라고 말하는 식의 비관론자적 태도에 지쳤어. 현실적인 해결책을 들고 오란 말이네."

스티브 쪽으로 몸을 기대며 내가 말했다. "약 2주 전에 사장님 부하인 사라가 이 말도 안 되는 계획을 꺼냈을 때 저는 계획 추진 시 일어날 일들을 '분명히' 말씀드렸습니다. 지금 벌어진 모든 일을 막을 수 있는 일정을 제안했었죠. 그런데 제가 더 잘할 수 있었을 거라고요? 어디 한번 말씀해 보세요." 난 과장된 몸짓으로 격식을 갖추며 덧붙였다. "존경하는 사장님."

"자네가 해야 할 일을 말해주겠네." 스티브는 침착하게 대답했다. "비즈니스 쪽에서 이제는 자네 IT 사람들에게 인질로 잡히지 않는다고 내게 말해줄 필요가 있네. 내가 CEO로 있는 내내 계속 들어온 불평이었지. IT는 모든 주요 계획을 방해하고 있어. 그러는 동안 경쟁사들은 우리를 따돌리고 곤경에 빠뜨렸지. 젠장, IT가 방해하니 우리는 똥도 제대로 못 싸고 있다고."

스티브는 숨을 깊이 들이쉬었다. "자네들을 오늘 여기로 부른 이유는 다른 데 있어. 두 가지를 말하려고 해. 첫째, 최근에 있었던 엉망진창 IT 문제로 이사회는 회사 분할을 고려할 때라고 주장하고 있지. 그들은 회사를 분할해서 팔아야 더 잘 팔릴 것으로 생각해. 개인적으로 이사회 주장에 찬성하는 건 아니야. 하지만 이사회에서 이미 타당성을 조사하겠다고 컨설턴트를 들여놨지. 거기에 대해선 내가 할 수 있는 게 없네."

"둘째, IT와 러시안룰렛 게임을 더는 하지 않겠네. 피닉스를 통해 알았지. IT는 우리가 여기서 발전시킬 수 있는 능력이 아니라는 것을 말이야. 우리 회사 유전자에 없는 건지도 모르지. 딕에게 모든 IT를 아웃소싱할 수 있는지 조사해보고 90일 안에 벤더도 선정해 달라고 부탁했네."

IT를 모두 아웃소싱하겠다고? 이런 젠장.

이는 우리 부서 모든 직원이 직장을 잃을 수도 있다는 것을 의미한다.

앞으로 내게 직업이란 게 없을 수 있다는 말이다.

갑자기 정신이 번쩍 들었다. 스티브에게 대들며 느꼈던 기쁨과 자신감이 한낱 환상일 뿐이었다는 것을 깨달았다. 권력을 손에 쥔 자는 스티브였다. 스티브는 펜을 가볍게 흔드는 것만으로 우리 모두를 지구상의 어떤 구석진 곳에서 가장 싸게 입찰한 업체에 아웃소싱할 수 있었다.

크리스를 흘끗 쳐다보니 나만큼이나 놀란 눈치였다.

스티브가 계속했다. "딕이 요구하는 것이라면 전부 도와주길 바라네. 자네들이 앞으로 90일 동안 기적을 만들 수 있다면 IT 부서의 존속을 고려해 보지."

"와줘서 고맙네. 커스틴을 들여보내게." 스티브가 마지막으로 말했다.

"늦어서 미안해요." 크리스 건너편 부스에 털썩 주저앉으며 내가 말했다.

스티브와의 면담으로 충격을 받은 크리스와 나는 함께 점심을 먹기로 했다. 크리스의 앞에는 우산이 꽂힌 과일 음료 같은 것이 있었다.

나는 항상 크리스를 블루칼라 술꾼으로 생각했다. 즉, 독신녀들의 칵테일 같은 게 아니라 팹스트 블루 리본 같은 싸구려 맥주가 어울린다고 여겼다.

크리스는 맥없이 웃어 보였다. "부서장님이 10분 늦게 나타난 건 전혀 문제 되지 않아요. 믿으세요. 한잔하시죠."

페이지는 내게 크리스를 믿지 말라고 몇 번이나 말했다. 그녀가 본능적으로 누가 어떤 사람인지 잘 파악하는 것은 부정하지 않는다. 하지만 나와 관련해서는 당황스러울 정도로 보호벽을 치는 듯해 웃음이 났다. 알고 보면 난 해병대 출신이고 페이지는 그저 '착한 간호사'일 뿐이다.

"필스너 생맥주 있으면 아무거나 한잔 부탁합니다." 웨이트리스에게 말했다. "스카치와 물도 함께 주세요. 힘든 하루였거든요."

"그렇다고 들었어요. 얼른 갖다 드리죠." 웨이트리스가 웃으며 대답했다. 그리고 크리스에게는 "마이타이 한 잔 더 드릴까요?"라고 물었다.

크리스는 고개를 끄덕이며 빈 잔을 건넸다. 아, 저게 마이타이였구나. 한 번도 마셔본 적이 없어 몰랐다. 해병들은 뭔가를 마실 때 상대에게 자신이 어떻게 보일지를 매우 의식하며 마신다.

크리스는 물잔을 들더니 "사형 선고를 받은 우리를 위해!"라고 했다.

나도 싱긋 웃으며 잔을 들었다. 낙관론을 주입하는 게 좋을 듯해 건배사를 한마디 덧붙였다. "그리고 우리가 어떻게 통치자에게서 형 집행 정지를 받을 수 있는지 알아보기 위해!"

잔이 쨍그랑 부딪는 소리를 냈다.

"그동안 생각을 조금 해봤습니다." 크리스가 말했다. "어쩌면 우리 부서가 아웃소싱되는 것이 세상에서 일어나는 최악의 일은 아닐 겁니다. 저는 사실 소프트웨어 개발 업계에만 종사해 왔습니다. 기적을 요구하는 사람들과 불가능한 것을 기대하는 사람들 그리고 마지막 순간에 요구 사항을 바꾸는 사람들에 익숙해졌다고 생각했지만, 최근 이 악몽 같은 프로젝트를 겪으면서 이제는 변해야 할 때가 아닌가 하는 생각이 들기도 합니다."

믿을 수가 없었다. 크리스는 항상 자신만만했고 심지어 오만해 보이까지 했으며 하는 일을 정말 좋아하는 것처럼 보였다. "어떤 변화요? 플로리다에서 마이타이 바 같은 걸 열 생각인가요?"

크리스는 어깨를 으쓱했다. 그가 아래를 내려다볼 때 나는 그의 눈 밑에 있는 거대한 다크서클과 얼굴 전체를 덮은 피로감을 봤다. "옛날에는 이 일을 좋아했는데 지난 10년 동안 훨씬 더 어려워졌어요. 기술은 점점 더 빠르게 변화하고 이제 따라가는 것이 거의 불가능하네요."

웨이트리스가 음료수를 들고 돌아왔다. 회사 점심시간에 술을 마시는 것에 죄책감이 들긴 했지만, 지난 2주 동안 회사에 종일 시간을 바쳤기에 충분히 자격이 있다고 생각했다. 크리스가 주욱 들이켰고 나도 벌컥벌컥 마셨다.

크리스가 말을 이었다. "프로그래머들 심지어 나 같은 관리자들도 몇 년마다 뭔가를 배워야 한다는 건 미친 짓이에요. 때로는 완전히 새로운 데이터베이스 기술이거나 새로운 프로그래밍 또는 프로젝트 관리 방법 아니면 클라우드 컴퓨팅과 같은 새로운 기술 트렌드도 있어요."

"최근 새로운 유행에 뒤처지지 않으려고 이미 알고 있는 모든 것을 몇 번이나 버릴 수 있을까요? 가끔 거울을 보며 스스로 물어봐요. '올해가 포기하는 해가 될까? 남은 생애를 유지 보수로 보낼 것인가 아니면 그저 또 다른 중견 관리자가 될 것인가?'라고 말이에요."

동감하며 나도 웃었다. 나는 기술의 후미진 언저리에 있기로 선택했었다. 거기에서는 행복했다. 스티브가 나를 불러 상어가 들끓는 커다란 수영장에 던져넣기 전까지는 그랬다.

고개를 가로저으며 크리스가 말을 계속했다. "비즈니스 쪽에 올바른 일을 하라고 설득하는 것이 어느 때보다 어렵네요. 그쪽 사람들은 마치 장난감 가게에 있는 아이들 같아요. 항공 잡지에 실린 '매년 499달러를 내면 클라우드 환경에서 전체 공급망을 관리할 수 있다'라는 기사를 읽고 나면 갑자기 그게 회사의 주요 화두가 되는 거죠. 말처럼 쉬운 일이 아니라고 말하면서 제대로 하려면 무엇이 필요한지 보여주면 그들은 그냥 사라지죠. 다들 어디로 간 걸까요? 시간과 비용을 10분의 1로 줄여 그걸 할 수 있다고 장담하는 사촌 비니나 어떤 아웃소싱 영업 담당자와 얘기하고 있겠죠."

크리스의 말에 나는 웃음이 터졌다. "몇 년 전에 마케팅 부서의 어떤 사람이 여름에 일했던 인턴 중 하나가 개발한 데이터베이스 보고 도구를 지원해달라고 우리 부서에 요청했었죠. 인턴이 근무했던 시간이 겨우 두어 달밖에 안 됐는데 실제로 꽤 훌륭한 도구여서 사람들이 일상적으로 사용하기 시작했거든요. 그런데 마이크로소프트 액세스로 작성된 것을 어떻게 지원하고 보안을 적용합니까? 우리가 모든 데이터를 보호할 수 없다는 것을 감사관들이 알았을 때 우리는 그들을 만족시킬 뭔가를 만들려고 몇 주 동안 작업했죠."

"그건 공짜로 얻은 강아지 같은 거죠." 내가 말을 이어갔다. "처음에 내는 돈 때문이 아니라 나중에 드는 수술과 유지 보수 비용 때문에 결국 등골이 휘는 거죠."

크리스가 낄낄거렸다. "그래요, 바로 그거에요! 그들은 쉽게 말하죠. '강아지가 우리에게 필요한 것을 다 못 해주네요. 비행기를 조종할 수 있도록 훈련할 수 없다고요? 간단한 코딩 문제를 해결하면 될 일이 아닌가요?'라고 말이에요."

음식을 주문하고 난 후, 나는 내가 새로운 직책을 받아들이길 얼마나 꺼렸는지, 그리고 우리 그룹이 약속했던 모든 일을 다 포용하기에 내 능력이 얼마나 부족한지에 대해 말해줬다.

"재밌네요." 크리스가 말했다. "음, 우리도 고생하고 있는 건 마찬가지예요. 출시일까지 그렇게 많은 문제가 있었던 적이 없어요. 저희 엔지니어들은 일이 터지면 에스컬레이션하려고 기능 개발에서 손을 떼고 있죠. 그러다 보니 배포가 계속 늦어졌어요. 배포하는 데 10분 걸리던 것이 이젠 한 시간이 걸리죠. 그러더니 온종일 그리고 주말 내내 그다음에는 4일이 걸리더군요. 완료하는 데 일주일이 걸리는 배포도 있어요. 피닉스처럼 말이죠."

크리스는 "우리가 더 빨리 시장에 내놓을 수 없는데 해외 개발자들이 기능을 개발하는 것이 무슨 소용이 있을까요? 배포마다 더 많은 기능을 배포할 수 있도록 배포 간격을 계속 늘려나가는 셈이죠"라고 덧붙였다.

크리스가 웃으며 말을 이었다. "지난주에 회의에 들어갔는데 피처 백로 그가 너무 길었죠. 그런데 제품 관리자들이 지금부터 3년 후에 어떤 기능에 대해 작업하게 될지를 놓고 싸우더라니까요. 3년은 고사하고 1년 동안 효과적으로 계획하는 것도 안 되는데! 그게 다 무슨 소용이겠어요?"

나는 열심히 들었다. 피닉스에서 일어나고 있는 일은 필요한 기능을 시장에 제공해야 하는 필요성의 조합이며 우리는 지름길을 택해야만 한다. 그러다 보니 지속적으로 악화되는 배포를 야기하는 것이다. 크리스는 우리가 탈출해야 할 매우 중요한 악순환의 고리를 하나씩 가리키고 있었다.

"잘 들어보세요, 빌. 이런 말을 하기에는 조금 늦었지만 그래도 하는 편이 좋을 듯해서요. 이번 피닉스 문제에서 제가 보인 행동은 정말 죄송했어요. 사라가 커스틴의 프로젝트 관리 회의를 일주일 앞두고 제게 와서 온갖 질문을 퍼부었거든요. 사라는 우리가 코드 완성을 할 수 있는 가장 빠른 때가 언제냐고 물었죠. 그런데 그걸 출시하는 날짜로 받아들일 거라고는 전혀 생각하지 못했어요. 그것도 스티브 사장님까지 있는 방에서 말이에요. 윌리엄은 그게 완전한 재앙이 될 것이라고 예언했고 저도 그 말을 들었어야 했어요. 제가 잘못 판단했던 거죠."

잠시 크리스의 눈을 바라봤다. 결국 그를 믿기로 했다. 나는 고개를 끄덕이며 "고마워요. 걱정하지 말아요"라고 말했다.

그러고는 한마디 덧붙였다. "그래도 다시는 그러지 말아요. 한 번 더 그런 일이 생긴다면 당신의 두 다리를 부러뜨리고 당신이 하는 모든 회의에 웨스를 참석시킬 거예요. 어느 쪽이 더 흥미진진한지는 잘 모르겠군요."

크리스가 잔을 들며 웃었다. "다시는 이런 일이 없길 바라며!"

좋은 생각이다. 나도 미소 지으며 잔을 그의 잔에 부딪쳤다.

벌써 두 번째 맥주잔을 다 비웠다. "사라가 이번 일을 모두 우리 탓으로 돌릴까 봐 정말 걱정이에요."

크리스는 잔에서 눈을 떼고 말했다. "사라는 테플론Teflon 같아요. 아무 것도 달라붙지 않죠. 우리가 뭉쳐야 해요. 제가 뒤를 봐 드릴게요. 그리고 혹시 또 이상한 정치적인 장난질을 하는 걸 보면 미리 알려드리죠."

"저도 그렇게 할게요." 내가 단호하게 말했다.

시계를 보니 오후 1시 20분이다. 돌아갈 시간이라 웨이트리스에게 계산서를 달라고 신호를 보냈다. "정말 좋았어요. 자주 이런 자리를 마련해야겠어요. 일주일에 한 번씩 만나서 모든 IT를 아웃소싱한다는 골치 아픈 생각을 떨쳐내기 위해 무엇을 해야 할지 의논하는 건 어떨까요?"

"아주 좋습니다." 크리스가 답했다. "부서장님은 어떨지 모르지만 전 이번 일로 좌절하지는 않을 겁니다. 즐겁게 내려갈 거예요."

우리는 그렇게 악수를 했다.

음식을 먹었는데도 살짝 알딸딸했다. 아침에 양조장에서 보낸 것 같은 냄새가 나지 않도록 어디서 박하사탕이라도 구할 수 있는지 궁금했다.

휴대폰으로 일정을 확인하고 모든 회의를 이번 주 후반으로 옮겼다. 오후 4시에 크리스가 보낸 이메일을 받고도 여전히 사무실에 있었다.

발신: 크리스 앨러스

수신: 빌 팔머

날짜: 9월 16일 오후 4시 7분

제목: 피닉스 뒤풀이

빌,

점심 식사 때 만나서 좋았습니다. 정말 즐거운 시간이었어요.

저희는 간소한 파티를 열어 피닉스의 완성을 축하하려 합니다. 대단한 건 아니고 맥주와 와인, 음식 등을 준비했어요. 지금 7호 건물 식당에 모여 있습니다.

빌의 팀원들도 함께했으면 좋겠어요. 제 생각에 이번 일은 회사 최고의 팀 업무 중 하나였어요. 부서장님의 팀원 모두 충분히 즐길 만큼 술을 넉넉히 주문했습니다. :-)

거기서 봬요.

크리스

크리스의 마음 씀씀이가 진심으로 고마웠고 우리 팀도 그렇게 여기리라 생각했다. 특히 웨스가 그렇지 않을까 싶었다. 웨스와 패티에게 이메일을 전달하면서 전원 참석하게 해달라고 전했다. 모두 즐길만한 권리가 있으니까 말이다.

몇 분 후 휴대폰 진동이 울렸다. 고개를 숙여 웨스가 보낸 답장을 읽었다.

발신: 웨스 데이비스

수신: 빌 팔머, 패티 맥키

날짜: 9월 16일 오후 4시 9분

제목: Re: FW: 피닉스 뒤풀이

이게 다 무슨 소리죠? 직원 대부분 참석이 어렵습니다. 우리는 아직도 그 자식들의 망할 코드가 만들어낸 불량 거래 데이터를 수정하느라 미칠 듯이 바쁘다고요.

축하 파티라는 사치를 누릴 누군가는 참 좋겠네요. '미션 완료' 뭐, 그런 거 맞죠?

웨스

꿍하는 신음이 절로 났다. 위층에 있는 크리스의 팀원들에게는 위기 종료 상황일지 모르지만 지하에 있는 우리 같은 사람들은 여전히 물을 퍼내는 중이다.

그래도 우리 팀원들이 파티에 잠깐이라도 들르게 하는 것이 중요하다고 생각했다. 성공하려면 크리스의 팀과 우호적인 관계를 형성해야 한다. 단 30분에 불과할지라도….

이를 악물고 웨스에게 전화했다. 스팍이 말한 것처럼 '닉슨만 중국에 갈 수 있었다.' 어쩌면 내가 닉슨일지도 모른다.

15장

• 9월 17일 수요일

온종일 쉴 수는 없었지만 페이지와 함께 아침 식사를 하러 나갔다. 내가 깨어 있는 모든 시간을 회사에서 보내는 동안 페이지는 혼자서 집안일을 도맡아 해왔다.

우리가 좋아하는 아침 식사 장소 중 하나인 마더스 레스토랑에 갔다. 이 집이 처음 문을 열었던 8년 전에도 왔었다. 그때 자리 잡은 이후 마더스의 사장은 큰 성공을 거뒀다. 현지인이 가장 좋아하는 레스토랑이 됐고 요리책을 쓰기도 했다. 그녀는 책 기행을 하면서 TV에도 많이 나왔다.

우리는 그녀의 성공을 정말 기뻐했다. 그리고 가게가 아주 붐빌 때도 사장이 우리를 알아봐 주는 것을 페이지가 좋아한다는 걸 난 알고 있다.

맞은편에 앉은 페이지의 눈을 바라봤다. 레스토랑 안은 수요일 아침인데도 손님으로 북적였다. 비즈니스 미팅을 하는 사람과 뭔가를 하는 동네 멋쟁이들이 있었다(글쎄, 멋쟁이들이 아침부터 무슨 일을 하는 건지는 모르겠다). 일하는 걸까? 노는 걸까? 정말 모르겠다.

페이지는 미모사를 손에 들고 말했다. "시간 내줘서 고마워. 오늘 오후에는 정말 나와 함께 할 시간이 없는 거야?"

처음에 나는 근무일에 술이 들어간 음료를 마시는 게 부담스러워 미모사를 주문하지 않으려 했다. 그러나 전날에 이어 "될 대로 되라지"라고 말하는 스스로를 발견했다.

오렌지 주스와 샴페인이 섞인 음료를 마시던 나는 페이지의 질문에 안타깝다는 듯이 고개를 가로저으며 미소 지었다. "정말 그럴 수 있으면 좋겠어, 여보. 만약 우리가 개발 부서였다면 크리스처럼 팀원 전체에게 하루 휴가를 줬을 거야. 하지만 운영 부서는 아직도 피닉스로 터진 일을 정리하는 중이야. 내 일상이 언제 정상으로 복귀할지 알 수가 없어."

페이지가 천천히 고개를 흔들었다. "이번 주가 겨우 3주 차라니 믿을 수가 없어. 당신 요즘 변했어. 불평하는 건 아니야. 하지만 당신이 이렇게 스트레스받는 걸 본 적이…."

페이지는 잠시 기억을 되짚으려는 듯 고개를 들었다. 그러고는 나를 돌아보며 발끈했다. "전혀 없었잖아! 여기까지 차를 타고 오는 시간의 반을 당신은 이렇게 먼 산 보는 듯한 표정을 짓고 있었어. 나머지 시간은 마치 머릿속에서 끔찍한 회의를 재연하는 것처럼 이를 악물고 있었고 말이야. 일에만 정신이 팔려 내 말은 전혀 듣지도 않더라고."

내가 사과하려고 하자 페이지는 내 말을 자르고 계속 말했다. "지금 불평하는 게 아니야. 일과 애들한테서 벗어나 우리 둘만의 시간을 보내는 이 멋진 순간을 망치고 싶지 않아. 당신이 지금 직책을 맡기 전에 얼마나 행복했는지 떠올려보면 스트레스를 받으면서까지 지금 업무를 이어가려는 이유를 모르겠어."

나는 입을 꽉 다물었다. 지난 몇 주 동안 모든 트라우마에도 불구하고 내 공헌으로 조직이 더 나아진 것 같다고 생각했다. 그리고 아웃소싱이 임박했다는 위협에도 불구하고 그렇게 되는 걸 피하려는 사람 중 한 명이 나라는 것에 기뻐했다.

나는 5년 넘게 일과 삶의 균형을 어느 정도 유지할 수 있는 극소수의 사람 중 한 명이었다. 그런데 이제 균형이 완전히 사라졌다.

해병대의 동료 선임 부사관이 언젠가 자신의 우선순위 순서가 부양자, 부모, 배우자, 변화 관리자라고 말한 적이 있다.

우선순위에 대해 한번 생각해봤다. 무엇보다도 가장 중요한 책임은 내 가족의 부양자가 되는 것이다. 승진으로 인한 임금 인상은 빚을 갚는 데 도움이 될 것이고, 우리 부부가 늘 원했던 것처럼 아이들의 대학 교육을 위해 다시 돈을 모으기 시작할 수 있다. 그것을 포기하고 그저 제자리걸음을 하는 것 같은 기분으로 돌아가기는 어려울 것이다.

페이지와 나는 이제 우리 집이 구입 때보다 가치가 하락했다고 생각한다. 몇 년 전에 집을 팔고 지역의 반대편에 있는 상인어른 댁 근처로 가려고 했었다. 하지만 9개월 후에 집을 내놓았던 것을 거둬들였다.

승진했으니 두 번째 담보 대출금을 더 빨리 갚을 수 있다. 어쩌면…. 정말 어쩌다 일이 잘 풀린다면 몇 년 후에 페이지가 일을 그만둘 수 있을지도 모른다.

하지만 스티브가 매일같이 요구하는 불가능한 것을 밤낮으로 처리해야 할 가치가 있을까?

설상가상으로 미치광이 사라까지 다뤄야 한다.

"여보? 또 그러네. 내가 맞춰볼게." 페이지가 내 생각을 방해하며 말했다. "당신은 스티브와 했던 회의를 떠올리고 있어. 그리고 스티브가 어떻게 아무도 논리적인 근거를 댈 수도 없을 정도의 완벽한 개자식으로 변모했는지 생각하고 있는 거야. 미치광이 사라는 빼고."

내가 웃음을 터뜨렸다. "어떻게 알았어?"

미소를 띤 페이지가 답했다. "너무 쉬워. 당신이 먼 산을 바라보기 시작하더니 어깨와 턱이 팽팽해지고 입술은 앙다물기 시작했거든."

내가 다시 웃었다.

페이지의 표정이 슬퍼졌다. "나는 그들이 이번 일에 다른 사람을 뽑았으면 좋았겠단 생각을 계속해. 스티브는 당신이 승낙하도록 하는 방법을 정확히 알고 있었어. 그는 그저 자신의 자리와 회사를 구하는 것이 당신의 의무인 것처럼 들리게 했을 뿐이야."

나는 천천히 고개를 끄덕였다. "하지만 여보, 이제 진짜야. 만약 모든 IT를 아웃소싱한다면 우리 부서에 있는 200명 정도의 직원이 직장을 잃거나 얼굴 없는 아웃소싱 회사에서 일하게 될 거야. 크리스의 조직에 있는 또 다른 200명도 마찬가지야. 그런 일이 일어나지 않도록 막을 수 있어야 해."

의심스러운 표정으로 페이지가 말했다. "당신과 크리스가 정말 그들을 막을 수 있다고 생각해? 당신이 그동안 말한 것으로 미뤄 보면 그들은 이미 마음을 정한 것 같은 걸."

기분이 조금 가라앉은 페이지를 집 앞에 내려준 후 다시 회사로 가기 전에 잠시 주차장 앞에서 전화기를 들여다봤다.

웨스의 긍정적인 이메일을 보고 놀랐다.

발신: 웨스 데이비스

수신: 빌 팔머, 패티 맥키

날짜: 9월 19일 오전 9시 45분

제목: FW: 휴! 변경 관리 마무리!

이걸 봐요. DBA 중 한 명이 오늘 아침에 다른 모든 엔지니어에게 이걸 보냈어요.

〉〉〉 전달 메시지 시작

여러분, 새로운 변경 사항 프로세스가 오늘 아침 우리 목숨을 구했습니다.

오늘은 자재 관리 데이터베이스와 애플리케이션 서버를 동시에 변경했던 두 그룹이 있었습니다. 두 그룹 모두 서로에 대해 알지 못했죠.

라지브는 변경 사항 내역에서 잠재적 충돌을 발견했습니다. 저희가 변경 사항을 먼저 처리하기로 했고 우리가 일을 마치면 그에게 전화하기로 했죠.

잘못하면 일을 완전히 엉망으로 만들 뻔했습니다.

변경 사항 카드를 계속 제출해주세요! 오늘 우리 자리를 지켜줬다고요!

라지브, 톰, 쉘리, 브렌트에게 감사하며

로버트

드디어 좋은 소식이 생겼다. 예방의 문제점 중 하나는 예방으로 어떤 재난을 피했는지 거의 모르고 지나간다는 것이다.

어쨌든 우리가 해냈다. 정말 멋진 일이다.

그리고 더 좋은 것은 관리자가 아닌 엔지니어가 이메일을 보냈다는 점이다.

책상 앞에 서서 도킹 스테이션에 붙여 놓은 포스트잇을 보고 웃었다. 조심스럽게 노트북 전원을 켜고 도킹 스테이션에 연결하기 전에 로그인 화면이 나타날 때까지 2분 동안 참을성 있게 기다렸다.

경보음이 울리지 않았다. 정확히 써 놓은 대로다. 좋아!

누가 방문을 두드렸다.

패티였다. "만나서 다행이네요. 잠시 시간 좀 내주실래요? 또 다른 문제가 생긴 것 같아요."

"물론이지." 내가 답했다. "무슨 일 있어? 한번 맞춰볼게. 변경 사항 관리에 대해 불평하는 사람이 더 많아진 거야?"

어두운 표정으로 패티가 고개를 저었다. "그것보다 더 심각한 일이에요. 변경 관리 회의실로 가는 게 어때요?"

자연스럽게 앓는 소리가 나왔다. 새롭고 난해한 문제가 발생할 때마다 패티는 나를 그곳으로 소환했다. 빗속에 남겨진 개똥 같은 문제들은 무시한다고 해서 좀처럼 나아지지 않는다.

자리에서 일어나며 말했다. "가보자고."

회의실에 도착해서 변경 사항 보드를 먼저 살펴봤다. 뭔가 매우 달라 보였다. "이런."

나와 함께 보드를 쳐다보던 패티가 말했다. "그래요. 분명하지만, 뭔가 예상치 못한 일인 거 맞죠?"

대답 대신 끙 앓는 소리를 낼 수밖에 없었다.

보드를 보면 지난 목요일까지는 내가 기억하고 있는 거의 그대로였다. 매일 40~50개 사이의 변경 사항이 있는데 각각 완성된 것으로 표시돼 있었다. 그러나 그다음 날에는 붙어 있는 변경 사항이 거의 없었다. 누군가가 모든 카드를 방금 떼어내기라도 한 것 같았다.

"어디로 간 거지?"

패티는 '일정 조정이 필요한 변경 사항'이라는 꼬리표가 붙은 다른 게시판을 가리켰다. 게시판 밑에 색인 카드가 잔뜩 쌓여 있는 바구니가 있었다.

대략 600개 정도였다.

슬슬 사태 파악이 되기 시작한 내가 물었다. "그리고 변경 사항이 완료되지 않은 이유는…."

패티가 눈을 굴렸다. "피닉스가 터졌어요. 바로 그거죠. 예정된 모든 일이 취소됐어요. 키보드를 두드릴 수 있는 대부분 인원이 피닉스에 동원됐어요. 그리고 이제서야 정상적인 업무로 돌아가고 있어요. 보이는 것처럼 오늘이 예정된 변경 사항이 계획대로 다시 진행되기 시작한 첫날이죠."

왠지 중요한 것 같았다.

그러다가 문득 생각이 났다.

나는 에릭에게 짧게 전화를 걸어 네 가지 범주의 업무 중 세 가지를 발견했다며 비즈니스 프로젝트, 내부 프로젝트, 변경 사항이라고 말했다. 그때 에릭은 너무 파괴적이어서 어쩌면 가장 중요하다고 할 수 있는 한 가지 일이 더 있다고 답했다.

그리고 어렵게 통찰력을 얻던 그 순간, 나는 네 번째 카테고리가 무엇인지 알게 됐다고 생각했다.

그런데 갑자기 아니라는 생각이 들었다. 나의 미약한 이해 회로가 잠깐 작동하는가 싶더니 완전히 나가버렸다.

"빌어먹을!"

의아한 듯이 나를 쳐다보는 패티의 시선이 느껴졌지만 그때의 명확한 순간을 되살리려고 애쓰느라 시선을 무시했다.

카드가 없는 변경 사항 게시판의 해당 부분을 바라봤다. 그것은 마치 어떤 거대한 손이 우리가 게시판에 꼼꼼하게 스케줄을 잡고 배열했던 모든 변경 사항 카드들을 치운 것처럼 보였다. 그리고 우리는 무엇이 그것들을 밀쳐버렸는지 알고 있다. 피닉스의 폭발이다.

하지만 피닉스는 네 번째 카테고리가 아니다.

내가 찾고 있는 것은 암흑 물질 같은 것인지도 모른다. 우리가 볼 수 있는 다른 물질과 상호 작용을 하는 방법에 따라, 또는 그것을 대체하는 것에 의해서만 볼 수 있는 것인지도 모르겠다.

패티는 그것을 진화 작업이라고 불렀다. 말이 될지도 모르겠다. 확실히 모든 사람을 밤새우게 했으니 말이다. 또한 계획된 모든 변경 사항을 대체해버리기도 했다.

패티를 돌아보며 천천히 말했다. "내가 맞춰볼게. 브렌트도 피닉스 작업이 아닌 변경 업무들을 하나도 끝내지 못했겠지?"

"당연하죠! 거기 있었잖아요, 아닌가요?" 나를 이상한 사람처럼 바라보며 패티가 말했다. "브렌트는 모든 시스템과 데이터를 유지하려고 새로운 도구들을 구축하면서 24시간 내내 복구 작업을 하고 있었어요. 다른 작업은 전부 미뤄졌지요."

소방대원 모두가 계획한 작업, 즉 프로젝트와 변경 사항들을 모두 대체했다.

아…. 이제 알겠다.

무엇이 계획한 일을 대체할 수 있는가?

계획하지 않은 작업이다.

물론이다.

내가 요란하게 웃어대자 패티는 내게서 한 발짝 물러나기까지 하면서 정말 걱정하는 듯한 눈길로 나를 바라봤다.

그래서 에릭이 가장 파괴적인 종류의 작업이라고 불렀나 보다. 다른 것들처럼 진정한 작업이 아니었다. 다른 것들은 해야 했기 때문에 진행하기로 계획한 일이다.

계획하지 않은 일은 계획한 일을 방해하는 것이다. 물질과 반물질처럼 계획하지 않은 일들 앞에서 계획된 모든 일은 강력하게 불이 붙어 주변의 모든 것을 소각한다. 피닉스처럼 말이다.

IT 운영 부서장으로 짧은 기간 재임하면서 내가 하려고 했던 많은 일이 계획하지 않은 일을 일어나지 않도록 방지하는 것이었다. 변화를 더 잘 조율해 실패하지 않도록 하고 주요 자원을 방해하는 일을 막기 위해 사고와 장애를 체계적으로 처리하는지 확인하며 브렌트에게 에스컬레이션되지 않도록 필요한 조치를 하는 것이다.

그동안 그것들 대부분을 본능적으로 해왔다. 사람들이 엉뚱한 일을 하고 있었기 때문에 나는 그것이 해야 할 일이라는 것을 알았다. 사람들이 잘못된 일, 아니 오히려 계획하지 않은 일을 하는 것을 막는 데 필요한 모든 조치를 하려고 애썼다.

나는 방금 경기에서 이길 수 있게 60야드 골을 넣은 것처럼 팔에 힘을 꽉 주고 낄낄거리면서 말했다. "그래! 이제 알겠어! 정말 계획하지 않은 일이군! 네 번째 카테고리의 일은 계획하지 않은 업무였어!"

어리둥절해하며 진심으로 걱정하는 듯한 패티를 보자 격앙됐던 기분이 가라앉았다.

"나중에 설명할게." 패티에게 말했다. "변경 사항 게시판에서 보여주려고 했던 게 뭐였어?"

당황한 모습의 패티가 지난 한 주 동안 완성된 변경 사항 공간이 비어 있는 것을 다시 한번 가리켰다. "변경 사항의 60%가 완료되지 않았을 때도 걱정했던 걸로 알고 있어요. 그래서 변경 사항의 100%가 완료되지 않으면 뚜껑이 완전히 열릴 줄 알았거든요."

"맞아. 이거 완전 대박이야, 패티. 계속해줘!" 내가 상냥하게 말했다.

그러고는 돌아서서 문밖으로 나와 휴대폰을 잡으려고 손을 뻗었다. 전화해야 할 사람이 있었다.

"저기요!" 패티가 다급하게 불러 세웠다. "설명 좀 해줄래요?"

나는 어깨너머로 소리쳤다. "나중에! 꼭 해줄게!"

책상으로 돌아와서 에릭이 준 종이쪽지를 찾으려고 사방을 뒤졌다. 버리지 않은 것은 확실하나 솔직히 사용하게 될 것이라고는 생각하지 않았다.

뒤에서 엘렌의 목소리가 들렸다. "도와드릴까요?"

엘렌과 나는 작은 종이쪽지를 찾으려고 내 책상을 샅샅이 뒤졌다.

"이거 아니에요?" 엘렌이 서류함에서 꺼낸 것을 들고 물었다.

자세히 들여다봤다. 그래! 에릭이 준 구겨진 5센티미터짜리 종잇조각이 분명하다. 얼핏 보면 껌 포장지처럼 보였다.

엘렌에게서 종이를 받아 들고 "다행이야! 이걸 찾아줘서 정말 고마워요. 믿거나 말거나 이게 몇 년 동안 얻은 가장 중요한 종이일지도 몰라요"라고 말했다.

얘기하는 동안 난 밖에 앉아 있고 싶었다. 밝은 가을 햇살 속에서 주차장 근처 벤치에 자리를 잡았다. 앉아서 보니 하늘에 구름 한 점 없다.

에릭에게 전화를 걸었다. 바로 연결됐다. "이봐, 빌. 피닉스가 충돌하고 그렇게 화려하게 타버린 후에 다들 어떻게 지내고 있지?"

"아, 예, 뭐…. 나아지고는 있습니다." 내가 말했다. "저희 POS 시스템 다운 문제에 대해서는 이미 들으셨을 것 같고…. 사소한 신용 카드 번호 위반도 있었죠."

"하! '사소한 신용 카드 위반'이라…. 그것참, 재밌군. '사소한 원자로 폭발'처럼 말이야. 적어놔야겠어." 에릭이 코웃음을 치면서 말했다.

지금 생각해보니 에릭은 마치 내가 그를 처음 만났을 때 회의실에서 이런 정도의 재앙이 일어날 것을 예측한 것처럼 껄껄 웃었다. '일정 계획 재구성' 같은 것 말이다.

변경 사항 게시판을 비우는 것과 비슷하다는 생각이 그제서야 들었다. 에릭이 준 단서를 더 빨리 파악하지 못한 것을 자책했다.

"이제 네 가지 유형의 일이 무엇인지 말해 줄 수 있을 것 같은데?" 에릭이 물었다.

"네, 그럴 수 있을 것 같습니다." 나는 자신있게 대답했다. "공장에서 한 가지 카테고리로 피닉스 같은 비즈니스 프로젝트를 얘기해주셨죠. 나중에 내부 IT 프로젝트를 언급하지 않은 것을 깨달았습니다. 그로부터 일주일 후 저는 변경이 또 다른 유형의 일이라는 것을 깨달았습니다. 하지만 피닉스 문제가 일어난 후에야 마지막 유형을 알 수 있었습니다. 피닉스가 다른 모든 작업이 완료되는 것을 어떻게 막을 수 있었는지 알게 됐기 때문이죠. 그리고 그것이 마지막 유형이죠, 아닌가요? 진화 작업이요. 계획하지 않은 작업 말입니다."

"정확하네!" 에릭이 말하는 걸 들었다. "자네는 심지어 내가 가장 좋아하는 용어까지 사용했군. '계획하지 않은 일'이라…. 진화 작업이 생생하게 묘사해주는 것 같지만 '계획하지 않은 작업'이라고 하는 편이 더 낫네. 파괴적이고 피할 수 있는 성질을 더욱 부각하기 때문에 그것을 '반(反)작업 anti-work'이라고 부르는 게 더 나을지도 모르겠군."

"다른 카테고리 작업과는 달리 계획하지 않은 작업은 거의 항상 목표에서 벗어나게 만드는 복구 작업일세. 그래서 계획하지 않은 일이 어디서 오는지 아는 것이 중요한 거야."

내가 정답을 맞혔다고 인정받자 미소가 새어 나왔다. 에릭이 계획하지 않은 일에 대한 나의 반물질적 개념을 확인해준 것이 이상하게도 기분이 좋았다.

에릭은 "자네가 말한 변경 사항 게시판이 뭐지?"라고 물었다.

변경 사항 프로세스를 개선하려는 시도와 변경 사항 양식에 얼마나 많은 칸이 있었는지를 얘기했다. 토론의 질을 높이려는 우리 노력이 결국 사람들이 색인 카드에 의도한 변경 사항을 낳게 했고 게시판에 그것들을 잘 정리하게 되는 결과로 이어졌다고 설명했다.

"아주 좋아." 에릭이 말했다. "작업을 시각적으로 관리하고 시스템을 통해 작업을 끌어내는 데 도움이 되도록 도구를 만들었군. 그건 개발 및 IT 운영으로 신속한 업무 흐름을 창출하는 중요한 부분이지. 칸반 보드의 인덱스 카드는 모두가 WIP를 볼 수 있다는 점에서 작업을 개선하기에 가장 좋은 방법이 될 수 있어. 이제 그것을 기반으로 계획하지 않은 작업의 가장 큰 원천을 지속적으로 제거해야 하네."

지금까지 일이 무엇인지를 정의하는 데 너무 몰두한 탓에 에릭과 그의 세 가지 방법을 잊고 있었다. 이전에는 흘려들었지만 이제는 말 한마디 한마디를 주의 깊게 들었다.

그리고 45분 동안 내 짧은 재임 기간에 있던 모든 얘기를 에릭에게 들려주고 있는 나 자신을 발견했다. 재앙과 혼란을 억제하려는 나의 시도를 묘사하는 부분에서 에릭이 큰 소리로 깔깔대고 웃는 바람에 얘기를 잠깐 중단해야 했다.

내 얘기를 끝까지 들어준 에릭이 말했다. "생각보다 훨씬 많은 일을 했군. 운영 환경을 안정시키는 조치와 IT 운영 내 WIP의 시각적 관리, 제약 조건인 브렌트 보호를 시작한 거로군. 자네는 운영상 엄격함과 규율 문화를 강화하기도 했어. 잘했네, 빌."

눈썹을 찡그리며 내가 말했다. "잠깐만요. 브렌트가 제약 조건이라니요? 그게 무슨 말이죠?"

"아, 우리가 다음 단계를 얘기하려면 흐름을 증가시켜야 하니까 제약에 대해 확실히 알아야 하네. 현재로선 이보다 더 중요한 것은 없지." 에릭이 말했다.

다시 말을 시작하는 에릭의 목소리가 강의하는 톤으로 바뀌었다. "비즈니스 스쿨에 다닐 때 공장 운영 관리를 배웠다고 했었나? 커리큘럼의 일환으로 자네가 골드렛 박사의 『더 골』을 읽었기를 바라네. 책이 없다면 이참에 한 권 사는 것도 괜찮겠군. 분명 필요할 거야."

사무실에서 에릭이 말한 책을 본 것도 같았다. 책을 찾아보라고 재빨리 적는데 에릭이 계속 말을 이어갔다. "골드랏 선생이 말했지. 대부분 공장에는 전체 시스템의 출력을 좌우하는 사람, 기계, 재료 등의 자원이 매우 적다고 말이야. 우리는 이것을 제약 또는 병목 현상이라고 부르지. 어떤 용어를 사용하든 상관없네. 뭐라고 부르든 제약으로 가는 업무의 흐름을 관리하기 위해 신뢰할 수 있는 시스템을 만들기 전까지는 제약 사항이 끊임없이 낭비되기 때문에 제약 조건이 크게 활용되지 않을 가능성이 크지."

"즉, 자네가 사용할 수 있는 모든 역량을 비즈니스 쪽에 제공하지 않는다는 것을 의미하네. 그것은 또한 자네가 기술 부채를 갚지 않고 있다는 뜻이라서 자네 문제와 계획하지 않은 일의 양은 시간이 지남에 따라 계속 증가하게 되지."

에릭이 말을 계속했다. "자네는 브렌트라는 사람이 서비스 복구에 제약이 된다고 했네. 내 말을 믿게. 브렌트가 다른 많은 중요한 업무 흐름도 제약한다는 것을 알게 될 걸세."

질문을 하려고 말을 끊어보려 했지만 에릭은 성급히 말을 이어갔다. "골드랫 선생이 『더 골』에서 설명한 5가지 단계가 있지. 1단계는 제약 조건 확인이야. 자네는 그걸 해냈으니 축하하네. 자네가 틀렸다면 하는 일이 무엇이든 중요하지 않아. 조직의 제약 사항을 확인하기 위해 스스로 계속 질문하게. 제약 조건이 개선되지 않으면 그건 단지 환상일 뿐이라는 것을 명심해. 알겠나?"

"2단계는 제약 조건 활용이지." 에릭이 계속 말했다. "다시 말하자면 제약 조건이 시간을 허비하지 않도록 하는 것이라네. 절대로 말이야. 어떤 것을 위한 것이라도 다른 자원을 기다려서는 안 되네. 항상 IT 운영 조직이 사업부에 한 가장 높은 우선순위 약속을 수행해야 하네. 항상 그래야만 해."

에릭이 격려하듯 말했다. "일선에서 제약을 잘 활용했네. 계획하지 않은 작업과 장애에 대한 브렌트 의존도를 줄였더군. 게다가 비즈니스, IT 프로젝트, 변경 사항이라는 세 가지 다른 유형의 작업에 대해서도 브렌트를 더 잘 활용하는 방법을 알아내기 시작했지. 계획하지 않은 일은 계획한 일을 하는 능력을 죽이기 때문에 항상 그것을 근절하는 데 필요한 모든 것을 해야 함을 기억해야 하네. 머피의 법칙 때문에 계획하지 않은 일이 생기겠지만 반드시 효율적으로 처리해야 해. 아직 갈 길이 멀지."

더 엄한 목소리로 에릭은 말했다. "자네는 이제 제약을 종속시키는 3단계에 대해 생각할 준비가 된 것 같군. 제약 이론에서는 일반적으로 DBR$^{Drum-Buffer-Rope}$이라고 부르지. 『더 골』의 주인공인 알렉스는 그룹에서 가장 느린 보이 스카우트인 허비가 실제로 그룹 전체 행군을 좌우한다는 사실을 발견하면서 이것에 대해 알게 되지. 알렉스는 아이들이 너무 앞서 가는 것을 막으려고 허비를 제일 앞으로 옮기네. 나중에 알렉스의 공장에서 공장의 병목 부분인 열처리 오븐이 처리할 수 있는 속도에 맞춰 모든 작업을 릴리스하기 시작했는데 그게 바로 그의 실제세계에서 허비였던 거지."

『더 골』이 발표된 지 수십 년이 지난 지금, 데이비드 앤더슨 선생은 칸반 보드를 이용해 작업을 출시하고 개발 및 IT 운영을 위한 WIP를 제어하는 기술을 개발했네. 자네가 흥미를 보일 부분이 될 듯하군. 자네와 페넬로페는 변경 사항 보드가 있어서 흐름을 관리할 수 있는 칸반 보드에 가깝지."

"그래서 자네에게 숙제를 하나 주려고 해." 에릭이 말했다. "브렌트에 맞게 작업 속도를 설정할 방법을 생각해보게. IT 운영과 공장 현장에 있는 작업을 적절하게 매핑하고 나면 분명해질 걸세. 알아내면 전화하게."

"잠깐, 잠깐만요." 전화를 끊기 전에 내가 서둘러 말했다. "숙제는 하겠지만 여기서 요점 전체를 놓친 게 아닌가요? 모든 계획하지 않은 작업을 야기한 것은 피닉스입니다. 그런데 왜 지금 브렌트에 집중하는 거죠? 계획하지 않은 작업이 실제로 나오게 된 개발 부서 내부에서 피닉스와 관련된 문제를 해결해야 하는 게 아닐까요?"

"이제 자네가 통제할 수 없는 것들에 대해 불평하는 모습을 보니 마치 지미 같군." 에릭이 한숨을 내쉬었다. "물론 피닉스가 모든 문제를 일으키고는 있지. 설계한 그대로 나오는 거야. 자네 개발 부서 동료인 체스터는 안정성, 보안성, 확장성, 관리성, 운영성, 연속성, 그리고 다른 모든 아름다운 것들 대신 자기의 모든 사이클을 피처에 쓰는 중이지."

"조립 라인의 다른 쪽 끝에서 지미는 되돌릴 수 없는 상황인데도 운영 환경을 새로 구축해 넣으려고 노력하지."라며 콧방귀를 뀌었다. "가망 없지! 쓸데없는 일이야! 절대 안 될 거야! 자네는 어떤 사람들이 '비기능적 요구 사항'이라고 부르는 것들을 설계해야 하네. 하지만 자네 문제는 기술 부채가 어디에 있는지 알고, 운영 부서를 위해 설계된 코드를 실제로 구축하는 방법에 대해 가장 잘 아는 사람이 너무 바쁘다는 거지. 그 사람이 누군지 알고 있겠지, 안 그래?"

한숨이 절로 났다. "브렌트요."

"그렇지. 브렌트 문제를 해결하지 않는다면 그를 개발 부서와 함께 하는 설계 및 아키텍처 회의에 초대해도 절대로 나타나지 않을 걸세. 왜냐하면…."

말을 이으라는 재촉을 받고서야 내가 답했다. "계획하지 않은 일 때문이죠."

"그렇지! 자네 실력이 점점 좋아지고 있군. 자네가 더 잘난 체하기 전에 말해주겠네. 자네가 놓치고 있는 큰 부분이 아직 첫 번째 방법에 있어. 지미가 감사 때문에 겪은 문제는 그가 사업에 중요한 일과 그렇지 않은 일을 구별할 수 없다는 점을 보여주고 있지. 그리고 우연히 자네도 같은 문제를 겪고 있고 말이야. 기억하게! WIP를 줄이는 것만으로는 안 돼. 시스템에서 불필요한 작업을 제거할 수 있는 능력이 시스템에 더 많은 작업을 투입할 수 있는 능력보다 중요하네. 그러려면 사업 목표 달성에 있어서 무엇이 중요한지, 그것이 프로젝트인지, 운영인지, 전략, 법과 규정 준수, 보안 등인지를 알아야 하네."

에릭이 말을 이어갔다. "꼭 기억하라고. 결과가 중요해. 과정이나 통제 또는 자네가 어떤 일을 완료하느냐가 중요한 게 아니야."

또다시 한숨이 나왔다. 제약에 대해 충분히 구체적으로 이해했다고 생각했는데 에릭은 내게 착각이라고 다시 한번 꼬집었다.

에릭은 "정신 차리게나. 브렌트에게 업무를 조절해줄 방법을 알게 되면 전화를 주게"라고 말하고는 전화를 끊었다.

믿을 수가 없었다. 두 번이나 다시 전화해봤지만 즉시 음성 메일로 넘어갔다.

벤치에 앉아 몸을 뒤로 젖히고 심호흡을 하고는 억지로 따뜻한 아침을 즐겼다. 새들이 지저귀는 소리와 길에서 나는 자동차 소음을 들었다.

그리고 10분 동안 에릭이 말해준 것들을 엮어 가능한 한 많이 클립보드에 기록했다.

다 끝내고 나서 웨스와 패티를 부르려고 안으로 들어갔다. 무엇부터 해
야 할지 정확히 알고 있었기에 적잖이 흥분됐다.

16장

• 9월 18일 목요일

엘렌이 인쇄된 이메일을 들고 달려왔을 때 나는 책상에 앉아 마무리하는 중이었다. 이메일은 딕이 보낸 것으로 회사 송장invoice 처리 시스템에 엄청난 문제가 생겼다고 모든 회사 임원에게 경고하는 내용이었다. 오늘 아침 일찍 점원 한 명이 3일 동안 송장을 받은 고객이 없다는 것을 발견했다. 무엇보다도 이것은 고객들이 제때 지급하지 않는 것을 의미한다. 또한 회사가 이번 분기 말에는 예상한 것보다 은행에 들어와야 할 현금이 적어질 것을 의미한다. 결국 회사 수익이 발표되면 모든 종류의 불편한 질문이 제기될 것임을 의미하는 것이다.

딕이 보낸 일련의 이메일을 보면 그가 몹시 화가 난 상태이며, 미수금 담당 직원들과 경리부장이 줄담배를 피우면서 모든 차원의 피해 관리를 고민하고 있다는 것을 알 수 있었다.

발신: 딕 랜드리

수신: 스티브 마스터스

참조: 빌 팔머

날짜: 9월 18일 오후 3시 11분

우선순위: 가장 높음

제목: 조치 필요: IT 장애로 현금 50만 달러 부족 가능성

모든 고객의 송장이 여전히 시스템에 남아있거나 누락돼 있습니다. 심지어는 다시 불러올 수도 없어서 수동으로 전자 메일을 보낼 수도 없습니다.

정상 영업을 재개할 방법을 고민하는 중입니다. 해당 시스템에 미수금 50만 달러가 남아있을 가능성이 있으며 이번 분기 말에 현금 계좌에서 누락될 예정입니다.

IT 직원들에게 문제를 해결하도록 하십시오. 이번 분기의 숫자에 나타날 문제점은 숨기는 것도 불가능하고 설명하기조차 어려울 것입니다.

스티브 사장님, 전화 부탁드립니다. 기다리고 있겠습니다.

딕

NOC 회의실에 모두 모였다. 패티가 사건에 대한 설명을 마치고 나서 지난 72시간 동안 일어난 모든 변경 사항을 알려줘서 기뻤다.

패티의 발표가 끝난 후 나는 팀 전체에 단호하게 말했다. "제 생각에 가장 중요한 것은 거래를 잃을 위험입니다. 여기 모인 여러분께 분명히 해두고 싶습니다. 제 승인 없이 어떤 것도 건드리지 마십시오. 우리가 지금 다루는 것은 시스템 장애가 아닙니다만 주문 입력이나 미수금 정보를 잃어버릴 수 있는 상황에 있습니다. 정말 두려운 일입니다. 여러분도 두려움을 공감해야 합니다."

"패티가 말했듯이 송장 처리 시스템이 망가졌을 수도 있다는 가설과 시간대별 상황이 필요합니다. 현재 닥친 일이 우리한테는 〈아폴로 13호〉 순간이고, 저는 휴스턴 미션 컨트롤의 진 크랜즈라고 생각하십시오. 추측은 삼가십시오. 사실이 뒷받침해주는 가설을 원합니다. 그러니 컴퓨터 화면으로 돌아가서 시간대별 상황과 데이터를 모아주십시오. 그런 다음 원인과 결과에 대해 여러분이 생각하는 최선을 듣고 싶습니다. 실패는 허용하지 않습니다."

오후 6시, 패티의 팀은 그동안 제출된 20가지 이상의 잠재적 문제 원인을 문서로 만들었다. 추가 조사로 8가지 가능성을 정의할 수 있었다. 책임자가 각각을 조사하도록 지시했다.

　조사를 마칠 때까지 우리가 할 수 있는 일이 거의 없다는 것을 깨닫고 오늘 밤 10시에 다시 모이기로 했다.

　한편 나는 다시 한번 위기에 빠졌고 우리의 하루는 계획하지 않은 사건에 대한 작업에 의해 좌우된다는 것에 좌절감을 느꼈다. 다른 한편으로는 사건 수사의 질서 정연함에 깊은 만족감을 느꼈다. 재빨리 페이지에게 가족들과 함께 저녁을 먹을 예정이라고 문자를 보냈다.

"아빠!" 침대에 앉아 머릿속에서 문제에 관한 생각을 떨쳐내려 애쓰며 그랜트를 재우고 있는데 나를 부르는 소리가 들렸다. "〈토마스와 친구들〉에는 왜 급수차tender car가 없어? 왜?"

　그랜트를 내려다보며 미소 짓고는 세 살배기 아들이 떠올리는 질문에 경탄했다. 우리는 잠자기 전에 책을 읽는 시간이 있었다. 매일 밤 하던 일을 다시 하게 돼 매우 기뻤다. 아니, 매일 하기는 했었다. 피닉스 복구 작업이 있기 전까지는 그랬다.

　집안 조명 대부분은 꺼진 상태에서 램프 한 개가 여전히 어둡게 켜져 있다. 그랜트의 침대 위에는 책 더미가 있다. 그리고 오늘 밤에만 벌써 세 번째 책을 읽는 중이다.

　책을 읽었더니 입이 조금 마르기 시작했다. 잠시 쉬면서 증기 기관차의 급수차에 대해 인터넷 검색을 하는 게 좋을 듯했다.

　내 아이들이 호기심이 많고 책을 사랑하는 점이 마음에 든다. 하지만 책을 읽다가 너무 지쳐서 곯아떨어진 밤도 꽤 있었다. 그럴 때면 방으로 들어온 아내가 책 한 권을 얼굴 위에 놓고 잠들어 있는 나와 옆에 잠들어 있는 그랜트를 발견한다.

　아무리 피곤해도 큰아들과 함께 책 읽기를 다시 할 수 있을 만큼 일찍 퇴근할 수 있게 돼 감사할 따름이다.

"맞아, 찾아봐, 아빠." 그랜트가 재촉했다. 나는 미소를 지으며 '토마스와 친구들 급수차'를 구글에서 검색하려고 주머니에서 휴대폰을 꺼냈다.

하지만 그랜트의 청을 들어주기 전에 고객 송장 문제에 대한 새로운 내용이 없는지를 먼저 보려고 휴대폰을 살펴봤다. 2주가 얼마나 큰 차이를 만들 수 있는지에 놀라울 따름이다.

신용 카드 처리 시스템을 강타한 지난 1급 장애가 일어났을 때는 고객들이 우리에게 돈을 주지 못하는 동안 우리는 전화 회의로 서로를 비난하고 부정하면서 가장 중요한 시간을 낭비했다.

그 후에는 실제로 무슨 일이 일어났는지 알아내고, 어떻게 하면 이런 일을 방지할 수 있는지에 대해 아이디어를 생각해내려고 서로를 비난하지 않으면서, 계속되는 일련의 사후 분석을 처음으로 했다. 패티는 새로운 절차를 연습하기 위해 모두의 도움을 받아 일련의 모의 사건 통화를 주도했다.

정말 보기 좋았다. 웨스도 가치를 인정했다.

문제를 다루는 팀들 사이에 많은 좋은 정보와 효과적인 토론이 일어나고 있음을 보여주는 이메일을 보게 돼 기뻤다. 지금 그들은 문제를 다루는 사람들을 위해 전화 회의를 연결하고 대화방을 열어 둔 상태다. 나는 밤 10시에 전화를 걸어 상황을 지켜볼 계획이다.

지금부터 45분 후다. 곧 잠들게 될 그랜트와 함께 보낼 시간은 충분했다.

그랜트는 인터넷 검색에 관해 더 많은 진전을 기대하며 내 옆구리를 찔렀다.

"미안, 그랜트. 아빠가 잠깐 딴 데 정신을 팔았네." 브라우저를 열면서 내가 말했다. 〈토마스와 친구들〉에 관해 수많은 검색 결과가 뜨는 것을 보고 놀랐다. 〈토마스와 친구들〉은 장난감 기차, 의류, 비디오, 그림책 등 수십억 달러 규모의 프랜차이즈를 탄생시킨 책 시리즈다. 두 아들을 키우다 보니 조만간 모든 품목을 두 개씩 소유할 운명인 것 같다.

기차에 관한 위키피디아의 내용을 읽고 있을 때 전화기가 진동하며 화면에 '스티브 마스터스'라고 떴다.

한숨을 쉬며 시계를 다시 한번 들여다봤다. 9시 15분이었다.

최근에 스티브와 너무 많은 회의와 통화를 했다. 머릿속에는 얼마나 더이런 회의를 할 수 있을까 하는 생각이 들었다.

한편으로는 피닉스 붕괴 이후 모든 장애나 사고는 그에 비하면 보잘것없다는 생각도 들었다.

내가 부드럽게 말했다. "그랜트, 잠깐만. 아빠가 전화를 받아야 해. 금방 돌아올게." 나는 침대에서 벌떡 일어나 어두운 복도로 걸어 나갔다.

바로 몇 초 전에 장애 관련 이메일 내용을 모두 봐둬서 다행이었다. 심호흡을 깊게 하고는 통화 버튼을 눌렀다.

"빌입니다."

스티브의 커다란 목소리가 귓전을 때렸다. "안녕하신가, 빌. 전화를 받아 다행이네. 딕에게서 고객 송장 발행 문제를 들어 알고 있겠지?"

"네, 물론입니다." 스티브의 어조에 놀라며 답했다. "저희 팀은 오늘 오후 일찍 중대한 사안으로 정의했고 이후로 계속 해당 문제에 대해 작업하고 있습니다. 저는 매시간 현황 보고서를 보내고 있고요. 딕과 저는 초저녁에 20분간 통화했습니다. 문제의 심각성을 잘 알고 있고 저희 팀은 급여 지급 실패 후 새로 만든 절차를 따르고 있습니다. 프로세스가 효과가 있어서 전적으로 만족하고 있습니다."

"음, 방금 딕과 통화를 했는데 딕이 그러더군. 자네가 일을 질질 끌고 있다고 말이야." 매우 화가 난 게 분명한 스티브가 말했다. "확실한 건 내가 잡담이나 하려고 밤늦게 전화한 게 아니란 거야. 이게 얼마나 용납할 수 없는 일인지 아나? 또 다른 IT 실패로 모든 것을 위태롭게 하다니. 현금은 회사의 생명줄인데 고객에게 송장을 못 보내면 돈을 못 받는단 말이야!"

좌절하는 사람을 다뤘던 예전 훈련을 토대로 침착하게 이미 말했던 것을 반복했다. "앞서 말씀드렸다시피 오늘 오전에 딕과 얘기를 했습니다. 딕은 예상되는 모든 결과를 설명해줬습니다. 그래서 새로운 사고 처리 프로세스를 활성화했고 무엇이 문제를 야기했는지 체계적으로 조사하는 중입니다. 사람들이 제가 원하는 것을 정확히 수행하고 있습니다. 너무나 많은 것이 한꺼번에 돌아가고 있어서 너무 쉽게 결론을 내리면 상황을 더 악화시킬 수 있기 때문입니다."

"자네 사무실에 있나?" 스티브는 내가 말을 채 끝내기도 전에 물었다.

질문에 나는 정말 당황했다.

"어…. 아니요, 집에 있습니다."

내가 문제를 위임한 것을 걱정하는 걸까? 위기 대처에 대한 내 역할과 우리 팀에 대한 기대가 무엇인지 강조하려고 이렇게 말했다. "10시에 전화로 논의할 예정입니다. 늘 그렇듯이 현장에는 담당자가 배치돼 있고 사무실에 있어야 할 직원들도 자리를 지키고 있습니다."

마지막으로 내가 단도직입적으로 물었다. "스티브 사장님, 무슨 생각인지 말씀해 주실 수 있으십니까? 전 지금 전체 상황을 통제하고 있습니다. 당장 필요하신 게 무엇입니까?"

화가 난 채로 스티브가 대답했다. "자네한테 필요한 것은 일종의 긴박감이네. 딕과 딕의 팀은 이번 분기를 6일 안에 어떻게 마감할지 알아내려고 애쓰고 있네. 그런데 결과가 어떻게 될지 이미 알 것 같군."

"이사회에 약속한 모든 목표, 즉 수익, 현금, 미수금을 대부분 놓치게 될 것 같군. 사실 이사회에 약속했던 모든 조치가 잘못된 방향으로 흘러가고 있어! 이 난장판 때문에 이사회는 우리가 회사 경영권을 완전히 상실했다고 확신하게 될지도 몰라!"

스티브는 으르렁대고 있었다. "그래, 빌. 내가 자네에게 바라는 것은 상황 파악을 충분히 하라는 거야. CFO가 자네를 보고 일을 질질 끌고 있다고 말하지 못하도록 말이야. 집이 불타서 내려앉고 있는데 자네한테 들은 거라곤 고작 그림 그리기나 시간표 짜기였어. 도대체 왜 그러는 거야? 사람들을 침대에서 끌어내기가 그렇게 두려운 거야?"

내가 다시 입을 뗐다. "스티브 사장님, 도움이 될 줄 알았다면 오늘 밤 데이터 센터에서 모두에게 밤을 새우라고 했을 겁니다. 피닉스에 투입된 사람 중 일부는 거의 일주일 동안 집 근처에 가보지도 못했습니다. 믿어주세요, 집에 불이 났다는 선 저도 잘 알고 있습니다. 하지만 지금은 무엇보다도 상황 파악이 필요합니다. 소방 호스를 들고 현관문을 부수고 들어가라고 팀을 보내기 전에 적어도 마당 주변을 재빨리 살펴볼 누군가가 있어야 합니다. 그렇지 않으면 옆집까지 모조리 태워버릴 테니까요!"

아이들이 잠에서 깰까봐 목소리를 낮춰 조심스럽게 통화하다가 나도 모르게 언성이 높아졌다는 것을 순간 깨달았다. 조금 더 조용히 말을 이어갔다. "그리고 잊으신 것 같아 말씀드립니다. 지금 중단 사태가 일어났던 기간 동안 저희가 한 행동으로 중단 사태는 더 악화됐었습니다. 누군가가 SAN을 망치지 않았더라면 저희는 아마도 영업일 동안 급여 지급을 완료할 수 있었을 겁니다. SAN 때문에 중단 사태가 6시간이나 연장됐고 급여 자료도 거의 날릴 뻔했다고요!"

침착한 이성의 목소리가 전달되길 바랐던 희망은 스티브의 반응으로 금세 무너졌다. "아, 그래? 자네 팀은 그렇게 생각하지 않는 것 같던데…. 자네가 소개해준 똑똑한 친구 이름이 뭐였지? 밥? 아니, 브렌트였지. 오늘 오전에 브렌트와 얘기했는데 자네 방식에 회의적이더군. 자네가 하는 일이 실제로 해야 할 일과 그 일을 할 사람들을 분리한다고 생각하더군. 브렌트는 지금 뭘 하고 있지?"

젠장.

난 투명한 게 좋다. 그래서 항상 우리 팀이 내 상사와 비즈니스 쪽에 접근할 수 있도록 노력했다. 하지만 그런 일에는 위험이 따르는 법이다.

브렌트가 CEO에게 미친 이론을 쏟아붓는 것처럼 말이다.

"브렌트가 집에 있으면 좋겠습니다. 거기가 바로 브렌트가 있어야 할 곳이기 때문이죠." 내가 대답했다. "저희가 무엇이 잘못됐는지 확실히 알 때까지 브렌트가 거기 있길 바랍니다. 보세요, 애당초 문제를 일으키는 것은 브렌트 같은 로켓 과학자들입니다. 브렌트에게 일을 줄 때마다 의존성만 지속되고 브렌트 없이 고칠 수 있는 건 아무것도 없게 될 겁니다!"

스티브가 전화를 끊어버릴까 봐 급하게 말을 이어갔다. "현재 혼란스러운 작업 방식이 문제입니다. 브렌트는 거의 매일 구멍이 난 선체를 고치고 있는 겁니다. 그리고 선체에 구멍이 난 주된 이유 중 하나가 브렌트라고 확신합니다. 악의를 갖고 말씀드리는 것은 아닙니다. 지금 저희가 하는 작업 방식과 장애를 개선하면서 생긴 부작용입니다."

잠시 침묵이 흘렀다. 이내 단호한 말투로 스티브가 천천히 말했다. "이번 일에 그렇게 전문가처럼 행동해줘서 다행이군. 하지만 지금 우리는 걷잡을 수 없는 산불이 난 거나 마찬가지야. 지금까지 우리는 자네 방식대로 해 왔네. 이제 내 방식대로 해야겠어."

"브렌트를 불러들여 소매를 걷어붙이고 현재 장애를 수습하도록 하게나. 브렌트뿐만이 아니야. 모두의 눈을 화면에 두고 손은 키보드 위에 올려놔 주면 좋겠네. 난 커크 대위, 자네는 스코티가 되는 거야. 초고속으로 해줘야 하네. 그러니 게으른 기술자들한테 엉덩이 좀 들라고 해! 내 말 알아듣겠나?"

스티브가 너무 크게 소리를 질러서 수화기를 귀에서 떼고 들어야 했다.

갑자기 화가 치밀어 올랐다. 스티브가 또 망칠 게 분명하다.

해병대에서 보낸 시절을 회상하며 마침내 입을 열었다. "편하게 말씀드려도 괜찮겠습니까, 사장님?"

전화기 건너편에서 스티브가 무시하듯 코웃음 치는 소리가 들렸다. "그래, 제기랄."

"사장님께서는 제가 지나치게 신중해서 막상 해야 할 일을 망설이고 있다고 생각하시는 거군요. 하지만 틀렸습니다. 완전히 틀렸어요." 딱 부러지게 말했다. "만약 사장님께서 제안하고 있는 것, 즉 기본적으로 '모든 사람을 이 일에 참여토록 하겠다'라는 생각은 상황을 더 악화시킬 뿐입니다."

내가 계속 말을 이어갔다. "피닉스 론칭 전에 매우 비슷한 말씀을 드리려고 노력했었습니다. 지금까지 저희는 장애에 대한 충분한 훈련을 받지 못했습니다. 모든 복잡성과 유동적인 부분을 고려해 보면 또 다른 문제를 일으킬 가능성이 너무나 큽니다. 고객 송장 발행 문제의 원인이 무엇인지 정확히 알 수는 없지만 사장님께서 제안하는 것이 매우 나쁜 생각이라고 절대적으로 결론 지을 만큼 충분히 알고 있습니다. 현재 추진하고 있는 노선을 계속 따라주실 것을 권고드립니다."

스티브가 어떻게 반응할지를 기다리며 숨을 참았다.

스티브가 천천히 말했다. "빌, 그렇게 생각한다니 미안하지만 칼자루는 내가 쥐고 있네. 지금 데프콘 1 상황이니 가서 가장 똑똑한 사람들에게 문제를 해결하도록 하게나. 그리고 IT 장애가 해결될 때까지 2시간마다 상태를 업데이트해 주길 바라네. 알아들었나?"

무슨 말을 어떻게 해야 할지 미처 정리하기도 전에 입 밖으로 말이 튀어나와 버렸다. "왜 저보고 그렇게 하라고 하시는지 잘 모르겠습니다. 제 직원들하고 직접 얘기하시면서 사장님 마음대로 하고 계시지 않습니까? 직접 하십시오. 전 지금 혼란한 상황의 결과에 책임을 질 수가 없습니다."

그리고 전화를 끊기 전에 종지부를 찍었다. "아침에 사직서 받을 준비를 하시길 바랍니다."

이마의 땀을 닦고 전화기에서 얼굴을 들었더니 페이지가 눈을 크게 뜨고 나를 응시하는 게 보였다.

"당신 미쳤어? 방금 그만둔 거야? 그냥 그렇게? 이제 이 청구서들은 다 어떻게 내려고?" 페이지가 목소리를 높이며 물었다.

나는 휴대폰의 벨소리를 끄고 다시 주머니에 넣으며 말했다. "여보, 당신이 얼마나 들었는지 모르겠지만 다 설명할게."

PART 2

17장

• 9월 22일 월요일

회사를 그만둔 지 나흘 만에 페이지는 안절부절못하며 불안한 모습을 보였다. 반면에 나는 어깨를 누르고 있던 거대한 짐을 내려놓은 것처럼 밤에 숙면하게 됐다는 게 놀라웠다.

이메일이나 긴급 사안 등의 방해를 받지 않는 주말은 믿을 수 없을 정도로 평화로웠다. 목요일까지 이메일과 메시지가 계속 들어오긴 했다. 나는 바로 이메일 계정을 지워버리고 문자 메시지를 차단해버렸다.

기분이 끝내줬다.

페이지한테 그랜트를 장모님 댁에 데려가지 말라고 했다. 대신 내가 그랜트와 함께 모험을 떠날 예정이다. 페이지는 흐뭇한 미소를 지으며 내가 그랜트의 토머스와 친구들을 배낭에 넣는 것을 도와줬다.

오전 8시쯤 집을 나와 행복한 마음으로 기차역으로 향했다. 그랜트를 데리고 놀러 가겠다는 약속을 몇 달 전부터 했었다. 한 시간 동안 우리는 기차가 지나가는 것을 구경했다. 계속 기뻐하는 그랜트의 모습에 나는 놀랐다. 앞으로 무엇을 해야 할지에 대한 불확실성에도 불구하고 그랜트와 함께 할 수 있다는 것에 감사할 따름이었다.

지나가는 디젤 열차를 가리키며 환호성을 지르는 그랜트의 모습을 사진으로 담으면서 지난달에는 아이들 사진을 찍어준 적 없다는 걸 깨달았다.

계속 열차를 보고 있는데 휴대폰이 울렸다. 웨스였다. 개의치 않고 음성 메일로 넘어가도록 내버려 뒀다.

웨스는 몇 번 더 전화를 걸었고 그때마다 음성 메일을 남겼다.

나중에 패티도 전화를 걸어왔다. 패티의 전화 역시 음성 메일로 넘어가도록 놔뒀다. 전화가 세 번 더 걸려온 뒤에 나는 화가 나서 중얼거렸다. "그만들 좀 하지…."

"팔머입니다." 내가 전화를 받았다.

"빌, 스티브한테 방금 소식 들었어요." 패티는 스피커폰으로 통화를 하는 듯했다. 잔뜩 화가 난 목소리로 패티가 말을 이었다. "웨스를 여기 데려왔는데 둘 다 완전히 충격을 받았어요. 금요일에 열리는 정기 CAB 회의에 빌이 나타나지 않아 뭔가 잘못됐다는 것을 알았죠. 중단 사태 도중에 그만두다니 믿을 수가 없어요. 모든 것을 우리가 함께 만들어냈는데 말이에요!"

"이봐, 자네들하고는 아무 상관이 없는 일이야." 내가 설명했다. "이번 송장 처리 방식에 대해 나와 스티브의 의견 차이가 너무 컸어. 나 없이도 두 사람이 잘하리라 믿어."

마지막 부분을 말하면서 조금 솔직하지 못하다는 느낌이 들었다.

"음, 빌이 떠난 후 우리는 쓸데없이 시간만 보내고 있어요"라고 웨스가 말했다. 그가 진심으로 난감해하는 것처럼 느껴져 내가 가진 최악의 두려움을 확인시켜줬다. "스티브는 브렌트를 포함한 모든 엔지니어를 데려오래요. '긴박감'과 함께 '사람들이 벤치에 앉아 있을 게 아니라 모두 키보드에 손을 얹고 있어야 한다'라고 하더군요. 분명한 것은 우리가 모두의 노력을 충분히 조율하지 못했고…."

웨스는 말을 끝내지 못했다. 패티가 웨스의 말을 이어갔다. "확실하진 않지만 적어도 지금 재고 관리 시스템은 완전히 다운됐을 거예요. 어떤 공장이나 창고에서도 재고 수준을 확인할 수 없는 상황이에요. 어떤 원자재를 보충해야 하는지 아는 사람은 아무도 없죠. 재무 담당자 모두 창문에서 막 뛰어내릴 참이에요. 이번 분기에는 제때 장부를 마감할 수 없을 테니까요. 모든 시스템이 다운된 상태라 판매된 상품의 원가, 총이익, 순이윤을 계산하는 데 필요한 데이터를 아무도 갖고 있지 않아요."

"맙소사." 잠시 할 말을 잃은 내가 입을 열었다. "정말 믿을 수 없군."

그랜트가 내 주의를 끌려고 휴대폰을 붙잡았다. "이봐, 난 지금 아들과 함께 있어. 우린 중요한 일을 하고 있지. 그래서 통화를 오래 할 수 없네. 자네들과 함께한 모든 일이 정말 자랑스러운 건 사실이야. 두 사람은 나 없이도 위기를 잘 극복해 낼 거야."

"다 빈말이죠, 빌은 잘 알고 있을 거예요"라고 패티가 말했다. "어떻게 곤경에 처한 우리를 이렇게 내버려 둘 수가 있죠? 함께 고치려고 계획한 것이 얼마나 많은데⋯. 그걸 끝내지도 않고 이대로 놔두겠단 건가요? 빌 부서장님이 이렇게 쉽게 그만둘 사람이라고 생각도 못 했어요!"

"나도 같은 생각이에요. 지금 떠나는 건 정말 바보 같은 짓이죠." 웨스가 불쑥 끼어들며 말했다.

한숨이 나왔다. 그동안 스티브를 참아가며 했던 답답하고 황당한 회의들에 대해 결코 그들에게 말하지 않을 것이다. 그건 스티브와 나 사이에 있는 일이다.

"실망하게 해 미안하지만 어쩔 수 없었어." 내가 말했다. "둘 다 잘할 거야. 그냥 스티브나 다른 사람들이 둘을 세세하게 관리 못 하게 해. 두 사람처럼 IT 시스템을 잘 아는 사람은 없어. 그러니 아무도 나서게 하지 마, 알겠지?"

웨스가 중얼거리는 소리가 들렸다. "그러기엔 너무 늦었다고요."

이제는 그랜트가 전화를 끊으려 하며 관심을 요구하고 있다. "이봐, 끊어야겠어. 나중에 다시 얘기하자고, 알았지? 맥주나 한잔하면서 말이야."

"그래요, 물론이죠." 웨스가 말했다.

"이런, 고맙네요." 패티가 말했다. "나중에 연락할게요."

그것으로 전화는 끊어졌다.

길게 한숨을 내쉬었다. 휴대폰을 치우고 다시 그랜트에게 집중하며 방해받기 전의 행복한 순간을 되찾으려고 노력했다.

집으로 가는 길에 다시 전화벨이 울렸다. 그랜트는 뒷좌석에서 자고 있었다. 이번에는 스티브다.

아직은 스티브와 얘기하고 싶지 않아서 음성 메일로 넘어가도록 했다. 세 번이나 전화를 받지 않았다.

차고에 차를 세우고 차에서 내려 그랜트가 잠에서 깨지 않게 두 팔로 안아 들었다. 그랜트와 집에 들어서자 페이지가 보였다. 나는 그랜트를 가리키면서 소리 죽여 입 모양으로 말했다. "잠들었어." 살금살금 계단을 올라가 그랜트를 침대에 눕히고 신발을 벗겼다.

안도의 한숨을 내쉬며 문을 닫고는 아래층으로 다시 걸어 내려갔다.

페이지가 나를 보고 말했다. "오늘 아침에 그 망할 놈의 스티브가 전화했어. 전화를 끊으려는 찰나에 에릭이라는 사람과 얼마나 반성했는지에 대해 장황한 얘기를 늘어놓는 거야. 당신에게 제안할 것이 있다고 했어. 내가 전하겠다고 했지."

내가 눈을 굴리자 페이지는 갑자기 걱정스러운 목소리로 말했다. "있잖아, 당신이 옳은 일이라고 생각해서 사직했다는 걸 알고 있어. 하지만 당신도 잘 알잖아. 파트 언리미티드만큼 월급을 많이 주는 회사가 이 동네에는 많지 않아. 특히 승진한 다음에 말이야. 우리 가족과 멀리 떨어진 곳으로 이사하고 싶지 않아."

페이지는 나를 똑바로 바라봤다. "여보, 그놈이 나쁜 놈이란 건 알지만 우리 둘 다 아직은 밥벌이를 해야 해. 스티브가 하는 말을 잘 듣고 마음을 열어 두겠다고 약속해줘, 알았지? 빌, 알았어?"

나는 고개를 끄덕이고 주방으로 들어가 단축 버튼을 눌러 스티브에게 전화했다.

스티브는 연결음 한 번에 휴대폰을 받았다. "안녕하신가, 빌. 다시 전화해줘서 고맙네. 자네 아내랑 얘기하면서 내가 얼마나 바보 같았는지 다 털어놨지."

"네, 그런 비슷한 얘기를 들었다고 하더군요." 내가 답했다. "아내 말로는 사장님께서 제게 할 말이 있다고 하셨다던데요."

스티브가 무슨 말을 하는지 들어보기로 했다. "빌, 난 자네가 IT 운영 부서장이 돼 달라는 내 요청을 정중히 받아들인 이후의 내 모든 행동에 대해 사과하고 싶네. IT 부서가 나한테 보고하게 됐다고 하니까 딕은 내가 미쳤다고 생각했어. 그래서 얘기했지. 수십 년 전 내가 처음 공장장을 했던 시절에 거기에서 일하는 사람들의 일상을 속속들이 알고 싶어서 한 달 동안 조립 라인에서 어떻게 일했는지 말해줬어."

"딕에게 해당 문제를 그냥 위임하지 않고 내가 직접 나서겠다고 했었네. 하지만 그동안 약속을 지키지 않았다는 것에 스스로 화가 나는군. 모든 IT 문제를 사라에게 위임하는 실수를 저질렀어."

"잘 듣게나, 지금까지 자네에게 공평하지 못했던 걸 잘 알고 있어. 충실히 자네 몫을 해냈는데도 말이야. 자넨 정직한 사람이고 나쁜 일이 일어나지 않도록 노력했지."

스티브는 잠시 말을 멈췄다가 말했다. "빌, 방금 에릭과 감사 위원회 전체한테 혼쭐이 났네. 위원회는 내가 뭔가를 이해할 때까지 나를 계속 압박했지. 덕분에 내가 수년 동안 정말 잘못된 방법으로 일해왔다는 것을 깨닫게 됐어. 이제라도 바로잡고 싶다네."

"단도직입적으로 말하겠네. IT 운영 부서장 자리로 다시 돌아와 줬으면 하네. 에릭이 말하는 역기능적 결혼 관계처럼 자네와 관점이 달라도 함께 일하고 싶다네. 어쩌면 우리 두 사람이 파트 언리미티드에서 IT가 어떻게 관리되고 있는지, 실제로 어떤 문제가 있는지 파악할 수 있을 걸세."

"IT는 지금 개발해야 할 역량이라고 확신하네. 내 부탁은 자네가 90일 동안 나와 함께 있으면서 한번 일해 보라는 거야. 90일이 지난 후에도 회사를 떠나고 싶다면 1년짜리 퇴직수당을 받고 나갈 수 있게 해주겠네."

페이지와 한 약속을 기억하면서 신중하게 말을 골랐다. "말씀하신 대로 지난 한 달 동안 사장님은 꽤 일관되게 바보 같았습니다. 저는 분석과 권고 사항을 계속 제시하는 데 있어 매우 일관적이었고요. 그리고 매번 사장님께서는 그걸 엉망으로 만드셨죠. 그런데 이제 와서 제가 왜 사장님을 믿어야 합니까?"

스티브는 45분가량 계속해서 나를 설득했다. 전화를 끊고 나서 무슨 얘기가 오갔는지 들으려고 주방에서 기다리던 페이지에게 돌아갔다.

18장

• 9월 23일 화요일

다음 날 스티브가 외부에서 주관하는 IT 리더십에 참석하려고 오전 6시 30분에 출근했다. 2호 건물에서 열리는 회의인데도 스티브는 외부 회의라고 불렀다.

아침 일찍 나는 출근 인사를 하려고 그랜트와 파커의 방으로 조용히 들어갔다. 파커가 자는 모습을 물끄러미 바라보다가 입을 맞추고 부드럽게 속삭였다. "아빠가 오늘 모험에 데려가지 못해서 미안해. 이번에 네 차례였지만 지금은 아빠가 다시 일하러 나가야 해. 이번 주말에 가자."

이번에는 그럴 만한 가치가 있기를 바라요, 스티브 사장님.

회의는 회사 임원실에서 열렸다. 15층까지 걸어가면서 그 건물이 다른 건물들과 참 많이 다르다는 것이 믿기질 않았다.

크리스, 웨스, 패티는 이미 와 있었고 모두 페이스트리가 가득 담긴 접시와 커피잔을 들고 있었다.

패티는 알은체도 하지 않았다.

웨스는 비꼬는 투로 나를 향해 큰소리로 인사했다. "빌, 만나서 반갑네요. 오늘은 사직서 내는 일이 없었으면 좋겠어요."

고맙군, 웨스.

크리스는 이해심 있는 미소를 지으며 눈을 굴려 맥주 마시는 시늉을 하며 알은체를 했다. 나는 고개를 끄덕이며 미소로 답하고 방 뒤쪽을 돌아봤다.

뒤쪽에 진열된 밴달 도넛을 보고 기분이 좋아져서 종이 접시를 가득 채우기 시작했다. 내 접시에 도넛 여섯 개를 담는 것이 사회 통례에 위반되는 건 아닌지 고민해봤다. 그때 누군가가 어깨를 손바닥으로 치는 것이 느껴졌다.

스티브였다. "빌, 다시 보게 돼 반갑네. 와줘서 정말 기뻐." 도넛으로 넘치는 내 접시를 내려다보며 스티브는 크게 웃었다. "도넛 접시를 통째로 가져가지, 그래?"

"좋은 생각이네요. 다시 오게 돼 기쁩니다." 내가 답했다.

맞은편에 앉아 있던 에릭은 나를 보며 "안녕하신가, 빌"이라고 했다. 에릭의 뒤에는 그가 끌고 온 커다란 여행 가방이 있었다.

나는 눈을 가늘게 뜨고 여행 가방을 살펴봤다. 바퀴가 없는 여행 가방을 마지막으로 본 것은 20년 전 어머니의 다락방에서였다.

에릭의 머리카락이 흠뻑 젖어 데님 셔츠의 어깨를 적시고 있었다.

오늘 아침에 늦어서 머리를 말리지 못하고 호텔을 뛰쳐나온 걸까? 아니면 매일 아침 이런 모습일까?

스티브는 정확히 어디서 에릭을 알게 됐을까?

"여러분, 안녕하십니까?" 스티브가 방 안의 모든 사람에게 말했다. "우선 이렇게 일찍 모여줘서 고맙다는 말부터 하겠네. 특히 지난 2주간 자네들과 자네 팀들이 쉬지 않고 일했다는 것을 알기에 더 고맙군."

"하!" 에릭이 코웃음을 쳤다. "그 정도 표현으론 부족하죠."

모두 불안하게 웃으며 서로 다른 사람과 눈을 마주치지 않으려고 노력했다.

스티브가 슬프게 웃었다. "지난 2주는 참혹했었네. 내가 이 모든 것에 얼마나 많은 책임이 있는지 이제야 깨달았다네. 피닉스 문제뿐만 아니라 감사 이슈로 이어지는 모든 것과 지난 며칠 동안 일어난 고객 송장 처리 및 재고 문제, 감사관들과 부딪혔던 문제까지도 말이야."

심란한 마음을 가다듬을 시간이 필요한 듯 스티브는 잠시 말을 멈췄다.

설마 우는 거야?

전에 볼 수 없었던 스티브의 다른 면이었다. 내가 떠난 후 스티브에게 도대체 무슨 일이 있던 거지?

스티브는 들고 있던 인덱스 카드를 내려놓고 어깨를 으쓱하며 에릭에게 손짓했다. "에릭은 CEO와 CIO의 관계를 역기능적 결혼 관계로 표현했지. 양측이 무력감을 느끼면서 상대방에게 서로 인질로 잡혀 있다고 말이야."

손가락으로 카드를 뒤적이며 스티브가 말을 이었다. "지난달에 두 가지를 배웠네. 하나는 IT의 중요성이야. IT는 내가 누군가에게 위임할 수 있는 부서가 아니더군. IT는 회사의 주된 업무의 핵심이자 일상적인 운영의 거의 모든 측면에 있어 매우 중요한 부분이었어."

"나는 지금 리더십을 가진 IT 팀이 어떻게 직무를 수행하느냐보다 회사의 성공에 더 중요한 건 없다는 것을 알고 있네."

"두 번째로 알게 된 것은 내 행동으로 IT 문제 대부분이 악화됐다는 사실이야. 크리스와 빌의 예산 증액 요구를 거절했고, 피닉스를 제대로 만들 시간을 더 달라는 빌의 요청도 거절했어. 원하는 결과가 나오지 않으면 사사건건 관여하며 일을 망쳤네."

그러고는 스티브가 나를 쳐다봤다. "빌에게 가장 큰 실수를 했어. 빌의 쓴소리를 냉정하게 받아들이지 못하고 결국 그만두게 했지. 소 잃고 외양간 고치는 격이지만 빌이 전적으로 옳았고 내가 완전히 틀렸었네. 그리고 그 점에 대해서는…. 빌, 정말 미안하네."

웨스의 입이 딱 벌어진 게 보였다.

너무 당황한 나는 간단히 대꾸했다. "어제도 말씀드렸듯이 다 지난 일입니다. 예상하지 못했던 사과이긴 하지만 감사히 받겠습니다."

스티브는 고개를 끄덕이며 잠시 카드를 살펴봤다. "앞으로 닥칠 엄청난 도전에는 최상의 상태로 운영되는 뛰어난 팀이 필요하네. 하지만 우리는 서로를 완전히 믿고 있는 것 같지 않아. 부분적으로 나도 책임이 있다는 것을 알지만 이제 불신을 끝내야 하네."

"주말 내내 나는 내 경력을 돌아봤어. 이사회가 분명히 밝혔듯이 언제라도 끝날 수 있는 경력이지. 내가 보람을 느꼈던 때는 항상 훌륭한 팀의 일원으로 있을 때였어. 그건 내 직업과 개인적인 삶에 모두 해당하네."

"물론 훌륭한 팀이 가장 똑똑한 사람들만 있다는 것을 의미하지는 않네. 훌륭한 팀을 만든 것은 모두가 서로를 믿었기 때문이지. 그런 마법 같은 역동성이 존재한다면 강력한 것이 될 수 있다고 생각하네."

스티브는 계속 말을 이어갔다. "팀 역학에 관한 책 가운데 내가 좋아하는 하나는 패트릭 렌치오니의 『조직이 빠지기 쉬운 5가지 함정Five Dysfunctions of a Team』(Pfeiffer, 2012)일세. 작가는 상호 신뢰를 얻으려면 자신의 약점을 드러낼 필요가 있다고 했어. 그래서 나에 대해 조금 얘기해볼까 하네. 무엇이 나를 화나게 하는지도 말할 거야. 그런 다음 자네들도 같은 얘기를 해줬으면 하네."

"불편할 수는 있겠지만 리더인 자네들에게서 내가 배움을 얻으려 한다네. 스스로를 위해 할 수 없다면 사천 명에 가까운 파트 언리미티드 직원들과 그 가족들의 생계를 생각해서 해주면 좋겠어. 나는 그 책임을 가볍게 여기지 않으니 자네들도 소홀히 생각하지 않았으면 하네."

아, 젠장. 잊고 있던 '리더십 수련회 프로그램' 중 하나로군. 감상에 젖은 헛짓거리….

스티브는 나를 비롯한 모든 사람이 각자의 방어막을 치느라 치솟은 방 안의 긴장감을 무시했다. "우리 가족은 형편없이 가난했지만 가족 중 대학에 처음으로 입학한 사람이 나란 사실이 매우 자랑스러웠네. 나보다 먼저 고등학교를 졸업한 사람은 아무도 없었지. 텍사스의 시골에서 자랐고 부모님은 면직 공장에서 일하셨어. 여름이면 나와 형들은 밭에서 목화를 따곤 했지. 면직 공장에서 일하기엔 너무 어렸거든."

지난 세기에 사람들이 목화를 땄다고? 그게 가능했을까 싶어 재빨리 머릿속으로 계산해봤다.

"애리조나 대학에서 난 세상을 다 가진 기분이었지. 부모님께 학비를 바랄 수 없어 구리 광산에 취직했어."

"당시 OSHA[1]가 존재했는지는 모르지만, 만약 그들이 그 광산을 방문했다면 바로 폐쇄했을 걸세. 정말 위험하고 더러웠으니까 말이야." 왼쪽 귀를 가리키며 스티브가 말했다. "폭발물이 너무 가까이 터지면서 이쪽 귀는 청력을 대부분 잃었다네."

"그 후 파이프 제조 공장에 취직해서 장비 유지 보수 업무를 도와주면서 처음으로 결정적인 기회를 얻었지. 그 일이 내가 생각할 때 돈을 받는 첫 번째 직업이었어."

"경영학을 공부하면서 대학 졸업 후에 영업하고 싶다는 생각이 간절했어. 공장에서 본 바로는 영업 사원들이 세상에서 가장 좋아 보이더라고. 고객과 와인을 마시고 식사하면서 돈을 벌었고, 최고의 공장들이 무엇을 하는지 보러 여러 도시를 여행하는 모습이 참 좋아 보였지."

스티브는 비탄에 잠긴 듯 고개를 저었다. "알고 보니 그게 아니었어. 학교 등록금을 마련하려고 ROTC에 들어갔다가 미국 중산층 출신 아이들이 어떤 상황인지 처음으로 엿볼 수 있었지. 그래서 대학 졸업 후 산업에 종사하는 대신 미 육군으로서 주어진 의무를 다했어. 거기에서 물류업에 대한 나의 애정을 발견하게 됐지. 난 필요한 곳에 물품이 확실히 도착하도록 했네. 얼마 되지 않아 난 정말로 필요한 것이 무엇이든 찾아가야 할 사람이 됐다네."

스티브가 들려주는 얘기에 사로잡혔다. 스티브는 얘기를 정말 잘했다.

---

1 Occupational Safety and Health Administration. 직업 안전 건강 관리청. 미국의 산업 안전 보건법 아래 1970년 12월 29일에 만들어진 미국 노동부 산하 기관이다. 직업 사망자 조사 및 작업장 안전 보건 관련 기준을 시행하며 주로 일과 관련된 부상 또는 질병을 방지하기 위한 활동을 수행한다. - 옮긴이

"그렇지만 특권층 사람들한테 둘러싸인 가난한 시골 촌뜨기는 힘들었지. 모두에게 나를 증명해야 할 것 같았어. 그때 스물다섯 살이었는데 내 억양과 성장 배경 때문에 동료 장교들은 끊임없이 나를 멍청하다고 말하면서 느림보라고 불렀지…." 스티브의 목소리가 약간 갈라졌다.

"나 스스로를 증명해야겠다는 결심이 점점 더 확고해졌네. 9년 후 나는 뛰어난 경력을 쌓고 군대를 떠날 준비를 마쳤어. 그런데 제대하기 직전에 지휘관이 인생을 바꿀 만한 말을 해줬지."

"지휘관은 내가 수년간 꾸준히 높은 등급을 기록했지만 내 밑에서 일했던 사람 중 누구도 나와 다시 일하고 싶어 하지 않을 것이라고 말했지. 만약 그 시대의 진절머리 상이 있다면 내가 높은 점수로 수상할 거라고도 했어. 그리고 스스로 뭔가를 이루려면 그걸 고쳐야 한다는 것도 말해줬지."

웨스가 크리스를 쳐다보며 눈을 굴리는 게 시야에 밟혔다. 크리스는 비난하듯 웨스의 시선을 무시했다.

"자네들이 무슨 생각을 하는지 알아." 스티브가 웨스를 향해 고개를 끄덕이며 말했다. "그때가 인생에서 가장 비참한 순간 중 하나였지. 그리고 내 가치를 배반하면서 삶을 어떻게 살아왔는지에 대해 중대한 실수를 저질렀다는 것을 깨달은 순간이기도 해."

"그 후 30년 동안 나는 서로를 정말 신뢰하는 훌륭한 팀을 만드는 데 끊임없이 관심을 기울이는 사람이 됐지. 먼저 자재 관리자로서 그렇게 해봤고 나중에는 공장 관리자로, 마케팅부장으로, 그리고 영업부장으로도 노력해봤지. 그러다가 12년 전 당시 CEO였던 밥 스트라우스가 새 COO로 나를 택했네."

천천히 숨을 내쉬면서 얼굴을 문지르는 스티브의 얼굴이 갑자기 매우 피곤하고 늙어 보였다. "어쨌든 군대에서 그랬던 것처럼 또 엉뚱한 방향으로 틀어졌어. 다시는 그럴 리 없을 거라고 스스로 약속했던 예전의 내가 돼버린 거지."

스티브는 말을 멈추고 방안을 둘러봤다. 창밖을 응시하는 스티브를 지켜보는 동안 침묵이 계속됐다. 회의실 창문으로 밝은 햇살이 들어오기 시작했다.

스티브가 말했다. "우리 앞에는 해결해야 할 큰 문제가 있네. 에릭 말이 맞아. IT는 단순한 부서가 아니야. IT는 전체 기업으로서 우리가 얻어야 할 역량이지. 그리고 우리가 서로를 믿을 수 있는 훌륭한 팀으로 거듭난다면 성공할 수 있다는 것도 알고 있지."

이어서 그는 "자네들은 우리가 서로를 믿을 수 있는 팀을 만드는 데 필요한 것을 할 의향이 있는가?"라고 물었다.

스티브는 테이블을 둘러봤다. 모두 넋을 잃고 그를 쳐다보는 게 보였다.

침묵이 불편하게 길어졌다.

크리스가 제일 먼저 침묵을 깼다. "전 하겠습니다. 엉망이 된 팀에서 일하는 건 거지 같으니까요. 고치는 데 도움을 주시겠다고 하니 전적으로 찬성입니다."

패티와 웨스도 고개를 끄덕이는 게 보였다. 그리고 모두의 시선이 내게 향했다.

19장

• 9월 23일 화요일

결국 나도 고개를 끄덕였다.

패티가 말했다. "있잖아요, 빌, 지난 몇 주 동안 정말 멋진 일을 하셨어요. 그만두셨을 때 제가 보인 반응은 용서해 주세요. 전 IT 조직 전체의 업무처리 방식이 얼마나 달라졌는지를 봤습니다. IT 조직은 그동안 어떤 종류의 프로세스든 변화를 채택하는 것을 거부해 왔고 부서 간 신뢰에 실질적인 문제가 있었던 조직입니다. 보기만 해도 신기할 따름이에요. 긍정적 변화는 대부분 부서장님 덕분에 만들어지기 시작했어요."

"패티 말에 동의합니다. 중도 포기하는 모습을 보이긴 했어도 빌이 돌아와서 기뻐요." 웨스가 크게 웃으며 말했다. "첫날 제가 무슨 말을 했든 저는 빌의 일을 하고 싶지 않아요. 빌이 여기 있어야 해요."

당황한 나는 그저 웃었다. 그들의 말이 고맙긴 했지만 겸연쩍은 마음이 들어 "알았어요. 다들 고맙네요"라고 말했다.

우리가 하는 얘기를 듣던 스티브가 고개를 끄덕였다. 그리고 입을 열었다. "테이블을 돌면서 각자 개인사를 공유해보도록 하지. 출신과 가족 관계, 유년 시절의 특별한 기억 같은 것들 말이야. 자네들의 현재 모습을 만드는 데 무엇이 도움을 줬는지 말해 보자고."

스티브가 말을 이어갔다. "이렇게 하는 목적은 인간적으로 서로를 좀 더 알아가기 위함이네. 자네들이 나와 나의 약점에 대해 조금 더 알게 된 것처럼 말이야. 하지만 그것만으로는 충분하지 않아. 서로에 대해 더 많이 알 필요가 있네. 그렇게 되면 신뢰의 기초가 자연스럽게 구축될 걸세."

주위를 둘러보며 스티브가 물었다. "누가 먼저 하겠나?"

이런, 젠장.

해병대 출신은 이런 감상적인 순간을 별로 좋아하지 않는다. 먼저 불리고 싶지 않은 마음에 스티브의 시선을 즉시 피했다.

정말 다행스럽게도 크리스가 자원했다.

크리스는 말을 시작했다. "전 베이루트에서 삼 남매의 막내로 태어났습니다. 열여덟 살 이전에는 8개국에 걸쳐 살았었죠. 그래서 4개 국어를 구사합니다."

크리스는 자신과 아내가 아이를 갖기 위해 5년 동안 어떻게 노력했는지, 아내에게 불임 치료 주사를 놓을 때 얼마나 고통스러웠는지, 세 번째는 얼마나 더 힘들었는지를 설명했다.

그런 다음 기적적으로 일란성 쌍둥이 아들을 낳은 것에 대해 얘기했다. 합병증이 생겨 예정일보다 일찍 출산해 미숙아로 태어난 아이들을 돌보느라 3개월 동안 중환자실에서 아내와 함께 지냈다고 했다. 매일 밤을 기도하며 보냈고 세상 누구도 이해할 수 없는 방식으로 서로를 이해할 운명을 갖고 태어난 쌍둥이가 둘이 아닌 하나로 살아가는 것을 바라지 않았다고 했다.

그리고 그때 경험으로 자신이 얼마나 이기적이었는지 깨달았고 더는 이기적이지 않길 바라는 새로운 소망이 생겼다고 말했다.

놀랍게도 나는 아이들의 미래에 대한 크리스의 간절한 열망을 보며 눈물을 참아야 했다. 다른 사람들도 나와 다르지 않은 것을 알게 됐다.

"얘기해줘서 고맙네, 크리스." 스티브가 엄숙하게 말하고 나서 방을 둘러봤다. "다음은 누구지?"

놀라움과 안도감이 한 번에 일었다. 웨스였다.

웨스가 이제까지 세 번이나 약혼했고 막판에 모두 파혼했다는 것을 알게 됐다. 마침내 성공한 결혼이 깨진 것은 웨스의 취미생활 때문이었다. 웨스의 카 레이싱 취미에 질린 아내가 이혼을 요구해 헤어졌다고 한다.

체중이 113㎏이 넘는 거구가 어떻게 카 레이싱을 할 수 있을까?

웨스는 4대의 차가 있어서 파트 언리미티드 직원이 아니었다면 우리의 가장 광적인 고객 중 한 명이 됐을 것이다. 주말마다 경쟁적으로 레이싱을 하는 마쯔다 미아타와 오래된 아우디를 손보며 대부분의 비번 시간을 보낸다. 보아하니 웨스는 어렸을 때부터 평생을 살을 빼려고 고군분투해왔다. 웨스는 따돌림을 당하는 것에 대해서도 말했다.

웨스는 아직도 몸무게로 고생하고 있다. 친구를 사귀거나 건강을 위해서가 아니라 자기 나이의 절반밖에 안 되는 삐쩍 마른 아시아계 십 대들을 따라잡으려고 체중 감량 캠프까지 참여했다. 그것도 두 번씩이나 말이다.

침묵이 길었다.

나는 긴장감에 마음껏 웃지도 못했다.

스티브가 마침내 "얘기해줘서 고맙네, 웨스. 다음은 누구지?"라고 말했다.

입을 꾹 다물고 있던 나는 패티가 손을 드는 것을 보고 다시 안심했다.

우리는 패티가 미술 전공자였다는 사실을 처음 알았다. 평소에 내가 놀렸던 사람 중 하나가 패티였다니…. 패티는 꽤 합리적이었는데 말이야!

패티는 우리에게 '큰 가슴을 가진 안경잡이 똑순이'가 무엇을 하면서 살지 고민하는 게 어떤 건지 얘기해줬다. 대학에서는 다섯 번이나 전공을 바꿨고 조지아주 아테네에서 싱어송라이터가 돼 2년간 밴드와 함께 전국 각지 클럽을 순회하며 보냈다. MFA[1]를 받으려고 학교로 돌아갔지만 예술가

---

1 Master of Fine Arts. 창의적 연구에 중점을 둔 대학원 수준의 석사를 말한다. 창의적 글쓰기, 예술, 드라마 및 사진을 포함한 여러 유형의 MFA 학위가 있다. - 옮긴이

로서 생계를 유지하려다 빈곤해질 것이라는 현실을 직면한 후 파트 언리미티드에서 일하기 위해 지원했다. 패티는 그때까지도 남아있던 민사 불복종 체포^{civil disobedience arrest} 이력 때문에 취직을 못 할 뻔했다.

패티가 말을 마치자 스티브가 감사 인사를 했다. 그러고는 나의 불편한 심기에도 미소를 지으면서 태연하게 말했다. "고마워요. 그러면 이제 빌…."

예상치 못한 순간이 닥친 것도 아닌데 회의실이 점점 뿌옇게 변하는 듯 느껴졌다.

개인적인 얘기는 정말 하기가 싫다. 해병대에서 나는 사람들에게 소리 지르고 맡은 일을 하라고 말하는 페르소나를 만들 수 있었다. 그들보다 약간 더 똑똑하고 목소리가 크다는 장점을 살려 내 부하들의 목숨을 지키는 일을 하면서 월급을 받았다.

직장 동료들과 난 감정을 공유하지 않는다.

아니, 개인적인 부분에 관해서는 누구와도 공유하지 않는다.

무슨 얘기를 할지 짤막하게 적어 놓은 메모지가 내 앞에 놓여 있었다. 그러나 보이는 것은 초조한 낙서뿐이다.

좌중은 숨소리 마저 크게 느껴질 만큼 조용하다. 이제 모두가 기대하며 나를 바라보고 있다. 채근하는 눈빛은 아니다. 인내심이 강하고 친절해 보였다.

패티가 동정심 어린 표정을 지었다.

나는 잠시 입을 다물었다가 불쑥 말을 시작했다. "제게 가장 큰 영향을 미친 거요? 어머니가 저희를 위해 모든 것을 해주셨고 아버지는 아예 믿을 수 없다는 것을 깨달았을 때죠. 아버지는 알코올 중독자였어요. 아버지 일이 잘 풀리지 않은 날이면 형제자매들이 아버지를 피해 숨어야 했죠. 그러다 더는 참기가 힘들어 집을 나왔습니다. 가족들을 다 놔두고 떠났죠. 그때 막내 여동생은 겨우 여덟 살이었어요."

내가 계속 말을 이어갔다. "군에 징집된 건 제게 반가운 일이었어요. 그렇지 않으면 집으로 돌아가야 했으니까요. 그렇게 저는 해병대에 입대했습니다. 해병대는 제게 완전히 새로운 세계를 알려줬고 인생을 사는 전혀 다른 방식을 배울 수 있었습니다. 일을 올바로 하고 동료 병사들을 돌봄으로써 보상을 받을 수 있다는 것도 알게 됐죠."

"뭘 배웠을까요? 제 목표는 망할 아버지 같은 사람이 아니라 훌륭한 아버지가 되는 것이었죠. 제 아들에게 그런 아버지가 되고 싶습니다." 눈물이 두 볼을 타고 흘러내리는 게 느껴져 닦아냈다. 그러면서 내 몸이 나를 배신한 것에 화가 났다.

"이제 충분한가요, 스티브 사장님?" 의도했던 것보다 훨씬 더 화를 내며 말했다.

스티브가 살짝 웃으며 고개를 끄덕이고는 천천히 말했다. "빌, 고맙네. 모두에게 그렇듯 자네한테도 힘든 일이었던 걸 잘 아네."

나는 천천히 숨을 내쉬었다. 그리고 한 번 더 깊게 숨을 쉬면서 잃어버린 줄도 몰랐던 평정심을 되찾으려고 노력했다.

불편한 침묵이 계속됐다.

"내가 말할 처지는 아니지만요." 웨스가 천천히 말했다. "빌의 아버지가 아들을 엄청나게 자랑스러워하실 거예요. 그리고 빌에 비하면 자신이 얼마나 초라한지도 깨달았을 거예요."

테이블 여기저기에서 웃음소리가 들렸다. 그때 패티가 조용히 입을 열었다. "웨스 말에 저도 동의해요. 부서장님 아이들은 자기들이 얼마나 운이 좋은지 모를 거예요."

웨스는 공감한다는 듯 중얼거렸고 크리스도 고개를 끄덕여 보였다. 그리고 30여 년 만에 처음으로 울고 있는 나 자신을 발견했다.

당황한 나는 정신을 가다듬고 모두를 올려다봤다.

다행히도 모두가 정신을 가다듬고 방 안을 둘러보는 스티브에게 다시 집중하는 것 같아 마음이 놓였다.

"먼저, 여러분이 개인적인 얘기를 해주고 나와 함께 시간을 보내준 것에 감사하고 싶네." 스티브가 말했다. "자네들을 더 잘 알게 돼 좋긴 하지만 이게 중요하다고 생각하지 않았다면 이런 자리를 마련하지 않았을 거네. 복잡한 문제를 해결하려면 팀워크가 필요하고 팀워크를 다지려면 신뢰가 필요하지. 렌치오니는 자신의 취약점을 드러내는 것이 신뢰의 기초가 된다고 가르쳤네."

"우선순위와 책임자를 정한 상태에서 우리가 해야 할 일을 정확히 알고 회의실을 떠나는 것이 비현실적이라는 걸 알고 있네." 스티브는 말을 이어갔다. "하지만 해결책을 찾아가면서 공동 비전을 만들고 싶네."

두 손을 앞에 모으면서 스티브가 말했다. "일을 잘 처리한다는 명목으로 우리가 저지른 실수 중 하나는 우리가 한 모든 약속과 스케줄을 망쳐버린 거라고 말하고 싶네. IT 외부에 있는 사람들은 우리가 설정한 기대치가 무엇이든 그걸 간발의 차로 놓쳤다고 항상 불평하지."

"그러다 보니 우리가 IT 조직 내에서 서로에 대한 내부 약속을 하기가 쉽지 않을 것 같다는 생각이 들었네. 어떻게 생각하나?" 스티브는 방 안을 둘러보며 말했다.

다시 불편한 침묵이 흘렀다.

"저기요, 전 사소한 것에 신경 쓰고 싶지 않습니다." 마침내 크리스가 방어적으로 말했다. "하지만 실제 지표를 보시면 저희 그룹은 거의 모든 주요 프로젝트를 제시간에 완료했습니다. 저희는 마감일을 지킵니다."

"그래, 피닉스 날짜를 맞췄던 것처럼 말이죠?" 웨스가 야유하며 말했다. "그게 그렇게 엄청난 성공이었군요. 스티브 사장님께서 지난주에 크리스의 활약을 정말 자랑스러워했다면서요."

얼굴이 빨개진 크리스가 양손을 앞으로 치켜들었다. "그런 뜻이 아니잖아." 그러고는 잠시 생각하더니 말을 덧붙였다. "그건 완전히 망한 게 맞아. 그저 날짜는 지켰다고 말했을 뿐이야."

재밌군.

"만약 그게 맞는다면…." 꾹 참고 기다리던 내가 입을 열었다. "'완성된 프로젝트'가 무엇인지에 대한 정의에 정말로 문제가 있네요. 만약 그게 '크리스가 피닉스 과제를 모두 끝냈는가?'를 의미한다면 성공한 게 되겠죠. 하지만 사업 전체를 불태워버리지 않고 사업 목표를 충족시킬 수 있도록 피닉스를 운영 시스템으로 보내길 원했다면 완전한 실패라고 말할 수 있겠죠."

"모호하게 말하는 건 이제 그만하지." 스티브가 말을 끊었다. "나는 사라에게 피닉스가 우리 회사 역사상 수행했던 프로젝트 가운데 아주 형편없는 것에 속한다고 했네. 성공에 대해 더 나은 정의는 없나?"

잠시 생각해 보고 내가 말했다. "모르겠습니다. 그러나 반복되는 패턴이기는 합니다. 크리스의 조직은 운영 쪽에서 해야 할 일을 전혀 고려하지 않았습니다. 고려한다고 해도 일정을 다 써버려서 저희가 쓸 수 있는 시간이 없었죠. 그래서 저희는 항상 뒤치다꺼리만 한참 동안 해야 했습니다."

크리스는 이해한다는 듯이 고개를 끄덕였다. "빌 부서장님과 제가 그런 문제 중 일부를 고쳐야겠죠. 그중에는 부서장님과 제가 수정에 관해 얘기했던 계획 수립과 아키텍처 문제가 있어요. 다만 IT 부서 자체가 어느 정도의 병목 현상이 되고 있는지는 과소평가하고 계신 것 같습니다. 배포해야 할 다른 애플리케이션도 많은데 IT 조직에서 계속 붙잡고 있게 되면 배포를 기다리는 다른 것들도 술술이 미뤄질 수밖에 없습니다."

크리스가 덧붙여 말했다. "저희한테는 거의 매주 IT 조직이 배포해야 하는 5~6개 애플리케이션이 있습니다. 그리고 혹시라도 일이 잘못되면 계속 쌓이게 되죠. 기분 나쁘게 듣지 마시길 바랍니다. IT 부서에서 늦으면 공항이 문을 닫는 상황이나 마찬가지입니다. 부서장님이 깨닫기 전에 이미 많은 비행기가 착륙을 기다리며 창공을 빙글빙글 돌고 있는 거죠."

웨스가 크게 투덜거렸다. "그래, 그래. 그쪽에서 만든 비행기가 착륙하다 처박혀서 활주로를 망가뜨려 그러는 거라고."

이어 웨스가 달래는 듯한 손짓을 했다. "저기, 그렇다고 내가 누구를 탓하는 건 아니에요. 크리스. 나는 그저 모두가 알고 있는 사실을 말하고 있을 뿐이라고요. 계획을 개발 부서에서 세웠든 우리가 세웠든 간에 배포가 계획대로 진행되지 않으면 모두에게 영향을 미치기 마련이죠. 내가 하고 싶은 말은 이거예요."

웨스의 설명에 동의하며 고개를 끄덕였다. 놀랍게도 크리스도 고개를 끄덕이고 있었다.

내가 답했다. "IT 운영 업무에 네 가지 유형이 있다는 걸 이해하는 데 에릭이 도움을 주셨습니다. 네 가지 유형은 비즈니스 프로젝트, IT 운영 프로젝트, 변경 사항 그리고 계획되지 않은 작업입니다. 하지만 우리는 지금 첫 번째 유형과 우리가 일을 잘못했을 때 생기는 계획되지 않은 일에 관해서만 얘기하고 있습니다. IT 운영에서 하는 일의 절반만 얘기하고 있는 셈이죠."

스티브를 돌아보며 말을 이었다. "제가 사장님께 프로젝트 목록을 보여드렸었죠. 35개의 비즈니스 프로젝트 외에도 저희가 진행하는 운영 프로젝트에 75개가 더 있습니다. 수천 개의 변경 사항 백로그도 있는데 모두 이런저런 이유로 실행돼야만 하는 요구 사항인 거죠. 게다가 계획되지 않은 작업이 점점 더 많아지고 있어요. 피닉스를 포함해서 대부분 모든 취약한 애플리케이션에 문제가 생기면서 나타난 것들입니다."

내가 딱 잘라 말했다. "눈앞에 놓인 작업량을 고려하면 저희는 이미 심각한 용량 초과 상태입니다. 그리고 스티브 사장님께서 여전히 최우선 과제라고 하신 대규모 감사 결과 수정 프로젝트는 아직 포함하지도 않았습니다."

스티브와 크리스가 이해하기 시작한 듯했다.

말이 나와서 말인데….

나는 어리둥절하며 주위를 둘러봤다. "그런데 존은 어딨죠? 컴플라이언스 얘기를 하는 거라면 존도 여기 있어야 하는 거 아닌가요? 존도 IT 리더십 팀의 일원이 아닌가요?"

웨스가 눈을 굴리며 작은 소리로 툴툴댔다. "아, 훌륭해요. 우리한테 딱 필요한 사람이네요."

스티브는 놀란 얼굴을 했다. 그는 조금 전 들고 있던 인덱스 카드를 들여다봤다. 그런 다음 앞에 놓인 인쇄 달력을 손가락으로 훑어 내려갔다. "이런. 존을 초대하는 것을 깜빡했네."

크리스가 중얼거렸다. "음, 덕분에 저희가 많은 일을 하고 있었던 것 같아요. 전화위복인 거, 맞죠?"

불편한 웃음이 곳곳에서 터졌지만 이내 자리에 없는 존을 놀리는 것에 당황스러워하는 것 같았다.

"아니, 아니, 아니, 내 말은 그런 뜻이 아니네." 스티브가 제일 당황한 듯 재빨리 말했다. "빌 말이 맞아. 존도 여기 있어야 하네. 여러분, 15분간 휴회합시다. 스테이시에게 존을 찾아오라고 말하지."

나는 머리를 식히려고 산책에 나섰다.

10분 후 돌아오니 회의 흔적들이 보였다. 커피가 반 정도 남은 스티로폼 컵, 먹다 남은 음식이 담긴 접시, 구겨진 냅킨 등….

건너편에서 패티와 웨스는 크리스와 열띤 토론을 하고 있었다. 테이블 반대쪽 끝에는 스티브가 휴대폰으로 누군가와 얘기를 나누고 있고, 에릭은 벽에 걸린 자동차 부품 사진을 보고 있었다.

패티와 웨스에게 가볼까 생각하는 찰나 존이 방안으로 걸어오는 게 보였다. 물론 겨드랑이 밑에는 검은색 3링 바인더가 있었다.

"저를 찾으셨다고 스테이시가 그러던데요, 스티브 사장님?" 존이 말했다. 존은 오래전에 시작된 회의 흔적들을 애써 천천히 둘러봤다. "회의한다는 공지를 제가 놓친 건가요? 아니면 회의에서 그냥 소외됐던 걸까요?"

모두가 딴청을 피우자 존은 더욱 큰 목소리로 말했다. "저기요, 여기서 사람들이 방금 뭔 짓을 한 것 같은 냄새가 나는데요. 제가 뭐 좋은 거라도 놓쳤나요?"

크리스와 패티, 웨스는 대화를 끊고 태연한 척 연기하며 원래 자리로 돌아갔다.

"아, 잘 왔군. 자네가 시간이 돼서 기쁘네." 스티브가 전혀 동요하지 않은 듯 말했다. "앉지. 여러분, 다시 시작합시다."

"존, 초대를 못 해 미안하네. 전적으로 내 잘못일세." 스티브가 테이블 앞쪽으로 나서면서 말했다. "감사 위원회 회의가 끝난 직후인 어제 막판에 회의를 열기로 했네. 내가 모든 IT 문제를 악화시킨 데 일조했다는 것을 알고는 IT 리더 팀을 구성해서 프로젝트, 운영 안정성 및 컴플라이언스 관련 문제에 관한 전반적인 해결 방향에 대해 우리가 합의할 수 있는지를 확인하고 싶었네."

존은 눈썹을 치켜올리며 의아한 듯이 나를 바라봤다.

나는 스티브가 민감한 부분에 대해 했던 모든 것을 빠뜨린 이유가 궁금했다. 아마도 다시 할 수 없다면 말도 꺼내지 않는 편이 낫다고 생각했을 것이다.

나는 존에게 안심하란 듯이 고개를 끄덕여 보였다.

스티브가 나를 돌아봤다. "빌, 계속하게."

"사장님께서 '약속'이라는 단어를 꺼내셨을 때 에릭이 지난주에 물어본 것이 생각났습니다." 내가 말했다. "에릭은 새로운 프로젝트 수용 여부를 어떤 기준으로 결정하느냐고 물으셨죠. 제가 모른다고 하자 저를 데리고 MRP-8 제조 공장에 가서 한 번 보여주셨습니다. 에릭은 제조 자원 기획 조정관인 앨리에게 새로운 주문을 받아들일 때 어떻게 결정할지를 물어보셨죠."

나는 노트를 뒤적였다. "엘리는 먼저 주문을 보고 나서 자재 구성과 제작 과정을 살펴본다고 했어요. 그걸 근거로 공장에 있는 관련 업무 조직의 업무량을 살펴보고 주문을 받아들이면 기존 작업에 어떤 부담이 있을지를 결정합니다."

"에릭은 IT에서 그런 유형의 결정을 어떻게 내렸는지 물어봤습니다." 그때를 기억하며 내가 말했다. "그때도 그랬지만 지금도 저는 잘 모릅니다. 저희가 일을 받아들이기 전에 역량 파악이나 수요 분석을 하지 않는다고 확신합니다. 항상 허둥지둥 지름길로 가려고만 해서 더 많은 애플리케이션이 운영 관점에서 볼 때 취약하다는 의미입니다. 그건 다시 나중에 더 많은 계획되지 않은 작업이 나타나고 급한 불만 끄는 일이 생긴다는 것을 의미하죠. 그래서 계속 그런 일을 반복하고 있습니다."

뜻밖에도 에릭이 말을 끊었다. "설명 잘해줬네, 빌. 자넨 지금 '기술 부채technical debt'를 설명한 걸세. 지름길로 가다 보니 그런 일이 생긴다는 얘기지. 단기적으로 볼 때는 그 말도 일리가 있는 것 같아. 그러나 금융에서의 부채와 마찬가지로 복리 이자 비용은 점점 불어나지. 어떤 조직이 기술 부채를 관리하지 않는다면 조직의 모든 에너지는 이자에 해당하는 계획되지 않은 일의 형태를 지불하는 데 쓰이지."

"알다시피 계획되지 않은 일은 공짜가 아니야." 에릭이 계속했다. "그와는 완전히 반대지. 아주 비싸다는 말이야. 왜냐하면 계획되지 않은 일의 근본이…."

에릭은 누군가가 다음을 이어주길 기다리며 강단에 선 교수처럼 주위를 둘러봤다.

웨스가 마침내 입을 열었다. "계획된 일?"

"정확하네!" 에릭이 밝은 얼굴로 말했다. "그래, 정확히 맞혔네, 체스터. 빌은 비즈니스, IT 운영 프로젝트, 변경 사항, 계획되지 않은 작업이라는 네 가지 유형을 언급했지. 기술 부채로 수행되는 일이라고는 계획되지 않은 작업뿐일 거야!"

"정말 우리 상황처럼 들리네요." 웨스가 고개를 끄덕이며 말했다. 그러고는 에릭을 뚫어지게 쳐다보며 말했다. "그리고 제 이름은 체스터가 아닙니다. 웨스입니다."

"그래, 그럴 줄 알았네." 에릭이 상냥하게 말했다.

에릭은 회의실에 있는 나머지 사람들에게 말했다. "계획되지 않은 일에는 또 다른 부작용이 있다네. 급한 불을 끄는 데 모든 시간을 소비해버리면 계획에 필요한 시간이나 에너지가 거의 남지 않아. 여러분이 하는 일이 반응만 하는 거라면 새로운 일을 받아들일 수 있는지를 알아내는 힘든 정신적 일을 할 충분한 시간이 없지. 그래서 더 많은 프로젝트가 계속 힘들어지고, 각각의 프로젝트에 쓸 시간이 줄어들고, 결국 짧은 시간에 여러 프로젝트를 하려다 보니 상황은 더 나빠지고, 코드는 더 형편없어지고, 문제에 대한 보고나 위임은 더 많아지고, 그러다가 지름길만 더 찾게 되는 거야. 빌이 말했듯이 '나쁜 상황이 끊임없이 반복'되는 거지. IT가 죽음의 소용돌이에 빠지는 거야."

나는 에릭이 웨스의 이름을 엉뚱하게 부르는 것을 보고 혼자 웃었다. 어떤 마인드 게임을 하고 있는지는 잘 모르겠지만 보기엔 흥미로웠다.

확실치 않아서 스티브에게 내가 물었다. "아니라고 말해도 될까요? 제가 사장님께 프로젝트의 우선순위를 매기거나 연기해 달라고 요청할 때마다 사장님께서는 화를 내셨죠. 아니라는 말이 모두에게 허용되지 않는다고 생각하면 저희 모두는 그저 맹목적으로 실패의 길로 행진하는, 그저 명령을 잘 따르는 사람들이 되겠죠. 제 전임자들도 이런 일을 겪은 건 아닌지 궁금합니다."

웨스와 패티가 고개를 살짝 끄덕였다.

크리스도 고개를 끄덕였다.

"물론, 아니라고 할 수 있지." 스티브는 짜증스러운 표정으로 열을 내며 대답했다. 그러고 나서 심호흡을 한 후 다시 말했다. "분명히 말하겠네. 아니라고 말하게! 리더십 팀이 명령만 따르는 사람들이 되게 할 수는 없네. 생각하라고 돈을 주는 거지, 그냥 시키는 대로 하라고 돈을 주는 것이 아닐세!"

스티브는 점점 더 화가 오르는 듯하더니 "회사의 생존이 걸려 있네! 프로젝트의 결과는 회사 전체의 성공 여부를 좌우하네!"라고 말했다.

스티브가 나를 똑바로 바라봤다. "만일 빌, 당신 또는 그 문제에 대해 누군가가 프로젝트 실패를 알고 있다면 그렇다고 말해줬으면 하네. 그리고 이유는 데이터로 말해주게. 공장 코디네이터가 보여줬던 자료 같은 걸 줘봐. 그래야 이유를 알지. 미안해, 빌. 자네를 많이 좋아하네만 단지 자네 직감에 근거해서 아니라고 말하는 것만으로는 충분하지 않아."

에릭은 코웃음을 치며 중얼거렸다. "그거 정말 멋진 말이네, 스티브. 감동적이야. 하지만 자네 문제가 뭔지 알아? 비즈니스 담당자들은 가망 없는 새로운 일을 맡고는 프로젝트 때문에 정신을 못 차리지. 왜 그럴까? 자네들이 실제로 어떤 능력이 있는지 전혀 모르기 때문이야. 자네는 부도 수표만 남발하고 있는 거나 마찬가지야. 통장에 돈이 얼마나 있는지도 모르지. 통장 정리도 하지 않으니까 말이야."

"얘기를 하나 해줄게." 에릭이 말을 이었다. "내가 도착하기 전에 MRP-8 공장이 어땠는지 말해주겠네. 그 불쌍한 놈들은 온갖 말도 안 되는 주문이 담긴 어디선가 나타나는 마닐라 봉투를 받았었지. 비즈니스 조직은 시스템에 있는 기존 모든 작업을 생각도 못 하고 불가능한 날짜에 맞추겠다는 터무니없는 약속을 하곤 했네."

에릭이 계속 말했다. "매일 악몽이었어. 재고가 천장까지 쌓여 있었지. 공장 전체에 WIP를 파악할 체계적인 방법이 있었을까? 젠장, 없었어! 어떤 작업을 하는지는 누가 가장 크게 소리쳤는지 아니면 누가 가장 자주 소리를 질렀는지, 누가 원료 공급자들과 가장 좋은 거래를 할 수 있는지 아니면 누가 최고 경영자의 신뢰를 받고 있는지에 달렸었지."

에릭은 전에 본 것만큼 활기차 보였다. "우리는 제약이 어디에 있는지 알아내면서부터 정신을 차리기 시작했어. 그런 다음 제약을 보호함으로써 제약에 쏟을 시간이 낭비되지 않도록 했지. 그리고 일이 잘 풀릴 수 있도록 모든 것을 했다네."

잠시 가만히 있던 에릭이 이렇게 말했다. "자네 문제를 해결하려면 거절하는 법을 배우는 것 이상을 해야 해. 그건 빙산의 일각이야."

우리는 에릭이 말을 계속하기를 기다리며 그를 바라봤다. 그러나 에릭은 말을 이어가는 대신 일어서서 여행 가방 쪽으로 가더니 가방을 열었다. 가방 안에는 뒤엉킨 옷, 스노클, 쓰레기봉투, 속옷 등이 있는 게 보였다.

가방 속을 계속 헤집던 에릭은 그라놀라 바[2]를 꺼내고 여행 가방을 닫은 후 테이블로 돌아왔다.

에릭은 들고 온 그라놀라 바의 포장을 뜯더니 내용물을 꺼내 입에 넣었고 우리는 에릭의 모습을 그저 지켜보고 있었다.

다른 사람들처럼 얼떨떨한 표정을 한 스티브가 결국 입을 열었다. "에릭, 그거 흥미로운 얘기군요. 계속하세요."

에릭이 한숨을 내쉬었다. "더 할 말이 없어. 내가 말하려던 건 이게 전부야. 내 말을 듣고도 해야 할 일을 알아낼 수 없다면 자네들 중 누구에게도 정말 희망이란 없는 거지."

몹시 화가 난 스티브는 탁자를 툭툭 쳐댔다.

---

2 granola bar. 설탕 · 건포도 · 코코넛 등이 든 귀리 바를 말한다. – 옮긴이

하지만 내 심장은 더욱 빠르게 뛰기 시작했다.

우리가 해야 할 일은 단지 더 나은 우선순위를 정하는 것만이 아니다. 우선순위가 무엇인지는 이미 알고 있다. 불편한 진실이지만 피닉스 문제와 감사 결과를 없애는 것이다. 그러면서 모든 게 잘 돌아가도록 하는 것이다.

제약이 어디에 있는지도 알고 있다. 그건 브렌트다. 브렌트, 브렌트, 브렌트…. 우리는 계획되지 않은 일로부터 브렌트를 보호하려는 조치를 벌써 취했다.

더 많은 사람을 뽑을 수 없다는 것을 알고 있다.

또한 우리 조직의 업무량이 완전히 통제 불능이라는 것도 알고 있다.

내가 아무리 용단을 내려도 시스템에 걷잡을 수 없이 밀려들어 오는 업무량에 그다지 영향을 미치지 못한다. 아무도 싫다고 하지 않았으니 말이다.

우리의 실수는 내게 도달하기 훨씬 전에 만들어졌다. 해당 프로젝트를 수용하면서 크리스가 택할 수밖에 없었던 지름길이 실수를 만들었다.

어떻게 하면 광기를 되돌릴 수 있을까?

어떤 생각이 불현듯 떠올랐다.

좀 더 생각을 해봤다. 터무니없는 소리 같지만 내 논리에 어떤 흠도 없는 것 같았다.

내가 입을 열었다. "스티브 사장님, 제게 생각이 있습니다. 뭐라고 하시기 전에 제 생각을 먼저 끝까지 들어주셨으면 합니다."

그리고 다른 사람들에게 내 생각을 말했다.

제일 먼저 스티브가 입을 열었다. "자넨 아무래도 제정신이 아닌 게 틀림없어"라고 말하면서 처음엔 불신의 표정으로 시작해서 점차 크게 화를 내기 시작했다. "일을 그만하고 싶은가? 우릴 뭐로 보는 거야? 농작물을 재배하지도 않으면서 보조금만 받아 챙기는 감자 농부로 여기는 건가?"

내가 대답하기도 전에 존이 큰 소리로 말했다. "저도 동의합니다. 빌 부서장님 생각은 완전히 잘못된 것으로 보입니다. 마침내 올바른 일을 할 수 있게 불이 붙은 플랫폼을 갖게 됐습니다. 쇠뿔도 단김에 빼라고 했습니다. 지금이야말로 올바른 일을 할 뿐만 아니라 올바른 일을 하는 데 필요한 예산을 확보할 최적의 상황입니다."

존은 손가락으로 일일이 세어가며 줄줄이 말하기 시작했다. "명백한 감사 결과나 실패하면 안 되는 가시성 높은 프로젝트뿐만 아니라 다시 일어나서는 안 되는 운영상의 문제점도 있습니다. 이참에 기름을 들이붓고 필요한 보안 컨트롤을 완벽히 구축해야 합니다."

웨스가 끼어들어 껄껄거리며 존에게 말했다. "환장하겠네! 존이라면 빌의 생각을 좋아할 줄 알았어. 그러니까 내 말은…. 자넨 일을 끝내지 못하게 막고 거절하는 걸 좋아하잖아, 그렇지? 그렇다면 이건 자네 꿈이 실현되는 거라고!"

얼굴이 시뻘겋게 달아오른 존이 신랄한 답변을 준비하는 듯 보였다. 하지만 웨스는 큰 고깃덩어리 같은 손을 존의 어깨에 얹고 웃으면서 말했다. "이봐, 농담이야, 농담. 알았지? 그냥 농담한 거라고."

모든 사람이 한꺼번에 얘기를 시작하자 에릭이 갑자기 일어나서 그라놀라 바 포장지를 구기더니 회의실 반대편에 있는 휴지통에 던졌는데 제대로 맞추지 못했다. 에릭은 다시 의자에 몸을 기대며 말했다. "빌, 자네 제안엔 빈틈이 없는 것 같아."

에릭이 존을 바라보며 말을 이어갔다. "지미, 기억하지? 목표는 단순히 수행해야 할 업무의 수를 늘리는 것이 아니라 전체 시스템의 처리량을 늘리는 거야. 믿을 만한 업무 시스템이 없다면 왜 내가 자네의 보안 통제 시스템을 믿어야 하지? 아, 뭐. 완전히 시간 낭비지."

존은 어리둥절해하며 에릭을 돌아봤다. "뭐라고요?"

에릭은 한숨을 쉬며 눈을 굴렸다. 존에게 대답하는 대신 스티브에게 시선을 돌렸다. "스티브는 공장 관리를 오래 했지. WIP가 충분히 완성돼 공장을 떠날 때까지 재료 배포를 동결하는 걸로 생각해봐. 시스템을 제어하려면 움직이는 부품 수를 줄여야 해."

이해하지 못했다는 표정의 스티브를 보고 에릭은 의자에서 몸을 앞으로 내밀며 날카롭게 물었다. "자, 스티브. 현재 MRP-8 공장을 관리하고 있고 천장까지 재고가 쌓여 있다고 상상해봐. 작업을 추가하며 공장 바닥에 자재를 갖다 놓는 걸 중단하면 어떻게 될까?"

질문 대상으로 지목된 것에 놀란 스티브가 잠시 생각하는 듯했다. "공장 내 WIP 양이 감소하겠죠. 작업이 완제품으로 공장을 떠나기 시작할 테니까요."

"맞아." 에릭은 만족스러운 듯이 고개를 끄덕이며 말했다. "그러면 납기일 실적은 어떻게 될 것 같나?"

"WIP가 내려갔으니 납기일 실적은 올라가겠죠." 스티브는 에릭이 자신을 어디로 이끌려고 하는지 의아해하며 꺼리는 표정으로 말했다.

"그래, 아주 좋아." 에릭이 격려하듯 말했다. "그렇지만 반대로 공장이 주문을 계속 받아들이면서 새로운 작업을 배포하면 재고는 어떻게 되겠나?"

잠시 후 스티브가 대답했다. "WIP가 올라가죠."

"훌륭해." 에릭이 말했다. "그런데 납기일 실적은 어떻게 되지?"

결국 스티브는 먹지 못하는 음식을 목구멍에 넘긴 것 같은 표정으로 이렇게 답했다. "제조업에서 WIP가 증가하면 납기일 실적은 감소합니다. 다들 알고 있는 사실이죠."

"아! 잠깐만." 스티브가 에릭을 노려보며 말했다. "실제로 이게 IT에도 적용된다는 건 아니겠죠? 피닉스를 제외한 모든 작업을 중단해서 IT 분야의 WIP 양을 줄이면 어찌어찌 납기일 실적이 향상된다는 얘깁니까? 정말 그렇게 생각하는 건가요?"

에릭은 스스로 만족한 듯 의자에 다시 몸을 기댔다. "그렇지."

웨스가 말했다. "그렇게 되면 우리 대부분은 할 일 없이 손가락만 빙빙 돌려야 하는 거 아닌가요? 자리만 지키고 앉아 있을 IT 운영 부서 직원이 130여 명이나 됩니다. 그거, 낭비 같지 않나요?"

에릭이 비웃으며 말했다. "낭비가 뭔지 말해주지. 천 개 이상의 변경 사항을 완료할 수 있는 뚜렷한 방법 없이 시스템에 둥지를 틀게 하는 건 어떻게 생각하나?"

웨스가 눈살을 찌푸렸다. 그러고는 고개를 끄덕이며 말했다. "그렇네요. 패티의 변경 사항 게시판의 카드 수가 계속 증가하고 있으니까요. 만약 그게 WIP라면 확실히 통제할 수 없을 정도로 소용돌이치고 있는 거죠. 아마 몇 주만 지나면 카드가 천장까지 쌓일 거예요."

내가 고개를 끄덕였다. 에릭의 말에 일리가 있다.

내 아이디어는 IT 운영과 개발 부서가 2주 동안 신규 프로젝트를 수용하지 않고 피닉스 관련 업무를 제외한 모든 IT 운영 업무를 중단한다는 것이었다.

주위를 둘러보며 내가 말했다. "가장 중요한 프로젝트 하나만 2주 동안 수행하는데도 여전히 큰 차이를 만들지 못한다면 우리 모두 새로운 일자리를 찾아야 한다고 생각합니다."

크리스가 고개를 끄덕였다. "한번 해보는 게 좋을 것 같습니다. 진행 중인 다른 프로젝트는 계속하겠지만 피닉스를 제외한 모든 배포 작업은 동결하죠. 빌 부서장님이 볼 땐 우리가 그 일만 하는 것처럼 보일 겁니다. 그래요, 피닉스가 모두의 최우선 과제가 됩니다."

패티와 웨스가 동의한다는 뜻으로 고개를 끄덕였다.

존은 팔짱을 꼈다. "제가 이런 미친 제안을 지지할 수 있을지 모르겠네요. 첫째, 저는 이런 일을 원격으로라도 하는 조직을 본 적이 없습니다.

둘째, 그렇게 하면 감사 문제를 다 해결할 수 없을까 봐 매우 우려됩니다. 스티브 사장님께서 이미 말씀하셨듯이 감사 결과가 회사를 죽일 수도 있거든요."

"자네 문제가 뭔지 아나?" 에릭이 존을 향해 손가락질하며 말했다. "자넨 엔드 투 엔드end-to-end 비즈니스 프로세스를 본 적 없을 거야. 내가 장담하지. 자네가 구현하고 싶은 많은 컨트롤은 필요조차 없는 거네."

존이 말했다. "뭐라고요?"

에릭이 다시 존의 질문을 무시했다. "지금은 걱정하지 말게. 피할 수 없는 일이 일어나도록 놔두면 우리가 거기서 무엇을 배울 수 있는지 알게 될 거야."

스티브가 존을 향해 고개를 돌렸다. "보안과 관련한 자네의 우려는 이해하네. 그러나 회사의 가장 큰 위험은 해결되지 않은 감사 결과가 아니라 우리가 살아남지 못한다는 걸세. 피닉스로 다시 경쟁 우위를 차지해야 해."

스티브는 잠시 말을 멈췄다가 이어갔다. "피닉스 프로젝트를 일주일만 동결하고 피닉스 상황에 어떤 영향이 생기는지 한번 지켜보세. 효과가 없으면 개선 작업에 다시 집중하고 말이야. 알겠지?"

마지못해 고개를 끄덕이는 존이 3링 바인더의 페이지를 획획 넘겨 몇 가지 메모를 했다. 어쩌면 스티브의 약속을 기록하고 있을지도 모른다.

"스티브 사장님, 그러려면 사장님 도움이 필요합니다." 내가 말했다. "저희 직원들은 회사의 관리자들이 좋아하는 프로젝트를 하느라 여기저기 끌려다녔습니다. 사장님께서 회사 전체에 이메일을 발송해 이 일을 하는 이유와 시스템에 무단으로 일을 넣었을 때의 결과를 설명하셨으면 합니다."

에릭도 공감한다는 표현을 했다.

"그렇게 하지." 스티브가 재빨리 대답했다. "회의 후에 여기 있는 자네들에게 초안을 보내겠네. 수정 의견을 주면 반영해서 회사의 모든 관리자에게 이메일을 보내겠네. 그 정도면 되겠나?"

나는 불안한 감정을 억누르며 애써 말했다. "네."

잠시 후 우리는 동의한 내용에 놀랄 수밖에 없었다. IT 운영 부서는 피닉스 작업을 제외한 모든 업무를 동결시켰다. 개발 부서는 20개가 넘는 비(非)피닉스 프로젝트를 가만히 놀릴 수 없지만 모든 배포를 동결시킬 것이다. 다시 말해 앞으로 2주 동안 개발 부서에서 IT 운영 부서로 어떤 작업도 흘러가지 않을 것이다.

그뿐만 아니라 개발 부서가 운영 과정에서 문제 있는 애플리케이션이 만드는 계획되지 않은 작업의 수를 줄일 수 있도록 우선순위가 높은 기술 부채를 식별할 수 있을 것이다.

그렇게 되면 우리는 팀의 업무 부하에 큰 변화를 가져올 수 있다.

게다가 크리스와 커스틴은 진행하지 않는 모든 피닉스 작업을 검토하고 다른 프로젝트에서 자원을 빼내 작업에 투입할 수 있다.

계획을 실행에 옮긴다는 생각에 다들 기운이 넘치고 흥분한 것 같았다. 심지어 존까지 기대하는 눈치였다.

모두 자리를 뜨기 전에 스티브가 말했다. "오늘 좋은 생각과 여러분에 관한 얘기를 공유해 줘서 고맙네. 이제는 자네들을 더 잘 알게 된 것 같아. 그리고 빌의 말도 안 되는 프로젝트 동결 아이디어는 효과가 있을 수 있다고 생각하네. 이번 결정이 팀이 내릴 많은 훌륭한 결정 중 첫 번째가 되기를 기대하네."

"누누이 말했듯이 내 목표 중 하나는 모두가 서로를 믿을 수 있는 팀을 만드는 것이네." 스티브가 말을 이어갔다. "다행히 바라던 방향으로 작은 걸음을 내디뎠고 앞으로도 자네들이 솔직하고 진실한 소통을 계속 이어가길 바라네."

회의실을 둘러보며 스티브는 "그동안 내가 해줬으면 하는 게 더 있나?" 라고 물었다.

아무 요청이 없자 회의를 마쳤다.

모두가 나가려고 일어나자 에릭은 큰 소리로 말했다. "빌, 수고했어. 나라면 그렇게 못했을 거야."

20장

• 9월 26일 금요일

사흘 후 나는 자리에 앉아 노트북으로 커스틴이 보내준 피닉스 진행 상황 보고서를 읽으려고 했다. 노트북이 윙윙대며 시끄러운 소리를 냈다. 존의 보안 패치가 노트북을 무용지물로 만든 지 몇 주가 지났는지 문득 궁금해졌다.

교체용 노트북을 얻는 건 복권에 당첨되는 것과 다름없다. 마케팅 매니저 하나가 서비스 데스크 담당자에게 뇌물을 건네라는 팁을 줬다. 꽤 끌리는 방법이지만 새치기를 하고 싶진 않았다. 규칙을 만들고 시행하는 책임을 지는 사람으로서 편법을 쓸 수는 없다. 나는 노트북 교체에 걸리는 시간을 줄여야 하는 긴급한 필요성에 대해 패티와 얘기해야 한다는 메모를 작성했다.

드디어 이메일이 열렸다.

발신: 커스틴 핑글

수신: 스티브 마스터스

참조: 빌 팔머, 크리스 앨러스, 사라 몰튼

날짜: 9월 26일 오전 10시 33분

주제: 프로젝트 전선에 관한 기쁜 소식!

스티브 사장님.

드디어 진전이 있습니다. 프로젝트 동결로 IT 자원을 피닉스에 집중하면서 난관을 타개할 수 있었습니다. 지난 7일간 성취한 일이 한 달 내내 한 것보다 훨씬 더 많았습니다.

모든 팀원에게 영광을 돌립니다!

참고로 프로젝트 스폰서들이 프로젝트 보류 때문에 매우 초조해하고 있습니다. 특히 사라 몰튼은 자신의 프로젝트가 동결에서 제외됐다고 믿고 있습니다. 그래서 사장님 말씀을 전달했습니다.

첨부된 파일은 정식 현황 보고서입니다. 궁금한 점이 있으면 알려주십시오.

커스틴

사라가 다시 말썽이라는 생각에 어금니를 꽉 물긴 했지만 이메일의 내용은 정말 환상적이었다.

물론 그럴 거라고 예상했다. 그래도 좋은 소식은 언제나 환영이다. 특히 이번 주 초의 일을 겪은 후라 더욱 그랬다. 심각도 1급 장애 때문에 모든 내부 전화와 음성 메일 시스템이 작동하지 않아 분기 마지막 날에 판매와 제조 부서가 마비되면서 커다란 차질을 빚었다.

다운된 지 두 시간 만에 원인을 파악했다. 네트워크 공급 업체 중 하나가 실수로 운영 중인 전화 시스템을 변경하는 바람에 문제가 발생한 것이다.

중단 사태가 분기별 매출에 타격을 입히겠지만 아직 얼마인지는 알 수 없다. 이런 일이 재발하지 않게 하려고 중요한 시스템의 무단 변경 여부를 감시하는 모니터링 프로젝트를 함께 진행하고 있다.

모니터링 프로젝트는 웨스, 패티, 존이 패티의 회의 테이블에 옹기종기 모여 얘기하던 주제다.

"방해해서 미안하지만 좋은 소식을 전하고 싶어서 말이야." 그들에게 커스틴의 이메일을 보여줬다.

웨스가 몸을 뒤로 젖히며 말했다. "어, 그게 진짜로 됐네. 빌의 프로젝트 동결이 실제로 효과가 있다는 말이잖아요."

패티는 놀란 듯 웨스를 쳐다봤다. "진짜 의심했어? 이런, 우리 둘 다 사람들이 이렇게 집중하는 걸 본 적이 없다고 얘기했었잖아. 프로젝트 동결이 우선순위 때문에 생긴 갈등과 나쁜 멀티태스킹을 줄일 수 있었다는 것이 놀랍기는 해. 운영 시스템에 큰 변화를 가져온 거야."

웨스가 어깨를 으쓱하더니 웃었다. "커스틴이 우리를 칭찬하기 전까지는 그냥 생각만 하고 있었지."

웨스의 말도 일리가 있다. 커스틴이 우리가 이뤄낸 진전을 인정한 것은 정말 멋진 일이다.

"그런데 말이야." 패티가 말했다. "비즈니스 매니저들이 겁을 먹고 있다는 건 농담이 아니야. 나한테 전화하는 VP들이 점점 많아지고 있어. 전부 자기네들의 다양한 프로젝트는 예외로 해달라거나 목록에는 넣지 말아 달라는 거지. 사라만 그러는 게 아니야. 사라는 그저 가장 노골적인 목소리를 냈을 뿐이야."

나는 눈살을 찌푸렸다. "좋아, 그것도 우리 일의 일부지. 그럴 거라고 예상했어. 하지만 우리 직원들에게 이런 압력이 들어오는 건 원치 않는데…. 웨스?"

"팀원들에게 말해놨어요. 어떤 불만이라도 들어오면 나한테 돌리라고 말이에요. 불만을 제기한 사람들한테 일일이 전화해서 한바탕해줄 테니 지켜보라고요." 웨스가 말했다.

패티는 "프로젝트 동결을 해제하고 나면 어떻게 해야 할지 벌써 걱정이 돼요. 수문을 여는 꼴이 되지 않을까요?"라고 말했다.

다시 한번 패티가 중요한 점을 지적했다. "내가 에릭에게 전화해볼게. 먼저 확인할 게 있어. 현재 우리가 일의 우선순위를 어떻게 정하고 있지? 프로젝트, 변경 사항, 서비스 요청 또는 기타 작업을 할 때 언제 무엇을 할지 어떻게 결정하고 있지? 우선순위가 상충하면 어떻게 하지?"

"그런 일은 매일 있어요!" 웨스는 당연한 걸 왜 묻느냐는 표정으로 말했다. "하나만 살려두고 나머지 모든 프로젝트를 동결한다는 게 대단한 이유가 바로 그거죠. 아무도 무엇을 할지 결정할 필요가 없거든. 멀티태스킹이 허용되지 않으니까요."

"내 질문은 그게 아니야." 내가 말했다. "여러 가지 일을 동시 진행할 때 주어진 시간 안에 어떤 일부터 완료해야 할지를 어떻게 결정하는지 묻는 거야."

"음," 웨스가 말했다. "사람들이 가진 자료에 근거해서 올바른 결정을 내릴 거라고 믿는 거죠. 그래서 똑똑한 사람을 채용하는 거고요."

그러면 안 되는데….

프로젝트를 동결하기 전에 브렌트를 20분 동안 관찰했던 걸 회상하면서 물었다. "그렇다면 웨스가 말한 똑똑한 사람들이 우선순위를 결정하는 기초 데이터는 뭐지?"

웨스는 방어적으로 말했다. "우리 모두 상충하는 우선순위를 잘 조율하려고 최대한 노력합니다. 그게 인생 아닌가요? 우선순위는 항상 바뀌기 마련이지요."

"솔직해지자고." 패티가 웨스를 보며 말했다. "최고 우선순위는 소리를 가장 잘 지르는 사람이에요. 그다음은 고위 간부에게까지 일을 확대할 수 있는 사람이죠. 상황이 달라질 때도 있긴 해요. 하지만 우리 직원들이 특정 매니저의 요청을 항상 우선시하는 걸 자주 봤어요. 해당 매니저가 한 달에 한 번씩 점심을 사주거든요."

정말 끝내주는군. 몇몇 기술자들이 괴롭힘을 당하는 상황에 〈M*A*S*H[1]〉의 맥스 클링거 하사[2] 같이 자신만의 IT 업무 속에서 암시장을 운영하는 기술자들이 있다니 기가 찰 노릇이다.

"만약 그게 사실이라면 프로젝트 동결을 해제할 방법이 없어. IT 부서로 업무를 릴리스하면 그 일이 제대로 완료될 거라고 믿을 수 없다는 걸 몰라?"

목소리에 체념이 묻어나지 않게 하려고 애쓰며 말했다. "패티가 옳아. 프로젝트 동결을 끝내기 전에 해결할 일이 많겠군. 정확히 일주일 뒤인데 말이야."

잠시 밖으로 나가 산책을 하기로 했다. 30분가량 남은 다음 회의에 들어가기 전에 생각할 시간이 필요했다.

나는 어느 때보다도 불안했다. 시스템에 두 개 이상의 프로젝트가 동시에 있을 때 업무가 방해받거나 비즈니스 부서의 대부분 인원이 IT 부서의 누군가에 의해 우선순위가 조작되는 걸 어떻게 막을 수 있을까?

머리 위로 햇살이 쏟아져 내렸다. 오전 11시였다. 가을 냄새가 물씬 풍겨 왔다. 오렌지색과 갈색으로 알록달록 변한 나뭇잎들이 주차장에 수북이 쌓여 있었다.

조바심이 나긴 했지만 해야 할 일이 무엇이고 우선순위는 어떻게 정해야 하며 어떤 방식으로 릴리스해야 하는지를 고민할 수 있다는 것이 행복했다. 그리고 IT 분야에서 내 경력의 대부분을 차지했던 끊임없는 진화 작업이 지금은 없다는 데 놀랐다.

---

1 미국 CBS 텔레비전 시트콤 – 옮긴이

2 〈M*A*S*H〉에서 여자 옷을 입고 연기하는 맥스 클링거 하사로 미국 TV나 영화에서 코미디언이자 배우인 제이미 파르(Jamie Farr)를 말한다. – 옮긴이

최근에 해결해야 할 문제의 유형은 그야말로…. 지적인 문제였다.

경영학 석사 학위를 받았을 때만 해도 그런 지식이 경영의 전부라고 생각했었다.

우리가 생각을 잘한다면 진정한 변화를 만들 수 있다고 확신했다. 그 순간 에릭에게 전화해야겠다는 마음이 불쑥 들었다.

"여보세요?" 에릭의 목소리가 들렸다.

"안녕하세요, 빌입니다. 잠깐 얘기 좀 할 수 있을까요? 프로젝트 동결에 관해 몇 가지 질문이 있어서요." 나는 잠시 말을 멈췄다 이어갔다. "아니, 프로젝트 동결을 해제한 후에 일어날 일들에 대해서요."

"음, 때가 됐군. 새로운 큰 문제가 자네 손에 들어왔다는 것을 언제 알아낼지 궁금했다네."

나는 재빨리 에릭에게 커스틴이 보내온 좋은 소식을 알려줬다. 모니터링 프로젝트와 시스템 내 작업을 보호하는 방법을 고려하다가 우연히 발견한 문제점에 대해 개략적으로 설명했다.

"나쁘지 않아, 후배!" 에릭이 말했다. "제약 사항에 대해 우리가 했던 얘기를 확실히 실행에 옮겼고, 제약 사항이 계획되지 않은 일에 부딪히는 것을 막기 위해 자네가 할 수 있는 모든 것을 하고 있군. 자네는 지금 내가 말했던 첫 번째 방법인 계획된 일의 흐름을 어떻게 관리하느냐에 대해 아주 중요한 질문을 하는 거라네. 그렇게 할 수 있을 때까지 자네는 그다지 많은 것을 관리할 수 없어, 그렇지?"

"자네는 일이 실제로 어떻게 돌아가는지 모른다는 것을 깨달았기 때문에 혼란스러운 거야." 에릭이 덧붙였다.

짜증 섞인 한숨이 새어 나오려는 걸 꾹 참았다.

"MRP-8로 한 번 더 가야 할 시간인 것 같군. 얼마나 빨리 올 수 있겠나?"

깜짝 놀란 나는 "지금 시내에 계신가요?"라고 물었다.

"응. 오늘 오후에 반드시 참석해야 하는 회의가 있어. 감사관과 재무 담당자들과의 회의라네. 자네도 참석했으면 해. 완전히 열 받은 존을 보게 될 거야." 에릭이 답했다.

나는 15분 안에 MRP-8로 가겠다고 말했다.

로비 한가운데 서서 나를 기다리는 에릭이 보였다.

에릭의 행색에 놀라 그가 맞는지 두 번이나 확인했다. 낡은 티셔츠 위에 색이 바랜 노동조합 로고가 박힌 지퍼와 후드가 달린 추리닝 차림이었다. 에릭은 이미 방문자 배지를 달고 초조한 듯 발을 까딱거리고 있었다.

"가능한 한 빨리 왔습니다."

끙, 신음을 내뱉은 에릭은 따라오라는 손짓을 했다. 우리는 다시 계단을 올라 공장 바닥이 내려다보이는 캣워크라 불리는 좁은 보행 통로에 섰다.

"뭐가 보이는지 말해 보게." 에릭이 공장 바닥을 가리키며 말했다.

무슨 소리가 듣고 싶은 건지 알 수 없어 혼란스러워하며 아래를 내려다봤다. 눈에 띄는 것부터 말하기 시작했다. "지난번과 마찬가지로 왼쪽 하역장에서 원료가 들어오는 것이 보이고요. 오른쪽에는 다른 하역장을 떠나는 완제품이 보입니다."

놀랍게도 에릭은 만족하는 듯 고개를 끄덕였다. "좋아. 그러면 둘 사이에는 뭐가 보이지?"

발아래 광경을 다시 내려다봤다. 얼간이가 돼버린 느낌이었다. 영화 〈가라데 키드The Next Karate Kid〉에서 미야기Miyagi가 던진 질문에 답하며 가라데를 배우는 꼬마처럼 보이는 게 싫었다. 하지만 만나자고 한 건 나였기에 군말 없이 대답했다. "자재와 진행 중인 작업이 보여요. 왼쪽에서 오른쪽으로 흘러가네요. 그런데 움직임이 눈에 띌 만큼 느려요."

캣워크를 주시하며 에릭이 말했다. "아, 그런가? 무슨 강물처럼?"

에릭은 넌더리 난다는 듯 고개를 가로젓더니 내게로 고개를 돌렸다. "자네 혼자 시 낭송 수업 중인가? 한다는 말이 고작 WIP가 매끄러운 돌 위를 흐르는 물과 같다고? 진지하게 좀 해봐. 공장장이라면 어떻게 대답할 것 같은가? 작업이 어디서 어디로 가고 있지? 이유는?"

난 다시 한번 말했다. "네, 네. 알겠다고요. WIP는 작업장에서 나와 작업장으로 이동합니다. 자재들과 프로세스에 명시된 그대로죠. 그리고 모든 것은 저쪽 책상에 나타난 것처럼 배포된 작업 순서를 따르고 있습니다."

"이제 좀 낫군." 에릭이 말했다. "그런데 공장의 제약 사항이 있는 작업장을 찾을 수 있겠나?"

처음 여기 공장으로 이상한 견학을 왔을 때 에릭이 말해줬던 부분이다.

"열처리 오븐하고 페인트 양생 부스요." 내가 불쑥 말했다.

"저기하고 또…." 공장 바닥을 둘러본 후 마침내 저 멀리 벽 옆에 있는 커다란 기계들을 발견했다. "저기요." 나는 '페인트 부스 #30-A'와 '페인트 부스 #30-B'라는 팻말이 붙은 큰 작업장을 가리키며 말했다.

"좋아. 일의 흐름을 이해하는 것이 첫 번째 방법을 해결하는 열쇠지." 에릭이 고개를 끄덕이며 말했다. 이어 조금 더 엄하게 물었다. "그럼 이제 자네 조직의 제약이라고 생각한 작업장은 어딘지 다시 한번 말해 보겠나?"

미소 지으며 쉽게 대답했다. "브렌트요. 전에도 이런 얘기를 했었죠."

공장 바닥을 돌아보며 에릭이 비웃었다.

"왜요? 아닌가요?" 나는 하마터면 소리칠 뻔했다. "어떻게 브렌트가 아닐 수 있죠? 몇 주 전에 브렌트라고 했을 때는 잘했다고 하셨잖아요!"

"갑자기 브렌트가 자동 열처리 오븐이라고? 자네는 지금 저 밑에 있는 페인트 양생 부스가 브렌트라고 말하는 건가?" 믿을 수 없다는 듯이 에릭이 말했다. "그거 아나? 지금 들은 답변은 내가 들어본 가장 멍청한 말이었어."

에릭이 계속 말했다. "그러면 두 매니저인 체스터와 페넬로페는 어디에 남는 거지? 내가 맞춰보지. 저기에 있는 드릴 프레스 스테이션이나 스탬프 기계와 맞먹는 건가? 아니면 저쪽에 있는 금속 그라인더?"

에릭은 나를 심각하게 쳐다봤다. "좀 더 신중하게 보란 말이야. 나는 자네한테 어떤 작업장이 제약 조건인지 물었어. 자, 생각해봐."

머릿속이 엉망이 된 나는 공장 바닥을 다시 내려다봤다.

브렌트가 답의 일부라는 것을 알고 있다. 하지만 너무 자신 있게 내뱉는다면 에릭은 또다시 나를 혼란에 빠뜨릴 게 분명하다.

에릭은 내가 장비 중 하나를 지목하듯 아무렇지 않게 브렌트의 이름을 댄 것에 화가 난 것 같았다.

열처리 오븐을 다시 봤다. 그제야 눈에 들어오는 것이 있었다. 작업복과 안전모, 고글을 착용한 두 사람이 있었다. 한 명은 컴퓨터 화면 앞에서 펀칭하고 있었고, 다른 한 명은 휴대용 컴퓨터로 뭔가를 스캔하며 팔레트^pallet 위 부품 더미를 검사하고 있었다.

"아!" 나는 떠오른 것을 큰 소리로 말했다. "열처리 오븐이 작업장이고 거기에 인부들이 연관돼 있네요. 제약 조건이 무엇인지 물으셔서 브렌트라고 했는데요. 브렌트는 작업장이 아니기 때문에 틀렸군요."

"브렌트는 작업장이 아니라 직원이니까요"라고 다시 말했다. "그리고 저는 브렌트가 아주 많은 작업장을 지원하는 직원이라고 확신합니다. 그래서 브렌트가 제약 사항이 되는 거죠."

"이제 좀 진전이 있네!" 에릭이 웃었다. 그리고 아래의 공장 바닥을 넓게 가리키며 말했다. "저 아래 있는 모든 작업장의 25%를 브렌트라는 한 사람이 운영한다고 상상해 보게. 그러면 일의 흐름이 어떻게 될까?"

눈을 감고 상상해봤다.

"브렌트는 한 번에 한 작업장에만 있을 수 있어 작업이 제시간에 끝나지 않을 겁니다"라고 말했다. 나는 적극적으로 말을 이어갔다. "그게 바로 저희에게 일어나고 있는 일이죠. 브렌트가 손을 안 대면 이미 계획된 일들도 시작을 못 합니다. 그렇게 되면 저희는 작업을 브렌트에게 확대하면서 브렌트가 하던 일이 무슨 일이든 그만두라고 해야 다른 작업장도 돌아가죠. 누가 브렌트를 다시 간섭하기 전에 변경 사항을 완전히 구현할 수 있게 충분히 오래 일할 수 있다면 우리는 운이 좋은 거죠."

"그렇지!"

에릭이 내 말을 따뜻하게 인정해주는 느낌이 들어 조금 놀랐다.

"분명해." 에릭이 말을 이었다. "모든 작업장은 기계, 사람, 방법, 측정의 4가지로 구성돼 있지. 기계로 열처리 오븐을 생각해봐. 미리 정해진 단계를 실행하는 데 필요한 인력은 두 명이고, 방법의 단계를 실행해서 생긴 결과에 대한 측정이 필요할 거야."

나는 눈살을 찌푸렸다. 이런 공장 관련 용어는 MBA 시절에 익혀서 어렴풋이나마 친숙하다. 하지만 이런 단어들이 IT 분야와 연결될 줄은 몰랐다.

메모할 방법을 찾다가 클립보드를 차에 놓고 왔다는 걸 깨달았다. 주머니를 뒤적였다. 뒷주머니에서 작고 구겨진 색인 카드를 찾았다.

서둘러 적었다. '작업장: 기계, 사람, 방법, 측정.'

에릭이 계속 이어갔다. "물론 이 공장에서는 작업장의 4분의 1이 한 사람에게 달려있진 않아. 그건 말도 안 되는 소리야. 그런데 유감스럽게도 자네들은 한 사람에게 의지하지. 브렌트가 휴가를 가면 모든 작업이 중단될 수밖에 없어. 브렌트 한 사람만 특정 단계를 완료할 수 있어서야. 방법이 있다는 사실도 브렌트만 알고 있었을걸?"

신음이 새어 나오는 것을 참지 못하고 고개를 끄덕이며 내가 말했다. "맞습니다. 브렌트가 교통사고라도 나면 완전히 망하는 거라며 매니저들이 불평하는 것을 들었습니다. 브렌트의 머릿속에 뭐가 들었는지는 아무도 모르죠. 그래서 3단계 위임 체계를 갖춘 것입니다."

중단 사태가 발생했을 때 계획하지 않은 작업으로 브렌트가 방해받지 않게 하려고 그에게 일이 확대되지 않도록 내가 한 일을 설명했다. 또한 계획된 변경 사항에 대해서도 어떻게 같은 일을 시도했는지 재빨리 설명했다.

"좋아." 에릭이 말했다. "브렌트의 일을 표준화하고 있군. 그래야 다른 사람들도 실행할 수 있을 테니 말이야. 게다가 단계들을 문서화할 수 있어서 어느 정도 일관성과 품질을 유지할 수 있겠지. 자넨 브렌트가 필요한 작업장의 수를 줄일 뿐만 아니라, 그중 일부를 자동화할 수 있는 문서를 작성하고 있는 거네."

에릭은 계속해서 말했다. "그건 그렇고, 자네가 이번 일을 끝내기 전까지는 브렌트가 계속 자네의 제약 조건으로 남을 거야. 브렌트처럼 유능한 사람을 더 고용한다고 해도 달라지는 건 없어. 자네가 고용하는 사람은 누구나 주변만 서성댈 거라는 말이지."

명확히 이해한 나는 고개를 끄덕였다. 웨스가 말한 그대로다. 웨스는 브렌트 같은 사람을 더 고용해서 추가 인력을 확보했음에도 불구하고 처리량을 늘리지 못했다.

머릿속 조각들이 제자리를 찾자 갑자기 흥분됐다. 에릭은 내가 깊이 품고 있던 직관을 몇 가지 확인해줬고, 왜 그것들을 믿는지에 대해 기초 이론을 제시했다.

그러나 기쁨은 오래가지 못했다. 에릭은 못마땅한 눈빛으로 나를 바라봤다. "자네는 어떻게 프로젝트 동결을 해지할 수 있을지 물었지. 자네 문제는 두 가지를 계속 혼동한다는 거야. 머릿속에서 그것들을 분리할 수 있을 때까지 그냥 제자리걸음만 할 거라고."

에릭이 걷기 시작했다. 서둘러 뒤를 쫓았다. 우린 공장 바닥 한가운데 멈춰 섰다.

"저쪽에 노란색 불이 깜빡이는 작업장 보이나?" 손을 뻗어 한쪽을 가리키면서 에릭이 물었다.

고개를 끄덕이자 에릭이 또다시 주문했다. "자네가 본 걸 말해 봐."

에릭과 정상적인 대화를 하려면 무엇이 필요한지 궁금해하면서 멍청한 연습생 역할을 다시 맡았다. "어떤 기계가 고장이 난 듯합니다. 깜박이는 불빛이 고장 신호인 것 같습니다. 매니저로 보이는 두 사람을 포함해 다섯 명이 기계 옆에 옹기종기 모여 있네요. 모두 걱정스러워 보여요. 세 사람이 더 깊이 웅크리고 앉아 있는데, 제 생각엔 기계 검사 패널을 들여다보는 게 아닌가 하는 생각이 듭니다. 플래시를 들고 있고…. 아, 드라이버도 갖고 있네요. 확실히 기계 고장이네요."

"훌륭한 추측이야." 에릭이 말했다. "아마 작동이 중단된 전산화된 그라인더일 거야. 정비팀은 다시 작동되도록 작업하는 거고 말이야. 만약 저 아래 있는 모든 장비를 브렌트가 고쳐야 한다면 어떻게 될까?"

나는 웃었다. "모든 중단 사태는 즉시 브렌트로 확대되겠죠."

"그래." 에릭이 말을 이었다. "자네의 첫 질문부터 시작하지. 프로젝트 동결이 해제될 때 안전하게 해제할 수 있는 프로젝트는 무엇인가? 특정 작업장을 통해 업무가 어떻게 흘러가고 어떤 작업장에는 브렌트가 필요하고 어떤 작업장은 필요하지 않다는 것을 알고 있다면 답은 뭐라고 생각하나?"

나는 에릭이 방금 한 말을 천천히 되풀이하면서 대답을 생각해내려 했다.

"알 것 같아요." 웃으며 말했다. "릴리스해도 안전한 후보 프로젝트는 브렌트가 필요 없는 프로젝트입니다."

내 답을 들은 에릭이 "빙고! 꽤 간단하지?"라고 말하자 난 더욱 활짝 웃었다.

그러나 에릭의 말에 숨은 뜻을 알아차리고 얼굴에서 미소가 사라졌다. "잠깐만요, 브렌트가 필요 없는 프로젝트를 어떻게 알죠? 일을 반쯤 마칠 때까지는 브렌트가 실제로 필요한지 제대로 알 수 없거든요!"

에릭이 나를 노려보자 질문한 것을 즉시 후회했다. "자네가 너무 어수선해서 스스로 알아낼 수 없으니 내가 전부 답을 해줘야 하나?"

"죄송합니다. 제가 알아내겠습니다." 내가 재빨리 말했다. "브렌트가 실제 필요한 작업이 무엇인지 모두 알게 된다면 정말 안심될 거예요."

"당연하지"라고 에릭이 말했다. "지금 자네가 만드는 건 IT 운영 부서에서 하는 모든 작업에 대한 명세서야. 하지만 틀이나 나사 및 바퀴 같은 부품 또는 하위 부품 목록을 만드는 대신 노트북 모델 번호, 사용자 정보 상세, 필요한 소프트웨어 및 라이선스, 설정, 버전 정보, 보안 및 용량, 지속성 요구 사항 등등 작업을 완료하기 전에 필요한 모든 필수 구성 요소를 목록으로 만드는 거라고."

에릭은 하던 말을 중단하고 이렇게 말했다. "글쎄, 좀 더 정확히 말하자면 자넨 실제로 자원 명세 같은 것을 만드는 거야. 작업장과 작업 목록을 표현한 명세 말이야. 일단 만들고 나면 작업 순서와 자원과 함께 자네의 수요와 공급 여력이 무엇인지 이해할 수 있을 거야. 그렇게 되면 자네는 드디어 새로운 일을 받아들이고 실제로 해당 업무를 계획할 수 있는지를 알게 될 걸세."

신기하게도 거의 알 것 같았다.

질문 몇 가지를 더 하려는데 에릭이 말했다. "자네의 두 번째 질문은 모니터링 프로젝트를 시작하는 것이 안전한가 여부였지. 브렌트가 필요 없다는 걸 이미 확인하지 않았나. 게다가 이번 프로젝트의 목적은 중단 사태를 방지하는 거야. 브렌트로 확대되는 것을 방지하는 것과 같다고 설명했지. 중단 사태가 일어나면 문제 해결에 필요한 브렌트의 시간을 줄여야 할 거야. 자넨 이미 제약 조건을 파악해서 최대한 쥐어 짜냈고 일의 흐름을 제약 사항보다 많이 경시했지. 그러면 모니터링 프로젝트가 얼마나 중요하겠나?"

나는 잠시 생각했다. 그리고 답이 명확해서 신음이 새어 나왔다.

손가락으로 머리를 훑으며 말했다. "조금 전에 말씀하시길 저희가 항상 제약 사항을 확대할 방법을 찾아야 한다고 하셨는데요. 그건 제가 브렌트를 더 많이 활용하려면 필요한 모든 것을 해야 한다는 뜻이잖아요. 그게 바로 모니터링 프로젝트가 하는 일이군요!"

이런 생각을 왜 이제야 하게 됐는지 믿을 수 없었다. "모니터링 프로젝트는 아마도 우리가 가진 가장 중요한 개선 프로젝트일 겁니다. 프로젝트를 바로 시작할 필요가 있네요."

에릭은 "바로 그거지"라고 말했다. "예방 업무의 전면적인 확대는 린 커뮤니티가 수용한 TPM^Total Productive Maintenance 같은 프로그램의 핵심이야. TPM은 우리가 유지 보수를 확대함으로써 기계의 가용성을 보장하는 데 필요한 모든 것을 해야 한다고 주장하지. 나의 스승 중 한 분이 말씀하신 것처럼 '일상 업무를 개선하는 것이 일상 업무를 하는 것보다 훨씬 더 중요'하지. 세 번째 방법은 우리가 지속적으로 시스템에 긴장감을 불어넣어 습관을 강화하고 뭔가를 개선하도록 하는 것이야. 복원공학^Resilience engineering은 정기적으로 시스템에 결함을 주입해 고통을 덜 받도록 해야 한다고 말하지."

"마이크 로더 선생은 뭔가를 개선하고 있는 한 개선 대상이 무엇이냐는 거의 문제 되지 않는다고 말해. 왜냐고? 개선하지 않으면 엔트로피^entropy는 실제로 나빠지고, 그로 인해 오류 제로, 업무 관련 사고 제로, 손실 제로로 가는 것을 보장하지 않기 때문이야."

갑자기 너무나 확실하고 명백해졌다. 당장 패티에게 전화를 걸어 모니터링 프로젝트를 시작하라고 말해야 할 것 같았다.

에릭은 말을 계속 이어갔다. "로더 선생은 이걸 개선 카타^{Improvement} ^{Kata}라고 부르지. 로더 선생은 반복이 습관을 낳고, 습관이 명인의 경지에 이르게 해준다는 것을 이해했기 때문에 카타라는 말을 사용했어. 스포츠 훈련이든 악기를 배우든 아니면 특수부대 훈련을 하든 연습과 반복만큼 좋은 건 없어. 매일 5분씩 연습하는 것이 일주일에 한 번 3시간씩 연습하는 것보다 낫다는 연구 결과도 있지. 진정한 개선 문화를 만들려면 그런 습관을 만들어야 해."

공장 바닥을 향해 돌아서면서 에릭은 계속했다. "가기 전에 작업장에서 작업장들 사이의 모든 공간으로 주의를 돌아보게. 업무 릴리스의 속도 조절만큼 중요한 것이 이관^{handoffs} 과정을 관리하는 거야. 지정된 자원의 대기 시간은 리소스가 사용 중인 퍼센트를 리소스가 유휴 상태인 퍼센트로 나눈 값이야. 만약 자원이 50% 활용되면 대기 시간은 50/50 또는 1단위야. 자원이 90% 활용되면 대기 시간이 90/10으로 9배 이상 길어지지. 그러면 자원이 99% 활용된다면?"

무슨 관련이 있는지 쉽게 이해할 수 없었지만 머릿속으로 계산해봤다. 99/1이다. 내가 "99요"라고 말했다.

"맞아. 자원이 99% 활용되면 50% 활용될 때보다 99배 더 기다려야 해."

에릭이 몸짓을 크게 했다. "두 번째 방법에서 중요한 부분은 대기 시간을 가시화해 자네 업무가 누군가의 대기 줄에 며칠씩 있는지 아는 거야. 설상가상으로 모든 부품이 없거나 재작업이 필요해서 업무가 뒤로 밀려야 하는 것도 알게 되는 거지."

"우리 목표는 흐름의 극대화라는 것을 기억하게. 여기 MRP-8 공장에서는 몇 년 전 최종 조립 라인에 어떤 부품 하나가 제때 나타나지 않는 상황이 있었지. 자원이 부족했기 때문이었을까 아니면 특정 업무가 너무 오래 걸렸기 때문이었을까?"

"둘 다 아니야! 실제로 공장 바닥에 있는 부품들을 따라다녀 보니 해당 부품이 대부분의 시간 동안 그저 대기하고 있던 걸 알게 됐지. '실작업 시간$^{touch\ time}$'은 '전체 공정 시간'의 극히 일부라는 말이야. 원료 공급 담당자들은 부품을 찾으려고 산더미 같은 부품들을 뒤져서 해당 부품을 작업장으로 밀어 넣어줘야 했지." 에릭은 믿을 수 없다는 듯이 말했다.

"그게 바로 자네 공장에서 일어나고 있는 일이니 잘 지켜보게."

나는 고개를 끄덕이며 말했다. "에릭, 전 아직도 모니터링 프로젝트를 풀지 못하고 있어요. 사람들은 항상 자기들의 특별한 프로젝트가 시급하다며 다른 모든 것을 희생해서 그 일을 해달라고 하죠. 존이 외치고 있는 긴급 감사와 보안 개선 프로젝트는 모두 어디에 들어가야 할까요?"

에릭이 내 얼굴을 뚫어지게 쳐다보다가 마침내 입을 열었다. "지난 2주 동안 내가 한 말을 한마디라도 들었나?"

에릭은 시계를 보더니 말했다. "가야 하네."

깜짝 놀란 나는 캣워크 출구로 빠르게 걸어가는 에릭을 지켜봤다. 걸음으로는 따라잡을 수 없는 속도였다. 에릭은 몸집이 제법 큰 사내다. 나이는 쉰 살이 조금 넘었을 것이다. 체중이 꽤 많이 나가는 것에 비해 움직임이 아주 빨랐다.

마침내 에릭을 따라잡고 나서 물었다. "잠시만요. 감사 문제가 수정해야 할 만큼 중요하지 않다는 말씀인가요?"

"난 그런 말을 한 적이 없네." 에릭은 갑자기 멈춰 서서 나를 마주 봤다. "관련 법규를 준수하는 기업의 능력을 위태롭게 한다고? 그건 고치는 게 좋을 거야. 그렇지 않으면 자네가 해고돼야지."

돌아서서 걸음을 재개한 에릭이 어깨 너머로 말했다. "말해봐. 자네 회사의 CISO인 지미가 추진 중인 모든 프로젝트 말이야. 지미의 프로젝트가 IT 조직을 통하는 프로젝트 작업의 흐름을 증가시키나?"

"아니요." 에릭의 걸음을 따라잡으려고 다시 서두르며 재빨리 대답했다.

"운영 안정성을 높이거나 중단 사태 또는 보안 침해를 감지하고 복구하는 데 걸리는 시간을 단축하나?"

나는 좀 더 오래 생각했다. "아마 아닐 겁니다. 그중 많은 것이 바쁘기만 하고 쓸데없는 작업이에요. 그들이 요청하는 작업은 대부분 위험하고 실제로 중단 사태를 일으킬 수도 있죠."

"그런 프로젝트들이 브렌트의 역량을 키워주나?"

나는 멋쩍게 웃어 보였다. "아니요, 그 반대입니다. 감사 문제만으로도 앞으로 1년간 브렌트를 묶어둘 수 있을 겁니다."

"그러면 지미의 프로젝트를 모두 하는 게 WIP 레벨에 어떤 영향을 미칠까?" 계단으로 연결되는 문을 열면서 에릭이 물었다.

격분한 나는 계단을 두 개씩 내려가면서 말했다. "WIP 레벨이 또다시 치솟겠죠."

계단 끝에 이르자 에릭은 갑자기 멈춰서서 물었다. "그렇군. 이런 '보안' 프로젝트는 프로젝트 처리량을 낮추고 전체 비즈니스에 대한 제약이 되네. 그리고 자네 조직에서 가장 제한된 리소스를 집어삼키지. 그렇다고 확장성, 가용성, 생존성, 지속 가능성, 보안성, 지원성, 또는 조직의 방어성 등에 도움 되는 것도 아니야."

진지한 표정으로 에릭이 물었다. "그렇다면 천재 양반, 지미의 프로젝트를 하는 게 자네한테는 시간을 잘 활용하는 것처럼 들리는가?"

내가 대답하기 시작했을 때 에릭은 출구 문을 열고 나가버렸다. 분명히 수사적인 질문이었다.

21장

• 9월 26일 금요일

제한 속도를 모두 어기고 달렸는데도 불구하고 2호 건물에서 열리는 감사 회의에 20분이나 늦었다. 회의실에 들어서자마자 얼마나 많은 사람으로 꽉 차 있던지 기가 막힐 지경이었다.

정치적 뉘앙스로 가득 찬 이권이 큰 회의라는 것이 명확해 보였다. 딕과 우리 회사 변호사는 상석에 있었다.

반대편에는 외부 감사관들이 있었는데 이들은 재무 보고 오류와 분식 회계를 발견하는 데 법적 책임이 있지만 여전히 우리를 고객으로 유지하고 싶어 한다.

딕과 그의 팀은 감사관들이 찾아낸 모든 것이 진정한 오해라는 것을 보여주려고 노력할 것이다. 진지해 보이면서도 소중한 시간이 낭비되고 있다는 것에 분개한 듯 보이는 게 그들의 목표다.

정치극에 불과하지만 내 급료를 확실히 상회하는 큰 이권이 달린 정치극이다.

앤과 낸시는 웨스 그리고 어딘가 낯익은 몇몇 사람과 함께 있었다.

그다음으로 존을 발견했지만, 존이 맞는지 확인하려고 두 번이나 다시 봐야 했다.

세상에나, 존의 상태가 끔찍했다. 약을 끊은 지 사흘째인 약물 중독자의 느낌이었다. 금방이라도 방 전체가 자기에게 달려들어 갈기갈기 찢어

놓을 것 같은 표정을 하고 있었다. 어쩌면 정말 그런 일이 일어날지도 모르겠다.

존 옆에는 평온해 보이는 에릭이 있었다.

어떻게 이렇게 빨리 왔을까? 그리고 어디서 카키색 바지와 데님 셔츠로 갈아입었을까? 차 안에서? 걸어오는 동안?

웨스 옆자리에 가서 앉자 웨스가 내 쪽으로 몸을 기울였다. 그러고는 스테이플러로 묶인 서류들을 가리키며 속삭였다. "이번 회의 의제는 저 두 가지 회계 감사 오류와 16가지 중대한 결함을 살펴보는 거래요. 존의 상태를 봤어요? 마치 총살대 앞에서 총알이 날아오길 기다리는 것 같네요."

존의 팔 아래에 있는 땀 얼룩을 보고 나는 생각했다. 맙소사, 존! 힘 좀 내요. 모든 IT 결함이 존재하는 운영 책임자는 나예요. 사실 당신이 아니라 내가 총살대에 서 있는 거라고요.

하지만 존과 달리 나는 모든 것이 잘 될 것이라고 에릭이 끊임없이 확신을 주는 혜택을 누렸다.

그러고 보니 에릭은 여기에 생사가 걸려 있지 않으니 잠깐이지만 나도 존처럼 긴장해야 하는 건 아닌지 고민했다.

5시간 후 회의 테이블은 표시된 서류와 빈 커피잔으로 뒤덮여 있었고, 회의실은 긴장과 열띤 논쟁이 만들어낸 퀴퀴한 냄새로 진동했다.

나는 감사 파트너가 서류 가방을 닫는 소리에 고개를 들었다.

그가 딕에게 말했다. "여기 새로운 데이터를 보면 두 가지 잠재적인 회계 감사 오류에 대해서는 IT 관리가 실제로 해당 범위에서 벗어나 있어 매우 신속하게 해결될 수 있는 것으로 보입니다. 이런 문제를 가능한 한 빠르게 종결하는 데 필요한 문서를 주실 수 있도록 시간을 내주실 것에 대해 미리 감사드립니다."

그러고는 "모든 것을 심사숙고해서 내일이나 모레 결과를 보내드리겠습니다"라고 덧붙였다. "아마도 새로 발의된 프로세스 관련 법적 규제가 제대로 작동하는지 확인하고, 현재 진행 중인 재무제표를 뒷받침할 수 있을지 확인하기 위한 추가 검증 일정을 계획할 수 있을 것 같습니다."

회계 감사 파트너가 자리에서 일어섰을 때 나는 믿을 수 없는 얼굴로 그를 쳐다봤다. 우리가 정말 총알을 피했다. 테이블을 둘러보니 파트 언리미티드 팀도 똑같이 놀란 표정을 하고 있었다.

에릭은 예외였다. 그저 동의한다는 듯이 고개를 끄덕였고 감사관들을 움직이는 데 너무 오래 걸렸다고 짜증이 난 듯했다.

또 다른 예외는 존이었다. 어깨가 축 늘어진 채 앉아 있는 모습이 극도로 혼란스러워 보였다. 갑자기 존의 건강이 걱정됐다.

감사 파트너가 딕과 악수할 때 존을 확인하려고 자리에서 일어나려는데 놀랍게도 에릭이 일어나 감사 파트너를 끌어안았다.

감사 파트너는 "에릭, 오랜만이네요. GAIT와 올란도 이후로 처음이지요?"라고 따뜻하게 말했다. "다시 만날 줄은 알았지만 그게 고객과의 약속 장소가 될 거라곤 상상도 못 했네요! 그동안 어떻게 지내셨습니까?"

에릭이 웃으면서 말했다. "나야 늘 보트를 타고 다니며 즐겁게 돌아다니고 있지. 한 친구가 파트 언리미티드 이사회에 와달라고 하면서 외부 감사관들이 거래 하나하나를 다 들여다보더니 미쳐 날뛰는 젊은 감사관들과 함께 말썽을 부린다고 하더군. 자네가 그중 하나일 줄이야."

감사 파트너는 진심으로 당황한 표정을 지었고 서로 귀엣말을 하려고 바짝 다가섰다.

비즈니스 매니저들이 IT 통제 문제는 단순히 감지되지 않는 재무 보고 오류로 이어질 수 없음에 대한 세부적인 논의를 하는 5시간 동안, 존과 웨스, 그리고 나는 옆에서 구경만 했다. 그들은 'GAIT 원칙' 문서라고 부르는 것을 꺼내 동봉된 흐름도Flowchart 몇 가지를 얘기했다.

마치 테니스 경기를 관람하는 것 같았다. 테니스공은 우리 팀과 감사팀을 쉴새 없이 오갔다. '연계linkage', '유의성significance', '통제 의존control reliance' 같은 말이 나왔다. 때때로 딕은 관련 비즈니스 분야 전문가들을 대거 불러들여 누군가가 의도적으로 IT 통제 실패를 야기했더라도 사기행각은 여전히 프로세스 어딘가의 다른 통제 시스템에 잡힐 것임을 보여주기도 했다.

자재 관리, 주문 입력, 재무 및 인사 부서 관리자들은 애플리케이션, 데이터베이스, 운영 체계 및 방화벽에 대한 보안에 구멍이 숭숭 뚫려 있어 완전히 제구실을 못하더라도 부정 거래는 여전히 일일 또는 매주 재고 조정 보고서로 적발될 수 있다는 것을 보여줬다.

감사팀은 불만이 많거나 부정행위를 하는 직원 또는 외부의 악의적인 해커가 로그인해 부정행위를 저지를 수 있다며 IT 인프라가 구멍이 여기저기 산재한 스위스 치즈처럼 만들어졌다고 가정되는 시나리오를 반복해서 설명했다.

그러나 중대한 오류는 결국 재무제표에서 걸러지게 돼 있었다.

일단 딕은 20명으로 구성된 부서 전체가 사기는 고사하고 잘못된 주문을 찾아내는 책임을 지고 있다고 지적했다. IT 통제가 아니라 이들 부서원이 비즈니스 안전망 역할을 하는 셈이다.

매번 감사관들은 대사 업무를 맡은 재무 부서에 통제를 의존한다는 점에 마지못해 동의했다. IT 시스템이나 내부 IT 통제가 아니라는 말이다.

나는 그런 소리는 들어본 적이 없었다. 그렇다고 내부 팀의 의견을 부정할 생각은 확실히 없었다. 입을 다물고 침묵을 지키는 것이 파트 언리미티드로 하여금 모든 감사 결과를 빠져나갈 수 있게 해주는 길이라면 나는 기꺼이 침을 질질 흘리며 글도 못 읽는 척할 것이다.

"잠깐 얘기할 시간 있으세요?" 옆에서 존이 갈라진 목소리로 말하는 것을 들었다.

존은 여전히 의자에 주저앉은 채 머리를 손으로 감싸고 있었다.

"물론이죠." 나는 텅 빈 회의실을 둘러보며 말했다. 큰 회의 테이블에는 나와 존만 있고 에릭은 저쪽 구석에서 감사 파트너와 귓속말을 이어갔다.

존은 끔찍해 보였다. 셔츠는 더 구겨져 있었고, 앞에 얼룩이 한두 개 있다면 노숙자로도 보일 수 있을 정도였다.

"존, 혹시 감기 기운이 있나요? 별로 좋아 보이지 않는군요."

존의 얼굴이 일그러졌다. "지난 2년 동안 모두에게 올바른 일을 시키려고 얼마나 정치적으로 노력을 했는지 아십니까? 여기 조직은 10년 동안 정보 보안을 제대로 할 수 있는 기회를 계속 날려버렸다고요. 전 모든 것을 걸었습니다. 그들이 말만 하면서 최소한 시스템적인 IT 보안 문제를 조금이라도 고치려 하지 않는다면 종말이 올 거라고 누누이 말했죠. 그러니까 제 말은…. 적어도 신경 쓰는 척이라도 해야 한다는 말이에요."

회의실 저편에서 에릭이 우리를 쳐다보는 것이 보였다. 감사 파트너는 존의 말을 듣지 못한 것 같았다. 그럼에도 불구하고 에릭은 감사 파트너에게 팔을 두르고 문을 크게 닫으면서 복도로 나가 대화를 했다.

존은 신경 쓰지도 않고 계속 이어갔다. "아시다시피 저는 제가 회사 전체에서 시스템과 데이터의 보안을 신경 쓰는 유일한 사람이라고 생각했던 적이 있습니다. 개발 조직 전체가 저한테 자기들이 하는 활동을 숨기고, 저는 사람들에게 어디서 회의하는지 말해달라고 애원하죠. 그게 어떤 기분인지 아세요? 이게 뭡니까, 초등학교인가요? 저는 그들이 하는 일을 도와주려는 것뿐이에요!"

내가 아무 말도 하지 않자 존이 피식 웃었다. "그렇게 쳐다보지 마세요. 부서장님도 저를 깔보는 거 압니다."

진심으로 놀라서 존을 바라봤다.

"부서장님은 제가 보낸 이메일을 확인하지 않으시죠. 따로 전화하면 그제야 이메일을 열어보시죠. 잘 알고 있어요. 저희가 통화하는 동안 읽었다는 표시가 뜨거든요. 제기랄!"

아….

사실과 다르다. 전화가 없을 때도 존의 이메일을 확인한 적이 많았다. 그렇지 않다고 답을 하려는데 존이 틈을 주지 않고 말을 계속 쏟아냈다. "다들 날 깔보잖아요. 빌도 알다시피 저도 빌처럼 서버를 관리했었습니다. 하지만 정보 보안 일이 천직이란 걸 알게 됐죠. 나쁜 놈 잡는 걸 돕고 싶었단 말입니다. 난 그놈들로부터 조직을 보호하는 걸 돕고 싶었다고요. 그건 의무감과 세상을 더 나은 곳으로 만들고 싶은 제 바람이었습니다."

"하지만 여기 온 이후 내가 하는 일이라고는 회사가 스스로를 보호하게끔 해주려고 애쓰고 있는데도 불구하고 기업 관료주의와 비즈니스 부서들과 싸우는 것뿐이었죠." 존은 냉소를 머금고 말했다. "감사관들은 원래 우리를 조여야 하는 겁니다. 사악한 방법으로 죄를 지은 우리를 벌줘야 하는 거라고요. 그런데 그거 알아요? 오후 내내 감사 파트너가 우리를 애지중지하는 것만 지켜봤다고요. 정보 보안 프로그램이 있는 이유가 도대체 뭡니까? 감사관조차 신경 쓰지 않는데! 골프 한판 값으로 모든 걸 숨겨줬다고요."

존은 거의 발악하고 있었다. "감사관들은 무능한 죄로 재판이라도 받아야 해요! 감사관들이 일축해버린 조사 결과는 아주 기본적인 안전 문제입니다! 우리는 위험이 소용돌이치는 구덩이 속에서 살고 있어요. 회사가 신경 쓰지도 않는데 스스로 무너져 내리지 않는 게 신기할 따름입니다. 모든 게 우리 위로 와르르 무너져 내리기를 몇 년이나 기다렸죠."

잠깐 말을 멈춘 존이 조용히 속삭였다. "그런데 여기 이렇게 우리가 아직 살아있다니…."

바로 그때 에릭이 등 뒤로 문을 쾅 닫으며 다시 방으로 들어왔다. 에릭은 문에서 가장 가까운 곳에 자리를 잡고 존을 뚫어지게 쳐다봤다.

"자네 문제가 뭔지 아나, 지미?" 에릭이 손가락으로 존을 가리키며 말했다. "자네는 공장으로 걸어 들어가 모든 근로자에게 번쩍이는 배지를 자랑스럽게 내보이며 잔혹하게 모든 사람의 일에 참견하지. 자신의 별 볼 일 없는 자긍심을 높이려고 사람들을 위협하는 정치인과 다를 바 없어. 자네는 고치는 것보다 망가뜨리는 게 더 많아. 설상가상으로 중요한 일을 하는 모든 사람의 작업 스케줄을 망치기까지 하지."

이건 너무 심하다 싶다.

존이 씩씩거리며 물었다. "당신은 누구죠? 난 단지 조직을 지키고 감사 관들을 멀리하려는 것뿐이라고요! 난…."

"대단히 고맙군, CISO 양반." 에릭이 존의 말을 끊으며 말했다. "방금 자네가 본 것처럼 조직은 자네가 아무것도 하지 않아도 감사관들을 멀리할 수 있어. 자네는 비행하는 노선이나 항공사의 영업 상태는 말할 것도 없고 자기가 비행기를 정비하고 있다는 사실조차 깨닫지 못하는 배관공 같은 존재야."

얼굴이 하얗게 질린 존의 입이 떡 벌어졌다.

존을 대신해서 개입하려는데 에릭이 일어나서 존에게 소리쳤다. "난 자네가 방금 이 방에서 무슨 일이 일어났는지 이해했다는 것을 증명하기 전까지 더 할 말이 없어. 비즈니스 부서는 자네 팀의 도움 하나 없이 SOX-404 감사 총알을 피할 수 있었지. 자네가 방법과 이유를 알기 전까지 조직의 일상적인 운영을 방해하는 어떤 일도 해서는 안 돼. 자네가 알아야 할 지침은 이거야. 의미 없는 업무를 IT 시스템에 투입하지 않고도 조직을 보호해야 자네가 승리한다는 것. 그리고 IT 시스템에서 무의미한 작업을 제거할 수 있을 때 자네는 더욱 많은 것을 얻게 된다는 것."

그러고 나서 에릭은 고개를 돌려 내게 말했다. "빌, 자네가 맞을지도 몰라. 여기 있는 당신들이 정보 보안을 완전히 망친 것 같군."

나는 그런 말을 한 적이 없다. 에릭이 무슨 말을 하는지 전혀 모르겠다는 표정으로 존을 돌아봤지만 내 의도를 알아차리지 못했다. 존은 강렬한 증오의 표정을 지으며 에릭을 노려보고 있었다.

에릭은 엄지손가락으로 존을 가리키며[1] 내게 이렇게 말했다. "이 사람은 더는 개발하지도 않을 제품에 대해 수백만 개의 새로운 테스트를 작성하게 한 후 존재하지도 않는 피처에 대해 수백만 개의 버그 보고서를 제출하게 하는 QA 매니저 같아. 자네와 내가 '범위 오류scoping error'라고 하는 것을 만들고 있다는 말이네."

존은 분노로 몸을 떨었다. "어떻게 감히! 이사 후보인 당신이 우리에게 고객 데이터와 재무제표를 위험에 빠뜨리라는 말을 하다니!"

에릭이 침착하게 존을 바라봤다. "정말 이해가 안 가나? 파트 언리미티드의 가장 큰 위험은 폐업이야. 자넨 잘못된 인식 그리고 무관한 기술적 세부 사항들로 폐업 시기를 앞당기는 것 같군. 소외된 기분이 드는 건 당연해! 다른 사람들은 적어도 회사를 살리려고 애쓰고 있어. 이게 〈서바이버Survivor[2]〉 얘기였다면 진작에 자네를 탈락시키라고 투표했을 거야!"

이제 에릭은 바짝 붙어서 존을 주시했다. "지미, 파트 언리미티드 시스템에는 우리 가족의 신용 카드 번호가 적어도 네 개 이상 들어있어. 자네가 데이터를 보호해주길 바라네. 하지만 개발 중인 제품이 이미 운영으로 넘어갔을 때는 결코 적절히 보호하지 못할 거야. 제품을 개발하는 과정에서 보호해야 해."

에릭은 주머니에 손을 넣고 조금 부드럽게 말했다. "단서 하나 줄까? MRP-8 공장으로 가서 발전소 안전 담당자를 찾아. 가서 그녀가 하려는 일이 뭔지, 그리고 어떻게 해내는지 알아봐."

---

1 검지가 아닌 엄지로 누군가를 가리키는 행위는 남을 탓하기 전에 자기 행동부터 돌아보라는 뜻을 담고 있다. – 옮긴이

2 1997년에 초연된 찰리 파슨스(Charlie Parsons)가 만든 스웨덴 TV 시리즈 〈익스페디션 로빈슨(Expedition Robinson)〉에서 파생된 국제 현실의 경쟁 상황을 그린 TV 프랜차이즈의 미국 버전이다. – 옮긴이

표정이 약간 밝아진 에릭이 말을 덧붙였다. "그리고 그녀에게 내 안부를 전해주길 바라네. 딕이 자네가 있길 바란다고 하면 그때 다시 자네와 얘기하겠네."

에릭은 말을 마치고 문밖으로 걸어 나갔다.

존이 나를 쳐다봤다. "이게 무슨?"

의자에서 몸을 빼면서 내가 말했다. "기죽지 말아요. 나한테도 비슷한 말을 했어요. 지금은 너무 지쳐서 집에 갈 겁니다. 존도 이만 들어가세요."

존은 말없이 일어섰다. 침착한 표정으로 3링 바인더를 테이블에서 밀어 떨어뜨렸다. 바인더는 커다랗게 쿵 하는 소리와 함께 바닥에 떨어졌다. 그리고 안의 모든 내용물이 사방으로 흩어졌다. 몇백 페이지가 되는 종이들이 바닥에 널브러졌다.

존이 힘없이 미소 지으며 나를 보고 말했다. "그럴게요. 집에 가죠. 내일 출근할지는 모르겠어요. 어쩌면 영원히 안 올 수도 있고…. 그래봐야 아무런 소용도 없겠지만."

그러고는 회의실 밖으로 걸어 나갔다.

존이 링 바인더를 버렸다는 게 믿기지 않아 바닥에 떨어진 바인더를 응시했다. 존은 2년 넘게 그걸 들고 다녔다. 존이 앉아 있던 자리에 종이 한 장이 놓여 있었다. 몇 줄이 휘갈겨 있는 종이였다. 유서인지 사직서인지 궁금해 시처럼 보이는 그것을 슬쩍 훔쳐봤다.

시조^{haiku3}인가?

> 앉아 있네, 난 손이 묶인 채
>
> 화가 난 공간, 내가 그들을 구할 수 있는데
>
> 그들은 모른다네

---

3 하이쿠는 5, 7, 5의 3구 17자로 구성되는 일본의 짧은 시가를 말한다. – 옮긴이

22장

• 9월 29일 월요일

감사 회의를 한 다음 월요일, 존이 사라졌다. NOC에는 그가 신경 쇠약에 걸렸는지, 해고됐는지, 그냥 숨었는지 아니면 그보다 더 나쁜 상황인지를 추측하는 얘기들이 무성했다.

웨스와 그의 엔지니어들이 존을 안줏거리 삼아 크게 웃고 떠드는 게 보였다.

난 웨스의 주의를 끌려고 헛기침을 했다. 웨스가 내게 다가왔다. 나는 내 등이 NOC를 향하도록 돌려서 웨스에게 하는 말이 다른 사람에게 들리지 않도록 했다. "부탁 하나 할게. 존에 대한 소문에 부채질하지 않았으면 해. 스티브가 지난 미팅에서 우리에게 어떤 인상을 심어주려고 했는지 기억하지? 상호 존중하며 신뢰받는 업무 관계를 구축해야 해."

웨스의 얼굴에서 미소가 사라지더니 잠시 후 입을 열었다. "네, 왜 모르겠어요. 그냥 농담해본 거라고요, 알죠?"

"그래." 나는 고개를 끄덕이며 말했다. "좋아, 그거면 충분해. 따라와 봐. 자네와 패티에게 모니터링 프로젝트에 대해 할 얘기가 있어." 패티의 사무실에 도착했을 때 패티는 자리에 앉아 간트 차트가 잔뜩 있는 프로젝트 관리 애플리케이션을 타이핑하고 있었다.

"30분 정도 시간 있어?" 내가 물었다.

패티가 고개를 끄덕이자 우리는 회의 테이블 주위에 모였다. 나는 "감사 회의 전 금요일에 에릭과 통화했어. 내가 배운 건 이거야"라고 시작했다.

나는 우리가 모니터링하고 있는 프로젝트를 어떻게 릴리스할 수 있는지, 그리고 해당 프로젝트가 브렌트와 효율적인 관계를 만드는 데 얼마나 중요한지를 에릭이 입증해줬다는 것을 말해줬다. 그런 다음 브렌트에 대한 프로젝트의 의존성 여부에 따라 우리가 안전하게 릴리스할 수 있는 프로젝트를 어떻게 결정할 수 있는지에 대한 과정을 설명하려고 노력했다.

"잠깐만, 자원 구성과 작업이라고요?" 웨스가 갑자기 매우 의심스러운 듯 말했다. "빌, 우린 여기서 공장을 운영하는 게 아니란 걸 굳이 상기해줄 필요는 없겠죠? 이건 손이 아니라 머리로 해야 하는 IT 업무라고요. 에릭이 여기저기서 똑똑한 말을 몇 마디 했다는 건 알지만 그렇다고…. 이건 마치 컨설턴트들이 쓰는 이상한 꼼수 같은데…."

"음, 나도 문제를 제대로 이해하는 게 힘들어. 하지만 정말 에릭의 생각을 바탕으로 우리가 내린 결론이 잘못됐다고 말할 수 있을 것 같아? 모니터링하던 프로젝트를 릴리스하는 일이 안전하지 않다고 생각해?"

패티가 미간을 찌푸렸다. "IT 작업이 프로젝트나 단순 변경 사항이 될 수도 있다는 걸 우리도 잘 알고 있어요. 그리고 많은 프로젝트에서 여러 가지 작업이나 하위 프로젝트가 반복적으로 나타나기도 하고요. 마치 서버 설정처럼 계속 되풀이되는 일이에요. 그런 걸 하위조립^{subassembly}이라고 부를 수도 있을 것 같은데."

패티는 일어서서 화이트보드로 걸어가 몇 개의 상자를 그렸다. "서버 구성을 예로 들어볼게요. 서버는 조달^{procurement}이 필요한데 스펙에 맞게 OS와 애플리케이션을 그 위에 설치한 다음, 그걸 랙에 쌓아 올리는 작업도 있어요. 그리고 나면 그게 올바로 설정됐는지 확인해야 하죠. 일반적으로 이들 각각의 단계는 여러 사람이 수행하고 있어요. 어쩌면 각 단계는 기계화와 방법, 사람, 수단을 갖춘 작업장 같은 것으로 볼 수 있겠네요."

확신이 좀 덜해진 듯 패티가 말을 이어갔다. "하지만 기계가 뭔지 내가 제대로 알고 있는 건지는 모르겠네요."

나는 패티가 화이트보드에 휘갈겨 쓰는 것을 보며 웃었다. 나와 달리 패티는 바로 이해하고 있었다. 결국 어디로 향할지는 모르겠지만 패티는 올바른 길을 가고 있는 것 같았다.

"아마 기계는…." 내가 추측했다. "그 일을 하는 데 필요한 도구겠지? 가상화 관리 콘솔, 터미널 세션 그리고 거기에 연결하는 가상 디스크 공간 같은 것들 말이야."

패티가 고개를 저었다. "콘솔과 터미널은 기계지만 디스크 공간, 애플리케이션, 라이선스 키 등은 실제 결과를 생성하는 데 필요한 원자재인 것 같기도 해요."

화이트보드를 응시하던 패티가 마침내 이렇게 말했다. "저는 우리가 이걸 실제로 적용해 보기 전까지는 확신할 수 없어요. 하지만 작업장이라는 전체 개념이 실제로 IT 업무를 잘 설명해주고 있다는 생각이 드네요. 서버 설정을 예로 들자면, 그게 대부분 비즈니스와 IT 프로젝트에 영향이 있는 작업장 관련 요소라는 건 우리가 이미 알고 있잖아요. 이런 사항을 제대로 통제할 수 있다면 커스틴과 그녀의 프로젝트 매니저들은 일을 더 예측하면서 진행할 수 있을 거예요."

"잠깐, 그건 아닌 것 같아요." 웨스가 말했다. "첫째, 우리 일은 반복적이지 않아요. 둘째, 우리 일은 부품을 조립하거나 나사를 조이는 사람들과는 달리 다양한 지식이 필요하죠. 우리는 경험이 많은 매우 똑똑한 사람들을 고용하고 있다고요. 장담하건대 제조업처럼 일을 표준화할 수는 없어요."

웨스가 한 말의 핵심을 생각해봤다. "지난주였다면 그 말에 동의했을 거야, 웨스. 그런데 지난주 제조 공장에 있는 마지막 조립 작업장 중 하나를 15분 동안 지켜봤어. 거기서 일어나는 일들을 어떻게 이해할지 모르겠더라고. 따라가는 것도 솔직히 힘들었어. 모든 것을 반복시키려고 노력하는데도 불구하고 그들은 여전히 매일의 생산 목표를 달성하기 위해서 엄청나게 즉흥적으로 행동하고 문제 해결을 하고 있다는 말이야. 거기 사람들이 나사만 조이는 게 아니야. 매일 그들이 가진 모든 경험과 머리를 써가며 주도적으로 행동하고 있어."

내가 단호하게 말했다. "그들을 정말 존경하게 됐다니까. 그들이 아니었다면 우리는 일자리를 얻지 못했을지도 몰라. 공장 바닥 관리에서 배울게 정말 많더라고."

나는 말을 잠시 멈췄다가 다시 했다. "가능한 한 빨리 모니터링 프로젝트를 시작했으면 좋겠어. 빠르면 빠를수록 좋아. 우리 자원 하나하나를 다 브렌트인 것처럼 보호해야 하니까 빨리 마무리하자고."

"한 가지 더 있어요." 패티가 말했다. "우리가 만들려는 일의 경로가 자꾸 떠올라요. 계정 추가 · 변경 · 삭제와 암호 재설정 그리고 두 사람 다 알고 있는 노트북 교체처럼 계속 들어오는 서비스 요청에 대해 우리가 생각하고 있는 개념 중 일부를 적용해서 검증해보고 싶어요."

패티가 내 거대한 노트북을 불편하게 바라봤다. 내 노트북은 3주 전에 처음 봤을 때보다 훨씬 더 형편없는 상태였다. 자동차 키를 이용해 열어보려고 하면서 더 손상을 입힌 바람에 노트북이 분해되지 않도록 더 많은 덕테이프를 붙여야 했다. 그리고 이제 화면 보호기 절반이 벗겨져 있었다.

"세상에나." 웨스는 내 노트북을 보고는 진심으로 당황하며 소리쳤다. "아직 부서장님 노트북을 교체해주지 않았다는 것을 믿을 수가 없네요. 우리가 그렇게 형편없지는 않은데 말이죠. 패티, 노트북과 데스크톱 관련 일을 담당한 사람을 알아봐 줄게."

"좋아!" 패티가 대답했다. "우선 시험해 보고 싶은 작은 일이 하나 있어요."

방해하고 싶지 않은 나는 "해봐"라고 했다.

다음 주 월요일에 사무실에 도착했을 때 패티가 나를 기다리고 있었다. "잠깐 시간 있어요?"라고 묻는 패티는 분명히 뭔가를 보여주고 싶은 것 같았다.

곧이어 난 패티의 변경 관리 조정실로 들어갔다. 나는 즉시 벽 뒤 새로운 보드를 발견했다. 보드 위에는 색인 카드가 네 줄로 정렬돼 있었다.

각 줄에는 '작업자 사무실 이동', '계정 추가 · 변경 · 삭제', '새로운 데스크톱 · 노트북 제공', '암호 재설정'이라는 라벨이 붙어 있었다.

그리고 '준비', '진행 중', '완료'로 표시된 세 개 열로 구분돼 있었다.

재밌군. 어렴풋이 낯익어 보였다. "이게 뭐지? 또 다른 변경 사항 게시판인가?"

패티가 웃음을 터뜨리며 말했다. "칸반 보드예요. 지난번 회의 후에 MRP-8 공장에 갔어요. 작업장 개념이 너무 궁금해서 실제로 봐야만 했거든요. 이전에 같이 일했던 감독관 한 명을 만났는데 그분이 한 시간 동안 일의 흐름을 어떻게 관리하는지 보여줬어요."

칸반 보드는 제조 공장이 시스템을 통해 작업 일정을 계획하고 진행하는 주요 방법의 하나라고 패티가 설명했다. 수요와 WIP를 가시화하고 작업 구간 사이에 흐름을 만드는 데 사용된다고도 했다.

"칸반을 우리 핵심 자원 주위에 배치하는 실험을 하고 있어요. 그들이 하는 모든 활동을 칸반 보드에 표현하는 거죠. 이메일, 인스턴트 메시지, 전화나 다른 어떤 것으로 대치할 수는 없어요."

"만약 칸반 보드에 표시한 일이 없다면 완료한 일도 없는 거죠." 패티가 말했다. "더 중요한 것은 칸반 보드에 나타나 있으면 일이 빨리 완성돼요. 작업이 얼마나 빨리 진행되는지 보면 놀랄 거예요. 왜냐하면 한 번에 진행하는 업무량을 제한하고 있거든요. 지금까지 한 실험을 바탕으로 볼 때 작업의 리드 타임을 예측하면서 어느 때보다 빠른 일 처리량을 얻을 수 있을 거예요."

패티가 이제는 에릭 같은 소리를 한다는 게 불안하기도 하고 흥미롭기도 했다.

"내가 한 일은⋯." 패티는 계속했다. "가장 빈번한 서비스 요청 중 몇 가지에 대해 필요한 작업이 정확히 무엇이고 어떤 자원이 그걸 수행할 수 있는지를 문서화하고 각각의 작업이 얼마나 걸리는지 시간을 기록한 거예요. 이건 결과고요."

자랑스러운 듯 패티가 종이 한 장을 내게 건넸다.

제목이 '노트북 교체 대기열'이다. 목록에는 신규 또는 교체용 노트북 또는 데스크톱을 요청한 모든 사람과 그들이 요청서를 제출한 시점 및 받을 예상 날짜가 나와 있었다. 가장 오래된 요청 순서대로 나열돼 있었다.

나는 대기순으로 14번째고 노트북은 4일 후에 도착할 예정이었다.

"실제로 이 스케줄을 믿는 거야?" 나는 회의적으로 대응하려고 노력하면서 말했다. 하지만 만약 우리가 이걸 모두에게 실제로 보여주고 날짜를 맞출 수 있다면 정말 환상적일 것이다.

"주말 내내 작업했어요"라고 패티가 대답했다. "금요일부터 시행해본 결과 처음부터 끝까지 처리하는 데 필요한 시간을 잘 알고 있다고 확신해요. 이런저런 시도를 하면서 단계를 줄이는 방법까지 알아냈어요. 우리끼리 얘기지만 지금 우리가 절약하고 있는 시간을 근거로 해보면 실제로는 여기 날짜들보다 더 빨라질 것으로 생각하고 있어요."

패티가 고개를 저었다. "있잖아요, 우리가 노트북을 내준 사람들을 대상으로 간단한 조사를 해봤거든요? 노트북을 정확히 세팅하는 데 보통 15번이나 작업하더라고요. 지금 그걸 추적하고 있고 줄여보려고 노력 중이에요. 많은 곳을 점검하고 있는데 특히 팀 내 상황을 떠난 경우는 모든 것을 추적하고 있어요. 큰 변화가 나타나고 있다고 생각해요. 점점 오차가 줄고 있거든요."

나는 웃으며 말했다. "이건 중요한 일이네. 임직원들에게 일에 필요한 도구를 주는 것이야말로 우리의 주된 책임 중 하나거든. 못 믿는 건 아니지만 당분간 시간 추정은 우리끼리 아는 걸로 하지. 만약 일자를 맞춘 일주일간의 기록을 만들어 낼 수 있으면 그때 요청한 모든 사람과 해당 매니저들에게 이걸 발표하는 게 어때?"

패티도 미소 지어 보였다. "저도 같은 생각을 하고 있었어요. 이게 사용자 만족도에 미칠 영향을 생각해보면 알 수 있죠. 사람들이 요청할 때 언제 컴퓨터를 받을 수 있는지 날짜를 알려주고, 실제로 날짜를 맞출 수 있다면 말이죠. 그리고 당연히 맞출 거예요. 왜냐하면 직원들이 여러 일을 동시에 하거나 방해받는 상황을 제거할 테니까요!"

"공장 감독관인 친구도 그들이 채택한 개선 카타에 대해 말해주더라고요. 믿거나 말거나 에릭이 수년 전에 그걸 시행하도록 도와줬대요. 2주간의 지속적인 개선 주기를 갖고 그들이 목표를 향해 계속 나아갈 수 있도록 계획부터 실행, 확인, 개선 활동Plan-Do-Check-Act을 수행하도록 했다더군요. 내가 임의로 우리 팀에 이 프랙티스를 채택해서 목표를 향해 계속 나아가게 한 게 기분 나쁘지는 않겠죠?"

에릭도 이전에 카타 용어와 2주간의 지속적인 개선 주기를 언급했었다. 다시 한번 패티가 나보다 한발 앞서 있었다.

"패티, 대단하네. 정말, 정말 잘했어."

"고마워요." 대답은 겸손하게 하지만 패티의 입은 귀에 걸려 있었다. "배워가는 것 때문에 정말 신이 난다니까요. 처음으로 우리가 어떻게 업무를 관리해야 하는지 알게 됐어요. 심지어 이렇게 간단한 서비스 데스크 업무도 앞으로는 큰 차이를 만들게 될 거로 생각해요."

패티는 회의실 앞쪽에 있는 변경 사항 게시판을 가리켰다. "제가 정말로 기대하는 건 이런 기법들을 더 복잡한 작업에 사용하기 시작하는 거죠. 일단 가장 자주 반복해서 일어나는 일이 무엇인지 알아내고 나면 서비스 요청에 적용했던 것처럼 작업 공간과 작업 흐름을 만들어야 해요. 어쩌면 복잡한 일정표도 없애고 간결한 칸반 보드를 만드는 것이 더 좋을 것 같아요. 그러면 엔지니어들이 '준비Ready' 칸에서 카드를 꺼내 '작업 중Doing'으로, 그리고 '완료Done'까지 옮기는 거죠!"

불행하게도 나는 상상하기가 어려웠다. "계속 그렇게 해줘. 다만 웨스와 함께 진행했으면 해. 그리고 나중에 확인만 해 줘, 괜찮겠지?"

"이미 하고 있어요." 패티가 재빨리 대답했다. "사실 일상적인 위기 속에서 브렌트를 탈출시킬 방안으로 브렌트 주변에 칸반을 두는 것을 의논하려고 오늘 오후에 웨스와 회의를 하기로 했어요. 브렌트가 업무를 받는 방법을 공식화하고 하는 일을 표준화할 수 있는 역량을 높이고 싶었거든요. 브렌트가 하는 업무들이 모두 어디서 왔는지 알아낼 수도 있어요. 선행 업무와 후행 업무 모두 말이죠. 그렇게 되면 브렌트 쪽으로 접근하는 사람들에게서 브렌트를 지킬 방어선이 한 줄 더 생길 거로 생각해요."

패티에게 엄지손가락을 치켜들어 보이고 나갈 준비를 했다. "잠깐, 변경 게시판이 달라 보이는군. 왜 카드 색깔이 다르지?"

패티가 게시판을 보더니 말했다. "아, 제가 얘기 안 했던가요? 프로젝트 동결을 해제할 때를 대비해서 카드에 색상을 적용하고 있어요. 가장 중요한 일을 하고 있는지 확인할 방법이 있어야 해서죠. 보라색 카드는 상위 5개 사업 중 하나를 지원하는 변경 사항이죠. 그게 아니면 노란색이에요. 녹색 카드는 내부 IT 개선 프로젝트를 위한 것인데 에릭이 제안한 대로 우리 활동의 20%를 거기에 할당하는 실험을 하고 있어요. 보라색과 녹색의 균형이 맞는지 한눈에 확인할 수 있죠."

패티는 말을 이어갔다. "핑크 포스트잇은 어떤 이유로든 일을 멈춘 카드라서 우리가 하루에 두 번씩 검토하고 있어요. 모든 카드는 변경 추적 도구에 다시 반영할 거예요. 그래서 각각의 카드에 변경 사항 ID도 넣었어요. 지루한 일이긴 하지만 지금은 적어도 추적 일부를 자동화하고 있어요."

"와, 그것참 끝내주는군." 진정으로 경외심을 느끼며 내가 말했다.

그날 오후, 나와 웨스, 패티는 또 다른 회의를 열고 프로젝트 꼭지를 잘 조절하는 방법을 고민했다. 일에 파묻혀 허덕대는 상황이 생기지 않으려면 우리가 감당할 수 있을 속도로 할 일이 나와야 하기 때문이다.

"에릭이 지적했듯이 실제로 순서를 정해야 하는 두 개의 프로젝트 대기열이 있어요. 비즈니스와 내부 프로젝트예요." 패티가 앞에 놓인 얇은 스테이플러로 묶인 서류를 가리키며 말했다. "좀 더 쉬운 비즈니스 프로젝트부터 해결하도록 하죠. 프로젝트 스폰서들이 선정한 가장 중요한 5개 프로젝트가 있어요. 그중 4개는 브렌트의 지원이 필요해요. 동결 상황이 해제되면 5개 프로젝트만 릴리스하면 좋겠어요."

"그거야 어렵지 않지." 웨스가 웃었다. "5대 최우선 프로젝트 선정에 얼마나 많은 언쟁과 사전 작업, 말장난, 뒷담화가 있었는지 믿을 수 없을 정도였어. 시카고 정치판보다 더 심했었다니까!"

웨스의 말이 맞는다. 하지만 종국에는 우선순위를 매길 수 있었다.

"이제부터 어려운 부분이에요. 우리는 아직 73개의 자체적인 내부 프로젝트에 대해 우선순위를 어떻게 정해야 하는지 고심하고 있어요." 패티가 침울한 표정으로 말했다. "아직도 너무 많아요. 상대적인 중요도 기준을 세우려고 팀 리더들과 몇 주 동안 노력했는데 우리가 한 것이라고는 말싸움뿐이거든요."

패티가 두 번째 페이지로 넘겼다. "프로젝트 카테고리는 이렇게 분류될 수 있어요. 취약한 인프라 교체, 벤더 업그레이드, 내부 비즈니스 요구 사항 지원. 나머지는 감사와 보안 작업, 데이터 센터 업그레이드 작업 등 여러 작업이 섞여 있어요."

나는 머리를 긁적이며 두 번째 목록을 봤다. 패티 말이 맞는다. 'SQL 데이터베이스의 35개 인스턴스 업그레이드'보다 '전자 메일 서버 통합 및 업그레이드'가 더 중요하거나 덜 중요한지를 어떻게 객관적으로 결정할 수 있을까?

눈에 띄는 것을 찾으려고 손가락으로 페이지를 훑으며 자세히 살펴봤다. 새로운 일을 맡았던 첫 주에 본 것과 같은 목록이지만 여전히 모든 내용이 중요해 보였다.

일주일가량 목록을 작성한 웨스와 패티의 노고를 알기에 나는 더욱 집중하려 노력했다. 상자 뭉치를 이리저리 옮기는 것처럼 보이지 않으면서 목록의 우선순위를 정할 수 있는 간단한 방법이 있을 것이다.

문득 에릭이 모니터링 프로젝트 같은 선제 작업의 중요성을 어떻게 설명했는지가 기억났다. "모두가 각자의 프로젝트를 얼마나 중요하게 생각하는지는 관심 없어. 다만 그것이 제약 조건에 대한 우리 능력을 끌어올리느냐는 알 필요가 있지. 제약 조건은 여전히 브렌트야. 이 프로젝트가 브렌트의 작업량을 줄이거나 다른 사람이 대신하게 할 수 없다면 계획을 거둬야 할지도 몰라. 반면에 어떤 프로젝트에 브렌트가 필요하지 않게 된다면 프로젝트를 진행하지 않을 이유가 없지."

나는 단호하게 말했다. "세 개 목록을 줘봐. 브렌트의 작업이 필요한 것, 브렌트의 처리량을 늘리는 것 그리고 마지막은 다른 모든 것. 각 목록의 상위 프로젝트가 뭔지 확인해줘. 순서 정하는 데 너무 오랜 시간이 걸리지 않았으면 해. 싸우느라 며칠씩 허비하고 싶지는 않으니까 말이야. 가장 중요한 건 두 번째 목록이야. 계획되지 않은 브렌트 일의 양을 줄여서 브렌트의 역량을 높여야 해."

"전에 들어본 말 같네요." 패티가 말했다. 그녀는 우리가 변경 관리 과정을 위해 만들었던 취약한 서비스 목록을 찾았다. "각 목록을 교체하거나 안정시키는 프로젝트를 진행해야 해요. 취약하지 않은 모든 것에 대한 인프라스트럭처 개선 프로젝트는 무기한 중단할 수도 있겠네요."

"잠깐만 기다려봐." 웨스가 말했다. "빌이 직접 말했잖아요. 사전 작업은 중요하지만 항상 지연된다고 말이에요. 수년간 이런 프로젝트 중 몇 가지를 하려고 노력했다고요! 지금이 따라잡을 기회예요."

패티가 재빨리 말했다. "에릭이 빌에게 한 말을 못 들었어? 제약이 없는 곳에서 뭔가를 향상시키는 것은 환상일 뿐이야. 기분 나쁠 수도 있지만 방금 존처럼 말한 거 알아?"

패티의 말을 듣고 터져 나오는 웃음을 참을 수 없었다.

잠시 얼굴이 붉게 달아오른 웨스가 큰 소리로 웃었다. "이런! 알았어, 한 방 먹었네. 하지만 난 그저 옳은 일을 하려는 것뿐이야."

웨스는 "허!"하고 스스로 말을 끊더니 "또 존처럼 됐네"라고 말했다.

우리 모두 웃었다. 존을 흉내 내는 웨스를 보니 존이 어떻게 지내는지 궁금해졌다. 내가 알기로는 오늘 누구도 존을 보지 못했다.

웨스와 패티가 메모하는 동안 내부 프로젝트 목록을 다시 훑어봤다. "이것 좀 봐. 내년에 해체될 텐데 BART 데이터베이스 업그레이드 프로젝트가 있는 이유는 뭐지?"

목록을 훑어본 패티가 당황하며 말했다. "아, 이런! 비즈니스와 IT 프로젝트를 서로 맞춰보지 않아서 놓친 부분이네요. 목록을 전체적으로 다시 한번 확인해 이런 상호 연관성을 찾아봐야겠어요. 다른 것도 분명히 있을 거예요."

패티는 잠시 생각하더니 말을 이었다. "그런데 이상하네요. 프로젝트, 변경 사항, 티켓에 관한 자료가 이렇게 많은데 전부 모아서 연결해 본 적이 한 번도 없다니 말이에요."

"제조업에서 배울 수 있는 게 또 하나 있네요." 패티가 계속 말했다. "우리는 지금 제조업 생산 관리 부서가 하는 일을 하는 거예요. 고객의 요구를 충족시킬 수 있도록 모든 생산 일정을 계획하고 감독하는 일을 생산 관리 부서에서 하거든요. 주문을 수락할 때 그들은 각 작업장에 필요한 입력과 충분한 처리 능력이 있는지 확인해서 필요에 따라 작업 속도를 올려요. 영업부장, 공장 매니저와 손잡고 모든 약속을 이행할 수 있도록 생산 일정을 짜는 거죠."

다시 말하지만 패티는 나보다 훨씬 앞서 있었다. 패티가 설명한 부분은 에릭이 예전에 내게 했던 질문 중 하나의 대답이다. MRP-8을 방문해 생산 관리 프로세스를 확인해야 한다고 메모해뒀다.

'IT 운영 부서의 생산 일정 관리'가 내 직무 설명서의 어딘가에 있을 거라는 의구심이 조금 들었다.

이틀 뒤 사무실에 있는 새 노트북을 보고 깜짝 놀랐다. 오래된 노트북은 분리돼서 옆으로 치워져 있었다.

클립보드를 넘겨 이번 주 초에 패티가 내게 준 노트북·데스크톱 교체 일정을 확인해봤다.

이럴 수가!

패티는 금요일에 노트북이 배달될 걸로 약속했는데 이틀이나 일찍 받은 것이다.

노트북 구성이 제대로 돼 있는지 확인하려고 로그온했다. 있어야 할 애플리케이션이 모두 설치된 것 같고, 내 데이터도 모두 옮겨져 있다. 이메일도 제대로 동작하고, 네트워크 드라이브는 이전처럼 표시됐고, 새로운 애플리케이션을 설치하는 데 문제도 없었다.

새 노트북 속도가 얼마나 빠른지를 보면서 감격의 눈물이 솟구쳤다. 패티의 일정을 본 후 옆 방으로 갔다. "노트북이 정말 마음에 들어. 게다가 예정보다 이틀 빨리 왔네. 내 앞 순번이었던 사람들도 모두 다 받은 거지?"

패티가 웃어 보였다. "네. 모두 다 받았어요. 우리가 전달한 초기 제품 중 몇 개는 몇 가지 구성 오류가 있거나 뭔가 누락된 게 있었나 봐요. 업무 지침서도 개선했어요. 지난 이틀 동안 제대로 된 시스템을 전달하면서 10할 타율을 보이는 것 같아요."

"대단해, 패티!" 나는 신이 나서 말했다. "이제 일정을 발표하자고. 이걸 자랑하고 싶어지는군!"

23장

• 10월 7일 화요일

한 주가 지난 화요일 아침에 차를 몰고 출근하는데 커스틴으로부터 급한 전화가 왔다. 브렌트는 다른 피닉스 태스크를 수행하는 데 일주일 정도 늦었다. 브렌트가 한 시간이면 처리할 것이라고 여겼던 태스크다. 다시 한 번 피닉스 테스트 일정 전체가 위험에 처해 있었다.

게다가 우리 부서가 맡은 다른 몇몇 중요한 업무가 늦어지면서 마감일에 대한 압박이 훨씬 더 심해졌다. 이런 얘기는 정말로 듣고 싶지 않았다. 최근에 고안한 모든 돌파구가 이런 기한이 있는 성과 문제를 해결하리라 생각했었다.

따라잡을 수도 없는데 어떻게 더 많은 일을 해결할 수 있을까?

패티에게 음성 메일을 남겼다. 놀랍게도 패티가 내게 다시 전화하는 데 3시간이 걸렸다. 패티는 스케줄 추정에 심각한 문제가 있어 당장 만나야 한다고 했다.

나는 또다시 회의실에 있었고 패티는 화이트보드에, 웨스는 그녀가 붙인 인쇄물을 꼼꼼히 살펴보고 있었다.

"지금까지 알게 된 게 이거예요"라고 말하며 패티는 종이 한 장을 가리켰다. "커스틴이 전화로 말한 것과 관련된 태스크는 QA에 테스트 환경을 전달하는 거예요. 커스틴이 말한 대로 브렌트는 45분 정도면 충분할 것으로 추정했었죠."

"그 정도면 맞을 것 같아." 웨스가 말했다. "가상 서버를 새로 만든 다음 OS와 패키지만 두어 개 설치하면 되거든. 추정 시간을 넉넉하게 두 배로 잡았을 텐데?"

패티가 "나도 그렇게 생각했어"라고 말하면서 고개를 가로저었다. "단 한 가지 태스크가 아니라는 것만 빼면 말이야. 브렌트가 지원한 것은 작은 프로젝트에 더 가깝더라고. 적어도 6개의 다른 팀이 참여하는 20개 이상의 단계가 있는 거였어! OS와 모든 소프트웨어 패키지, 라이선스 키, 전용 IP 주소, 특수 사용자 계정 설정, 마운트 지점 구성, 그리고 일부 파일 서버의 ACL 목록에 추가할 IP 주소도 필요하지. 특히 이럴 때는 요구 사항에 물리적 서버가 필요하다고 돼 있어서 라우터 포트, 케이블링, 그리고 충분한 공간이 있는 서버 랙도 필요했어."

"아…." 웨스는 패티가 지적한 것을 읽어 내려가며 화가 난 듯했다. "물리적 서버는 정말 골칫거리란 말이야." 웨스가 중얼거렸다.

"그게 핵심이 아니야. 가상화가 이뤄지더라도 이런 상황은 여전히 발생할 수 있다는 거지." 패티가 말했다. "첫째, 브렌트의 '태스크'는 단순한 태스크 이상의 것으로 판명됐어. 둘째, 해당 태스크는 각자 해야 할 긴급한 일이 있는 여러 사람을 아우르는 여러 가지 태스크로 구성돼 있다는 것을 알게 됐지. 각 이관 작업마다 며칠씩 시간을 낭비하는 상황에서 이대로 어떤 극적인 개입이 없다면 QA가 조치하기 전까지는 몇 주밖에 남지 않은 상황이야."

웨스는 은근히 비방하며 말했다. "적어도 방화벽 변경 사항은 필요하지 않겠군. 지난번에 그중 하나가 필요했을 때 존의 팀은 거의 한 달이 걸렸지. 30초 변경 사항 하나에 4주가 걸렸다고!"

웨스가 무슨 말을 하는지 정확히 알고 있어서 고개를 끄덕였다. 방화벽 변경에 걸린 리드 타임은 이미 전설적인 것이 됐다.

잠깐, 에릭이 이와 비슷한 얘기를 하지 않았던가? 방화벽 변경은 30초 가량의 짧은 시간이면 충분한데 4주나 걸렸다.

그것은 브렌트에게 일어나는 일의 축소판일 뿐이다. 하지만 지금 우리에게 일어나고 있는 일은 이관 문제 때문에 훨씬 더 심각하다.

나는 끙하는 신음을 내며 회의 테이블 위에 머리를 박았다.

"괜찮아요?" 패티가 물었다.

"잠깐만 기다려봐." 나는 화이트보드로 다가가 마커 하나로 그래프를 그려보려고 애썼다. 두어 번 시도하다 보니 결국 이렇게 생긴 그래프가 나왔다.

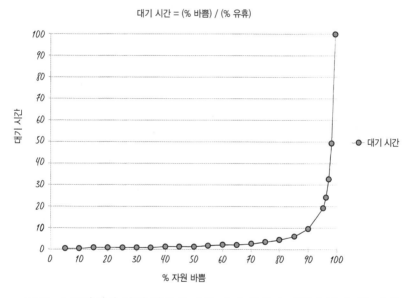

대기 시간 = (% 바쁨) / (% 유휴)

MRP-8 공장에서 자원 활용에 따라 대기 시간이 어떻게 달라지는지에 대해 에릭이 말해준 내용을 패티와 웨스에게 전달했다. "대기 시간은 '바쁜 시간의 백분율'을 '유휴 시간의 백분율'로 나눈 값이야. 즉, 자원을 50%만 사용 중이면 50%는 유휴 상태라는 거지. 대기 시간은 50%를 50%로 나누기 때문에 1이지. 이걸 한 시간이라고 하자고. 그래서 평균적으로 우리 태스크는 작업을 시작하기까지 한 시간 대기하는 거야."

"반면에 자원이 90% 바쁠 때 대기 시간은 '90%를 10%로 나눈' 시간이 돼. 즉, 9시간인 거지. 태스크는 자원들이 50% 유휴 상태일 때보다 9배는 더 오래 줄을 서서 기다린다는 뜻이야."

내가 다음과 같이 결론을 내렸다. "그러니까 피닉스 업무의 경우, 7개의 이관 작업이 있고 각 자원의 90%가 바쁘다고 가정할 때 태스크들은 총 7단계를 9시간 동안 대기하는 데 소비할 거니까…."

"뭐라고요? 대기하는 데만 63시간?" 웨스가 믿을 수 없다는 듯이 말했다. "말도 안 돼!"

패티가 히죽 웃으며 말했다. "아, 물론이지. 타이핑하는 데 겨우 30초밖에 걸리지 않으니까, 맞지?"

"이런 젠장." 웨스가 그래프를 응시하며 말했다.

사라와 크리스가 커스틴의 회의에서 피닉스 배포를 결정하기 직전에 내가 웨스와 했던 대화가 문득 떠올랐다. 웨스는 몇 주 동안 돌아다니는 피닉스와 관련된 티켓에 대해 불평했고 그로 인해 배포가 지연됐었다.

그때도 이런 일이 있었다. 그때는 IT 운영 직원들 사이의 이관 작업이 아니었다. 개발 조직과 IT 운영 조직 사이의 이관으로 훨씬 더 복잡했다.

부서에서 작업을 만들고 우선순위를 정하는 것은 어렵다. 부서 간 업무 관리는 적어도 열 배 더 힘들 것이다.

패티가 말했다. "그래프를 보면 모든 사람은 한가한 시간, 즉 유휴 시간이 필요하다는 걸 알 수 있어요. 유휴 시간이 없다면 WIP는 시스템에 고착될 거예요. 더 구체적으로 말하자면 대기열에 갇혀서 기다리기만 하는 거죠."

웨스와 내가 내용을 이해하는 동안 패티가 말을 이어갔다. "보드 위 종이는 각각 피닉스의 '태스크'와 같아요." 패티가 손으로 따옴표를 만들면서 말했다. "한 사람의 태스크처럼 보이지만 사실은 그렇지 않죠. 여러 사

318

람 사이에 다양한 이관 작업이 있는 여러 단계를 거치는 일이에요. 커스틴의 프로젝트 추정치가 빗나간 것은 당연하네요."

"커스틴의 스케줄과 WBS를 수정해야 해요. 살펴본 바에 따르면 커스틴에게 약속한 것의 3분의 1이 이 카테고리에 속하거든요."

"그것참, 끝내주는군." 웨스가 말했다. "〈길리건의 아일랜드Gilligan's Island〉 같네요. 3시간짜리 투어를 계속 보내놓고 몇 달이 지난 후에야 왜 아무도 돌아오지 않는지 궁금해하는 거죠."

패티가 말했다. "각각의 '태스크'에 대한 칸반 흐름을 만들 수 있을까요?"

"그래, 그거야." 내가 말했다. "에릭이 옳았어. 반복되는 일 더미를 방금 발견한 거로군! 만약 반복적인 작업을 문서로 만들어 표준화하고 마스터할 수 있다면 패티가 노트북 체계를 개선한 것과 마찬가지로 흐름을 개선할 수 있다고 확신해!"

"반복적 배포 작업을 모두 표준화할 수 있다면 운영 환경의 설정에도 일관성을 유지할 수 있을 거야. 그게 우리 인프라의 문제일 테고 말이야. 패티도 알다시피 설정이 똑같은 게 하나도 없잖아. 브렌트가 지금의 브렌트로 바뀐 이유는 우리가 브렌트만 이해할 수 있는 인프라를 만들도록 허락했기 때문이잖아. 다시는 그런 일이 없도록 해야지."

"좋은 지적이네요." 웨스가 투덜거렸다. "그런데 이상하지 않아요? 직면한 문제들이 우리 결정 때문에 생겼다니 말이죠. 우리는 적을 만났고, 그 적이 바로 우리라는 얘기네요."

패티가 말했다. "배포는 제조 공장의 최종 조립 라인과 같아요. 모든 작업의 흐름이 조립 라인을 통과하고 있어요. 조립 라인 없이는 제품을 선적할 수 없는 거죠. 갑자기 칸반을 어떻게 만들어야 하는지 정확히 알게 된 것 같아요."

이후 45분 동안 우리는 계획을 만들었다. 패티는 웨스의 팀과 함께 가장 자주 반복되는 20대 태스크를 모을 예정이다.

또한 태스크가 대기 중일 때 어떻게 더 잘 관리하고 통제할지를 알아낼 것이다. 패티는 프로젝트 매니저와 원료 공급 담당자를 결합한 새로운 역할을 제안했다. 앞으로는 일^{Day} 단위로 감독하는 것이 아닌 분^{Minute} 단위로 통제할 것이다. 패티가 말했다. "모든 완성된 작업을 다음 단계로 빠르고 효과적으로 넘겨줄 필요가 있어. 필요하다면 담당자가 작업을 완료할 때까지 기다렸다가 다음 작업으로 옮기는 거지. 그렇게 되면 티켓 더미에 묻혀 중요한 작업이 길을 잃는 일은 없을 거야."

"뭐라고? 누군가 태스크를 이 사람에서 저 사람으로 옮겨줘야 한다고? 웨이터처럼?" 웨스는 믿을 수 없다는 듯이 물었다.

"MRP-8 공장에는 정확히 그런 역할을 하는 물거미[1] 역할이 있어요." 패티가 설명했다. "최근에 겪은 피닉스 지연은 대부분 대기열에 있던 태스크나 이관 작업 때문이었죠. 이런 역할을 추가하면 다시는 그런 일이 일어나지 않을 거예요."

패티가 말을 덧붙였다. "결국 모든 칸반을 옮기고 싶어요. 그러면 작업 이관에 대한 신호 메커니즘의 역할을 하는 사람이 필요 없거든요. 걱정하지 말아요. 하루 이틀 안에 방안을 찾아낼게요."

웨스와 나는 감히 패티를 의심하지 않았다.

---

1 린(Lean) 제조(Manufacturing) 방법에서 나오는 역할로 흐름이 막힌 상황을 해결해 전체 생산 일정이 지속적으로 잘 진행되도록 유지하는 역할을 말한다. – 옮긴이

24장

• 10월 11일 토요일

며칠 뒤 맞이한 토요일은 비교적 평화로웠다. 새로운 직책을 맡은 이후로 우리 가족이 보낸 가장 편안한 주말이 아니었나 싶다. 페이지는 가족 나들이 겸 몇 주 남지 않은 핼러윈을 준비하러 호박 농장에 가자고 제안했다.

쌀쌀한 아침 기온 탓에 우리는 아이들을 꽁꽁 싸매고 차에 태우는 것만으로도 기운이 빠졌다. 근처 농장에 도착했을 때 페이지와 나는 둘째 아들 파커를 보고 미친 듯이 웃었다. 파커는 파란 파카 속에 박힌 거대하고 화가 잔뜩 난 소시지처럼 보였다. 첫째 아들 그랜트는 흥분해서 우리 주위를 돌며 카메라로 사진을 찍어댔다. 이에 질세라 페이지도 사진을 찍기 시작했다.

잠시 후 우리는 동네 작은 양조장으로 가서 따뜻한 오후 햇살을 받으며 야외 좌석에 앉아 점심을 먹었다.

"이렇게 여유로운 시간을 보낼 수 있어서 정말 기뻐"라고 페이지가 말했다. "정말 좋아. 당신도 요즘 스트레스를 덜 받는 것 같아. 상황이 나아지고 있다는 걸 알 수 있어."

페이지 말이 맞는다. 직장에서 고비를 넘긴 기분이었다. 내가 오래된 노트북과 싸우며 시간을 많이 허비하지 않았던 것처럼 우리 팀은 점점 더 생산적인 일에 많은 시간을 쓰고 급한 불을 끄는 데는 점점 더 적은 시간을 쓰는 것 같았다.

새 노트북을 얻은 것이 조직 성과와는 전혀 상관이 없다는 것을 잘 알고 있다. 하지만 고물 덩어리를 없애는 것은 내가 바다를 헤엄쳐 건너는 동안 누군가가 내 목에 매달아 놓은 무거운 닻을 제거하는 것과 같았다.

우리는 아직도 프로젝트 동결을 서서히 해제하는 것에 대해 고심하고 있다. 브렌트의 효율을 높이려고 고민한 다른 많은 새로운 프로젝트와 함께 모든 프로젝트의 25%를 동결에서 해제할 수 있을 것으로 생각한다.

여전히 너무나 많은 불확실성이 있다. 그러나 이전과 달리 도전을 이해하고 정복할 수 있다는 생각이 든다. 목표를 마침내 성취할 수 있을 것 같다. 많은 사람이 나를 밀어내려고 해서 발뒤꿈치로 불안하게 서 있는 듯한 느낌은 이제 없다.

사라를 제외하고 회사 구성원들이 우선순위가 무엇인지에 동의함에 따라 내 일이 점점 더 매력적으로 보인다. 우리가 주도권을 쥐고 문제를 공격하는 것 같은 느낌이 든다. 그 반대가 아니라….

그래 좋아.

페이지가 나를 돌아보며 웃는 것을 보고 고개를 들었다가 파커가 맥주잔을 넘어뜨리는 것을 보고 당황해서 소리쳤다.

오후 시간은 너무 빨리 지나갔지만 내가 1년 내내 누렸던 최고의 날 중 하나였다.

그날 저녁 늦게 페이지와 난 소파에 몸을 맡긴 채 클린트 이스트우드의 영화 〈페일 라이더Pale Rider〉를 보고 있었다. 아이들은 잠이 들었고 우린 몇 달 만에 함께 영화를 보는 중이었다.

나는 이스트우드가 연기한 주인공 '선교사'가 9명의 사악한 악당 부하 패거리를 골라 총을 쏘는 것을 보면서 배꼽을 잡고 웃었다. 페이지는 그런 내 모습이 재밌다는 듯 바라봤다.

"정확히 어느 부분이 재밌는 거야?"라고 그녀가 물었다.

페이지가 던진 질문에 웃음이 더 크게 터졌다. 뒤에서 또 다른 부하가 총에 맞는 장면을 보면서 내가 말했다. "저것 좀 봐! 무슨 일이 일어날지 알면서도 보안관이 길 한복판에 서서 대학살을 지켜만 보고 있잖아! 외투 사이로 바람이 지나가는 모습 좀 보라고! 총도 안 뽑았어! 너무 재밌어!"

"무슨 말인지 도통 이해할 수가 없군." 페이지가 웃으며 고개를 절레절레 가로저었다.

바로 그때 휴대폰이 울렸다. 본능적으로 손을 뻗어 휴대폰을 집었다.

헉! 존이었다. 2주 전에 있었던 감사 회의 이후 존을 봤다거나 소식을 들었다는 사람이 아무도 없었다. 해고당한 건 아니라고 대부분 확신했지만 아는 정보가 더는 없었다.

나는 존이 혼자 어딘가에서 요양하고 있는 건 아닌지 동네 병원들에 확인해보려고도 했다.

존과 얘기하고 싶었지만 오랜만에 페이지와 즐기는 영화 감상 시간을 당장 끝내긴 아쉬웠다. 15분이면 영화가 끝날 것 같았다. 마지막 총격전을 놓치고 싶지 않아서 전화기를 무음으로 돌렸다. 영화가 끝나면 존에게 전화할 생각이었다.

몇 초 후 다시 전화벨이 울리고 나는 무음 버튼을 눌렀다.

전화벨이 또 울렸다. 세 번째로 전화기를 무음으로 하면서 재빨리 다음과 같은 문자 메시지를 보냈다. '전화 줘서 감사함. 지금은 통화가 어려움. 20분 후 전화하겠음.'

놀랍게도 전화벨이 또 울렸다. 전화기를 소파에 있는 쿠션 아래에 놓으면서 소리를 꺼버렸다.

페이지는 "누가 자꾸 전화하지?"라고 물었다.

내가 "존"이라고 말하자 페이지는 눈을 굴렸고 우리는 영화의 남은 10분을 시청했다.

"내가 저 영화를 오늘에서야 보다니!" 페이지를 안아주며 내가 말했다. "정말 좋은 생각이었어, 여보!"

페이지는 "오늘 멋진 하루였어. 다시 평범한 삶을 사는 게 너무 좋아"라고 말하며 날 다시 안아주고는 미소 지으며 빈 맥주병을 들고 일어났다.

페이지의 말에 동의한다. 휴대폰에 뜬 '15건의 부재중 전화' 표시를 보니 심장이 두근거렸다.

정말 끔찍한 것을 놓쳤을지도 모른다는 갑작스러운 두려움에 누가 전화했는지 살펴봤다. 모두 존이었다. 즉시 전화했다.

"빌리, 목소리를 다시 들으니 정말 좋네요. 내 친구, 친구야. 오랜 벗⋯." 존이 혀가 꼬인 발음으로 말했다. 맙소사, 존은 완전히 취해 있었다.

나는 "바로 전화 못 해 미안해요. 페이지와 외출했었거든요"라고 둘러대며 약간의 죄책감을 느꼈다.

"괜찮아요. 저기, 그냥 한번 보고 싶어서 전화해봤어요. 떠나기 전에 딱 한 번 말이에요." 존이 말했다.

"떠난다고요? '떠난다'라는 게 무슨 뜻이죠? 어디 가요?" 나는 놀라 존에게 물었다. 존이 술을 얼마나 마신 건지 궁금했다. 더 일찍 전화할 걸 그랬다. 한 손에 반쯤 비어 있는 수면제 통을 들고 전화를 받는 존의 모습이 문득 그려졌다.

존의 히스테릭한 웃음소리가 들렸다. "빌리, 걱정하지 마요. 난 죽지 않을 거예요. 아직 술이 부족하거든요. 하하! 오늘 밤 여길 떠나기 전에 한 번 보고 싶었어요. 마지막으로 제가 한 잔 살게요."

"어, 내일은 안될까요? 지금 자정이 다 됐어요." 나는 약간 안도하며 말했다.

존은 내일이면 자기가 없을 거라며 시내에 있는 해머헤드 살롱에서 만나자고 나를 설득했다.

주차장에 차를 세우고 보니 존의 볼보 스테이션 웨건이 눈에 들어왔다. 차 뒤쪽에 유홀U-Haul 트레일러가 매달려 있고 운전석 옆문 바로 바깥에는 빈 맥주 캔이 쌓여 있었다.

붐비는 술집 뒤편 부스에 있던 존을 발견했다. 존은 온종일 여기 있었던 듯했다. 회사에서 마지막으로 본 이후로 씻기는커녕 옷도 갈아입지 않은 것 같았다. 방금 잠에서 깨어난 듯 헝클어진 머리칼은 기름기가 가득했고 얼굴은 덥수룩한 수염으로 덮여 있었으며 셔츠에는 음식 얼룩이 있었다. 열쇠와 지갑은 소금과 후추통 옆에 아무렇게나 놓여 있었다.

존은 급히 웨이트리스에게 손을 흔들면서 혀가 잔뜩 꼬인 발음으로 주문을 했다. "더블 스카치 두 잔, 아무것도 타지 않고…. 나와 여기 있는 친구[1]한테…. 그리고 맛있는 나초…. 그것 좀 가져와요."

웨이트리스는 괜찮겠느냐는 눈길로 나를 바라봤다. 술과 음식은 이미 충분히 갖다 나른 것 같았다. 나는 고개를 끄덕이며 조용히 말했다. "커피 두 잔부터 주세요. 제가 알아서 할게요." 그러고는 손을 뻗어 테이블에서 존의 열쇠를 집었다.

웨이트리스는 잠시 미심쩍은 눈빛을 보였지만 이내 엷은 미소를 지어 보이고 걸어갔다.

"이봐, 지금 자네 몰골이 정말 끔찍해." 내가 솔직하게 말했다.

"고마워, 친구. 너도 마찬가지야"라고 존은 대답하며 웃음을 터뜨렸다.

"그렇군. 그런데 대체 어디에 있던 거야? 다들 당신 소식을 궁금해했어"라고 내가 말했다.

"집에 있었어요." 테이블에 있는 팝콘을 집으며 존이 말했다. "책을 보거나 TV를 봤지. 와! 요즘에는 TV에서 이상한 게 나와요. 미쳤어! 그러다

---

1 빌의 직급이 높지만 존은 술에 취한 상태에서 빌에게 친구처럼 (대부분 반말을 해가면서) 얘기하는 상황이다. – 옮긴이

가 이제 이사 갈 때가 됐다고 생각하기 시작했어…요. 오늘은 온종일 짐을 꾸렸지. 떠나기 전에 질문을 하나 하고 싶었을 뿐이에요."

"전화로 그런 얘기 했잖아요." 웨이트리스가 커피 두 잔과 나초를 들고 왔을 때 내가 말했다. 존이 테이블 위 머그잔들을 혼란스럽게 쳐다봤다. "걱정하지 말아요. 술도 올 거예요."

커피를 한 모금 마시게 하자 존이 말했다. "솔직하게 말해줘요. 내가 가치 있는 일을 하지 않았다는 게 사실인가요? 함께 일한 3년 동안 내가 도움 된 적이 결코 없었다고?"

무슨 말을 해야 할지 결정하려고 애쓰면서 심호흡을 했다. 어떤 친구가 몇 년 전에 내게 이런 말을 했었다. "진실을 말하는 것은 사랑의 행위야. 진실을 보류하는 것은 증오하는 행동이고. 더 나쁜 건 무관심이야."

당시에는 비웃었던 말이었지만 지난 몇 년을 겪으며 깨달은 게 있다. 정직한 피드백이 사람들에게 귀한 선물이 될 수 있다는 것을 깨달았다. 완전히 망가진 모습으로 건너편에 앉아 있는 존에게 그저 마음 편해지라고 듣기 좋은 말을 해주는 게 옳은 일일지 고민이 됐다.

이윽고 내가 말을 꺼냈다. "이봐, 존. 당신은 좋은 사람이야. 심성이 착하다는 것도 알아. 하지만 피닉스 문제가 터졌을 때 우리를 PCI 감사관들로부터 숨겨주기 전까지는 아니라고 말했을 거야. 자네가 듣고 싶은 말이 아니란 건 알지만…. 당신한테 헛소리는 전혀 하고 싶지 않다는 걸 확실히 해두고 싶어."

놀랍게도 존은 전보다 훨씬 더 풀이 죽어 보였다. "빌어먹을 스카치는 어디 있지?" 존이 소리를 질렀다. 그리고 나를 돌아보면서 "진짜야? 빌어먹을 3년 동안 내내 함께 일했는데 내가 조금도 도움 되지 않았다는 거야? 아주 조금이라도?"

"글쎄, 대부분의 시간 동안 난 존이 그다지 많이 참여하지 않았던 중간급 그룹을 담당했었지." 내가 차분하게 설명했다. "나는 웹에서 보안 지침을 찾아봤어. 우리가 함께 일했을 때 존은 나한테 많은 일을 던져놓으려고 했었지. 이봐, 나도 보안에 꽤 신경 쓰고 있어. 항상 시스템과 데이터에서 위험 요인을 찾기는 했지만 긴급한 일들이 목까지 차올라서 가까스로 버티는 중이었지. 새 직책을 맡은 후에는 그저 회사의 생존을 도우려고 했을 뿐이고 말이야."

존이 말했다. "하지만 모르겠어? 나도 그렇게 하고 있었다고! 나도 그저 빌, 당신과 회사가 살아남는 걸 도우려는 것뿐이었다고!"

내가 답했다. "알아. 그런데 나로서는 모든 서비스를 제대로 돌아가게 하고 피닉스와 같은 새로운 서비스를 배포해야 해. 그게 내 일이야. 보안에는 뒷짐 지고 있어야 했지. 내 말을 믿었으면 해. 나는 잘못된 보안의 위험성을 잘 알고 있어. 내가 보는 데서 보안 위반을 하는 것은 직장 생활에 종지부를 찍는 일이라는 걸 나도 잘 알고 있다고."

어깨를 으쓱해 보이며 내가 또 말했다. "위험에 대한 나의 지식을 바탕으로 가능한 한 최선의 결정을 한 거야. 나는 단지 당신이 원했던 모든 것들이 회사뿐 아니라 내가 맡은 다른 모든 일에도 도움이 되지 않았다고 생각한 거야."

"이봐, 존." 나는 말을 이어갔다. "당신 없이 회사가 SOX-404 감사를 통과한 게 마음에 걸리나? 그래서 당신이 권고한 내용의 중요성과 타당성에 의문을 품는 건가?"

존은 나를 뚫어지게 쳐다보기만 했다.

때맞춰 웨이트리스가 스카치 두 잔을 가져왔다. 존은 잔을 집어 단숨에 해치웠다. "한 잔 더 부탁해."

웨이트리스가 확인을 구하는 눈빛으로 나를 바라봤다. 나는 고개를 가로저으며 입 모양으로 말했다. "계산서 주시겠어요? 그리고 택시도 불러주세요."

웨이트리스는 고개를 끄덕이고는 사라졌다. 나는 스카치를 한 모금 마시고 존을 돌아봤다. 뒤로 축 늘어진 존은 뭐라고 중얼거리고 있었다. 전혀 알아들을 수 없는 말이었다.

존이 안쓰럽게 느껴졌다.

테이블에 있던 존의 지갑을 집어 들었다.

"이봐!" 존이 말했다.

"웨이트리스가 퇴근한대서 팁을 줘야 하는데 집에 지갑을 두고 왔어"라고 내가 말했다.

존은 나를 게슴츠레 바라보며 웃었다. "괜찮아, 친구. 이거 내가 살게. 내가 항상 사잖아, 그렇지?"

나는 "고마워"라고 말하며 존의 운전 면허증을 집었다. 손을 흔들어 웨이트리스를 부르고 면허증에 적힌 존의 집 주소를 가리켰다.

존의 지갑을 돌려주고 내 지갑을 꺼내 계산했다.

나는 존의 지갑과 열쇠가 주머니에 있는지 확인하면서 존을 일으켜 세우고 택시에 태웠다. 그리고 존이 택시 기사를 상대하지 않도록 미리 택시비를 지불했다.

택시가 출발한 뒤 존의 스테이션 웨건과 일상 소지품 중 극히 일부만을 가득 실은 유홀U-Haul을 바라보며 나는 그저 고개를 가로저었다. 다음에 언제 존을 다시 만날지 궁금해하며 내 차로 돌아갔다.

다음날 존의 핸드폰으로 몇 차례 전화를 걸었지만 연결되지 않았다. 결국 음성 메일로 집에 잘 도착했길 바란다는 인사를 하며 차가 어디에 있는지 말해주고 필요한 게 있으면 언제든 전화하라고 했다.

소문이 무성했다. 존이 병원에 입원했다거나 체포됐다거나 외계인에게 납치됐다거나 정신병원에 감금돼있다는 말들이 나돌았다.

존과 밤에 만났던 건 아무에게도 말하지 않았고 앞으로도 말할 생각이 없었기 때문에 나는 이런 소문들이 어떻게 시작됐는지 알 수가 없었다.

월요일 밤에 그랜트를 재우는 일을 막 끝냈을 때 존의 문자 메시지를 받았다. 재빨리 읽어봤다. '일전에 집까지 태워줘서 고마워요. 생각해봤는데요. 딕에게 당신이 내일 아침 8시 회의에 합류할 거라고 말했어요. 재밌을 겁니다.'

딕과 회의를 한다고?

나는 전화기를 응시했다. 존이 살아있고 일할 수 있는 것처럼 보인다. 잘된 일이다.

그러나 한편으론 당황스럽다. 존은 정신적으로 불안정한 상태에서 이미 내가 공모자라고 떠들어대더니, 이제는 회사에서 두 번째로 힘 있는 임원인 딕과의 회의에 관해 얘기하고 있다.

별로 좋아 보이지 않는다. 재빨리 문자 메시지로 답했다. '소식 들어 좋군요. 잘 지내죠? 그런데 딕과의 회의라니? 어쩌면 못 갈 수도 있어요.'

존이 곧바로 답을 보내왔다. '그동안 제가 거만했어요. 제가 딕에 대해 잘 모른다는 것을 어제 깨달았거든요. 바꿔야겠어요. 우리가 함께 말이에요.'

제정신이 아닌 게 분명했다. 존에게 전화를 걸었다. 통화 연결음 한 번에 전화를 받은 존의 목소리는 이상하리만치 쾌활하게 들렸다. "안녕하세요, 빌. 토요일 밤에는 고마웠어요. 웬일이세요?"

"정확히 무슨 생각인 거야, 존?" 내가 말했다. "내일 딕과의 회의라는 게 뭐지? 그리고 나는 왜 끌어들이는 거야?"

존이 답했다. "어젠 화장실에도 겨우 왔다 갔다 하는 상태라 종일 침대에서 보냈어요. 머리가 마치 벽돌에 부서진 레몬 같더라고요. 그날 밤 무슨 술을 사주신 거죠?"

존은 내 대답을 기다리지도 않고 계속 말했다. "바에서 우리가 했던 마지막 대화를 계속 생각해봤어요. 저와 가장 많은 공통점이 있어야 할 부서장님에게 도움 될 만한 일을 아무것도 하지 않았다면 당연히 저와 공통점이 없는 거의 모든 사람에게 그동안 도움이 못 됐겠더라고요."

"바꿔야죠"라고 존이 단호하게 말했다.

내가 존에게 내일 회의를 취소하라고 권하기 전에 그의 말을 끝까지 듣고 싶어 입을 다물었다.

존은 계속해서 말했다. "에릭이 말한 것도 계속 생각해봤어요. 딕이 나를 곁에 두길 원한다면 저랑 얘기할 준비가 돼 있을 것이라고 했던 말이요."

"음, '서로를 알아가는' 30분간의 짧은 시간으로는 그렇게 될 것 같지 않은데 말이야." 나는 심각하게 회의적으로 말했다.

매우 침착한 태도로 존이 대답했다. "인생에 있어 너무나 많은 것들과 마찬가지로 우리는 항상 적어도 우리가 상대하고 있는 사람에 대한 이해를 얻는 것으로부터 시작해야 한다고 생각하지 않으세요? 잘못될 게 뭐가 있겠어요? 그냥 그가 하는 일에 대해 좀 더 알고 싶을 뿐이에요."

내 머릿속에는 존이 바보 같은 것을 묻거나 말해서 딕을 완전히 화나게 하고, 딕이 그 자리에서 존을 해고하고, 그런 전염병 같은 상황이 여기저기 퍼지지 않도록 나까지 해고하는 그림이 그려졌다.

하지만 말은 다르게 나왔다. "좋아, 내일 가지."

25장

• 10월 14일 화요일

다음 날 오전 7시 50분, 딕의 사무실로 향했다. 모퉁이를 돌자 존은 이미 딕의 비서와 정겹게 수다를 떨고 있었다. 입이 떡 벌어졌다. 존의 외모가 완전히 변해있었다.

말끔히 샤워하고 깔끔하게 정돈도 했다. 헤어스타일이 달라졌고 7킬로 그램 정도 빠진 것 같았다. 유러피언 스타일의 셔츠와 조끼를 걸치고 있었다. 평소 입던 약간 헐렁한 셔츠와 달리 지금 존이 입고 있는 분홍색 셔츠는 몸에 꼭 맞는다. 조끼와 함께 입고 있으니…. 패션모델처럼 보이려나? 아니면 런던 클럽 회원? 그것도 아니면 라스베이거스 카드 딜러?

깔끔하게 다듬은 머리와 침착하고 다정다감한 미소, 완벽한 자세로 있는 존의 모습이 일종의 깨달음을 얻은 승려처럼 보였다.

가장 중요한 것은 3링 바인더가 어디에도 보이지 않는다는 점이다. 대신 깨끗한 흑백 실험실 노트와 펜이 존의 손에 들려 있었다.

"안녕하세요, 빌." 존이 더할 나위 없이 행복한 얼굴로 침착하게 말했다.

"안녕." 내가 마침내 말했다. "어, 지난번 만났을 때보다 더 좋아 보이는 군."

존은 그저 웃기만 하더니 딕의 비서에게 조용히 뭐라고 말을 했다. 비서는 손뼉을 치면서 크게 웃었다. 그런 다음 자리에서 일어나 딕의 사무실 문으로 가서 우리에게 따라오라는 손짓을 하며 말했다. "조금 일찍 회의를 시작할 수 있는지 한번 볼게요. 시간을 좀 더 드릴게요."

존의 뒤를 따라 딕의 사무실로 걸어 들어갔다.

"헤어스타일이 좋아 보이네." 딕은 자신의 대머리를 가리키며 웃고는 존에게 말했다. 그런 다음 사무적 말투로 말했다. "용건은? 뭘 도와줄까? 8시 30분에 약속이 있으니까 시간 낭비는 말자고."

존이 노트 첫 장을 폈는데 깨끗했다. "급한 미팅 요청에 응해주셔서 감사합니다. 시간 낭비하지 않게 해드리겠습니다. 그리고 제가 잘못 알고 있거나 선입견이 있는 건 아닌지 확실히 하기 위해 파트 언리미티드에서 하시는 일이 무엇인지부터 말씀해 주실 수 있을까요? 정확한 역할이 어떻게 되시죠?"

존의 물음에 내 눈이 휘둥그레졌다. 그런 질문은 아이를 직장에 데려오는 날에나 할 수 있는 질문이지 회사 간부에게 할 질문은 아니다.

딕의 반응을 재빨리 살펴봤다. 잠시 놀라는 표정이었으나 이내 단조롭게 대답했다. "재밌는 질문이군."

딕이 잠시 멈췄다가 그냥 협조하는 것 같았다. "난 15년 전 이곳 파트 언리미티드에서 CFO로 시작했는데 당시에는 꽤 전통적인 역할이었지. 주로 조직의 재무 리스크를 관리하고 재무 계획 및 운영 프로세스를 주도했었어. 당시에도 규정 준수 문제가 엄청나게 많았는데 내가 책임을 지고 있었지."

"스티브가 CEO가 된 직후 스티브는 조직 전체에 걸쳐 기획과 운영을 담당할 고위 임원이 필요하다면서 내게 그 일을 맡겼어. 회사가 목표를 달성하도록 나는 경영진 전체의 목표와 기준을 정하는 프로그램을 수립했었네. 모든 매니저에게 책임을 묻고 성공에 필요한 역량을 갖추게 하고 복잡한 계획에는 항상 적절한 이해관계자들이 관여하도록 하는 일들을 하고 싶었거든."

새 노트의 첫 페이지에 열심히 메모하던 존이 얼굴을 들었다. "근처의 많은 사람이 이사님을 실질적인 최고 운영 임원이라 부르고 기본적으로 스티브의 오른팔이라고 하는 걸 들었습니다."

딕은 말을 하기 전에 존이 한 말을 잠시 생각했다. "공식 직함에는 어디에도 운영이라는 말은 없지만 내 일에서 가장 좋아하는 부분이지. 회사가 우리 회사만큼 크고 다양한 비즈니스 프로세스, 많은 관리자와 직원이 있다면 거의 모든 일이 복잡해지기 마련이라네. 스티브 사장님만큼 똑똑한 사람이라 할지라도 회사의 전략과 목표가 현실성이 있는지 확인하고, 우리가 실제로 무엇을 할 수 있을지 객관적으로 평가하는 데는 도움이 필요할 수밖에 없거든."

아주 작게 미소를 지으며 딕이 덧붙였다. "재밌는 얘기를 하나 해줄까? 사람들은 내가 스티브보다 더 접근하기 쉽다고 말하더군. 스티브는 믿을 수 없을 정도로 카리스마가 있으니까 말이야. 그리고 솔직히 말하면 난 개차반이거든. 하지만 사람들에게 걱정거리가 생기면 누군가가 자기들 생각을 바꾸려는 걸 좋아하지 않아. 대신 누군가가 그들의 말을 듣고 스티브한테 잘 전달하기를 바라지."

나는 몸이 앞으로 기울어져 있는 것을 발견했다. 딕이 존에게 이렇게 솔직하고 유익한 대답을 하는 것을 듣고 놀랐다.

"좋은 날과 나쁜 날을 어떻게 구별하십니까?" 존이 계속했다.

잠시 당황한 딕은 크게 웃었다. "좋은 날이 어떤 기분인지 말해주지. 연말에 경쟁자를 철저하게 패배시킨 느낌이지. 아직 마무리된 게 아닌데 모든 사람이 엄청난 분기가 될 것을 알고 있는 거야. 영업 사원들 모두 목표를 달성하고, 그 위에 있는 사람들은 가속 페달을 밟는 거지. 좋은 날은 내 직원들이 회사로부터 받는 커미션 규모에 당황하는 그런 날이지."

"난 걱정하지 않는다네. 왜냐하면 커미션이 크다는 것은 회사가 돈을 많이 벌고 있다는 뜻이니까 말이야." 딕은 더욱 활짝 웃으며 말했다. "스티브는 월 스트리트와 애널리스트들에게 회사가 얼마나 잘하고 있는지 알리는 데 흥분하고 있겠지. 모든 것은 우리가 승리 전략을 갖추고 있었고, 올바른 계획과 운영 및 실행 능력이 있었기 때문에 가능한 것이니 말이지. 조직의 모든 부분이 하나가 돼 잘 맞아서 이겼다는 얘기라네."

"그런 날이 나에겐 즐거운 날일세. 오랫동안 계획을 세울 수는 있지만 실행하고 목표를 달성할 때까지 그건 학문적인 서술에 지나지 않아." 딕이 말했다. 그러더니 곧 얼굴에서 미소가 걷혔다. "물론 4년 넘게 그런 날은 없었네."

"나쁜 날은 2주 전 그날 같은 날이지"라고 말하는 딕의 얼굴이 이젠 답답하고 심지어 화가 나 있는 것처럼 보이기까지 했다. "IT 장애 때문에 분기를 마감할 수도 없고 경쟁사와의 격차를 해소하기 위한 가장 중요한 프로젝트를 실행할 수도 없었어. 고객은 계속 빠져나가고 감사원들은 프로젝트에 대해 뭔가 소란을 피우고 있고 이사회에서는 우리가 멍청이들이라고 모두를 해고할지 말지 논쟁을 벌이고 말이야."

딕은 고개를 가로젓고는 지친 미소를 지으며 말했다. "그땐 문제가 경제인지, 우리의 전략인지, 경영진인지, 당신들 같은 IT 직원들인지, 또는 아주 솔직히 말해서 모든 문제가 나 때문이 아닐까도 생각해보네. 그런 날엔 그냥 은퇴해버리고 싶지."

존이 노트를 내려다보고 나서 물었다. "올해의 목표와 기준은 무엇입니까?"

딕은 앉은 자리에서 일어나 책상 쪽으로 걸어가며 말했다. "자, 보여주지."

책상 위에 펼쳐져 있던 얇은 검은색의 3링 바인더를 집어 들고 우리 두 사람의 맞은편에 다시 앉아 바인더를 보여줬다. "여기 있는 두 장의 슬라이드는 내가 매일 보는 거라네."

CFO 목표

회사의 건전성

수익

시장 점유율

평균 주문 규모

이익률

총자산 이익률(Return on assets)

재무 부서의 건전성

주문 결제 주기

미수금

정확하고 시기적절한 재무 보고

차입금

"이것들이 재무를 위해 내가 세운 회사의 목표라네"라고 딕은 설명했다. "재무 목표가 중요한 건 분명하지만 가장 중요하다고는 할 수 없지. 재무가 모든 목표에 도달해도 회사는 여전히 실패할 수 있으니까 말이야. 결국 지구상 최고의 매출 채권팀이라도 우리가 성과를 낼 수 없는 R&D팀과 잘못된 상품 전략으로 잘못된 시장에 빠져 있다면 우리를 구할 수는 없네."

딕이 에릭의 첫 번째 방법에 대해 말하고 있다는 걸 알아차린 나는 깜짝 놀랐다. 딕은 단지 한 부분이 아니라 조직 전체가 목표를 달성한다는 것을 항상 확인하는 시스템적 사고를 얘기하고 있었다.

내가 그 부분을 곰곰이 생각하는 동안 딕은 두 번째 슬라이드를 가리키며 말했다. "두 번째 슬라이드에 있는 것은 회사의 목표보다 더 중요하다고 내가 믿고 있는 것이라네. 난 이 슬라이드를 매일 보고 있지."

- 우리에게 경쟁력이 있는가?
- 고객의 요구와 원하는 바의 이해: 우리가 뭘 만들어야 하는지를 알고 있나?

- 제품 포트폴리오: 우리에게 올바른 제품군이 있는가?
- R&D 효과: 효과적으로 R&D 할 수 있을까?
- 시장 진출 시점: 충분히 빨리 출시할 수 있을까?
- 영업 파이프라인: 제품을 관심 있는 대상으로 바꿀 수 있을까?
- 우리가 효과적인가?
- 고객 정시 배송: 고객은 우리가 약속한 것을 얻고 있는가?
- 고객 보유: 우리가 고객을 얻고 있는가, 잃고 있는가?
- 영업 전망 정확도: 필요한 요인을 판매 계획 수립 프로세스에 포함하고 있는가?

존과 나는 슬라이드를 자세히 보려고 몸을 앞으로 기울였다. 보통 나와 같은 회사 관리자들은 자기 부서 목표만 본다. 그런데 딕이 보여준 슬라이드는 더 큰 그림을 보여준다.

내가 생각하는 동안 존이 슬라이드를 가리키며 물었다. "여기서 어느 기준이 가장 위험한 상황인가요?"

딕이 무미건조하게 웃었다. "전부 다 위험한 상황이라네! 제품 포트폴리오 관점에서 보면 경쟁으로 매일 시장 점유율을 빼앗기면서 우리는 죽어가고 있네. 프로젝트 피닉스에 우린 2천만 달러와 수년을 투자했는데 아직 시장에서 경쟁력이 없지. 회사의 제조와 판매 측면에서 보면 영업 부서가 어떻게든 고객을 되찾을 수 있다고 장담했는데도 불구하고 고객 만족도는 떨어지고 고객 이탈이 벌어지는 상황이라네."

존은 노트 일부에 밑줄을 그었다. "그걸 복사해 가질 수 있을까요? 빌과 저는 이것을 더 연구해서 저희 팀들이 이해하도록 하고 싶습니다. 그래서 저희가 하는 모든 일이 이런 목표들을 발전시키는 데 도움 줄 수 있도록 말이죠."

딕은 잠시 생각했다. "물론이네. 안 될 거야 없지. 두 사람이 나갈 때 한 부씩 가져갈 수 있도록 비서에게 말해 놓겠네."

"한 가지 더 있습니다." 존이 말했다. "이런 각각의 목표와 기준에 책임을 지고 있는 사람은 누굽니까?"

딕은 나처럼 존을 찬찬히 바라봤다. 나도 존의 이런 면을 본 적이 없다.

"비서에게 각 책임자 이름이 적힌 장표도 함께 전달하라고 하겠네."

존은 딕에게 감사 인사를 하고 나서 시계를 쳐다봤다. "시간이 거의 다 됐네요. 정말 굉장한 시간이었습니다. 시간을 쪼개 저희에게 일상에 대해 말씀해 주셔서 고맙습니다. 저희가 뭐라도 해드릴 수 있는 게 있을까요?"

"물론이네"라고 딕이 대답했다. "피닉스가 돌아갈 수 있도록 몰입해주게. 피닉스 없이는 진흙탕 속에 갇힌 신세거든."

나는 눈살을 찌푸렸다. 두 번째 슬라이드를 다시 들여다봤다. 딕이 우리에게 집중하라고 해야 하는 건 피닉스가 아니라는 생각이 들었다.

이유를 설명할 길이 없어 나는 단지 이렇게만 말했다. "네. 월말까지는 반드시 좋은 소식을 전하겠습니다." 좋은 소식이 무엇이 될지 확신할 수는 없지만 고위 장교들을 대할 때는 나쁜 소식을 전하는 시간과 장소가 있어야 한다는 것을 배웠다. 지금은 둘 다 아니다.

"좋네." 짧은 대답 후 딕은 입을 굳게 다문 채 우리에게 미소를 지어 보였다.

우리는 작별 인사를 나누고 딕의 사무실을 나섰다.

엘리베이터 문이 열리자 존이 내게 말했다. "우리가 SOX-404 감사 총알을 피하는 것과 딕의 두 번째 슬라이드에 있는 것 사이에 매우 비슷한 면이 있다는 생각이 들어요. 딱히 어떤 거라고 말할 수는 없지만 우리가 더 잘 이해해야 할 부분이 있는 것 같아요."

"맞아"라고 내가 말했다. "딕은 측정치가 IT에 얼마나 의존하고 있는지 깨닫지 못하는 것 같아. 피닉스에 관해 물었지만 사실 모든 목표를 물었어야 했어."

둘 다 엘리베이터에 올랐다. 내가 말을 이어갔다. "오늘 오후에 만날 수 있어? 이걸 같이 이해해봐야 할 것 같은데 말이야. 나는 왜 회사가 목표를 계속 놓치고 있는지, 그리고 IT가 왜 계속 저평가되고 있는지를 설명할 수 있는 연결고리가 없어진 것이 아닌가 싶거든."

"물론입니다." 존이 상기된 표정으로 말했다.

나는 흥분된 감정을 억제할 수 없었다. 존과 딕의 미친 회의가 정말 중요한 것을 드러낸 것 같았다.

우리가 알아내려고 하는 것이 무엇이든 첫 번째 방법이 중요하다는 확신이 들었다. 에릭은 IT가 존재하는 비즈니스 맥락을 이해할 필요가 있다고 했었다.

문제는 딕의 기준을 IT 목표와 연계시킨 사람은 아무도 없을 거라는 점이다.

IT가 상황을 망치고 있다는 막연한 느낌을 딕이 갖는 것은 당연하다. 마치 아픈 곳을 정확히 짚을 수는 없지만 둔하고 욱신거리는 통증과도 같을 것이다. 우리의 다음 단계는 명확하다. IT가 문제를 덜 망치면서 모든 비즈니스가 성공하도록 도울 수도 있다는 것을 딕에게 확신시키기 위해 이런 문제를 매우 구체적이고 가시적으로 만들어야 한다.

암중모색하기에 그 일은 너무 중요하고 긴급했다. 그래서 에릭에게 조언을 구하려고 전화를 했다. 2호 건물의 로비에 서서 나는 단축 버튼을 눌렀다.

"네?" 전화 받는 에릭의 목소리가 들렸다.

"좋은 아침입니다, 에릭. 방금 딕과 중요한 회의를 했습니다. 제가 이 일을 잘 생각해볼 수 있도록 도와주실 시간이 있으신가요?"

에릭은 "그러지"라고 퉁명하게 말했다. 나는 딕과의 만남이 어떻게 이뤄졌는지, 그리고 이번 만남으로 결정적인 뭔가를 발견한 것 같다는 나의 확신을 설명했다.

"음, 지미한테 잘된 일이군. 아니 이제 '존'이라고 불러야겠네. 잘난 척하더니 이제서야 정신을 차린 모양이군." 에릭이 웃으면서 하는 말이 무정하게 들리지는 않았다. "첫 번째 방법의 하나로 IT가 운영되는 비즈니스 시스템을 진정으로 이해해야 하네. 에드워드 데밍W. Edwards Deming은 이걸 '시스템에 대한 이해'라고 불렀지. IT와 관련해서는 두 가지 어려움에 직면하게 되지. 한편으론 딕의 두 번째 슬라이드에서 IT 조직이 아직 아무도 정확하게 말하지 않은 것을 지지하고 보호하도록 지원하는 책임이 있다는 것을 알게 된 거야. 다른 한편으로는 존이 그동안 애지중지하던 몇몇 IT 컨트롤이 필요 없다는 걸 알게 된 거지. 조직의 다른 부분들이 그런 위험들을 적절히 완화하고 있으니 말이야."

"이건 IT 내부에서 무엇이 중요한지 범위를 정하는 것과 관련 있어. 그리고 『플랫랜드Flatland』(필로소픽, 2018)에서 스피어 씨가 모두에게 말했듯이 IT 영역을 떠나야 비즈니스가 목표 달성을 위해 IT에 의존하는 부분이 어딘지 발견할 수 있지." 계속되는 에릭의 말에 집중했다. "임무는 두 가지네. 첫째, 자네는 제대로 살펴보지 않은 IT 분야가 어디인지 찾아야 해. 딕의 측정값에 따라 관리하는 프로세스와 기술이 비즈니스 목표 달성을 적극적으로 위태롭게 하는 부분이지. 둘째, 존은 재무제표의 회계 오류를 탐지하는 데 필요하지 않았던 모든 SOX-404 IT 컨트롤과 같이 너무 세세하게 살펴봤던 IT 분야가 어디인지를 찾아야 해."

"우리가 전혀 다른 두 가지를 섞고 있다고 생각할지 모르지만 그건 아니라고 단언하네"라며 에릭은 계속 말했다. "현명한 감사관 몇몇은 내부 통제 목표가 세 가지라고 하지. 재무 보고의 신뢰성 보장, 법률 및 규정 준수, 운영의 효율성과 효과. 그게 다야. 자네와 존이 말하는 것은 단지 '코소 큐브COSO Cube[1]'라고 불리는 것의 다른 슬라이드일 뿐이야."

---

1 코소 프레임워크(COSO Framework)의 일부분으로 내부 컨트롤 시스템의 모든 하부 조직간 관련성 및 내부 컨트롤의 목적을 준수하기 위해 조직이 반드시 따라야 하는 많은 원칙을 정의한다. - 옮긴이

열심히 들으려고 애쓰면서 나중에 용어들을 구글로 검색할 수 있게 맹렬히 메모했다.

에릭의 말에 계속 귀 기울였다. "자네와 존이 해야 할 일은 이거야. 딕의 두 번째 슬라이드에 있는 목표에 대해 비즈니스 프로세스 책임자들과 얘기하게. 그들의 정확한 역할이 무엇인지, 어떤 비즈니스 프로세스가 목표를 뒷받침하는지 파악하고 목표를 위태롭게 하는 것들의 순위를 매겨 목록으로 만들게나."

"IT의 가치 사슬과 같이 눈에 잘 띄지 않는 목표들을 포함해 딕의 목표 하나하나를 달성하는 데 필요한 가치 사슬을 이해해야 하네. 예를 들어 100대의 트럭을 이용해 패키지를 배달하는 국토 횡단 화물 운송 회사라면 기업 목표 중 하나는 고객 만족과 정시 배송일 거야."

"정시 납품을 위태롭게 하는 한 가지 요인이 차량 고장이라는 것은 모두가 알고 있지. 고장의 주요 원인은 오일 교환이 제대로 이뤄지지 않아서일 테고 말이야. 따라서 해당 위험을 완화하려면 차량 운용을 위한 SLA[2]를 만들어 5,000마일마다 오일을 교환하는 거라네."

확실히 스스로도 즐기는 듯 에릭은 계속 설명했다. "이 조직의 핵심 성과 지표[KPI: key performance indicator]는 정시 배송이야. 이를 달성하는 데 필요한 오일 교환을 수행한 차량의 비율과 같은 새로운 미래 지향적 KPI를 생성하겠지."

"만약 차량의 절반만 필요한 정비 정책을 준수하고 있다면 가까운 미래에 정시 납품 KPI가 급강하할 걸세. 트럭들이 도로변에 운반하는 모든 짐들과 함께 발이 묶여버리기 시작하면서 말이지."

---

2 서비스 수준 계약(Service-Level Agreement). 고객이 공급 업체에 기대하는 서비스 수준을 기술한 문서를 말한다. - 옮긴이

"사람들은 IT가 모터오일도 사용하지 않고 예방 정비도 필요 없이 물리적 패키지를 운반한다고 생각해"라며 에릭은 혼자 껄껄 웃었다. "어쨌든 IT가 운반하는 작업과 화물은 눈에 보이지 않기 때문에 컴퓨터를 다시 가동하는 것은 그냥 컴퓨터에 마법의 가루를 더 뿌려주면 된다고 생각하지."

"여기서 말한 오일 교환 같은 은유는 연관 관계를 이해하는 데 도움이 돼. 예방적 오일 교체 및 차량 정비 정책은 예방적 공급 업체 패치 및 변경 관리 정책과 같은 거야. IT 리스크가 비즈니스 성과 측정을 어떻게 위태롭게 하는지 보여주면 더 나은 비즈니스 의사 결정을 내릴 수 있네."

"좋아, 내가 가기 전에 마지막으로 한 가지만 더 얘기하지." 에릭이 말했다. "존이 임무를 완수하도록 하게. SOX-404 감사팀의 재무 측 사람들과 얘기해봐야 할 거야. 회사가 어떻게 마지막 감사 총알을 피할 수 있었는지, 실제 통제 환경이 어떻게 생겼는지, 그리고 실제로 어디에 의존성이 있는지 정확히 알아야 해. 그런 다음 존이 자네에게 설명해야만 해."

"딕의 목표를 IT가 어떻게 그것을 위태롭게 하는지와 연관 지어 가치 사슬을 구축하고 나면 딕과 만날 준비가 될 걸세. 과거에 IT 문제가 어떻게 그런 목표들을 위태롭게 했는지에 대한 구체적인 예시를 수집하게. 단단히 각오해야 해."

"나를 모임에 초대했으면 하네. 자네가 배운 것을 발표할 때 딕의 얼굴을 보고 싶거든"이라고 말하면서 에릭은 전화를 끊었다.

26장

• 10월 17일 금요일

패티가 회의실에 들어서서 존의 변한 모습을 보고는 숨을 크게 헉 쉬며 말했다. "어머나, 존. 정말 멋진데요!"

놀랍게도 웨스는 도착해서 별다른 점을 알아차리지 못하는 것 같았다.

모두가 모였을 때 나는 에릭에게서 배운 것을 재빨리 공유했다. 패티와 나는 '고객 수요와 요구 이해', '제품 포트폴리오', '시장 출시 시간' 및 '영업 파이프라인'을 위해 비즈니스 프로세스 책임자들을 인터뷰하고, 존은 에릭의 지시에 따라 비즈니스 SOX-404 통제 환경을 조사하기로 했다.

오늘은 금요일이라 제조 영업 조직의 부서장인 론 존슨과 인터뷰할 예정이다. 수년 전에 인수 통합 프로젝트 일환으로 론과 함께 일했었는데 이곳에 있다는 것에 놀랐다. 론은 거래를 협상하고 문제가 있는 고객에게 도움을 주는 일로 전 세계를 돌아다녔다. 그는 출장을 함께 갈 때 가장 재밌는 사람 중 한 명으로 회사에서는 잘 알려져 있다. 론의 지출 보고서 규모가 그것을 증명한다.

패티와 나는 2호 건물에 있는 론의 책상 앞에 앉았다. 그가 전화 회의로 직원들에게 호통치는 것을 들으면서 벽에 걸린 사진들을 봤다. 골프 코스와 수십 년 전 프레지던트 클럽의 이국적인 현장에서 그의 최고 영업 파트너나 고객과 악수하는 사진이다. 구석에는 수백 개의 회의용 배지와 신분증용 끈으로 완전히 뒤덮인 가짜 나무 화분이 있었다.

이곳은 분명히 사람들 앞에 나서는 것을 좋아하는 사람의 사무실이다. 론은 웃음소리가 크고 덩치도 큰 사교적인 사람이다.

어느 날 저녁 시카고에서 론과 스카치를 마시면서 그의 행동 대부분이 세심하게 조작된 페르소나^{Persona}라는 것을 알고 놀랐었다. 겉으로는 매우 시끄럽고 거리낌 없이 말하지만, 실제로는 내성적인 성격이며 분석적이고 판매 규율에 관해서는 매우 열정적이다. 론이 전화상으로 또 다른 사람을 꾸짖는 것을 들으며 혼란스럽고 예측할 수 없는 것으로 알려진 영업 관련 업무에서 IT보다 더 예측 가능하다는 것이 얼마나 이상한 일인가를 생각해봤다.

영업에는 적어도 영업 파이프라인을 이끄는 잠재 고객, 리더, 자격을 갖춘 리더, 그리고 영업 기회를 창출하는 마케팅 캠페인으로부터 나오는 예측 가능한 활동이 있다. 판매원 하나가 성과를 달성하지 못한다고 해서 부서 전체가 위험에 빠지는 일은 거의 없다.

반면에 엔지니어들은 겉보기에 아주 작고 무해한 변경 사항이 결국 파괴적이고 전사적으로 중단 사태를 초래함으로써 내가 해고당하는 요인이 될 수도 있다.

론은 수화기를 쾅 내려놓았다. "미안해요, 여러분. 모든 훈련을 시키는데도 불구하고 때때로 우리 팀은 훈련 안 된 동물처럼 행동한다니까요." 화가 가라앉지 않은 듯 론이 말했다. 그러고는 들고 있던 스테이플러로 묶인 서류를 쫙 찢고 나서 쓰레기통에 집어넣었다.

"이런, 론." 난 말을 하지 않을 수 없었다. "재활용 쓰레기통이 바로 옆에 있잖아요!"

"매립지가 가득 차기도 전에 전 이미 세상을 떠났을 겁니다!" 론이 큰 소리로 웃으며 말했다.

론이야 곧 죽을는지 모르겠지만 내 아이들은 죽으려면 멀었다. 나는 론을 찾은 이유를 설명하면서 책상 아래 휴지통에서 론이 버린 서류 뭉치를

344

꺼내 재활용 쓰레기통에 넣었다. "론은 딕의 장표에 '영업 파이프라인'과 '영업 예측 정확도' 기준의 책임자로 기재돼 있더군요. 해당 숫자들을 달성하는 데 따르는 어려움을 얘기해줄 수 있나요?"

"이봐요, 난 IT를 잘 모릅니다. 제 직원 중 누군가와 얘기하시는 게 더 나을지도 모르겠네요"라고 론이 대답했다.

"걱정하지 마세요. IT와 관련된 걸 묻는 게 아닙니다. 론이 하는 방법을 편하게 얘기하면 됩니다." 내가 론을 안심시켰다.

"좋아요, 그렇다면야⋯." 론이 말했다. "영업 예측 정확성을 얘기하려면 먼저 왜 그렇게 부정확한지 알아야 합니다. 스티브와 딕이 제게 말도 안 되는 수입 목표를 넘겨주고 알아서 달성하라고 하면서부터 시작됩니다. 저는 몇 년 동안 팀에 너무 많은 할당량을 줘야 했고, 그러다 보니 계속해서 목표 달성을 못 하는 겁니다! 스티브와 딕에게 매년 고충을 토로했지만 들으려고도 하지 않았어요. 어쩌면 이사회에서 어떤 임의의 수익 목표를 두 사람 목에 들이대기 때문일 수도 있죠."

"하지만 그렇게 회사를 경영하는 건 형편없는 방법입니다. 저희 팀의 사기는 떨어졌고 최고의 성과자들이 떼를 지어 그만두고 있습니다. 물론 인원을 충원하고는 있어요. 하지만 그들이 할당량을 다 채울 역량을 내려면 적어도 1년은 걸립니다. 경제가 형편없다 보니 유능한 영업 사원을 찾는 데 시간이 너무 오래 걸리는 상황입니다."

"더 짜증 나는 게 뭔지 아십니까?" 론이 계속했다. "사라는 매장을 인수하면 판매가 가속화될 거라고 약속했었죠. 그런데 그렇게 됐습니까? 젠장, 전혀 아니죠!"

"일을 완전히 망치고 있어요. 오늘 아침에 지역 매니저가 소리치더군요. 관리하는 모든 매장에 재고가 완전히 비어서 새 연료 인젝터 키트 몇 트럭이 필요하다고요. 쉽게 팔 수 있는 상황에서도 제대로 팔지 못하고 있습니다! 고객들은 사고 싶어 하지만 빈손으로 나와서 경쟁사 중 한 업체의 더 형편없는 물건을 사고 말겠죠."

론은 화가 나서 말했다. "우리는 고객들이 무엇을 원하는지조차 알지 못합니다! 팔리지 않을 제품은 너무 많고 팔리는 제품은 항상 모자라죠."

론의 말이 어딘지 익숙해서 딕의 슬라이드를 다시 들여다보며 내가 말했다. "고객의 요구와 원하는 바를 제대로 파악하지 못해 '판매 예측 정확성'이 위태로워지고 있다는 얘기죠? 그리고 매장에서 어떤 상품이 품절됐는지 알면 매출을 늘릴 수 있다는 말이고요?"

"그렇죠." 론이 답했다. "매장에 들어오는 요청량을 알면 그게 바로 수익을 올릴 수 있는 가장 빠르고 쉬운 방법이죠. 대형 자동차 바이어들의 죽 끓는 변덕을 다루기보다 훨씬 쉽다는 건 확실합니다."

어떻게 재고 부족 상황이 만들어지는지를 알아보라고 메모를 하고 패티를 쳐다봤더니 패티도 열심히 메모하고 있었다.

론에게 영업 파이프라인 프로세스와 어려움에 관해 문자 한바탕 잔소리를 시작했다. 론은 매니저들이 CRM^customer relationship management 시스템에서 필요한 보고서를 얻는 것이 얼마나 어려운지 설명했다. 그리고 론의 영업 부서 전체가 일하는 동안 해당 정보를 사용하려고 끝없는 싸움을 한다며 한참을 말했다.

안 좋은 날은 어떤 날이냐고 묻자 론의 말문이 터져버렸다.

"나쁜 날이요?" 론은 못마땅한 듯이 나를 쳐다보며 되풀이했다. "이런, 빌. 당신이 관리하는 MRP와 전화 시스템이 몇 주 전에 그랬던 것처럼 다운되면 그건 분명히 재앙이죠. MRP 가동 중단 때문에 고객들은 지연된 주문에 대해 소리를 질러댔고 그들 중 두 고객은 25만 달러 주문을 완전히 취소했습니다. 지금은 최우수 고객이 150만 달러짜리 계약을 재입찰받으려는 걸 막으려고 안간힘을 쓰는 중입니다."

론은 책상 너머로 몸을 구부렸다. "그리고 지난 분기 마지막 며칠 사이에 전화가 다운됐을 때와 고객들이 주문할 수 없었을 때, 마지막 순간에 주문을 변경할 수 없을 때도 그랬죠! 또 다른 150만 달러짜리 주문이 지연됐고 고객 10명이 계약 내용을 재평가하고 있는 상황이 돼 지금은 500만 달러 규모의 계약이 아슬아슬한 상황에 있습니다."

"IT가 제 일을 훨씬 더 어렵게 만들고 있다고요." 론이 말했다. "많은 영업 직원들이 자기들이 통제할 수 없는 아주 작은 일들 때문에 자신들의 목표를 달성하지 못했습니다. 사기를 북돋우려고 스티브에게 우리 실수 때문에 지연된 주문에 대해 목표량 공제를 요구하는 중입니다."

나는 얼굴을 찡그렸다. 사라가 불만을 품은 피닉스 고객들에게 바우처를 나눠주자는 생각만큼이나 스티브가 그 아이디어를 퍽이나 좋아하겠네.

"제가 책임자로 있을 때 그런 일이 벌어져서 정말 죄송합니다. 변명의 여지가 없네요"라고 진심을 담아 말했다. 나는 론에게 공급 업체가 전화 스위치를 무단으로 변경한 것에 대해, 그리고 다시는 그런 일이 일어나지 않도록 우리가 취하고 있는 조치에 대해 말해줬다.

"저희에겐 변경 통제 정책이 있지만 훈련과 신뢰는 거기까지가 한계인 것 같습니다. 개선된 정책을 시행하려면 모니터링이 필요하죠. 문제는 정보 보안이 구축한 것 이상으로 라이선스를 확대해야 하는데 요즘은 긴급 자금을 구하기 어려운 상황입니다. 특히 IT 운영에서는 말이죠."

론의 얼굴이 붉게 타올랐다. "왜죠? 뭣 때문에 돈을 아끼려는 겁니까? 사라가 꿈꾸는 또 다른 무모한 인수 건이 있는 건가요?" 어이없다는 듯 론이 웃었다. "얼마를 말하는 겁니까?"

금액을 얘기하자 론은 넌더리를 내는 듯 보였다. "매주 제조 공장 잔디에 물을 뿌리는 데도 더 많은 돈이 들어갑니다! 이 일은 제가 딕에게 직접 말하죠. 딕이 돈을 쓰려 하지 않는다면 저희는 제대로 주문받지 못할 수도 있어요. 빌이 하는 프로젝트가 단지 보험에 불과해서 영업팀이 모든 힘든 일을 다 긁어모으는 것밖에 안 된다고 하더라도 말입니다. 그건 생각해볼 필요도 없는 일입니다!"

"저희도 분명히 그렇게 생각합니다. 응원해줘서 고맙습니다"라고 내가 말했다. "시간이 거의 다 됐네요. 저희가 도울 수 있는 다른 문제나 장애는 없습니까?"

론이 잠시 시계를 봤다. "없습니다. 공급 업체들이 또 우리 전화 시스템을 망가뜨리지 않도록만 해주세요, 아셨죠?"

엘리베이터를 기다리며 기록한 노트를 획획 넘기는 패티는 기운이 넘쳐 보였다. 패티가 말했다. "론이 전화와 MRP 시스템이 얼마나 중요한지 언급했지만 뭔가 더 있을 거라는 생각이 들어요. 재고 관리 시스템 같은 거 말이죠. 론을 지원하는 애플리케이션과 인프라에 대한 전체 목록을 만들어야겠어요. 그중 뭔가 취약한 것이 있다면 교체 목록에 추가해야 해요. 선제적으로 일할 좋은 기회네요."

"독심술이라도 익힌 거야?"라며 나는 웃었다. "선제적 사전 작업은 회사의 가장 중요한 목표를 지원할 거야. 그걸 어떻게 아냐고? 딕이 가장 아끼는 기준에서부터 시작했잖아."

나는 기뻤다. 이제 피닉스 스폰서인 매기 리와 함께 할 우리의 다음 인터뷰가 정말 기대됐다.

패티와 나는 이어 다가온 월요일에 매기를 만났다. 주말에 사라가 이메일을 보내 회의를 취소하겠다고 협박하며 회의 의제를 알려 달라고 요구했다. 내가 딕과 스티브를 회신에 추가하자 조금 누그러들었지만 자기 부서 일에 간섭하지 말라고 내게 경고했다.

걱정하지 않았다. 패티와 나는 둘 다 매기와 주기적으로 일했었다. 매기는 IT 프로젝트의 절반 이상을 후원하는 비즈니스 스폰서다. 무엇보다도 매기는 회사가 각 매장에 가능한 한 최상의 상품을 갖추도록 할 책임이 있으며 상품 카테고리와 가격 책정 로드맵을 책임지고 있다.

자신의 책임 범위를 설명하면서 매기는 다음과 같이 요약했다. "궁극적으로 제가 고객의 니즈와 욕구에 대한 우리의 이해를 판단하는 방법은 고객들이 우리를 친구들에게 추천할지예요. 하지만 어느 모로 보나 우리 상황은 썩 좋지 않네요."

이유를 묻자 매기가 한숨을 쉬었다. "저희는 대부분 맹목적으로 일을 하죠. 바람직한 것은 저희 판매 데이터가 고객이 원하는 것을 나타내고 있어야 해요. 주문 입력 및 재고 관리 시스템에 있는 데이터만 있으면 문제없다고 생각하실지도 모르겠네요. 하지만 데이터가 틀릴 때가 많다는 게 문제죠."

매기가 말을 계속하자 패티는 의미심장한 눈길로 내 쪽을 흘겨봤다. "저희가 가진 데이터 품질이 너무 나빠서 어떤 종류의 예측을 해도 믿을 수가 없어요. 현재 최고의 데이터는 2개월마다 저희가 매장 매니저들을 인터뷰하고 일 년에 두 번 고객 포커스 그룹을 인터뷰하면서 나온 거예요. 억만 달러 사업을 이런 식으로 하면서 성공을 기대하는 건 말도 안 되죠!"

"지난번 직장에서는 매일 판매와 재고 관리 보고서를 받았어요"라고 매기는 계속 말했다. "여기서는 한 달에 한 번 재무 부서로부터 받는데 그것마저 오류투성이예요. 뭘 기대하겠어요? 아무것도 모르는 대학교 인턴들이 수많은 장표에서 숫자를 복사해 붙여넣기만 하는데요."

"마법 지팡이가 있다면 뭘 하고 싶으세요?" 내가 물었다.

"마법 지팡이의 능력은 얼마나 크죠?" 매기가 물었다.

"원하시는 건 뭐든 할 수 있습니다." 내가 웃으며 대답했다.

"참 훌륭한 마법 지팡이네요." 매기도 웃으면서 말했다. "매장과 온라인 채널에서 정확한 정보를 적시에 받고 싶어요. 버튼 하나 누르면 볼 수 있게요. 우리가 서커스 같은 짓을 해서 얻는 대신 말이죠. 그렇게 얻은 데이터를 사용해 A/B 테스트[1]를 지속적으로 수행하면서 고객이 원하는 제품

---

1 버킷 테스트 또는 분할 실행 테스트라고도 부른다. 두 개의 집단, 두 개의 사이트 또는 두 가지 기능을 비교 대조해 수행하는 테스트를 말한다. – 옮긴이

을 찾는 마케팅 캠페인을 만들 거예요. 어떤 것이 효과가 있는지 알면 그 것을 전체 고객 리스트에 걸쳐 활용할 겁니다. 그렇게 하면 론에게 예측 가능한 거대한 판매 대상을 만들어 줄 수 있어요."

"그 정보를 이용하면 생산 계획을 적극적으로 추진해서 수급 곡선을 관 리할 수도 있죠. 적절한 상품을 필요한 매장 진열대에 보관하고 재고도 보 유하는 거죠. 그렇게 되면 고객 한 사람당 우리 수익은 천정부지로 치솟을 거예요. 평균 주문 규모도 올라갈 거고요. 마침내 시장 점유율이 높아지 고 우리가 다시 경쟁사들을 제치기 시작하겠죠."

이렇게 말하는 매기의 모습은 매우 활기차고 신나 보였다. 그러나 곧 활기가 사라졌다. 패배한 것처럼 매기가 말을 이었다. "불행하게도 지금 시스템 때문에 죽도 밥도 안되죠."

"잠깐만요. 피닉스가 모든 것을 해결하는 줄 알았는데요?" 내가 물었다.

혐오스럽다는 듯이 콧방귀를 뀌며 매기가 말했다. "피닉스에서 얻은 거 라고는 약속밖에 없어요. 원래 이런 보고를 많이 해주기로 돼 있었는데 뭔 가 완료해야 한다는 정치적 압력이 너무 높아서 그런지 피처를 계속 빼먹 네요. 그러고는 내년까지 미루는 피처가 뭔지 아세요?" 매기는 믿을 수 없 다는 듯이 눈을 굴렸다.

"보고인가요?" 최악의 상황을 두려워하면서도 추측해봤다.

매기가 고개를 끄덕이자 나는 기운을 차리려고 노력했다. "지금 마법 지팡이가 효과가 있다고 가정해보죠. 매장에서 나오는 훌륭한 데이터가 있습니다. 당신은 매장에 알맞은 제품을 보유하고 있고 당신이 꿈꾸는 캠 페인은 상상 이상으로 성공하고 있다고요. 그럼 그다음엔 뭐가 있죠?"

"삶 자체가 신나겠죠, 바로 그렇죠!"라고 말하는 매기의 눈빛이 반짝였 다. "작년에는 새로 출시될 스포츠카에 대한 맞춤형 연료 분사 시스템을 출하했었죠. 설계에서 매장 선반까지 가는 데 6개월밖에 안 걸렸어요. 우 리가 해낸 거죠! 디자이너들, R&D 사람들 그리고 마케팅팀 모두가 엄청

났어요. 알맞은 제품, 알맞은 장소, 알맞은 브랜드, 알맞은 가격, 알맞은 품질까지 다 갖췄었죠. 그 제품이 작년에 가장 많이 팔린 상품 중 하나였어요."

"어려움은 많았지만 크게 승리했죠"라고 매기가 말했다. "만약 우리의 놀라운 연구 개발과 제조 역량으로 리테일 영업에 대한 가시성을 높일 수 있다면 연간 그와 같은 결과를 50건은 만들 수 있을 거예요. 그중 4개는 엄청난 히트일 거라고 확신해요! 그냥 이익을 내는 게 아니라 미친 듯이 이익을 내겠죠."

패티가 끼어들었다. "제품을 마케팅하는 데 적절한 시간이 어떻게 되죠?"

매기는 재빨리 답했다. "요즘에요? 제품은 6개월 후에 출하해야 하죠. 최장 9개월이에요. 그렇지 않으면 어떤 중국 회사가 우리 아이디어를 훔쳐 낼 거고 경쟁 업체 진열대에 그걸 올려놓고 시장의 대부분을 잠식하겠죠."

"이런 치열한 경쟁 시대에서 가장 중요한 건 시장 출시는 빨리, 그리고 실패도 빨리하는 거죠. 수년에 걸친 제품 개발 일정처럼 늘어져서는 경쟁이 안 돼요. 우리 손에 승기를 잡고 있는지 패기를 잡고 있는지 알아낼 때까지 오랜 시간을 기다릴 수는 없어요. 시장의 피드백을 지속적으로 통합하려면 짧고 빠른 순환 주기가 필요하죠."

"하지만 그건 절반에 불과해요." 매기가 말을 이어갔다. "제품 개발 주기가 길어질수록 회사 자본이 더 오래 묶여서 수익을 돌려주지 못해요. 딕은 평균적으로 R&D 투자로 10% 이상 회수할 것을 기대해요. 그게 최소 내부 기준이에요. 기준을 못 넘기면 회사 자본을 증시에 투자하거나 경주마에 거는 편이 더 나은 거죠."

"R&D 자본이 1년 이상 WIP로 묶여 있어서 현금을 회수하지 못하면 회사에서 돈을 회수하기는 거의 불가능해지죠"라며 매기가 덧붙여 말했다.

이런 젠장! 매기도 에릭과 같은 소리를 하기 시작했다. 주기를 지속적으로 줄여야 하는 필요성이 에릭이 말한 첫 번째 방법의 연장선에 있다.

이상적으로 고객에게 나온 피드백 순환 고리를 효과 있게 만드는 것은 두 번째 방법의 일환이다.

하지만 회사에서 현금을 회수하는 데 9개월이 안 걸린다면 최고겠지? 우리는 피닉스에 거의 3년 동안 매달렸지만 회사가 원하는 비즈니스 가치를 여전히 창출하지 못하고 있다.

나는 피닉스가 완전히 잘못된 길로 가고 있다는 끔찍한 느낌이 들었다.

시계를 보니 시간이 거의 다 됐다는 것을 알 수 있었다. 피닉스에 관한 생각은 접어두고 IT가 목표 달성을 방해하는 또 다른 사항이 있는지 물었다.

매기의 표정이 어두워졌다. "음, 한 가지 더 있어요."

매기는 IT 프로젝트 자원에 대한 치열한 경쟁을 설명했다. "저희 계획 기간은 6개월에서 12개월 사이예요. 앞으로 3년 후에 어떤 프로젝트를 진행해야 하는지 누가 어떻게 알겠어요?" 화를 내며 얘기하는 매기의 모습에서 론이 갑자기 떠올랐다.

IT에 대해 불평하는 것만큼 사람들을 단결시키는 것은 없었다.

"그런 불만을 충분히 이해합니다." 나는 냉정하게 말했다. "혹시 어떻게 고쳐야 할지 아이디어가 있으십니까?"

매기는 IT 인력을 더 고용하고, IT 인력을 자신의 그룹에 헌신하게 하고, IT 프로젝트 대기 행렬^{queue}을 가로막는 프로젝트를 조사해야 한다는 등 여러 아이디어를 얘기해줬다.

아이디어 대부분 새로운 것은 아니었지만 IT 예산을 더 늘려야 한다는 생각에 나는 그저 놀라기만 했다. 스티브와 딕은 절대 좋아하지 않을 아이디어이기 때문이다.

"말도 안 돼요!" 매기의 사무실에서 나오자마자 패티가 탄성을 질렀다. "매기와 론이 얼마나 좌절하고 있는지 믿을 수가 없어요. 주문 입력 및 재고 관리 시스템에 신뢰할 수 없는 데이터가 다시 나타났다는 걸 어떻게 믿죠? 그리고 피닉스가 현재 구축된 상태로는 데이터 품질 문제를 해결하지 못할 거라는 것도 믿을 수 없어요!"

나는 고개를 끄덕이며 단호하게 말했다. "존과 웨스와 함께 회의해야겠어. 우리가 지금까지 들은 것을 알려줘야지. 크리스도 불러줘. 이건 단순한 IT 운영 범위를 넘어서는 거야. 이걸로 애플리케이션 우선순위 지정 및 개발 방식 자체를 변경해야 할 수도 있거든."

패티가 떠난 후 피닉스 관련 비용을 들여다봤다.

지난 3년 동안 피닉스에 2천만 달러 이상을 썼다. WIP와 자본이 피닉스 프로젝트에 모두 묶여 있었기 때문에 10% 이상 회수는 절대로 이뤄지지 않을 것 같다. 피닉스를 승인하지 말았어야 했다.

27장

• 10월 21일 화요일

나는 패티, 웨스, 크리스, 존과 함께 패티와 내가 이룬 진척 사항을 공유하려고 회의실에 있다.

내가 발언을 시작했다. "패티와 저는 딕의 회사 성과 기준과 관련 있는 비즈니스 책임자인 론과 매기를 인터뷰했습니다. 인터뷰 결과 알게 된 것에 대해 다음과 같이 생각해봤습니다."

나는 노트를 꺼내 화이트보드로 걸어가 이렇게 썼다. '파트 언리미티드의 바람직한 비즈니스 결과: 매출 증가, 시장 점유율 증가, 평균 주문 규모 증가, 수익성 회복, 자산 수익률 증가'

그러고 나서 아래 표를 그렸다.

성과 기준	IT 의존 분야	IT로 인한 비즈니스 위험	IT 통제 기반
1. 고객 니즈와 욕구 이해	주문 입력 및 재고 관리 시스템	데이터 부정확, 적시에 보고서가 나오지 않아 재작업이 필요함	
2. 제품 포트폴리오	주문 입력 시스템	부정확한 데이터	
3. R&D 효과			
4. 적기 출시(R&D)	피닉스	3년 주기와 WIP가 IRR 기준을 올릴 확률 낮춤	

5. 영업 파이프라인	CRM, 마케팅 캠페인, 전화·보이스메일, MRP 시스템	영업 관리자들이 파이프라인을 보거나 관리하지 못함, 고객은 주문을 추가·변경하지 못함	
6. 고객 정시 배송	CRM, 전화·보이스메일, MRP 시스템	고객은 주문을 추가·변경하지 못함	
7. 고객 유지	CRM, 고객 지원 시스템	영업은 고객의 상태를 관리하지 못함	
8. 영업 예측 정확도	(#1과 동일)	(#1과 동일)	

화이트보드를 가리키며 내가 말했다. "첫 번째 열은 딕이 원하는 결과를 달성하는 데 필요한 비즈니스 역량 및 프로세스 이름이고, 두 번째 열은 해당 비즈니스 프로세스가 의존하는 IT 시스템을 나열한 것이며, 세 번째 열은 IT 시스템이나 데이터에 문제가 발생할 수 있는 것을 나열했고, 네 번째 열에는 그런 나쁜 일들이 일어나지 않도록 예방하거나 감지해 대응하는 수단을 적겠습니다."

다음 30분 동안 그들과 함께 위 도표와 모든 불만 사항을 훑어봤다. "딕이 가장 중요하게 생각하는 것에는 IT가 분명히 있습니다." 내가 진지하게 말했다. 웨스는 "빌, 아무리 봐도 저는 여기서 가장 영리한 사람은 아닌 듯해요. 우리가 그렇게 중요하다면 왜 우리를 아웃소싱하려는 거죠? 알잖아요, 우리 모두 수십 년 동안 어떤 위탁 장소에서 다른 위탁 장소로 옮겨 다녔잖아요."

회의실에 있는 누구도 적절한 대답을 찾지 못했다.

"저기요, 개인적으로는 빌이 정의한 세 번째 열이 정말 좋습니다. 'IT로 인한 비즈니스 위험' 부분이요." 존이 말했다. "비즈니스 성과 달성을 방해하는 IT 관련 요소를 기술함으로써 비즈니스 프로세스 책임자들이 보너스를 받을 수 있도록 일을 돕고 있는 거니까요. 매우 설득력 있는 부분입니다. 이 모든 일을 해주면 회사로부터 감사 인사까지 받을 수 있겠어요.

그렇게 되면 아주 신선한 변화일 겁니다."

"저도 동의합니다. 고생하셨습니다, 빌." 크리스가 마침내 입을 열었다. "그런데 해결책은 뭡니까?"

나는 "누구, 좋은 생각이라도 있나요?"라고 물었다.

놀랍게도 존이 먼저 입을 열었다. "저한테는 꽤 명확해 보이는데요. 세 번째 열의 위험을 완화할 만한 조정 작업이 있어야겠어요. 그런 다음 론과 매기에게 테이블 표를 보여주고 우리가 세운 대책이 목표를 달성하는 데 도움이 된다고 믿게 만들어야 합니다. 그렇게 되면 론과 매기와 함께 IT를 그들의 성과 척도에 통합하기 위해 협력하는 거죠."

"에릭이 당신에게 준 예시는 완벽해요. '정시 인도'와 '고객 보유'를 위한 선도 지표로 '차량 정비 절차 준수'를 통합했잖아요. 우리도 똑같이 해야 합니다."

모두 소매를 걷어붙이고 각자의 작업 전선으로 복귀했다.

전화 및 MRP 시스템은 예측 조치에 변경 관리 프로세스 준수, 생산 변경의 감독 및 검토, 예정된 유지 보수의 완료, 알려진 단일 고장 지점의 제거를 포함하도록 신속하게 처리했다.

그런데 '고객의 니즈와 욕구'를 처리할 때 벽에 부딪혔다.

그때 우릴 다시 구한 건 존이었다. "현시점의 목표는 시스템 가용성이 아니라 데이터의 무결성입니다. 부수적으로는 '기밀성, 무결성, 가용성 삼각형' 또는 CIA confidentiality, integrity, and availability의 3개 중 2개를 의미합니다." 존은 크리스에게 "그래서 데이터 무결성 문제를 야기하고 있는 게 뭔가요?"라고 물었다.

크리스는 혐오감에 콧방귀를 뀌었다. "피닉스가 많이 고치고는 있지만 아직도 문제가 있어요. 마케팅 담당자들이 계속 잘못된 형식의 재고 SKU를 입력하고 있어서 문제 대부분이 앞단에서 발생해요. 마케팅 부서도 스스로 실수를 인정하고 개선할 필요가 있어요."

따라서 '마케팅 니즈와 욕구'에 대해 우리가 제안한 대책에는 피닉스가 주간 보고에서 최종적으로 일일 보고를 제공하는 능력, 마케팅으로 생성된 유효한 SKU 비율 등이 포함됐다.

그날 우리는 론과 매기에게 전달할 자료를 만들었다. 이는 딕에게 제시할 자료이기도 했다.

"자, 여러분, 아주 확실한 제안이군요"라고 웨스가 자랑스럽게 말하더니 큰 소리로 웃으며 한마디 덧붙였다. "원숭이도 우리가 방금 연결한 점들을 따라갈 수 있겠어!"

그다음 날, 패티와 나는 론과 매기로부터 좋은 피드백을 받았고 그들은 딕에게 제안하는 것을 지지해주기로 약속했다. 론은 우리가 아직도 모니터링 프로젝트 예산을 받지 못했다는 것을 알고 곧바로 딕에게 전화를 걸었다. 그리고 예산 문제를 왜 그렇게 질질 끌고 있는지 알려 달라고 열을 내면서 음성 메일을 남겼다.

이렇게 열렬한 지지를 얻었으니 목요일 딕과의 회의는 확실히 성공할 것으로 생각했다.

"나한테 한 말이라고는 운전대를 잡은 당신이 세상모르고 잠만 잔다는 것뿐이군요!" 딕은 내가 제시한 것에 전혀 감동하지 않고 단호하게 말했다. 갑자기 내가 피닉스와 감사 결과 작업의 우선순위를 정하라고 스티브에게 요청했을 때가 떠올랐다. 그때 스티브는 내가 준비했던 자료를 쳐다보지도 않았었다.

하지만 딕은 의견을 묵살하진 않았다. 다만 잔뜩 화가 나 있었다. "나한테 말한 건 아무 재주 없는 멍청이라도 알아낼 수 있는 겁니다. 이들 기준이 중요한지를 몰랐다니요? 타운 홀 미팅 때마다 스티브가 계속 반복했던 내용입니다. 하물며 회사 뉴스레터에도 있어요. 게다가 사라가 전략 브리핑 때마다 말하는 내용인데 어떻게 그렇게 중요한 걸 놓칠 수가 있죠?"

딕을 마주하고 내 양쪽 옆에 나란히 앉아 있던 크리스와 패티가 안절부절못하는 것을 봤다. 에릭은 창가에 서서 벽에 기대고 있었다.

해병대 중사 시절 퍼레이드에서 깃발을 들고 있던 기억이 났다. 갑자기 대령이 나타나 부대 전체가 보는 앞에서 으르렁거렸다. "그건 규율에 벗어난 시계 밴드야, 팔머 중사!" 내가 망쳤다는 수치심으로 그 자리에서 죽고 싶었다.

하지만 오늘은 임무를 명확히 이해했다고 확신한다. 회사가 성공하려면 내가 방금 배운 것을 딕이 이해해야 한다. 하지만 어떻게?

에릭은 목을 가다듬고 딕에게 말했다. "아무 재주 없는 멍청이라도 이것을 알아냈어야 했다는 데는 동의하네. 그렇다면 측정 기준들의 각 결과에 대한 4개 관리 수준은 나열하면서 IT 관리자는 어디에도 없는 이유를 설명해 줄 수 있겠나? 왜 그런 건가?"

딕의 대답을 기다리지 않고 에릭이 말을 이어갔다. "매주 IT 직원들은 기준을 달성하려는 매니저에 의해 막판에 야단법석으로 끌려 들어가지. 사라의 최근 영업 홍보를 돕기 위해 브렌트가 끌려 들어가는 것처럼 말이야." 에릭은 잠시 말을 멈췄다가 말했다. "솔직히 말하면 난 당신도 빌만큼이나 별 재주 없는 멍청이라고 생각해."

딕은 투덜거렸지만 동요하지 않는 것 같았다. 딕이 마침내 말했다. "그럴지도 모릅니다, 에릭. 5년 전에는 CIO가 분기별 비즈니스 리뷰에 참석하곤 했지만 제안한 모든 것이 불가능하다고 말하는 것 외에는 입을 열지 않았죠. 그렇게 1년이 지나고 스티브는 CIO를 더는 초대하지 않았어요."

딕은 나를 돌아봤다. "빌, 당신은 지금 사람들이 비즈니스에서 모든 것을 제대로 할 수 있는데 이런 IT 문제 때문에 여전히 목표를 놓칠 수 있다고 얘기하는 건가요?"

"네, 그렇습니다." 내가 말했다. "IT로 발생하는 운영 위험 요소는 다른 비즈니스 위험과 똑같이 관리해야 합니다. 다시 말하면 IT 위험이 아니라는 거죠. 정확히는 비즈니스 위험입니다."

딕이 다시 투덜대며 의자에 털썩 주저앉아 눈을 비볐다. "제길, 비즈니스에 필요한 게 뭔지도 모르는데 어떻게 IT 아웃소싱 계약서를 쓰란 말입니까?" 손으로 탁자를 쾅쾅 내리치며 딕이 말했다.

그러고는 물었다. "지금 하려는 제안은 뭐죠? 하나라도 들고 오긴 했겠죠?"

나는 똑바로 앉아서 팀과 함께 여러 번 연습했던 주장을 펼치기 시작했다. "자료에 있는 각 비즈니스 프로세스 책임자와 함께 3주씩 만났으면 좋겠습니다. IT로 인한 비즈니스 위험을 더욱 잘 정의하고 합의해서 이런 위험을 주요 성과 기준에 통합하는 방법을 제안하겠습니다. 우리 목표는 단순히 사업 실적 향상이 아니라 목표 달성 여부를 미리 알려주는 기준을 얻는 것이기 때문에 적절한 조치를 할 수 있을 겁니다."

"그리고…" 내가 계속했다. "딕 이사님과 크리스와 함께 피닉스에 대한 단일 주제로 회의 일정을 잡고 싶습니다." 그런 다음 피닉스가 승인되지 않았어야 하는 이유를 밝히며 나의 우려를 설명했다.

"저희는 너무 많은 WIP와 너무 많은 피처 때문에 너무 느리게 가고 있습니다. 릴리스를 더 작고 짧게 해서 현금을 더 빨리 돌려야 내부 수익률 기준을 넘어설 수 있습니다. 크리스와 제게 몇 가지 아이디어가 있습니다. 현재 보고된 계획과는 매우 다르게 보일 겁니다."

딕은 침묵을 지키고 있었다. 그리고 잠시 후 결단력 있게 선언했다. "두 가지 제안 모두 받아들입니다. 앤에게 도와주라고 지시하겠습니다. 회사 최고 인재들이 필요할 겁니다."

옆을 슬쩍 보니 크리스와 패티가 미소 짓는 것이 보였다.

"감사합니다. 그렇게 하겠습니다." 딕이 혹시 마음을 고쳐먹을까 싶어 자리에서 즉시 일어나 모든 사람을 밖으로 밀다시피 하며 사무실을 나왔다.

사무실 밖에서 에릭이 내 어깨에 손을 얹었다. "나쁘지 않아, 젊은 친구. 첫 번째 방법을 마스터했군. 축하하네. 이제 두 번째 방법을 해결하느라 바쁠 테니 존도 그걸 깨닫게 도와주게."

당황한 내가 물었다. "왜요? 무슨 일이 생기나요?"

"곧 알게 될 거야." 에릭이 껄껄 웃으며 말했다.

금요일에 존이 회의를 소집해서 웨스와 패티, 나에게 환상적인 소식을 약속했다. 존은 과장되게 말했다. "여러분은 IT와 딕의 운영 목표를 연결하는 일을 훌륭하게 해내셨습니다. 저는 감사 총알을 어떻게 피했는지 마침내 알 수 있었고요. 감사와 규정 준수 업무량을 줄이기 위해 우리가 함께 환상적으로 일할 수 있다고 확신합니다."

"감사 일을 덜 한다고요?" 웨스가 고개를 들고 전화기를 내려놓으며 말했다. "말해보시죠!"

나도 주목했다. 또 다른 죽음의 바탄 행진 없이 감사라는 짐을 등에서 내려놓을 방법이 있다면 기적과 같다.

존은 웨스와 패티 쪽으로 돌아섰다. "내부와 외부 감사의 모든 조사 결과를 저희가 어떻게 모면했는지 알아낼 필요가 있었습니다. 처음에 저는 우리를 고객으로 유지하기 위해서 감사 파트너가 융통성을 발휘했다고 생각했습니다. 하지만 전혀 그렇지 않았어요."

"회의에 참석했던 파트 언리미티드 팀의 모든 사람 앞에 서서 누가 마법의 총알을 가졌는지 알아내려고 애썼죠. 놀랍게도 그건 딕이나 우리 회사 고문이 아니었어요. 열 번의 회의 끝에 재무부의 앤 밑에서 일하는 금융 분석가인 페이라는 걸 마침내 알아냈습니다."

"페이는 기술 관련 경력이 있더라고요. IT 분야에서 4년을 보냈습니다"라며 존은 우리에게 종이를 나눠줬다. "페이는 재무팀을 위해 이런 SOX-404 컨트롤 문서를 만들었습니다. 회계상 중요한 각 계정의 주요 비즈니스 프로세스에 대해 전체 정보 흐름을 보여주죠. 페이는 돈이나 자산이 시스템에 기록된 곳을 일반 원장까지 추적해 들어갔습니다."

"이 정도면 꽤 괜찮은 편이지만 거기서 그치지 않았습니다. 프로세스상 회계 오류가 발생할 수 있는 위치와 오류가 감지될 수 있는 위치를 정확히 이해하기 전까지는 IT 시스템을 전혀 살펴보지 않았어요. 페이는 주 단위로 한 출처의 계좌 잔고와 금액을 다른 출처의 계좌 잔고와 비교하는 수동 조정 단계에서 오류를 감지한다는 것을 알아냈습니다."

"이런 일이 생기면," 존은 목소리에 경외심과 놀라움을 담아 말했다. "페이는 앞 단의 IT 시스템은 감사 범위에서 벗어난다는 것을 알고 있었습니다."

"여기 보이는 것이 페이가 감사관들에게 보여준 겁니다"라고 존이 흥분해서 두 번째 페이지로 휙획 넘기며 말했다. "인용. '회계 오류를 감지하기 위해 의존하는 조정 과정은 앞 단의 IT 시스템에 있는 게 아니라 수동적 조정 단계다.' 페이의 서류를 전부 뒤졌는데 모든 경우에 대해 감사관들이 동의했고 IT 결과를 철회했습니다."

"그래서 에릭이 감사 결과 더미를 '범위 산정 오류'라고 부른 겁니다. 맞는 말이었어요. 초기에 감사 테스트 계획 범위를 정확하게 정했더라면 IT에서 나올 게 전혀 없었을 겁니다!" 존이 설명을 마무리했다.

존은 멍한 표정으로 앉아 있는 패티, 웨스, 그리고 나를 바라봤다.

"무슨 말인지 이해가 안 돼. 이게 감사 업무량을 줄이는 것과 무슨 관계가 있지?" 내가 물었다.

"저는 조정 작업이 어디에 의존하고 있는지 정확히 새로 이해한 것을 바탕으로 규정 준수 프로그램을 처음부터 다시 만들고 있습니다"라고 존이 말했다. "그게 무엇이 중요한지를 좌우합니다. 어떤 작업이 매우 중요한지 또는 전혀 가치가 없는지 구별해주는 마법의 안경을 가진 것과 같습니다."

"맞아!"라고 내가 말했다. "'마법 안경'은 회사 운영에 있어 덕에게 무엇이 중요한지 우리가 알아내는 데 도움을 줬어. 몇 년 동안 눈앞에 있었는데 그걸 못 본 거지."

존은 고개를 끄덕이며 활짝 웃었다. 그러고는 유인물 마지막 페이지로 휙휙 넘겼다. "저는 보안 관련 업무량을 75% 줄일 수 있는 다섯 가지를 제안하는 바입니다."

존이 제시한 것은 숨이 막힐 지경이었다. 첫 번째 제안은 SOX-404 컴플라이언스 프로그램 범위를 대폭 축소하는 것이었다. 왜 그렇게 하는 것이 안전한지 존이 정확하게 말로 표현해주자 나는 존도 정말로 '시스템에 대한 확실한 이해'를 하면서 첫 번째 방법을 마스터하고 있다는 것을 깨달았다.

존의 두 번째 제안은 운영 시스템의 문제가 어떻게 발생했는지에 대한 근본 원인을 알아내고 배포 프로세스를 수정함으로써 그런 일이 다시는 발생하지 않도록 보장하는 것이다.

세 번째 제안은 패티의 변경 관리 프로세스에서 컴플라이언스 감사 범위에 있는 모든 시스템에 플래그를 지정해 감사를 위태롭게 할 수 있는 변경을 피할 수 있도록 하고 감사에서 향후 요청할 문서 작성을 지속적으로 하는 것이다.

존이 주위를 둘러봤을 때 우리는 충격으로 침묵 속에서 존을 응시하고 있었다. "제가 뭘 잘못 말했나요?"

"존, 기분 나쁘게 듣지는 말아요." 웨스가 천천히 말했다. "하지만…. 어…. 그래, 몸은 괜찮아요?"

내가 말했다. "존, 나는 우리 팀이 존의 제안에 대해 어떤 이의도 제기하지 않을 것으로 생각해. 제안들 모두 정말 좋은 생각인 것 같아." 웨스와 패티도 동의하는 뜻으로 격렬하게 고개를 끄덕였다.

흐뭇한 표정으로 존이 말을 이어갔다. "네 번째 제안은 PCI 컴플라이언스 프로그램의 크기를 줄이는 것인데 그와 관련된 유독성 폐기물 같은 데이터 저장 및 처리에 대한 모든 것을 제거하는 것입니다. 잃어버리거나 잘못 다루면 치명적일 수 있고 보호하는 데 너무 큰 비용이 듭니다."

"구내식당의 터무니없는 POS부터 시작합시다. 전 그 쓰레기 같은 것에 대해 다시는 보안 검토를 하고 싶지 않아요. 솔직히 누가 가져가든 상관없어요. 사라의 사촌 비니라도 말이에요. 없어져야 합니다."

패티는 한 손으로 입을 가리고 있고 웨스의 턱은 떡 벌어져 있었다. 존이 완전히 정신을 놓았나? 네 번째 제안은…. 아마도 무모한 것 같다.

웨스는 잠시 생각하더니 마음을 바꿨다. "너무 좋아요! 몇 년 전에 없앨 수 있었더라면 더 좋았을 텐데 말이죠. 우리는 그때 감사를 위해 해당 시스템을 확보하느라 몇 달을 허비했었죠. 급여 체계와 소통했기 때문에 SOX-404 감사 범위까지 들어갔다고요!"

패티도 결국 고개를 끄덕였다. "구내식당 POS가 핵심 역량이라고 주장하는 사람은 아무도 없을 거예요. 사업에 도움 되지는 않아도 확실히 문제를 만들 수는 있죠. 그리고 피닉스와 우리 핵심 역량의 일부 자원을 POS 시스템에서 끌어다 쓰고 있죠."

"좋아, 존, 해보자고! 4점 만점에 4점이야"라고 나는 단호하게 말했다. "그렇지만 정말 제때 없애서 변화를 만들 수 있을 것 같아?"

"네!" 존이 자신 있게 웃으며 말했다. "이미 딕과 법무팀과도 얘기했습니다. 단지 적절한 아웃소싱 업체를 찾아서 그들이 시스템과 데이터를 유지하고 안전하게 보호할 수 있다고 우리를 이해시키면 됩니다. 그 일을 아웃소싱할 수는 있지만 책임까지 남에게 떠맡길 수는 없으니까요."

희망에 찬 웨스가 불쑥 끼어들었다. "피닉스도 감사 대상에서 제외하는 것에 뭔가 할 수 있나요?"

"내 눈에 흙이 들어가기 전엔 안 돼요." 존은 팔짱을 끼고 딱 잘라 말했다. "다섯 번째이자 마지막 제안은 피닉스에 있는 모든 기술 부채를 이전의 제안에서 절약한 모든 시간을 사용해 관리하자는 겁니다. 피닉스에는 전략적 위험, 운영 위험, 막대한 보안 및 컴플라이언스 위험 등 막대한 위험이 도사리고 있다는 것을 잘 알고 있습니다. 딕의 대부분 핵심 기준도 전적으로 거기에 달려 있습니다."

"패티가 말했듯이 주문 입력과 재고 관리 시스템이 핵심 역량입니다. 경쟁력을 갖추기 위해 의지하지만 우리가 지나갔던 모든 지름길로 인해 폭발하기만 기다리는 화약고 같습니다."

웨스는 짜증 난 표정으로 한숨을 쉬었다. '예전의 나쁜 존으로 돌아왔다'라고 말하는 것 같았다.

난 그렇게 생각하지 않는다. 지금의 존은 예전 존보다 훨씬 더 복잡하고 미묘한 인물이다. 몇 분 동안 그는 구내식당 POS 시스템을 아웃소싱하는 것에서 시작해 우리가 피닉스를 안전하고 견고하게 만들어야 한다는 단호하고 단정적인 주장까지, 더 크고 무모한 위험을 감수하려고 한다.

나는 지금의 새로운 존이 마음에 든다.

"존의 말이 전적으로 맞아. 기술 부채를 관리해야지"라고 내가 단호하게 말했다. "그런데 어떻게 관리하면 좋을까?"

우리는 웨스와 크리스의 조직원들과 존의 팀에 있는 사람들과 짝을 이뤄 보안 전문 지식을 높일 수 있도록 하는 데 재빨리 동의했다. 그렇게 하면 배포된 후에 안전하게 만들려고 노력하는 게 아니라 보안을 모든 일상 업무에 통합할 수 있을 것이다.

존은 모두에게 감사하며 모든 안건을 나눴냐고 했다. 시계를 보니 회의가 예상보다 30분 일찍 끝났다. 이번 회의는 보안과 관련된 것에 동의하는 데 가장 짧은 시간이 걸린 새로운 기록임이 틀림없다.

28장

• 10월 27일 월요일

출근길에 엉덩이를 뜨끈하게 덥혀주는 히터를 평소보다 몇 달 일찍 켜야
했다.

이번 겨울은 작년처럼 끔찍하지 않으면 좋겠다. 이제까지 만난 사람
중 가장 회의적인 사람들인 페이지의 친척들은 급기야 지구 기후 변화 문
제에 실제로 뭔가가 있을지도 모른다고 생각하기 시작했다.

사무실에 도착해 가방에서 노트북을 꺼내고는 얼마나 빨리 전원이 켜
지는지 보고 웃음이 절로 났다. 지난 6주 동안 얼마나 많은 것을 이뤘는지
스티브에게 보고할 내용을 작성하면서 새 노트북에 대해서는 언급하지 않
았지만 한 줄이라도 적고 싶은 심정이었다.

내게 노트북은 우리 팀이 함께 이룬 모든 것을 나타낸다. 그들이 정말
자랑스럽다. 이제 인생이 달라지는 느낌이다. 1급 중단 사태는 이달 들어
3분의 2 이상 줄었다. 사고 복구 시간도 절반 이상 단축됐다.

딕, 존과의 낯선 첫 만남에서 얻은 통찰력은 우리가 어떻게 진정으로
비즈니스가 성공하도록 도울 수 있는지를 이해하기 시작했다는 것을 말해
줬다.

이메일을 열어보니 커스틴이 보낸 쪽지가 있었다. 커스틴의 프로젝트
매니저들은 프로젝트가 어떻게 그렇게 빨리 흘러가는지에 대해 칭찬을 마
구 쏟아내고 있었다.

브렌트와 나머지 IT 운영 부서가 처리해 주길 기다리는 작업 수가 크게 줄었다. 내가 보고서를 제대로 읽은 게 맞는다면 브렌트는 할 일을 거의 다 따라잡았다.

프로젝트 전선에서 우리는 정말 좋은 상태였다. 특히 피닉스와 관련해서는 더 그랬다.

금요일에 또 다른 피닉스 배포가 예정돼 있었다. 주요 기능이 추가되거나 변경되지 않은 결함 수리일 뿐이라서 지난번보다 훨씬 나을 것이다. 우리는 모든 결과를 제시간에 완성했지만 늘 그렇듯이 아직 해결해야 할 세부 사항이 셀 수 없이 남아있다.

우리가 인프라를 안정시킨 덕분에 팀이 피닉스에 집중할 수 있다는 것에 감사했다. 불가피한 가동 중단이나 사고가 발생하면 우리는 기름칠이 잘된 기계처럼 척척 움직였다. 집단으로 지식을 활용하는 체계를 만들어 어느 때보다 신속하게 문제를 해결할 수 있도록 서로 돕고 있으며 문제가 각자의 역할 범위를 넘어설 때도 절차에 따라 질서정연하게 통제하고 있다.

인프라와 애플리케이션에 대한 운영 시스템 모니터링이 지속적으로 개선되다 보니 현업에서 알기 전에 우리가 먼저 문제를 포착하는 경우가 많아졌다.

부분적이지만 대기열에서 부적절한 프로젝트를 걸러내자 프로젝트 백로그가 많이 줄어들었다. 그리고 존이 일을 완료했다. 우리는 감사 준비와 교정 작업에서 불필요한 보안 프로젝트들을 잘라내면서 우리 팀 전체가 지원하는 선제적 보안 프로젝트로 대체했다. 개발 및 배포 프로세스를 수정함으로써 애플리케이션과 운영 인프라를 의미 있고 체계적으로 보호하는 동시에 강화했다. 그리고 이전의 결함들이 앞으로 다시는 생기지 않을 것이라는 자신감도 생겼다.

변경 관리 회의는 어느 때보다 원활하고 정기적으로 진행됐다. 우리 팀들이 무엇을 하고 있는지에 대한 가시성을 얻었을 뿐 아니라 일이 정말 잘 흘러갔다.

사람들은 무엇을 해야 하는지 정확히 알았고 수정하는 일에서 만족감을 얻었다. 이제는 각자 본연의 업무를 할 수 있어서 더 행복하고 더 낙관적인 기분이 든다는 얘기를 직접 듣기도 했다.

나는 이제 IT라는 세상을 더 분명하게 보고 있다. 겨우 두 달 전과 비교하면 얼마나 다르게 보이는지 이상할 정도다.

브렌트 주변에서 칸반 체계를 만드는 패티의 실험은 성공적이었다. 브렌트로 거슬러 올라가는 작업이 여전히 있었지만, 그건 우리가 태스크나 결과를 이해하지 못했거나 작업을 충분히 정의하지 못해 브렌트가 작업을 변환시키거나 개선하기 때문이었다.

이제 이런 문제가 발생하면 우리는 그런 일이 재발하지 않도록 재빨리 해결했다.

우리가 향상시키는 것은 브렌트의 일만이 아니다. 진행 중인 프로젝트 수를 줄임으로써 명확한 작업 라인을 유지해서 작업이 한 영역에서 다른 작업 영역으로 빠르게 이동할 수 있었고 그에 따라 완성되는 시간이 더욱 짧아졌다.

우리는 오래된 업무 티케팅 시스템을 거의 다 비웠다. 심지어 웨스가 주니어 기술자였던 10년 전에 넣어둔 티켓까지 발견됐다. 사라진 지 오래된 어떤 서버에 대한 작업이었다. 이제 우리는 시스템의 모든 작업이 중요하며 실제로 완성될 가능성이 있다고 확신하게 됐다.

다시는 〈베이츠 모텔Bates Motel1〉 같은 현장을 경험할 일이 없다.

직원들의 예상과 달리 우리는 동시에 처리할 수 있다고 생각하는 프로젝트 수를 계속해서 증가시켰다. 업무 흐름을 더 잘 알고 있고 브렌트에게

---

1 미국 작가인 로버트 블로흐(Robert Albert Bloch)의 소설 『싸이코』의 캐릭터들을 기반으로 한 스릴러 드라마로 알프레드 히치콕의 영화 〈싸이코〉의 프리퀄이다. - 옮긴이

갈 수 있는 프로젝트를 신중하게 관리했기 때문에 기존 업무에 영향을 주지 않고 더 많은 프로젝트를 계속해서 릴리스할 수 있었다.

이제는 에릭을 미쳐 날뛰는 미치광이라고 생각하지 않는다. 하지만 괴짜인 건 확실했다. 내 조직에서 결과를 눈으로 직접 봤으니 IT 운영 업무가 공장 작업과 매우 비슷하다는 것을 알 수 있었다. 에릭은 지금까지의 개선은 빙산의 일각에 불과하다고 반복해서 말했다.

에릭은 우리가 첫 번째 방법을 마스터하기 시작했다고 말했다. 우리는 후선 작업 영역으로 결함을 넘기는 것을 제한하고, 일의 흐름을 관리하고, 조건에 따라 주기를 설정하고, 감사와 딕으로부터 얻은 결과에 근거하면서 중요한 것과 그렇지 않은 것을 어느 때보다 더 잘 이해하고 있었다.

회의 마지막에 나는 회고를 주도했다. 여기서 우리는 여태까지 어떻게 했는지와 앞으로 개선해야 할 부분을 스스로 평가했다. 사후 중단 사태 원인 분석 회의를 할 때 누군가가 개발 부서 사람들을 초대해야 한다고 언급했을 때 나는 우리가 에릭의 세 번째 방법도 이해하기 시작했다는 것을 깨달았다.

에릭이 내게 자꾸 상기하듯이 훌륭한 팀은 연습하면 최고 역량을 발휘한다. 연습은 습관을 낳고, 습관은 어떤 과정이나 기술을 마스터하게 해준다. 건강 체조든, 스포츠 트레이닝이든, 악기 연주든, 또는 내가 해병대에서 경험했던 끝없는 훈련이든 상관없다. 특히 팀워크가 필요한 것에 대한 반복은 신뢰와 투명성을 만들어낸다.

지난주에 격주로 진행되는 중단 사태 대비 훈련을 끝까지 앉아서 참관했을 때 나는 매우 감명받았다. 우리가 그 일을 점점 잘하고 있기 때문이었다.

내가 새 직책을 맡았던 첫날 발생했던 급여 지급 실패가 지금 다시 일어난다면 월급제 직원뿐 아니라 시간제 직원까지 포함해 전체 급여 지급을 완료할 수 있다고 확신했다.

존은 재빨리 딕과 스티브로부터 아웃소싱 업체가 구내식당 POS 시스템을 인수하고 비즈니스를 지원받는 것으로 대체하라는 승인을 받았다.

나와 웨스, 패티가 존과 함께 구내식당 POS 시스템의 아웃소싱 요구사항을 정리한 것은 멋진 일이었다. 에릭과 소통하기 전에 프로세스 검증 대비책의 일환으로 필요한 모든 규칙 등을 아웃소싱 업체 후보들에게 미리 들어볼 예정이었다. 우리가 업체들을 다시 훈련하는 것을 보는 것도 흥미로운 일이다.

에릭이 말한 세 가지 방법을 모르면서 IT를 관리하는 누군가를 보게 된다면 위험할 정도로 잘못된 상황 속에서 IT를 관리하고 있다고 생각할 것이다.

이런 생각에 빠져 있을 때 전화벨이 울렸다. 존이다.

전화를 받자 존이 말했다. "저희 팀이 오늘 뭔가 골치 아픈 것을 발견했습니다. 허가받지 않은 비공식적 IT 활동이 발생하는 것을 막으려고 커스틴의 프로젝트 관리실에 들어오는 모든 제안된 프로젝트 요건을 정기적으로 검토하기 시작했습니다. 또한 모든 법인 신용 카드에서 온라인 또는 클라우드 서비스에 대해 반복적으로 발생하는 요금이 있는지도 검색 중입니다. 이것도 허가받지 않은 IT의 또 다른 형태라고 판단합니다. 몇몇 사람이 프로젝트 상황을 우회하고 있습니다. 얘기할 시간 되십니까?"

"10분 후에 만나지"라고 내가 말했다. "오래 기다리게 하지는 마. 지금 누가 뒷구멍으로 시스템에 접근하려는 거겠지?"

전화기 반대편에서 존의 웃음소리가 들렸다. "사라요. 또 누가 있겠어요?"

나는 즉시 웨스와 패티를 회의에 초대했으나 패티만 참석할 수 있었다.

존은 자신이 발견한 것을 보여주기 시작했다. 사라가 관리하는 그룹은 외부 벤더와 온라인 서비스를 이용하는 네 가지 방법을 활용하고 있었다.

두 개는 비교적 무해하지만 나머지 두 개는 심각했다. 사라는 고객 데이터 마이닝을 위해 한 벤더와 20만 달러짜리 프로젝트를 계약했고, 또 다른 공급 업체와는 고객 분석에 필요한 판매 데이터를 얻기 위해 우리의 모든 POS 시스템에 접속했다.

"첫 번째 문제는 두 프로젝트 모두 고객에게 제공한 데이터 개인 정보 보호 정책을 위반한다는 것입니다." 존이 말했다. "저희는 파트너와 데이터를 공유하지 않겠다고 거듭 약속했습니다. 우리가 해당 정책을 바꾸든 말든 그건 사업상 결정이겠죠. 하지만 분명한 건 새로운 고객 데이터 마이닝 계획을 계속 진행하면 우리 자체의 개인 정보 보호 정책을 준수하지 못할 겁니다. 심지어는 주 정부의 프라이버시 규정을 몇 가지 어기고 있는지도 모르는 상황입니다. 어쩌면 법적 책임을 져야 할 일이 생길 수도 있습니다."

듣기 거북한 내용이었지만 존의 말투로 보아 그게 전부는 아닌 듯했다. "두 번째 문제는 우리가 구내식당의 POS 시스템에 사용했던 것과 동일한 데이터베이스 기술을 사라의 벤더가 사용한다는 것입니다. 만약 그것이 일상 운영의 일부가 된다면 운영 시스템에 대한 지원을 확보하고 유지하는 것이 사실상 불가능합니다."

얼굴이 달아오르는 게 느껴졌다. 그것은 우리가 운영 시스템을 위해 또 다른 구내식당 POS 시스템을 새로 설치하는 것으로 끝날 일이 아니다. 이런 애플리케이션으로 인해 부정확한 판매 주문 입력과 재고 관리 데이터가 생기기 때문이다. 사공이 너무 많아 자료의 무결성을 유지할 책임을 지는 사람이 아무도 없다는 것이다.

"자, 나는 사라의 프로젝트 관리와 송장 처리 도구에 관심 없어. 만약 그걸로 생산성이 높아진다면 사용하게 두지 뭐." 내가 말했다. "기존 비즈니스 시스템과 연계하거나 기밀 데이터를 저장하거나 재무 보고에 영향을 주지 않는 한 아마 안전할 거야. 만약 영향을 줄 수 있다면 우리가 관여해서 최소한 기존 업무에 영향을 미치지 않는지 확인할 필요가 있겠네."

"저도 그렇게 생각합니다"라고 존이 말했다. "아웃소싱된 IT 서비스 정책 문서를 제가 먼저 확인해볼까요?"

"좋아." 나는 확신이 덜한 상태에서 말을 이어갔다. "하지만 사라를 어떻게 제대로 처리해야 할까? 이건 완전히 내 능력 밖의 일이야. 스티브가 끊임없이 그녀를 보호하니 문제일세. 사라가 허가받지 않은 프로젝트로 야기하고 있는 잠재적 대혼란에 대해 스티브에게 어떻게 전달하면 좋을까?"

나는 사무실 문이 제대로 닫혀있는지 확인한 후 존과 패티에게 말했다. "여러분이 좀 도와줘야 할 것 같아. 스티브는 사라의 뭐가 그렇게 좋은 걸까? 사라가 그렇게 일을 망쳤는데도 어떻게 문제가 없을 수 있지? 지난 몇 주 동안 스티브가 얼마나 냉철한 사람인지 알게 됐는데 사라는 항상 제멋대로 행동하지. 어떻게 그럴 수 있지?"

패티가 콧방귀를 뀌었다. "스티브가 여자라면 위험한 남자들에게 끌린다고 말하고 싶네요. 많은 사람이 지금 말씀하신 부분을 몇 년 동안 추측해왔어요. 그중 꽤 검증됐다고 할 수 있는 가설이 하나 있어요. 지난번에 다른 곳에서 들려온 얘기죠."

존과 나는 음모를 꾸미기라도 하듯 몸을 앞으로 기울였다. 둘의 모습을 본 패티가 미소 지었다. "스티브는 운영을 맡고 있다는 데 자부심이 있지만 회사 회의에서도 몇 번이나 자기는 전략에 대해 천부적인 재능이 없다는 것을 시인했어요. 그래서 제 생각에는 스티브가 옛 상사이자 새로운 회장인 밥과 함께 일하는 것을 매우 좋아했던 것 같아요. 10년 동안 밥은 전략가였고 스티브가 해야 할 일은 비전을 실행하는 거였죠."

"오랜 기간 스티브는 오른팔이 될 전략가를 찾아다녔어요. 꽤 많은 사람을 관리했죠. 심할 때는 중역 두 명이 서로 끔찍한 경쟁을 하게끔 배치하기도 했어요. 권모술수에 꽤 능한 사람이에요." 패티는 계속 말을 이어갔다. "그리고 사라가 이겼어요. 떠도는 소문으로는 뒤통수도 많이 치고 부정한 전술도 많이 썼다더군요. 그 정도는 돼야 꼭대기로 올라갈 수 있는 것 같아요. 사라는 스티브의 편집증과 포부를 부추기는 말을 귀에 속삭이는 법을 터득한 거죠."

패티의 설명은 내가 생각해낸 어떤 것보다 훨씬 더 정교했다. 사실 그것은 내가 저녁 식사 시간에 딴생각하는 듯하고 화난 표정을 지었을 때 페이지가 추측한 내용과 매우 유사했다.

존이 어색하게 말했다. "음, 두 분은 그들 사이에 뭐가 있는 건 아니라고 생각하는 건가요? 뭐, 별다른 게 없다는 건가요?"

나는 눈썹을 치켜떴다. 나도 궁금했던 부분이다.

패티는 그저 웃음을 터뜨렸다. "전 사람을 꽤 잘 보는 편이에요. 부모님이 심리학자였거든요. 존 말이 사실이라면 제 부모님의 학위증을 삼켜버릴게요."

내 얼굴에 나타난 표정을 보고 패티는 더욱 심하게 웃었다. "저기요, 심지어 웨스도 그런 말을 믿지 않아요. 웨스만큼 얘기를 잘 지어내는 사람도 없단 말이에요. 사라는 스티브를 정말 무서워해요! 누군가가 말을 할 때 사라가 스티브를 계속 쳐다보며 반응을 살피고 있다는 것을 눈치 못 채셨어요? 사실 꽤 광적이에요."

패티가 이어서 말했다. "스티브는 사라의 단점에 대해 맹점이 있어요. 스티브가 원하는 능력이 사라에게 있기 때문이죠. 전략이 좋든 나쁘든 창의적인 전략을 고안해내는 사라의 능력을 스티브는 동경해요. 반면에 사라는 너무 자신이 없어서 나쁘게 보이지 않기 위해서라면 무슨 일이든 할 거예요."

"사라는 파트 언리미티드의 차기 CEO를 노리고 있어요. CEO 자리에 오르기까지 사망자가 몇 명인지는 전혀 신경 쓰지 않아요." 패티가 말했다. "스티브도 마찬가지예요. 몇 년 전부터 사라를 후계자로 키워왔어요."

"뭐라고? 사라가 다음 CEO가 될 수도 있다고?" 충격에 휩싸여 탄성을 지르다가 존의 회의 테이블에 흘린 커피를 재빨리 닦아냈다.

"와, 보스. 정수기 근처로는 많이 안 가보셨군요. 그렇죠?" 패티가 말했다.

피닉스를 배포하는 날이라 아이들과 핼러윈도 즐길 수 없었다.

벌써 밤 11시 40분이다. NOC 회의 테이블에 또다시 모여 서 있는 동안 데사뷔 같은 불안한 느낌이 들었다. 여기에는 크리스와 윌리엄을 포함해서 15명이 있다.

회의 참석자 대부분 노트북을 열어 놓고 긴장된 모습으로 테이블 주위에 옹기종기 모여 있었다. 뒤로는 피자 박스와 사탕 봉지들이 쌓여 있었다. 몇몇 사람은 체크리스트나 도표를 가리키며 화이트보드 쪽에 몰려 있었다.

피닉스를 테스트 환경으로 이전하고 모든 테스트를 통과시키는 데 예정된 시간보다 3시간이 더 걸렸다. 이전 배포보다 훨씬 상황이 나아진 건 사실이다. 하지만 배포 과정을 개선하는 데 들인 공을 감안하면 문제가 더 적을 것으로 기대했었다.

밤 9시 30분이 되자 드디어 운영 시스템으로 이전할 준비가 됐다. 마침내 모든 테스트가 끝났고 크리스와 윌리엄은 엄지를 들어 배포 신호를 보냈다. 웨스, 패티, 그리고 나는 테스트 보고서를 보고 배포 작업을 시작하라는 청신호를 보냈다.

그러자 지옥 같은 상황이 시작됐다.

중요한 데이터베이스 마이그레이션 단계 중 하나가 실패했다. 해당 배포 단계의 겨우 30%만 완료된 상황이라 우리는 다시 한번 실패한 것이나 다름없었다. 데이터베이스 전환과 이미 실행된 스크립트 때문에 내일 아침 매장들이 문을 열기 전까지 남은 시간 안에 롤백할 수도 없었다.

다시 다음 단계로 넘어가서 배포가 재개될 수 있도록 노력하면서 진행해야 했다.

난 벽에 기대서서 팔짱을 끼고 서성대지 않으려고 애쓰면서 사람들이 일하는 모습을 지켜봤다. 피닉스의 또 다른 배포가 잠재적으로 비참한 결과를 가져오는 상황이 되지 않게 하려고 고군분투하고 있다는 것은 실망스러운 일이었다.

다만 지난번과 비교하면 상황은 훨씬 차분했다. 긴장과 열띤 논쟁으로 가득 찼지만 모두가 문제 해결에 집중하고 있었다. 이미 모든 매장 관리자에게 진행 상황을 통보해서 매장이 문을 열었을 때 POS 시스템이 다운될 경우를 위한 수동 대비 절차를 갖추고 있다.

웨스가 브렌트에게 뭐라고 말하더니 일어서서 지친 듯 이마를 문지르고는 내 쪽으로 걸어오는 게 보였다. 크리스와 윌리엄도 일어나서 웨스를 따라왔다.

그들을 중간에서 만났다. 내가 "어때?"라고 물어봤다.

"글쎄요." 웨스가 속삭임도 들릴 정도로 가까이 다가오더니 대답했다. "의심스러운 부분을 찾아냈어요. 몇 주 전에 브렌트가 피닉스 비즈니스 인텔리전스 모듈을 지원하려고 운영계 데이터베이스를 변경했다는 것을 방금 알았어요. 문서화하지 않아서 아무도 그걸 몰랐죠. 그게 일부 피닉스 데이터베이스 변경 사항과 충돌하기 때문에 크리스의 직원들이 다시 코딩을 좀 해야 해요."

"제길, 잠깐만. 어느 피닉스 모듈을 말하는 거야?"

"프로젝트 동결이 해제된 후 릴리스 했던 사라 프로젝트 중 하나예요"라고 웨스가 답했다. "칸반을 브렌트 주위에 두기 전이었죠. 그 틈으로 빠져나간 데이터베이스 스키마 변경이었어요."

난 숨죽여 욕을 내뱉었다. 이번에도 사라가 문제야?

크리스는 초췌한 얼굴이었다. "이건 까다로울 겁니다. 많은 데이터베이스 칼럼의 이름을 바꿔야 합니다. 그렇게 되면 수백 개의 파일에 영향을 미치죠. 그리고 모든 지원 스크립트에도 영향을 줍니다. 수작업으로 진행해야 하는데 오류가 발생하기 쉬울 겁니다."

크리스가 윌리엄을 돌아봤다. "배포를 계속하기 전에 최소한 몇 가지 기본 테스트를 하기 위해서 할 수 있는 게 있을까요?"

손으로 얼굴의 땀을 닦는 윌리엄은 조금 힘들어 보였다. "이건 정말…. 아주…. 위험해요. 테스트할 수는 있지만 잘못된 코드를 찾기 전까지는 오류를 찾을 수 없을 겁니다. 애플리케이션이 망가질 수 있는 운영 시스템에서 실패하는 상황이 일어날 수 있다는 뜻입니다. 매장 내 POS 시스템까지 잘못될 수 있는데, 그렇게 되면 정말 심각해지죠."

윌리엄이 시계를 봤다. "이제 6시간밖에 안 남았어요. 모든 테스트를 재실행할 시간이 부족하니까 몇 가지 빠른 선택을 해야 합니다."

그다음 10분 동안 우리는 매장들이 한 시간 여유를 두고 정상적으로 문을 열 수 있도록 오전 6시까지 완료하는 수정된 스케줄에 대해 얘기했다. 크리스와 윌리엄이 팀에 공유하려고 자리를 뜰 때 나는 웨스에게 뒤에 남으라고 지시했다.

"우리가 지금 상황에서 벗어나면 이런 일이 다시는 일어나지 않도록 막을 방법을 알아내야 해. 개발과 테스트 환경이 운영 환경과 따로 노는 경우가 절대 없어야 해."

"맞아요." 웨스는 고개를 가로저으며 말했다. "어떻게 해야 할지 모르겠어요. 하지만 빌 말에는 전적으로 동의해요."

웨스는 믿을 수 없다는 듯이 뒤에 있는 브렌트를 바라봤다. "브렌트가 또다시 모든 일의 중심에 있다는 걸 믿을 수 있겠어요?"

한참 후 배포 완료를 선언했을 때 박수가 쏟아졌다. 시계를 들여다봤다. 토요일 새벽 5시 42분이다. 팀은 밤새도록 일해서 계획보다 20분 일찍 배포를 완료했다. 즉, 우리가 급히 처리한 비상 일정에 따라 20분 일찍 완료한 것이다. 하지만 원래 일정에 따르면 거의 6시간이나 늦게 끝낸 것이다.

윌리엄은 전자 상거래 웹사이트와 관련된 모든 피닉스 모듈뿐만 아니라 테스트 POS 시스템이 작동하고 있다는 것을 확인했다.

패티는 모든 매장 매니저에게 배포가 '성공적'이었다고 통지를 보내기 시작했다. 통지 내용에는 알려진 오류에 관해 주의해야 할 목록, 최신 피닉스 상태를 확인하기 위한 내부 웹 페이지, 그리고 새로운 문제가 생기면 어떻게 보고할 수 있는지에 대한 지침이 첨부돼 있었다. 모든 서비스 데스크 직원을 대기시켜놨고 크리스와 나의 팀 모두는 초기 대응을 준비했었다. 기본적으로 비즈니스 지원을 위해 모두 대기하고 있었다.

웨스와 패티가 당직 일정을 처리하길래 나는 모두에게 "잘했다"라고 말하고 가방을 챙겼다. 집으로 가는 길에 나는 어떻게 피닉스 배포가 비상사태가 되는 것을 막을 수 있었는지 생각해내려고 머리를 쥐어짰다.

29장

• 11월 3일 월요일

한 주가 지난 월요일 아침 7시 10분, 크리스, 웨스, 패티, 존이 다시 나와 함께 임원실에 자리를 잡았다. 스티브를 기다리는 동안 우리는 2차 피닉스 배포의 여파에 관해 얘기했다.

에릭은 방 뒤쪽에 있었다. 에릭 앞에는 그릇 하나와 빈 인스턴트 오트밀 봉지, 그리고 잎이 둥둥 떠 있는 초록빛 물이 커피 대신 가득 찬 프렌치 프레스가 있었다.

어리둥절한 내 표정을 본 에릭이 말했다. "마테차야. 내가 가장 좋아하는 남미 음료지. 이거 없이는 절대 어디에도 안 가."

스티브는 여느 때처럼 휴대폰을 들고 통화하면서 문으로 걸어 들어왔다. "이봐, 론, 마지막으로 말할게. 안 돼! 그들이 우리한테 남은 마지막 고객일지라도 할인은 안 돼. 현상 유지는 해야 할 거 아냐. 알아들었나?"

격분한 상태로 전화를 끊은 스티브가 마침내 테이블 상석에 앉아 늦어서 미안하다고 중얼거렸다. 그리고 폴더를 열더니 잠시 안에 있는 것을 들여다봤다.

"지난 주말에 피닉스 배포가 어떻게 전개됐는지는 몰라도 몇 주 동안 자네들이 해왔던 모든 일이 매우 자랑스럽네. 많은 사람이 IT에 대해 얼마나 만족하는지 말해줬지. 심지어 딕도 만족하고 있더군." 스티브는 믿을 수 없다는 듯이 말했다. "딕은 자네들이 회사의 주요 실적 척도를 개선하는 데 어떤 도움을 주고 있는지 말해줬어. 그리고 그게 판도를 바꾸는 요인이 될 것으로 생각하더군."

스티브가 웃었다. "확실히 어느 때보다 더 잘 협력하고 서로를 믿고 놀라운 결과를 얻고 있는 이 팀의 일원이 돼 매우 자랑스럽네."

존을 돌아보며 스티브는 "딕이 자네 도움으로 재무 재조정을 하지 않아도 될 거라 말하더군"이라며 웃음을 터뜨렸다. "하나님께 감사드려야겠어. 내가 수갑 찬 채 「포춘Fortune」 표지에 올라갈 일은 없을 테니까 말이야."

그때 사라가 문을 두드리고 방으로 들어왔다.

"안녕하세요, 스티브 사장님." 사라는 새초롬하게 걸어 들어와 에릭 옆에 앉으며 말했다. "새로운 마케팅 계획 때문에 저를 보고 싶어 하셨다던데요?"

"비양심적인 중국 공장장처럼 IT 공장 안에서 자네가 하는 무허가 근무 교대를 말하는 건가?" 에릭이 물었다.

사라가 에릭을 위아래로 훑어봤다. 에릭을 평가하고 있는 게 분명했다.

스티브는 존에게 찾아낸 결과를 발표하라고 했다. 존이 말을 마치자 스티브는 심각하게 말했다. "사라, 내가 분명히 성명을 발표했지. 내 명시적인 승인 없이 내부 또는 외부적으로 새로운 IT 계획을 누구도 시작할 수 없다고 말이야. 자네가 한 일에 관해 설명을 듣고 싶네."

사라는 자신의 아이폰을 집어 들고 화가 나서 몇 분간 툭툭 두들겨 댔다. 휴대폰을 치워 두고는 입을 열었다. "저희는 경쟁사에 걷어차이고 있습니다. 유리한 게 있다면 다 해봐야죠. 사장님께서 제시한 목표를 달성하려면 마냥 IT를 기다리고만 있을 수 없어요. IT 부서 인원도 각자 가진 것과 아는 것을 기반으로 최선을 다해 열심히 일하겠죠. 하지만 그것만으로는 충분하지 않아요. 민첩해야 하고 때론 구축보다 구매가 필요합니다."

웨스가 눈을 굴렸다.

내가 답했다. "IT가 이전에는 사라가 필요로 했던 것을 항상 제공할 수 있었던 것은 아니며 마케팅 부서와 영업 부서도 모두 같은 경험을 해왔다는 것을 잘 알고 있습니다. 저희는 사라만큼이나 비즈니스가 성공하길 바랍니다. 문제는 당신의 창의적인 시도 중 일부가 회사의 다른 중요한 업무를 위태롭게 한다는 거죠. 예를 들면 주법(州法)과 데이터 프라이버시에 관한 규정을 준수하는 것과 피닉스에 초점을 맞춰야 할 필요성 같은 것 말이죠."

"사라, 당신이 제안하는 것은 주문 입력 및 재고 관리 시스템에 데이터 무결성 문제를 더 많이 야기할 수 있습니다. 딕, 론, 매기는 우리가 데이터를 깨끗이 정리하고 그렇게 깨끗한 상태를 유지해야 한다는 것을 분명히 했습니다. 고객의 요구와 욕구를 이해하고 제대로 제품 포트폴리오를 갖추고 고객을 유치해서 궁극적으로 매출과 시장 점유율을 높이는 것보다 더 중요한 것은 없습니다."

나는 덧붙여 말했다. "사라의 프로젝트들을 지원하는 것 또한 엄청난 양의 작업이 필요합니다. 사라가 원하는 벤더에 우리 운영 시스템의 데이터베이스 액세스 권한을 부여하고, 어떻게 해당 데이터베이스를 설정했는지 설명하고 많은 양의 방화벽 변경 작업을 수행했어요. 아마 백 개 이상의 다른 단계가 수행될 겁니다. 인보이스에 서명하는 것만큼 쉬운 일이 아니란 말입니다."

사라는 날이 선 얼굴로 나를 돌아봤다. 내가 본 가장 서슬 퍼런 얼굴이었다.

내가 딕의 회사 목표를 인용해 그녀가 원하는 바를 부정하는 데 사용한 것이 마음에 들지 않았던 모양이다.

방금 위험한 적을 만들었을지도 모른다는 생각이 들었다.

사라는 회의실에 있는 사람들에게 연설을 했다. "빌이 저보다 비즈니스를 훨씬 더 잘 이해하는 것 같으니 제안하시는 게 뭔지 모두에게 말씀해

주시는 건 어떨까요?"

"사라, 당신만큼 비즈니스 분야에 무엇이 필요한지 잘 이해하는 사람은 아무도 없습니다. 우리가 요구를 충족시키지 못한다면 외부 벤더를 이용하신대도 할 말이 없습니다. 회사의 다른 파트를 어떻게 위태롭게 하는지 이해하고 의사 결정을 할 수 있다면요." 나는 가능한 한 이성적으로 말했다. "크리스와 저랑 셋이서 앞으로 있을 당신의 계획을 어떻게 도울 수 있는지 알아보기 위해 정기적으로 만나는 게 어떻겠습니까?"

"전 바빠요"라고 사라가 말했다. "당신과 크리스를 온종일 만날 수는 없죠. 아시겠지만 전 관리해야 할 부서가 있습니다."

다행히 스티브가 끼어들었다. "사라, 시간을 내. 회의가 어떻게 진행되는지 그리고 두 가지 무단 IT 계획을 어떻게 해결하는지에 대해 듣고 싶군. 알겠나?"

사라가 홱 토라지며 말했다. "네. 저도 파트 언리미티드에 알맞은 일을 하려고 하는 겁니다. 제가 가진 것으로 최선을 다하겠지만 결과가 낙관적이지는 않네요. 사장님께서 제 행동을 구속하고 계시잖아요."

사라는 자리에서 일어섰다. "그건 그렇고 어제 밥 스트라우스와 얘기를 좀 했습니다. 여러분 생각처럼 마음대로 할 수 있을 것 같진 않네요. 밥은 회사 분할 같은 전략적 선택을 검토할 필요가 있다고 하더라고요. 저도 밥 회장님 말이 맞는다고 생각해요."

문을 쾅 닫으며 나가버린 사라를 보고 에릭이 씁쓸하게 말했다, "음, 사라를 볼 일은 없겠군. 다시는…."

스티브는 잠시 문을 바라보다가 내게로 시선을 돌렸다. "오늘의 마지막 안건을 진행하지. 빌, 자네는 우리가 피닉스를 갖고 잘못된 길을 가는 것을 걱정하고 있군. 상황이 악화될 뿐만 아니라 원하는 사업 성과를 결코 달성하지 못할 수도 있다고 말이야. 하지만 그렇게 되면 매우 골치 아파져."

나는 어깨를 으쓱해 보였다. "이제 사장님께서는 저처럼 모든 것을 알게 되셨습니다. 저는 솔직히 에릭이 저희에게 통찰력을 주길 바라고 있었습니다."

에릭은 냅킨으로 콧수염을 닦으며 고개를 들었다. "통찰력? 내가 보기에 자네 문제에 대한 답은 명확해. 첫 번째 방법은 개발에서 IT 운영으로의 업무 흐름을 제어하는 거지. 프로젝트 릴리스를 동결하고 조절하면서 흐름을 개선했지만 배치 크기가 여전히 너무 커. 금요일에 있었던 배포 실패가 증거지. 게다가 WIP가 여전히 공장 안에 너무 많고 최악의 종류도 있지. 자네들이 한 배포가 계획되지 않은 복구 작업을 야기하고 있어."

에릭이 말을 이어갔다. "이제 자네들은 IT 운영에서 개발로 되돌아오는 끊임없는 피드백 루프를 만들고 초기 단계부터 제품 품질을 고려하면서 두 번째 방법을 마스터할 수 있다는 것을 증명해야 하네. 그러려면 9개월짜리 릴리스가 아닌 훨씬 더 빠른 피드백이 필요해."

"대포를 9개월에 한 번만 발사한다면 조준하고 있는 과녁을 결코 명중하지 못할 걸세. 남북전쟁 시대의 대포를 생각하지 말게나. 대공포를 생각해봐."

에릭은 오트밀 그릇을 휴지통에 버리려고 일어섰다. 쓰레기통 안을 들여다보더니 숟가락을 다시 꺼냈다.

에릭이 돌아서면서 말했다. "어떤 작업 체계에서든 이론적으로 이상적인 것은 처리량을 극대화하면서 분산^{variance}을 최소화하는 단일 흐름이지. 계속해서 배치 크기를 줄이면 그렇게 될 수 있네."

"자네들은 피닉스 릴리스 간격을 연장하고 각 릴리스의 피처 수를 증가시킴으로써 정반대 일을 하는 걸세. 릴리스에서 다음 릴리스까지 분산을 조절하는 능력까지 상실했고 말이야."

에릭은 잠깐 말을 멈췄다. "운영 시스템 가상화에 투자한 것을 고려해 보면 그건 말도 안 되지. 자네들은 아직도 물리적 서버처럼 배포하고 있어. 골드렛 선생이 말했듯이 놀라운 기술을 적용해 놓았지만 일하는 방식을 바꾸지 않았기 때문에 실제로 제약이 줄지 않은 거야."

주위를 둘러봤는데 다들 에릭이 무슨 말을 하고 있는지 이해하지 못한 것 같았다. 내가 말했다. "마지막 피닉스 릴리스는 이전 환경으로부터 복제되지 않은 데이터베이스 서버에 대한 운영 환경의 직접적인 변경으로 발생했습니다. 저는 크리스 말에 동의합니다. 모든 환경을 동기화할 수 있는 방법을 찾을 때까지 배포를 중지해야 합니다. 릴리스 속도를 늦춘다는 거죠, 맞나요?"

일어선 채로 에릭은 콧방귀를 뀌었다. "빌, 그건 내가 한 달 동안 들었던 말 중 가장 똑똑한 말인 동시에 가장 멍청한 말이야."

에릭이 회의실 벽에 그려진 그림 하나를 보는 동안 나는 별다른 반응을 하지 않았다. 에릭이 그림을 가리키며 말했다. "윌버, 이건 무슨 엔진이지?"

웨스는 얼굴을 찡그리며 말했다. "2007년 스즈키 하야부사 드랙스터 오토바이의 1,300cc 엔진입니다. 그나저나 저는 '웨스'입니다. '윌버'가 아니고요. 저번부터 제 이름은 변하지 않았습니다."

"그래, 그렇겠지." 에릭이 대답했다. "드랙스터 오토바이는 구경하기에 아주 재밌지. 이건 아마 시속 230마일이 넘을 거야. 이 경주용 오토바이에는 기어가 몇 개야?"

생각할 틈도 없이 웨스가 답했다. "여섯 개요. #532 체인 드라이브가 있는 상시 맞물림 기어 변속 장치죠."

"거기에 후진 기어가 포함돼 있나?" 에릭이 물었다.

"저 모델은 후진 기어가 없어요." 웨스가 재빨리 대답했다.

에릭은 벽에 걸린 그림을 더 자세히 보면서 고개를 끄덕였다. "재밌지? 후진 기어가 없다니 말이야. 그런데 자네들 업무 흐름에는 왜 후진 기어가 있어야 하지?"

긴 침묵이 흘렀다. 이윽고 스티브가 말을 꺼냈다. "저기, 에릭. 생각하고 계신 것을 시원하게 말해 줄 수 없을까요? 에릭, 당신에게는 이게 재밌는 게임일 수도 있지만 우리는 살려야 할 비즈니스가 있어요."

에릭은 스티브를 관찰하듯 유심히 바라봤다. "공장 관리자처럼 생각해 봐. 작업이 거슬러 올라가는 게 보인다면 그게 무슨 뜻이야?"

스티브가 재빨리 대답했다. "작업의 흐름은 이상적으로는 오직 한 방향, 앞으로만 가야 하죠. 작업이 거꾸로 가는 걸 보면 '쓰레기'가 떠올라요. 결함이나 스펙 부족, 재작업 때문일 수도 있고…. 뭐가 됐든 아무래도 고쳐야겠죠."

에릭이 고개를 끄덕였다. "훌륭하군. 나도 그렇게 생각해."

에릭은 비어 있는 프렌치 프레스와 스푼을 테이블에서 집어 들고는 여행 가방에 넣고 지퍼를 올리기 시작했다. "작업의 흐름은 오직 한 방향, 앞으로만 간다. IT에서 그렇게 작업을 수행하는 업무 시스템을 구축해. 목표는 하나의 흐름이라는 것을 기억하란 말이지."

그러고는 내게로 고개를 돌렸다. "어쨌든 그걸로 자네가 딕과 함께 조바심 내는 문제도 해결될 거야. 긴 릴리스 주기로 인한 필연적인 결과는 일단 노동 비용을 고려한다면 결코 내부의 목표 수익률을 맞추지 못할 거야. 주기를 더 빨리해야 해. 만약 피닉스 때문에 어렵다면 다른 방법으로 피처를 만들 생각을 해봐."

"물론 사라처럼 하면 안 돼." 작은 미소를 지으며 에릭이 말했다. 그리고 여행 가방을 집어 들며 덧붙였다. "그렇게 하려면 『더 골』의 허비처럼 브렌트를 맨 앞에 세워야 할 거야. 브렌트는 개발 과정의 가장 앞 단계에서 일할 필요가 있지. 빌, 자네들이 방법을 알아낼 수 있을 거야."

에릭은 "행운을 비네"라고 말했고 우리는 그저 에릭이 문을 닫는 것을 지켜보기만 했다.

스티브는 마침내 "뭐라도 제안할 사람 있나?"라고 물었다.

크리스가 먼저 대답했다. "앞서 공유했듯이 사소한 피닉스 버그 수정 릴리스도 문제가 많아 매달 할 수 없습니다. 에릭의 말에도 불구하고 릴리스 일정을 늦춰야 할 것 같습니다. 두 달에 한 번꼴로 할 것을 제안합니다."

"안 돼." 스티브가 고개를 가로저으며 말했다. "지난 분기는 우리가 설정한 목표를 많이 벗어났지. 이번에는 5분기 연속 목표를 못 맞추는 꼴이 될 거야. 월 스트리트에 대한 기대치를 낮춘 후인데도 말이야. 모든 희망은 피닉스 완성에 달려 있어. 경쟁 업체들이 계속 앞서 나가고 있는데 우리가 필요한 피처를 얻기 위해 더 기다려야 한다는 말인가? 불가능해."

"사장님께는 '불가능'할 수도 있지만 제 입장에 서서 한번 봐주세요." 크리스가 차분하게 말했다. "저희 개발자들은 새로운 피처를 만들어야 합니다. 그들이 빌의 팀과 끊임없이 연계되며 배포 문제를 처리할 수는 없습니다."

스티브가 답했다. "이번 분기가 성패를 좌우할 걸세. 우리는 지난달에 피닉스를 출시하겠다고 전 세계에 약속했지. 하지만 우리가 연기한 피처들 때문에 기대했던 판매 혜택을 볼 수 없었어. 이제 이번 분기가 한 달이나 지났고 휴가철 판매가 30일도 채 남지 않았어. 시간이 없다고."

곰곰이 생각하니 크리스는 사실에 근거해 자신이 처한 현실을 말하고 있다는 것을 받아들여야 할 것 같았다. 그건 스티브도 마찬가지다.

내가 크리스에게 말했다. "만약 피닉스 팀이 속도를 줄여야 한다고 하면 저도 뭐라고 논쟁을 못 하겠네요. 해병대에서는 백 명의 부하 중 부상자가 한 명이라도 있다면 가장 먼저 기동력을 상실하죠."

"그러나 우리는 스티브가 필요로 하는 것을 달성할 방법을 알아내야 합니다." 나는 계속 이어갔다. "에릭이 제안한 대로 피닉스 틀 안에서 그렇게 할 수 없다면 피닉스 밖에서라도 할 수 있을 겁니다. 우리가 피닉스 팀에서 소규모 팀을 떼어내 SWAT팀을 하나 만들어서 가능한 한 빨리 수익 목표를 달성하는 데 어떤 피처들이 도움이 되는지 알아내라고 하죠. 다만 시간이 많지 않기 때문에 피처를 신중하게 선택해야 할 겁니다. 일을 성사시키는 데 필요하다면 어떤 규칙이라도 어길 수 있게 허용해주겠다고 말하죠."

크리스는 잠시 생각해보더니 고개를 끄덕였다. "피닉스의 목적은 고객이 더 빨리 그리고 대량으로 우리에게서 물건을 구매할 수 있도록 돕는 것입니다. 지난 두 번의 릴리스 모두 그렇게 되도록 토대를 마련했지만 실제로 판매량을 늘리기 위한 피처는 여전히 난항을 겪고 있습니다. 좋은 고객추천을 얻는 데 집중하고 마케팅 부서에서 우리가 재고로 갖고 있는 수익성 있는 제품을 판매하기 위해 판촉 활동을 하는 데 우선순위를 둬야 합니다."

"우리에게는 수년간의 고객 구매 데이터가 있어. 우리 브랜드 신용 카드로 얻은 고객의 인구 통계와 선호도 데이터도 갖고 있지." 스티브가 몸을 앞으로 내밀며 말을 가로챘다. "마케팅 부서는 우리가 그런 피처만 개발할 수 있다면 고객에게 정말 매력적인 제안을 할 수 있다고 했네."

크리스, 웨스, 패티는 이것에 대해 더 토론하는 데 반해 존은 미심쩍어 하는 것처럼 보였다. 마침내 웨스가 "알다시피 효과가 있을지도 몰라"라고 말했다. 존을 포함한 모든 사람이 고개를 끄덕이자 나는 바로 몇 분 전에는 없었던 흥분감과 가능성이 있다는 것을 느꼈다.

PART 3

30장

• 11월 3일 월요일

스티브와의 회의가 끝난 지 한 시간 후, 나는 여전히 에릭의 수수께끼 같은 말을 곰곰이 생각하고 있었다. 뭔가 큰일이 일어날 것 같은 느낌이긴 했지만 물어볼 게 너무 많았다. 결국 에릭에게 전화하기로 했다.

"네?" 에릭이 대답했다.

"빌입니다"라고 내가 말했다. "도대체 뭘 하고 있어야 하는 건지 단서가 좀 더 필요해서….."

에릭은 "건물 밖에서 만나세"라고 말하고는 전화를 끊었다.

밖에 나가자 사나운 바람이 쌩쌩 불어댔다. 잠시 주위를 둘러봤다. 그때 경적이 들렸다. 에릭은 비싸 보이는 빨간색 BMW 컨버터블의 지붕을 내린 채 운전석에 앉아 있었다. "차에 타게. 빨리!"

"차 좋은데요." 조수석에 올라타며 내가 말했다.

"고맙네." 에릭이 짧게 답했다. "여기 있는 동안 이런 차를 빌려야 한다고 친구가 하도 우겨서 말이야."

에릭이 가속 페달을 바로 밟는 바람에 나는 팔걸이를 잡고 서둘러 안전벨트를 채웠다. 바닥에 지갑이 보여 에릭이 말한 '친구'가 궁금해졌다.

"MRP-8로 돌아갈 걸세." 에릭이 말했다.

오픈카의 지붕을 씌워 달라고 하자 에릭이 나를 훑어보며 말했다. "'해병대 출신'이란 건 없다고 생각했지. 어쩌면 내가 있을 때보다 자네들을 더 물러터지게 만들었나 보군."

"해병대에 계셨어요?" 추워서 달가닥거리는 이를 감추려고 애쓰며 물었다.

에릭이 웃었다. "20년 이상 있었지."

"장교로 퇴직하신 거예요?" 내가 물었다.

"미 육군 특수부대 소령." 나를 보며 에릭이 대답했다. 달리는 속도 때문에 에릭이 도로에서 눈을 떼지 않고 운전에 집중해 주길 바랐다. 내 마음을 아는지 모르는지 에릭은 계속 말했다. "스티브와 같은 부대였지만 그는 장교로 합류했어. 나도 자네처럼 징집 병사로 입대했다네."

더는 밝히지 않았지만 에릭의 군대 경력을 추측할 수 있을 만큼 충분히 말했다. 에릭은 분명히 내가 매일같이 상대해야 했던 다른 사람들처럼 NCO 선배였다. 이제서야 에릭의 행동과 자세가 너무도 익숙하다는 걸 알아차리다니…. 에릭은 미래에 투자하기로 한 고위층에 의해 드물게 가능성이 큰 사람 중 한 명으로 선별돼 대학과 장교 후보생 학교에 갔다 온 후 아마도 다른 사람들보다 열 살은 많은, 어쩌면 가장 나이 많은 소위로 다시 합류했을 것이다.

그렇게 되려면 특별한 사람이어야 한다.

우리는 기록적인 시간 안에 공장에 도착해서 지금은 좁은 통로 위에 서 있다. 에릭은 내가 기대하고 있던 연설을 시작했다. "제조 공장은 시스템이야. 한쪽에서 시작되는 원자재가 다른 쪽에서 예정대로 완제품으로 나오게 하려면 수많은 일이 제대로 진행돼야 해. 모든 것이 함께 작동하지. 만약 어떤 작업 센터가 다른 작업 센터와 싸우고 있다면, 특히 제조업이 엔지니어링과 전쟁을 하고 있다면 일말의 진전도 몹시 어려운 싸움이 될걸세."

에릭은 내게 시선을 돌리며 가리켰다. "작업 센터 감독관 같은 생각은 그만둬야 해. 공장 매니저처럼 더 크게 생각할 필요가 있지. 제조 공장과

이 공장이 의존하는 모든 과정을 설계한 사람처럼 생각하면 더 좋아. 그들은 작업의 전체 흐름을 살펴보고 제약 조건이 어디에 있는지 파악하며, 작업이 효과적이고 효율적으로 수행되도록 필요한 모든 기술과 프로세스 지식을 사용하지. 그들은 '내적 올스퍼inner-Allspaw'를 사용해."

'올스퍼'가 무엇을 의미하는지 물으려고 하자 에릭은 질문을 거부했다. "제조업에서는 고객 수요 부응에 필요한 주기인 타크트takt 시간이라는 측정 기준이 있지. 작업 흐름에서 어떤 작업이 타크트 시간보다 오래 걸린다면 고객 수요를 따라갈 수 없어."

"그러니까 자네가 '아, 안돼! 피닉스 환경이 준비되지 않았어! 도와줘, 도와줘! 아, 안 돼! 누군가가 다시 피닉스 환경을 망쳤기 때문에 배포할 수 없다고!'라고 소리치며 뛰어다니면," 에릭은 톤을 높여 여자아이 같은 목소리를 섞어 말했다. "그건 자네가 책임져야 하는 분야에서 어떤 중요한 운영 주기가 타크트 시간보다 더 크다는 것을 의미하지. 그게 바로 자네가 고객의 요구에 부응할 수 없는 이유야."

"두 번째 방법의 일환으로 자네는 제품 정의, 디자인, 개발의 가장 초기 부분까지 거슬러 올라가는 피드백 루프를 만들어야 해." 에릭이 말했다. "자네가 딕과 주고받는 대화를 보면 현재 프로세스에서 더 선행 단계로 갈 수도 있을 걸세."

바닥을 가리키며 에릭이 이어 말했다. "바닥의 오렌지색 테이프 사이에 있는 장비의 긴 선을 바라보게. 지금 보고 있는 선은 우리가 가진 가장 이윤이 높은 아이템을 만들지. 그러나 운 나쁘게도 특정한 작업의 흐름은 페인트 분말 코팅 적용과 열처리 오븐 굽기 등 가장 긴 설정과 처리 시간이 걸리는 두 개 작업이 필요하지."

에릭은 위를 올려다보더니 팔을 활짝 벌렸다. "옛날에는 두 개 작업 주기가 타크트 시간보다 훨씬 길어서 우리는 결코 고객 요구를 따라잡을 수 없었지. 어떻게 인생이 그렇게 불공평할 수 있지? 가장 수익성 좋은 품목이 열처리 오븐과 페인트 부스라는 두 가지 제약 조건을 모두 사용하다니! 어떻게 해야 하지?"

"고객들은 그런 사양을 달라고 애걸하면서 우리에게 돈을 던져주겠다고까지 제안했지만 외면해야만 했지. 각 작업 설정 시간은 몇 시간이 걸리거나 심지어 며칠이 걸리기도 했어. 수요를 충족시키려고 엄청난 규모의 배치 크기를 사용해야만 했지. 페인트칠하는 거대한 쟁반이 있었고 될 수 있으면 한 번에 많은 유닛을 구워야 했어. 처리량을 늘리려면 배치 크기를 줄여야 했지만 모두가 배치 크기를 줄일 수는 없다고 말했어."

"도요타가 이 문제를 어떻게 해결했는지는 전설적인 얘기지"라고 그가 말했다. "1950년대에 거의 3일 동안 전환 시간을 가진 후드 도장 프로세스가 있었지. 거기에는 무게가 수 톤이나 나가는 거대하고 무거운 금형틀을 이동시켜야 했어. 우리처럼 설정 시간이 너무 길어서 큰 배치 크기를 사용할 필요가 있다 보니 한 대의 스탬프 기계를 사용해서 여러 다른 자동차 모델을 동시에 제작할 수 없었지. 교환하는 데 3일이 걸리면 프리우스 한쪽 후드, 캠리 한쪽 후드, 이렇게 번갈아 만들 수는 없으니까 말이야. 그렇지?"

"그들은 어떻게 했을까?" 과장된 몸짓으로 에릭이 질문을 던진 뒤 답을 알려줬다. "전환에 필요한 모든 단계를 면밀히 관찰한 후 전환 시간을 10분 미만으로 줄이는 일련의 준비와 개선을 시행했지. '1분 금형틀 교환'이라는 전설의 시작이었어."

"우리는 타이이치 오노 선생, 스티븐 스피어, 마이크 로터의 모든 연구를 조사했지. 배치 크기를 줄여야 한다는 것은 알고 있었지만 우리는 후드 스탬핑 틀을 다루는 게 아니었어. 페인트칠하는 도장 및 양생을 다루고 있었지." 에릭이 말을 이어갔다. "엔지니어링과 몇 주간 브레인스토밍, 조사, 그리고 실험의 끝에 우리는 엉뚱한 생각을 하게 됐어. 어쩌면 도장과 양생을 단 한 대의 기계로 할 수 있을 것이라는 생각이었어. 우린 도색 가루를 부품에 바르는 오븐을 함께 짰는데 자전거에서 가져온 체인과 기어를 조합해서 만든 것이었지."

"네 개의 작업 센터를 하나로 통합해 30개 이상의 수작업과 오류가 발생하기 쉬운 단계를 없앴어. 그리고 작업 주기를 완전히 자동화해서 단일 흐름을 만들면서 모든 설정 시간을 없앴지. 처리량이 솟구치더군."

"혜택이 엄청났네"라고 에릭은 자랑스럽게 말했다. "첫째, 결함이 발견되면 즉시 고칠 수 있었고 배치의 다른 부분을 모두 폐기할 필요가 없었어. 둘째, WIP가 줄었지. 각 작업 센터가 제품을 초과 생산한 적이 없었어. 다음 작업 센터 줄에 있었기 때문이야. 그러나 가장 중요한 이점은 주문 리드 타임이 1개월에서 1주일 이내로 단축됐다는 것이지. 우리는 어떤 것이든 그리고 아무리 많은 고객이 원하더라도 제품을 만들어낼 수 있었고 창고에는 급매로 청산해야 할 쓰레기로 가득 차는 일이 없어졌지."

"그러니까 이제 자네 차례야." 내 가슴팍에 손가락을 쿡쿡 찌르며 에릭이 강하게 말했다. "전환 시간과 배포 주기를 단축할 방법을 알아내게."

"자네 목표는…." 에릭이 말을 하다 잠시 멈췄다. "하루에 10번 배치. 왜, 안 되겠어?"

턱이 떡 벌어졌다. "그건 불가능해요."

"아, 정말?" 무표정한 얼굴로 에릭이 말했다. "얘기를 하나 들려주지. 2009년에 어느 기술 회사 이사회 이사로 있을 때 일이야. 엔지니어 중 한 명이 진척^{Velocity} 관련 컨퍼런스에 갔다가 위험하고 불가능한 아이디어를 떠벌리며 미친 사람처럼 돌아왔지. 존 올스퍼와 그의 동료인 폴 해먼드가 세상을 깜짝 놀라게 한 발표를 본 거야. 올스퍼와 해먼드는 플릭커^{Flickr}라는 회사에서 IT 운영 및 엔지니어링 그룹을 운영했어. 그들은 치열하게 싸우는 대신 하루에 열 번 배치하는 것을 일상적으로 하기 위해 어떻게 함께 일했는지를 얘기했었지! 대부분 IT 조직이 분기마다 또는 연간으로 배포를 하던 시절이지. 상상해봐! 당시 기술 상태보다 천 번은 더 빨리 배포하고 있었던 거야."

에릭이 계속했다. "정말로 우리 모두 그 엔지니어가 제정신이 아니라고 생각했었어. 하지만 올스퍼와 해먼드가 얘기하는 프랙티스는 IT 가치 흐름에 세 가지 방법을 적용해서 나온 필연적인 결과라는 것을 알게 됐지. 그것은 우리가 IT를 관리하는 방법을 완전히 바꿨고 회사를 구했었지."

"어떻게 그렇게 한 거죠?" 기가 막혀 물어봤다.

"좋은 질문이군." 에릭이 대답했다. "올스퍼는 개발을 의미하는 데브^{Dev} 와 운영을 의미하는 옵스^{Ops}가 QA, 비즈니스와 더불어 일하면 놀라운 것을 이룰 수 있는 조직이 된다는 사실을 우리에게 가르쳐 줬지. 또한 코드가 생산되기 전까지는 단지 시스템에 WIP가 틀어박혀 있는 것이기 때문에 어떤 가치도 실질적으로 생성되지 않는 것임을 알았지. 그는 빠른 피처 흐름을 활성화하도록 배치 크기를 계속 줄였어. 한편으로는 환경이 필요할 때마다 항상 사용할 수 있도록 그렇게 했지. 그는 개발 부서가 완성하는 애플리케이션처럼 인프라를 코드처럼 처리할 수 있다는 것을 인식하고 빌드 및 배포 프로세스를 자동화했어. 그렇게 해서 그는 한 단계로 환경 조성 및 배포 절차를 통합할 수 있었지. 우리가 한 단계로 도색과 양생을 하는 방법을 알아낸 것처럼 말이야."

"올스퍼와 해먼드가 결국은 미친 게 아니라는 걸 이제는 알고 있네. 제즈 험블과 데이브 팔리는 독립적으로 같은 결론을 내린 다음 그들의 중요한 책인 『지속적 전달$^{Continuous\ Delivery}$』(AddisonWesley, 2010)에서 하루에 여러 번 배포하는 프랙티스와 원칙을 정의했어. 그리고 에릭 리스는 린 스타트업$^{Lean\ Startup}$ 연구에서 이런 능력이 어떻게 비즈니스를 배우고 시장에서 승리하는지를 보여줬네."

열띤 강의를 하듯 얘기하는 에릭의 모습은 지금까지 본 것 중 가장 활기차 보였다. 에릭은 고개를 흔들며 나를 근엄하게 쳐다봤다.

"자네의 다음 단계가 이제는 분명해졌을 거야, 메뚜기. 개발 부서에 있는 선행 작업 친구들을 포함해 고객 요구에 맞추려면 험블과 팔리가 배포 파이프라인deployment pipeline이라고 정의한 것을 만들어야 해. 코드 체크인에서 운영 시스템에 이르는 전체적인 가치의 흐름을 말하는 것일세. 예술 같은 게 아니야, 운영이지. 모든 것을 버전 관리할 필요가 있어. 하나도 빠짐없이 전부 그래야 해. 코드뿐만 아니라 환경을 구축하는 데 필요한 모든 것을 말이야. 그런 다음 생성에 관련된 전체 환경 프로세스를 자동화해야 하지."

"테스트 및 운영 환경을 만들고 코드를 완전히 온디맨드on-demand 방식으로 배포할 수 있는 배포 파이프라인이 필요해. 그렇게 하면 설정 시간을 줄이고 오류를 없앨 수 있어서 개발 부서가 아무리 빠르게 바꿔도 자네는 결국 맞출 수 있을 걸세."

"잠깐만요." 내가 말했다. "제가 자동화해야 할 게 정확히 뭐죠?"

에릭이 나를 근엄하게 바라봤다. "브렌트에게 가서 물어봐. 브렌트를 새 팀에 배치하고 그가 산만해지지 않도록 하게. 어느 때보다도 자네가 빌드 프로세스를 자동화할 때까지는 브렌트가 자네의 병목 현상이야. 브렌트의 머릿속에 있는 것들을 빌드 절차로 인코딩해. 배포 업무에서 사람들을 빼. 하루에 10번 배치하는 방법을 생각해보라고."

의구심이 드는 것을 떨칠 수가 없었다. "하루에 10번 배치요? 아무도 원하지 않을 게 확실합니다. 혹시 비즈니스에서 필요한 것보다 더 높은 목표를 세우는 건 아닐까요?"

에릭이 눈을 굴리며 한숨을 쉬었다. "배포 목표율에 집중하지 말게. 비즈니스 애질리티Business Agility는 단순히 원시적인 속도에 관한 것만이 아니야. 시장 변화를 감지하고 대응하고 더 크고 더 계산된 위험을 감수할 수 있는 능력이 얼마나 뛰어난가에 관한 것이지. 그건 스콧 쿡Scott Cook이 인튜이트Intuit에서 고객 전환율을 극대화할 방법을 찾기 위해 가장 바쁜 세금 신고 기간에 40번 이상 실험했던 것처럼 지속적인 실험을 하는 것에 관한 것이라네. 가장 바쁜 세금 신고 기간에 말이야!"

"만일 시장 출시와 비즈니스 애질리티가 경쟁사들을 따돌릴 수 없다면 자넨 침몰하는 거네. 피처는 항상 도박이지. 운이 좋으면 원하는 수익을 10%는 올리지. 그러니 이런 피처를 더 빨리 시장에 출시하고 테스트할수록 더 좋은 결과를 얻을 수 있네. 그러면 자네 또한 비즈니스 부서에 돈을 더 빨리 회전시켜 자본을 사용할 수 있게 돼. 비즈니스가 더 빨리 돈을 벌기 시작한다는 뜻이지."

"스티브는 요건을 더 빨리 실행하고 구현하는 할 수 있는 자네의 능력에 모든 걸 걸고 있어. 그러니 크리스와 협력해서 어떻게 하면 완성 가능한 코드뿐만 아니라 그 코드를 배포할 수 있는 작업 환경을 포함한 모든 단계에서 애자일 프로세스를 갖출 수 있는지 알아보게!"

"알았어요, 알겠다고요"라고 내가 말했다. "그런데 왜 이렇게 추운 날씨에 여기까지 끌고 오셨어요? 화이트보드에서 설명했어도 충분하지 않았을까요?"

"자넨 IT 운영이 제조업에 비하면 로켓 과학이라고 생각하겠지. 정말 완벽한 헛소리야!"라고 무시하듯 에릭이 말했다. "내가 앉아 있는 여기에서 보면 이 건물에 있는 사람들은 지금까지 자네 IT 부서에서 본 어떤 사람보다도 창의적이고 용기 있는 사람들이었어."

31장

• 11월 3일 월요일

SWAT팀 킥오프 미팅에 들어간 것은 낮 12시 13분이었다. 에릭의 오픈카를 타고 돌아오다 보니 머리에선 물이 뚝뚝 떨어졌고 셔츠는 흠뻑 젖어 있었다. 크리스가 얘기하는 중이었다. "…또한 스티브 사장님은 이 팀에 프로모션 기능을 만들 것과 휴가철 쇼핑 시즌에 긍정적인 영향을 줄 수 있도록 필요한 모든 조치를 하라고 말씀하셨습니다."

크리스는 나를 향해 돌아서서 방 뒤쪽을 가리켰다. "일을 시작하기에 앞서 모두의 점심 식사를 주문해 놓았습니다. 어서들 가시죠. 그리고 빌, 어떻게 된 거예요?"

나는 손을 휘저으며 크리스의 질문을 무시해버렸다. 크리스가 점심을 준비했다고 한 곳에 터키 샌드위치 도시락이 아직 남아있는 걸 보고 기분 좋게 놀랐다. 하나를 집어 들고 자리에 앉아 방에 있는 모든 사람, 특히 브렌트의 심기를 가늠해보려고 노력했다.

브렌트가 대답했다. "제가 왜 여기 있는지 다시 한번 설명해주세요."

"그걸 알아내려고 우리가 여기 온 거야." 웨스가 진지하게 말했다. "자네나 우리나 마찬가지야. 이사회 인원 중 한 분이 자네가 팀의 일원이 돼야 한다고 해서 말이야. 솔직히 이유를 전혀 모르겠지만 그분은 그동안 내 신뢰를 얻을 만큼 옳은 결정을 보여줬거든."

패티가 끼어들었다. "음, 그분이 우리한테 한두 가지 단서를 주긴 했죠. 우리가 집중해야 할 문제는 배포 프로세스와 환경을 효율적으로 구축하는 것이라고 했어요. 피닉스 배포 때마다 빚어진 모든 혼란 때문에 우리가 근본적으로 잘못된 행동을 하고 있다고 생각하는 것 같습니다."

샌드위치 포장을 벗기며 내가 말했다. "그분과 얘길 나누고 방금 돌아왔어. 많은 것을 보여주면서 도요타에서 사람들이 1분에 금형틀 교환을 어떻게 하는지 설명해주더군. 우리가 하루에 10번 배포할 수 있는 능력을 구축해야 한다고 했어. 그게 가능할 뿐만 아니라 살아남기 위해서, 그리고 시장에서 승리하기 위해서 비즈니스에 필요한 피처 배포 주기에 도움이 된다고 주장했어."

놀랍게도 크리스가 가장 격렬하게 말했다. "뭐라고요? 도대체 왜 하루에 10번씩이나 배포해야 하는 거죠? 스프린트sprint 간격은 3주인데 말이죠. 하루에 열 번씩 배포할 것도 없어요!"

패티가 고개를 저었다. "확실해요? 버그 수정은 어때요? 지난 두 번의 주요 출시 기간에 있었던 일처럼 사이트가 중단됐을 때 성능 개선은 어때요? 어떤 종류의 긴급한 변경을 하기 위해 모든 규칙을 어기지 않고도 이런 유형의 운영 환경 개선을 일상적으로 한다면 좋지 않을까요?"

크리스는 대답하기 전에 잠시 생각했다. "재밌네. 나는 보통 그런 유형의 수정을 패치 또는 마이너 릴리스라고 부르지. 하지만 패티 말이 맞기는 해. 그것도 배포라고 볼 수도 있지. 좀 더 빨리 수정 사항을 배포하면 좋겠지만 그렇다고 하루에 10번씩이나 배포를 해야 하나?"

에릭이 얘기했던 것을 떠올리며 내가 덧붙였다. "크리스, 마케팅 부서가 콘텐츠나 비즈니스 규칙을 스스로 변경할 수 있도록 하거나 더 빠른 시도 또는 A/B 분할 테스트를 가능하게 하면 어떨까요? 무엇이 가장 효과가 좋은지 알아보기 위해서 말이죠."

웨스는 두 손을 테이블 위에 얹었다. "자, 모두 내 말을 잘 들으세요. 그렇게 못해요. 우리가 하는 일은 물리 법칙에 지배받는 일이라고요. 현재 얼마나 오래 걸리는지 잊어버렸어요? 1주일 이상의 준비 시간과 8시간 이상의 실제 구축이 필요해요! 그렇게 빨리할 수 있는 건 디스크상에서나 가능할 거예요."

에릭과 함께 공장 견학을 하지 않았다면 웨스의 말에 동의했을 것이다. 내가 진지하게 말했다. "이봐, 자네 말이 맞을지도 몰라. 하지만 잠깐 내 말 좀 들어봐. 전체 배포 프로세스의 처음부터 끝까지 몇 가지 단계가 있지? 20단계, 200단계, 아니면 2,000단계쯤 있나?"

웨스가 잠시 머리를 긁적이더니 말했다. "어때, 브렌트? 100단계 정도는 될 것 같은데…."

"그래요?" 브렌트가 대답했다. "전 20단계 정도라고 생각되네요."

윌리엄이 끼어들며 말했다. "어디서부터 세기 시작했는지 모르겠지만, 만약 우리가 개발 부서에서 코드를 커밋하고 그것을 '릴리스 후보'라고 라벨을 붙이는 시점에서 시작한다면 아마 100단계라고 생각할 수도 있을 겁니다. IT 운영에 넘기기도 전에 말이죠."

이런, 이게 아닌데….

웨스가 다시 말을 가로챘다. "아니, 아니, 아니야. 빌 부서장님이 '배포 단계'라고 하셨잖아. 지금 그걸…"

웨스가 말하는 동안 나는 에릭이 작업 센터 감독관이 아니라 공장 관리자처럼 생각하라고 했던 것을 헤아려봤다. 그때 문득 깨달았다. 아마도 내가 개발과 IT 운영 부서의 경계를 넘어야 한다는 의미일 것이다.

"두 사람 다 맞아요." 웨스와 윌리엄의 논쟁에 끼어들면서 말했다. "윌리엄, 화이트보드에 모든 단계를 적어 줄래요? '코드 커밋'에서 시작해 우리 조직으로 넘어올 때까지 계속이요."

월리엄은 고개를 끄덕이고는 화이트보드로 걸어가 상자를 그리면서 단계를 설명하기 시작했다. 그는 10분 동안 개발 환경에서 실행되는 자동화된 테스트, 개발과 일치하는 QA 환경 생성, 코드 배포, 모든 테스트 실행, QA와 일치하는 새로운 스테이징 환경으로 배포 및 마이그레이션, 로드 테스트, 그리고 마지막으로 IT 운영 시스템으로 전달되는 권한까지 100개 이상의 단계가 있을 가능성을 보여줬다.

월리엄이 말을 마쳤을 때 화이트보드에는 30개의 상자가 그려져 있었다.

웨스를 돌아봤다. 짜증 난 표정이라기보다는 도표를 보면서 턱을 문지르며 깊은 생각에 잠겨 있는 것처럼 보였다.

나는 브렌트와 웨스에게 둘 중 한 명이 월리엄이 끝낸 부분부터 계속해야 한다고 말했다.

브렌트가 일어나 배포 코드 패키징, 새 서버 인스턴스 준비, 운영 체제, 데이터베이스, 애플리케이션 로드 및 구성, 네트워크, 방화벽, 로드 밸런서에 대한 모든 변경 사항, 그리고 배포가 성공적으로 완료됐는지 테스트하는 것을 나타내는 박스를 그리기 시작했다.

도표를 통째로 놓고 보니 놀랍게도 공장 바닥이 떠올랐다. 각각의 단계는 각기 다른 기계, 사람, 방법, 기준이 있는 작업 센터와 같았다. IT 업무는 제조 업무보다 훨씬 더 복잡할 것이다. 작업이 보이지 않을 뿐만 아니라 추적하기가 어려워 잘못될 수 있는 것도 훨씬 더 많다.

많은 구성을 정확하게 설정해야 하고 시스템에는 충분한 메모리가 필요하다. 또한 모든 파일은 제자리에 위치시켜야 하며 모든 코드와 전체 환경이 올바르게 작동해야 한다.

작은 실수 하나가 전체를 무너뜨릴 수 있다. 확실히 이것은 제조업보다 훨씬 더 엄격하고 더 많은 규율과 계획이 필요하다는 것을 의미했다.

빨리 에릭에게 이 말을 하고 싶었다.

우리 앞에 놓인 도전의 중요성과 거대함을 깨달은 나는 화이트보드로 걸어가서 빨간 마커를 집어 들고 말했다. "지난 출시 중에 문제가 있었던 단계마다 커다란 빨간 별을 달아볼게."

화이트보드에 표시하면서 설명을 시작했다. "새로운 QA 환경을 사용할 수 없었기 때문에 우리는 이전 버전을 사용했지. 모든 테스트가 실패해서 QA에 대한 코드와 환경을 변경했는데도 개발이나 운영 환경으로 돌아가지 못했고 모든 환경을 동기화하지 않아서 다음번에 똑같은 문제가 발생했어."

빨간색 별의 흔적을 남기고 브렌트가 앞서 그렸던 상자가 있는 쪽으로 걸어갔다. "정확한 배포 지시가 없던 탓에 패키지와 배포 스크립트를 제대로 만드는 데 5시간이 걸렸지. 환경이 제대로 구축되지 않아서 운영 환경에서 문제가 터졌어. 이미 언급했던 것처럼 말이야."

의도한 건 아니었으나 내 말이 끝날 때쯤 윌리엄과 브렌트가 그린 대부분 상자 옆에는 빨간 별이 있었다.

주위를 돌아보니 다들 내 설명을 받아들이느라 혼 빠진 얼굴을 하고 있었다. 내가 한 무의식적인 실수를 깨닫고 서둘러 덧붙였다. "음, 난 누군가를 탓하거나 우리가 하는 일이 형편없다고 말하려는 게 아니야. 하는 일을 정확히 적어보고 각 단계에서 몇 가지 객관적인 측정 기준을 얻고 싶을 뿐이야. 서로를 비난하기보다 모두가 한 팀으로 화이트보드에 있는 문제를 해결해야 해, 알겠지?"

패티가 말했다. "저, 이걸 보니 공장 사람들이 항상 사용하던 게 생각나네요. 그들 중 한 명이 이 방에 들어온다면 우리가 '가치 흐름 맵'을 만들고 있다고 여기겠네요. 빌, 혹시 제가 두어 가지 요소를 추가해도 될까요?"

나는 화이트보드 마커를 패티에게 건네주고 자리에 앉았다.

각각의 박스에 대해 패티는 작업 시간이 일반적으로 얼마나 되는지 묻고는 상자 위에 숫자로 표시했다. 그다음 이 단계가 일반적으로 작업을 기다려야 하는 단계인지 물은 후 WIP를 표시하기 위해 상자 앞에 삼각형을 그렸다.

세상에 이럴 수가! 패티에게는 배포와 공장 라인 사이의 유사성이 학문적인 문제가 아니었다. 우리의 배포를 마치 진짜 공장 라인인 양 다루고 있었다.

패티는 제조 회사 사람들이 프로세스를 문서화하고 개선하는 데 사용하는 린 도구와 기법을 사용하고 있었다.

문득 에릭이 '배포 파이프라인'에 관한 얘기를 했을 때 무엇을 의미한 것인지 이해가 되기 시작했다. 비록 공장에서처럼 우리가 하는 작업의 실체를 눈으로 볼 수는 없지만 그것은 여전히 가치 흐름을 나타내고 있다.

나는 말을 수정했다. 이것은 우리의 가치 흐름이고 우리가 이런 가시화를 통해 작업의 흐름을 극적으로 증가시킬 방법을 알아내기 직전이라고 확신했다.

패티가 단계별 지속 시간을 기록한 후 짧은 라벨을 사용해 프로세스 단계를 설명하는 상자를 다시 그렸다. 또 다른 화이트보드에 두 개의 동그라미 표시를 했다. '환경'과 '배포'.

패티는 방금 쓴 것을 가리키며 말했다. "현재 프로세스를 볼 때 두 가지 문제가 계속 제기됩니다. 모든 배포 프로세스 단계마다 우리가 필요로 하는 환경을 사용할 수 없고 심지어 사용 가능할 때도 서로 동기화하기 위해서는 상당한 재작업이 필요했습니다. 그렇죠?"

웨스가 코웃음을 치면서 대꾸했다. "그렇게 뻔한 말에 보상은 없지만 맞는 말이긴 하지."

패티는 계속해서 말을 이어갔다. "또 다른 재작업과 긴 설정의 원인은 코드 패키징 프로세스에 있어요. 여기서 IT 운영 조직은 개발 부서가 버전 컨트롤에 체크인한 것을 가져다가 배포 패키지를 생성하죠. 크리스와 그의 팀이 코드와 구성을 문서화하는 데 최선을 다하지만 뭔가 항상 문제가 생겨나고 배포 후에 코드가 해당 환경에서 실행되지 않을 때 비로소 드러납니다. 맞나요?"

이번에는 웨스가 바로 응답하지 않았다. 브렌트가 웨스보다 먼저 나서서 말했다. "정확해요. 윌리엄은 아마 문제들을 이해할 거예요. 릴리스 지시 사항이 최신으로 된 게 아니다 보니 저희는 항상 앞다퉈 설치 스크립트scripts를 다시 작성해야 하고 그걸 몇 번이고 계속해서 설치해야 하죠."

"네." 윌리엄이 단호하게 고개를 끄덕이며 말했다.

"그럼 두 분야에 집중하자고 제안하고 싶네요"라며 패티는 보드를 쳐다본 후 다시 자리를 잡았다. "의견 있으세요?"

브렌트가 말했다. "윌리엄과 제가 협력해서 우리가 정리한 모든 사항을 반영하기 위한 배포 실행 교재를 만들 수도 있습니다."

모두의 의견을 들으며 나는 고개를 끄덕였지만 어느 것도 우리에게 필요한 거대한 돌파구처럼 보이진 않았다. 에릭은 프로세스 별로 들이는 시간을 줄여야 한다고 설명했었다. 그는 시간 단축을 중요하게 생각하는 듯했다. 하지만 왜?

"개별 그룹 각각 환경을 개선하는 것은 분명히 효과가 없어. 우리가 무엇을 하든지 간에 '하루에 10개 배포'라는 목표를 향한 큰 발걸음을 내디뎌야 해"라고 내가 말했다. "우리에게 상당한 양의 자동화가 필요하다는 뜻이야. 브렌트, 우리가 공통의 환경 생성 프로세스를 만들려면 뭘 해야 하지? 개발과 QA 및 운영 환경을 동시에 구축하고 계속 동기화할 수 있도록 말이야."

"재밌는 생각이시네요." 브렌트는 화이트보드를 보며 말했다. 그는 일어서서 '개발', 'QA', '운영'이라고 적힌 상자 세 개를 그렸다. 아래에는 '빌드 프로세스'라는 라벨의 다른 상자를 그리고 위에 있는 각각의 박스에 화살표를 연결했다.

"이거 정말 훌륭하네요, 빌." 브렌트가 말했다. "공통의 빌드 프로세스가 있고 모든 사람이 각자 환경을 만들기 위해 이 도구를 사용한다면 개발자들은 실제 운영과 유사한 환경에서 코드를 작성할 거예요. 그것만으로도 큰 발전이겠네요."

브렌트는 입에 물고 있던 마커 뚜껑을 꺼냈다. "피닉스 환경을 구축하려고 우리가 쓴 스크립트를 많이 사용해요. 조금씩 문서화하면서 정리해 보면 2~3일 내로 사용 가능한 뭔가를 함께 만들 수 있을 거예요."

크리스를 돌아보며 내가 말했다. "이거, 조짐이 좋은데요. 만약 우리가 환경을 표준화해서 개발, QA, 그리고 운영 조직이 항상 사용할 수 있다면 배포 프로세스 중에 비탄에 빠지는 대부분 변화를 제거할 수 있을 겁니다."

크리스는 매우 들떠 있는 것 같았다. "브렌트, 자네와 다른 사람들이 괜찮다면 우리 팀 스프린트에 초대해서 가능한 한 빨리 통합된 환경을 개발 프로세스로 통합하고 싶은데 말이야. 사람들이 지금은 대부분 프로젝트 말미에 배포 가능한 코드를 만드는 데 집중하고 있네. 하지만 상황을 바꾸라고 제안하고 싶어. 3주 스프린트 간격마다 배포 가능한 코드뿐만 아니라 코드가 배포될 정확한 환경도 있어야 하고, 그걸 버전 관리에도 포함해야 해."

브렌트는 크리스의 제안에 활짝 웃었다. 웨스가 응답하기 전에 바로 내가 말했다. "크리스, 저도 전적으로 동의합니다. 그런데 더 진행하기 전에 패티가 강조했던 다른 문제를 조사할 수 있을까요? 크리스의 제안을 받아들인다고 해도 아직 배포 스크립트 문제가 남아있습니다. 우리에게 마법 지팡이가 있다면 새로운 QA 환경이 구축될 때마다 코드를 어떻게 배포해야 할까요? 배포할 때마다 코드, 스크립트, 그리고 신만이 알고 있을 많은 것이 조직 간에 끊임없이 왔다 갔다 하고 있습니다."

패티가 끼어들었다. "제조 공장에서 작업이 뒤로 가는 경우는 재작업입니다. 그런 일이 생기면 문서화나 정보 흐름이 매우 적어지고 재생산할 수 있는 것이 없다는 뜻이기도 합니다. 그렇게 되면 우리가 속도를 높이려고 노력할수록 상황은 오히려 더 나빠집니다. 이것을 '비 부가가치' 활동 또는 '낭비'라고 부르죠."

모든 박스가 있는 첫 번째 화이트보드를 보면서 패티가 말했다. "프로세스를 다시 설계한다면 해당 프로세스에 필요한 사람을 먼저 참여시켜야 합니다. 모든 부품이 제조에 최적화돼 있고 제조 라인은 단일 흐름으로 해당 부품에 최적화돼 있는지를 확인하는 제조업의 엔지니어링 조직과 같은 상황입니다."

나는 패티가 추천하는 것과 에릭이 오늘 오전에 제안했던 것이 비슷해서 미소를 지으며 고개를 끄덕였다.

윌리엄과 브렌트를 돌아보며 내가 말했다. "좋아, 두 사람, 둘 다 마법 지팡이가 있다고 가정해보자. 자네들은 지금 최전선에 있어. 작업 흐름은 절대로 뒤로 가면 안 돼. 흐름이 빠르면서도 앞으로만 이동할 수 있도록 일의 흐름을 어떻게 설계할지 말해봐."

둘 다 멍한 표정을 짓자 나는 크게 말했다. "마법 지팡이가 있다니까! 그걸 써봐!"

"마법 지팡이가 얼마나 대단한 거죠?" 윌리엄이 물었다.

나는 매기에게 했던 말을 되풀이했다. "아주 강력한 마법 지팡이야. 무엇이든 할 수 있어."

윌리엄은 화이트보드로 걸어가 '코드 커밋'이라는 상자를 가리켰다. "마법 지팡이를 흔들 수만 있다면 코드 커밋 단계를 바꾸겠어요. 소스 컨트롤을 통해 개발에서 소스 코드나 컴파일된 코드를 가져오는 대신 바로 배포 가능한 패키지된 코드를 원합니다."

"그리고 있잖아요." 윌리엄이 말을 이어갔다. "제가 이걸 너무 갖고 싶어서 패키지 생성에 대한 책임을 맡겠다고 기꺼이 자원하고 싶습니다. 전 정확히 누구에게 일을 배정해야 하는지도 알고 있습니다. 그 사람이 개발

이관을 책임질 겁니다. 코드가 '테스트 준비 완료'로 표시돼 있을 때 패키지 코드를 생성하고 커밋하면 QA 환경에 자동화된 배포를 트리거 할 겁니다. 그리고 나중에는 운영 환경으로 이어지겠죠."

"와! 정말 그렇게 할 건가요?" 웨스가 물었다. "그거 정말 좋겠는데요. 그렇게 합시다. 다만 브렌트가 계속 패키지를 만들고 싶어 하지 않는 한…."

"농담이죠?" 브렌트가 웃음을 터뜨리며 물었다. "그 사람이 누가 되든 올해 내내 술을 살 거예요! 아이디어 정말 마음에 들어요. 그리고 전 새로운 배포 도구를 만드는 것에 동참하고 싶습니다. 시작 시점에 사용할 수 있는, 제가 전에 작성해 놓은 여러 도구가 있습니다."

방안에 퍼져나가는 활기와 흥분감을 느낄 수 있었다. '하루에 10번 배포'라는 목표가 망상이라고 여겼는데 이제는 우리가 해낼 수 있을지 궁금해하고 있다는 데 놀랐다.

갑자기 패티가 고개를 들더니 말했다. "잠깐만요. 피닉스 모듈 전체는 보호해야 하는 고객 구매 데이터를 다룹니다. 존의 팀원 중 누군가는 이런 노력에 참여해야 하지 않을까요?"

우리는 서로를 쳐다봤고 존이 관여할 필요가 있다는 의견에 동의했다. 그리고 나는 우리 조직이 얼마나 변화했는지에 다시 한번 놀랐다.

32장

• 11월 10일 월요일

그다음 2주는 SWAT팀 활동이 내 시간의 많은 부분을 차지했다. 그것은 웨스와 패티도 마찬가지였다.

개발자들과 매일 소통한 지도 10년이 넘었다. 그동안 개발자들이 얼마나 변덕스러울 수 있는지 잊고 있었다. 내가 보기에 그들은 엔지니어라기보다 인디 뮤지션^{indie musicians} 같았다.

내가 일하던 당시에는 개발자들이 빈티지 티셔츠와 샌들이 아니라 펜 등을 넣고 다니는 주머니를 차고 다녔고, 스케이트보드가 아니라 계산자^{slide rules}를 들고 다녔다.

많은 면에서 개발자 대부분은 기질적으로 나와 반대였다. 나는 프로세스를 만들고 따르는 사람들, 즉 엄격함과 훈련을 중요시하는 사람을 좋아한다. 하지만 개발자들은 변덕과 엉뚱한 생각을 좋아해 프로세스를 회피한다.

지금은 오히려 엉뚱한 그들이 있어서 다행이라는 생각이 든다.

직업에 대한 고정 관념은 공평하지 않다는 것을 안다. 성공하고 싶다면 이런 다양한 기술이 필수적이라는 것도 안다. 문제는 우리 모두를 어떻게 한데 모아 같은 목표를 향해 노력하게 만들 수 있는가다.

첫 번째 도전은 SWAT팀 프로젝트의 이름을 짓는 것이었다. '미니 피닉스'라고 계속 부를 수는 없어서 결국 이름을 짓느라 한 시간이나 입씨름해야 했다.

내 직원들은 '쿠조^{Cujo}'나 '스틸레또^{Stiletto}'로 명명하고 싶어 했다. 하지만 개발자들은 '유니콘^{Unicorn}'이라는 이름을 원했다.

유니콘이라니? 무지개와 케어 베어^{Care Bears1} 같은 것을 말하나?

나의 기대와는 달리 '유니콘'이 투표에서 승리했다.

개발자들이란…. 절대 이해할 수 없는 무리다.

썩 마음에 들지 않는 이름이지만 유니콘 프로젝트는 놀라울 정도로 모양새를 갖추기 시작했다. 효과적인 고객 추천 및 프로모션을 잘 전달하는 데 필요한 모든 작업을 수행하는 것을 목표로 우리는 피닉스라는 거대한 것으로부터 완전히 분리된 깨끗한 코드 베이스^{code base}로 시작했다.

이 팀이 어떻게 장애물을 극복하는지 보는 것은 놀라운 일이었다. 첫 번째 과제 중 하나는 고객 구매 데이터를 분석하는 것이었는데, 그 자체가 첫 번째 큰 장벽이었다. 운영 시스템 데이터베이스에 접근하는 것조차 그와 관련된 라이브러리에 연동하는 것을 의미했고 그것들에 대한 어떤 변경도 아키텍처 팀을 설득해서 승인을 받아야 했다.

잘못하면 회사 전체 비즈니스가 멈출 수도 있어서 개발자들과 브렌트는 피닉스뿐 아니라 입출고 및 재고 관리 시스템에서 데이터를 복사해 오픈 소스를 사용한 완전히 새로운 데이터베이스를 만들기로 했다.

그렇게 함으로써 피닉스나 다른 어떤 비즈니스 애플리케이션에 영향을 미치지 않고도 개발, 테스트, 심지어 운영까지 할 수 있었다. 그리고 다른 프로젝트에서 우리를 분리함으로써 프로젝트들을 위험에 빠뜨리지 않으면서 우리가 필요로 했던 모든 변화를 만들 수 있었다. 또한 우리와 상관없는 프로세스로 인해 교착상태에 빠지는 상황도 없었다.

---

1 갖가지 색으로 칠해진 귀여운 모양의 곰돌이로 카드에 많이 등장하는 캐릭터다. - 옮긴이

나는 이런 접근법에 전적으로 찬성하고 박수를 보냈다. 하지만 마음속에 작은 궁금증이 생겼다. 모든 프로젝트가 즉흥적으로 새로운 데이터베이스를 만든다면 어떻게 이런 확산을 관리할 수 있을까? 나는 우리가 장기적으로 지원할 수 있는 올바른 기술을 확보하도록 운영 시스템에 활용할 수 있는 데이터베이스 관련 표준을 만들어야 한다고 스스로 상기시켰다.

그동안 브렌트는 윌리엄 팀과 함께 개발, QA 및 운영 환경을 동시에 구축할 수 있는 빌드 절차와 자동화된 메커니즘을 구축했다. 3주 스프린트 기간 안에 모든 개발자가 정확히 똑같은 운영 시스템과 라이브러리 버전, 데이터베이스, 데이터베이스 설정 등을 사용하고 있다는 것에 모두 놀랐다. 내 기억으로는 처음 있는 일이었다.

"믿을 수가 없어요"라고 개발자 중 한 명이 각 스프린트 마지막에 수행하는 최고 회의에서 말했다. "피닉스를 할 때는 신규 개발자가 자기 PC에서 빌드할 수 있기까지 3~4주가 걸렸어요. 컴파일하고 실행하는 데 필요한 엄청난 설치 환경에 대해 완전한 목록을 만든 적이 없기 때문이죠. 하지만 이제는 브렌트와 팀이 구축한 가상 머신만 확인하면 모든 것이 다 준비되는 거예요."

이와 마찬가지로 프로젝트 초기에 개발에 맞는 QA 환경을 이용할 수 있다는 데도 놀랐다. 그것 역시 전례가 없던 일이다. QA보다 개발 시스템에 메모리와 스토리지가 훨씬 적었고, QA는 운영 환경보다 적었다는 것을 반영하려면 여러 가지 조정이 필요했다. 하지만 대부분 환경은 동일했으며 몇 분 안에 수정하고 실행할 수 있었다.

자동화된 코드 배포가 아직 제대로 작동하지 않았으며 환경 간 코드 이동도 이뤄지지 않았다. 하지만 윌리엄 팀은 그런 능력들을 충분히 시연했기 때문에 조만간 해낼 것이라는 자신이 있었다.

게다가 개발자들은 일정보다 빠르게 피처 스프린트 목표를 달성했다. 그들은 '이 제품을 구매한 고객이 이와 같은 다른 제품도 구매했다'를 보여주는 보고서를 생성했다. 보고서 생성 시간은 기대했던 것보다 몇 배 더 걸리긴 했으나 성능을 향상할 수 있다고 약속했다.

진척이 빨라 스프린트 간격을 2주로 줄이기로 했다. 그렇게 함으로써 거의 한 달 전에 만들어진 계획을 고수하기보다 계획 범위를 줄이고 더 자주 결정을 내리면서 일을 수행할 수 있었다.

피닉스는 여전히 3년 전에 작성된 계획으로 운영되고 있었다. 나는 그 부분에 대해 너무 많이 생각하지 않으려고 노력했다.

우리의 진전은 기하급수적으로 발전하는 것 같았다. 어느 때보다 빨리 계획을 세우고 실행하고 있었고, 유니콘과 피닉스 사이의 업무 수행 진척 간격도 점점 벌어졌다. 피닉스 팀이 이를 알아차리고 여기저기서 프랙티스를 빌려 쓰기 시작하면서 우리가 생각하지 않았던 결과를 내기 시작했다.

유니콘의 추진력은 막을 수 없을 것으로 보였으며 이제 자체적으로 역동성을 갖추게 됐다. 우리가 원한다고 해도 이제는 그들을 멈추고 예전 방식으로 돌아가게 할 수 없을 것이다.

예산 수립 회의 중에 웨스에게서 전화가 왔다. "큰 문제가 생겼어요."

방을 나서며 내가 물었다. "무슨 일이야?"

"지난 이틀 동안 브렌트를 찾을 수가 없네요. 어디 있는지 혹시 아세요?" 웨스가 물었다.

"아니." 내가 대답했다. "잠깐, 찾을 수 없다는 게 무슨 소리야? 브렌트는 괜찮은 거야? 연락은 해봤어?"

웨스는 울분을 숨기려 하지 않았다. "당연하죠! 매시간 음성 메일을 남겼다고요. 모두가 브렌트를 찾으려고 노력하고 있어요. 일이 엄청나게 많아서 브렌트의 동료들이 정신을 못 차리고 있거든요. 맙소사, 브렌트한테 전화가 오네⋯. 잠깐만요⋯."

웨스가 책상 위 전화를 받으며 말하는 소리가 들렸다. "도대체 어디 갔던 거야? 다들 찾고 있다고! 아니…. 아니…. 디모인Des Moines²? 거기서 뭘 하는 거야? 나한테 아무런 말도 없었잖아. 딕과 사라를 위한 비밀 임무라고? 도대체 무슨 소리인지…."

나는 웨스가 브렌트와 함께 사건의 진상을 파악하려는 모습에 재밌어하며 몇 분간 웨스가 하는 말을 들었다. 마침내 웨스가 내게 관심을 돌렸다. "잠깐만 기다려. 빌이 뭘 원하는지 알아볼게." 웨스는 다시 휴대폰을 집어 들면서 말했다.

"좋아, 지금 하는 얘기 들었죠?" 웨스가 내게 말했다.

"내가 지금 전화한다고 전해줘."

전화를 끊은 후 사라가 지금까지 무엇을 해왔는지 궁금해하며 브렌트에게 전화를 했다.

"안녕하세요, 빌." 브렌트가 전화를 받았다.

"무슨 일이 있는 건지 그리고 왜 디모인에 있는 건지 얘기해줄 수 있나?" 내가 정중히 물었다.

"딕 사무실 사람들이 말해주지 않았나요?" 브렌트가 물었다. 내가 아무 말이 없자 말을 이어갔다. "딕과 재무팀이 어제 아침에 급하게 저를 문밖으로 떠밀어내더니 회사를 분리할 계획을 세우기 위한 태스크 포스의 일원이 되라더군요. 보아하니 이게 최우선 과제인 데다 그들이 모든 IT 시스템에 미치는 영향을 파악해야 하더라고요."

"그런데 딕이 왜 자네를 태스크 포스팀에 넣었지?" 내가 물어봤다.

"모르겠는데요"라고 브렌트가 대답했다. "믿어주세요, 저도 여기 있고 싶지 않아요. 전 비행기가 싫어요. 비즈니스 분석가 중 한 명이 해야 할 일을 제가 해야 해요. 아마 그들이 의존하는 모든 서비스가 있는 주요 시

---

2 미국 아이오와주 중부의 작은 도시 - 옮긴이

스템이 서로 어떻게 연결돼 있는지를 제가 가장 잘 알고 있기 때문일 거고…. 그건 그렇고 회사 분할은 완전히 악몽이 될 것이라고 말씀드릴 수 있습니다."

인수합병팀을 이끌면서 대형 소매점을 인수할 때가 기억났다. 엄청난 프로젝트였다. 회사를 분할하는 것은 훨씬 더 어려울지도 모른다.

이것이 우리가 지원하는 수백 개의 애플리케이션 하나하나에 영향을 미친다면 브렌트 말이 아마도 맞을 것이다. 몇 년이 걸릴 것이다.

IT는 어디에나 있으므로 사지를 잘라내는 것과는 다르다. 회사의 신경계를 분할하는 것과 더 비슷할 것이다.

딕과 사라가 묻지도 않고 내 핵심 자원 중 하나를 채갔다는 걸 기억하면서 나는 일부러 천천히 말했다. "브렌트, 잘 들어. 브렌트에게 가장 중요한 우선순위는 유니콘팀 동료들이 필요로 하는 것이 무엇인지 알아내서 그걸 주는 거야. 필요하다면 비행기를 놓쳐야겠지. 나도 전화를 돌려보겠지만 내 비서 엘렌이 오늘 밤 귀국 항공편을 예약할 수 있을 거야. 알아들었어?"

"고의로 비행기를 놓치라는 거죠?"라고 브렌트가 말했다.

"그렇지."

"딕과 사라한테 뭐라고 하죠?" 머뭇거리며 브렌트가 물었다.

잠시 생각했다. "내가 급하게 호출했다면서 금방 가겠다고 말해."

"네…." 브렌트가 말했다. "여기 무슨 일이 있는 거 맞죠?"

"간단해, 브렌트." 내가 설명했다. "유니콘은 분기 목표 달성에 있어 우리의 마지막 희망이야. 한 분기를 더 망치면 이사회는 당연히 회사를 분할할 것이고, 그때 브렌트는 사라의 일을 도울 수 있겠지. 하지만 우리가 목표를 달성하면 회사를 지킬 기회가 있는 거야. 그게 바로 유니콘이 절대적인 최우선 순위인 이유이고 말이야. 이것에 대해 스티브는 아주 분명히 했어."

브렌트가 혼란스럽다는 듯이 말했다. "좋아요. 어디로 가야 하는지 말씀하시면 거기로 갈게요. 머저리들은 알아서 정리해주세요." 브렌트는 자신에게 전달된 엇갈린 지시로 짜증이 난 게 분명했다.

그래도 나보다는 덜 할 것이다.

난 스티브의 비서 스테이시에게 전화해 지금 가는 중이라고 말했다.

스티브를 만나러 2호 건물로 가는 동안 웨스에게 전화를 걸었다.

"무슨 짓을 했다고요?" 웨스가 깔깔 웃어댔다. "대단해요. 지금 한쪽엔 스티브, 다른 한쪽엔 딕과 사라가 있는 정치적 싸움 한가운데 빌이 서 있는 거라고요. 아주 솔직히 말해서 빌이 이기는 쪽을 선택했는지는 잘 모르겠네요."

잠시 후 웨스는 이렇게 말했다. "정말로 스티브가 이 문제에서 우리를 지지할 거라고 생각해요?"

한숨이 터져 나오는 것을 참았다. "정말로 그러길 바라. 브렌트를 여기로 되돌려 놓지 않으면 유니콘은 침몰해. CEO가 새로 오고 IT를 아웃소싱하고 회사를 분할할 방법을 알아내야 한다는 거지. 웨스, 자네한테는 재밌는 일인가?"

전화를 끊고 스티브의 사무실로 들어갔다. 스티브가 힘없이 웃으며 말했다. "안녕하신가, 스테이시 말로는 나쁜 소식이 있다던데…."

브렌트와의 전화 통화로 알게 된 것을 전달했을 때 스티브의 얼굴이 주홍빛으로 변하는 것을 보며 놀랐다. 이미 알고 있는 내용이라고 생각했기 때문이다. 스티브가 최고경영자인 걸 감안해서 말이다.

몰랐던 게 분명해 보였다.

잠시 후 스티브가 입을 열었다. "이사회에서는 이번 분기가 어떻게 되는지 결과가 나올 때까지 회사를 분할하는 일을 하지 않겠다고 내게 장담했었지. 벌써 인내심이 바닥났나 보군."

스티브는 계속했다. "브렌트가 다시 파견되면 유니콘에 어떤 영향이 있는지 말해보게."

"크리스, 웨스, 패티와 얘기해봤습니다." 내가 대답했다. "프로젝트 유니콘은 완전히 침몰할 겁니다. 저는 천성적으로 회의적인 사람이지만 유니콘은 통할 거로 생각합니다. 추수감사절이 2주밖에 남지 않았고 브렌트는 우리가 구축해야 하는 요건의 상당 부분을 책임지고 있습니다. 그건 그렇고, 저희가 만들고 있는 획기적인 일들을 피닉스 팀이 가져다 쓰기 시작했습니다. 정말 놀라운 일이죠."

내가 하려는 얘기의 요점을 강조하려고 단호하게 말했다. "브렌트가 없으면 유니콘과 엮인 매출과 이익 목표를 하나도 맞출 수 없습니다. 어림도 없죠."

입술을 삐죽이며 스티브가 물었다. "그러면 브렌트 다음으로 잘하는 친구로 브렌트 자리를 다시 메우면 어떤가?"

스티브에게 웨스가 해준 말을 전했다. 내 의견을 투영한 것이기도 했다. "브렌트는 아주 독특합니다. 개발자들에게 존경받고 저희가 가진 IT 인프라 대부분에 풍부한 경험이 있으며 실제 운영 관리 및 운영할 수 있도록 개발자들에게 무엇을 해야 하는지 설명해줄 수 있는 사람이 필요합니다. 그런 기술자가 드물기도 하고 지금 당장 이런 특별한 역할에 투입할 수 있는 사람이 없습니다."

"그럼 딕의 태스크 포스에 두 번째로 잘하는 사람을 배정하면?"이라고 스티브가 물었다.

"분할 계획이 그렇게 정확하지는 않겠지만 마무리는 괜찮게 될 겁니다."

스티브는 아무 말도 하지 않고 다시 의자에 몸을 기댔다.

이윽고 스티브는 "브렌트를 데려오게. 나머지는 내가 처리하겠네"라고 했다.

33장

• 11월 11일 화요일

그다음 날 브렌트는 유니콘으로 돌아왔다. 그리고 3급 엔지니어 중 한 명이 눈 내리는 중서부 어딘가에 있는 딕의 팀에 합류했다. 몇 시간 후 사라의 이메일을 받았다.

발신: 사라 몰튼

수신: 밥 스트라우스

참조: 딕 랜드리, 스티브 마스터스, 빌 팔머

날짜: 11월 11일 오전 7시 24분

제목: 누군가가 탈론 프로젝트를 망치고 있습니다.

밥, IT 운영 부서장 직무 대행인 빌 팔머가 탈론 프로젝트의 중요한 자원을 훔쳐 갔습니다.

빌, 저는 당신이 최근 한 행동에 대해 깊이 걱정하고 있습니다. 왜 브렌트에게 집으로 돌아가라고 지시했는지 설명해주시겠습니까? 이번 일은 절대 용납할 수 없는 일입니다. 이사회는 저희에게 전략적인 선택 사항들을 알아보라고 지시했습니다.

브렌트가 가능한 한 빨리 탈론 팀에 복귀할 것을 요구하는 바입니다. 메시지를 이해했는지 확인해주시기 바랍니다.

사라

회사 회장에게 보내는 이메일에 내 이름이 나왔다는 사실에 진심으로 놀라, 사라가 보인 충성심의 변화에 명백히 화가 나 있을 스티브에게 전화했다. 스티브는 혼잣말로 욕을 한 후 자신이 알아서 처리할 것이니 계획대로 계속하라고 했다.

매일 열리는 유니콘 스탠드업 미팅에서 윌리엄은 그다지 기분이 좋아 보이지 않았다. "좋은 소식은 어젯밤 기준으로 생성한 첫 번째 고객 홍보 보고서가 제대로 작동하는 것처럼 보인다는 것입니다. 하지만 해당 코드는 예상했던 것보다 50배나 느리게 동작하고 있습니다. 클러스터링 알고리즘 하나가 예상했던 것처럼 병렬화되지 않아 예상 실행 시간이 작은 고객 데이터 테스트에서조차 24시간 이상 걸립니다."

방안에는 투덜거림과 끙하는 신음이 여기저기서 났다.

개발자 중 한 명이 의견을 냈다. "그냥 단순 무식한 방법을 쓰면 안 될까요? 더 많은 하드웨어를 사용하는 거죠. 컴퓨터 서버가 충분하면 런타임을 낮출 수 있습니다."

"지금 장난해?" 웨스가 격분해서 말했다. "우리가 아는 가장 빠른 서버 20대에 대한 예산을 책정했다고. 우리에게 필요한 런타임 속도를 만들려면 천 대 이상의 서버가 필요할 거야. 그러면 추가 예산으로 100만 달러는 넘게 필요하다고!"

나는 입을 다물었다. 웨스의 말이 옳다. 피닉스는 현재 예산을 훨씬 초과하고 있는 상황인데 승인을 받기에도 불가능할 만큼 많은 돈에 관해 얘기하고 있다. 특히 회사의 현재 재정 상태를 고려하면 말이다.

개발자가 응답했다. "새로운 하드웨어는 필요 없습니다. 저희가 배포할 수 있는 컴퓨팅 이미지를 생성하기 위해 그동안 모든 노력을 해왔습니다. 그걸 클라우드에 보내는 건 어떨까요? 그럼 저희는 필요에 따라 수백 또는 수천 대의 컴퓨팅 인스턴스를 돌릴 수 있고, 일이 끝나면 컴퓨팅 자원을 해체하고 우리가 사용한 컴퓨팅 시간만큼만 지급하면 되거든요."

웨스가 브렌트를 쳐다보자 그는 "가능해요. 이미 대부분 환경에서 가상화를 사용하고 있거든요. 클라우드 컴퓨팅 제공 업체를 통해 실행되도록 변환하는 것은 그리 어렵지 않을 거예요"라고 말했다.

잠시 후 브렌트가 덧붙였다. "이거, 재밌을 거예요. 항상 이런 걸 해보고 싶었거든요."

브렌트의 흥분감은 전염성이 있다.

우리는 타당성을 조사하기 위해 역할을 할당하기 시작했다. 브렌트는 그게 가능한지 알아보기 위해 빠른 프로토타입을 만들자고 제안한 개발자와 함께 팀을 꾸렸다.

유니콘에 관심이 많아 일일 스탠드업 미팅에 꾸준히 참석해온 매기는 가격을 알아보겠다고 자원했고, 업계 동료들에게 전화를 걸어 이런 일을 한 적이 있는지 확인하고 추천 공급 업체를 알아보겠다고 했다.

존의 보안 엔지니어 중 한 명이 끼어들었다. "고객 데이터를 클라우드로 보내면 실수로 개인 데이터가 노출되거나 누군가가 컴퓨팅 서버를 무단 해킹하는 등의 위험이 있을 수 있습니다."

"좋은 생각이군." 내가 말했다. "우리가 고민해야 할 가장 큰 위험들과 잠재적인 대응책 그리고 제어 방법 목록을 만들어 볼 수 있겠나?"

그는 요청을 받아 기쁜 듯이 미소로 답했다. 개발자 중 한 명이 함께하겠다고 자원했다.

회의가 끝날 무렵, 배포 프로세스 자동화의 예상치 못한 결과에 놀랐다. 개발자들은 애플리케이션을 신속하게 확장할 수 있었고 우리가 해야 할 잠재적인 변경 사항도 거의 없었다.

그런데도 나는 여전히 말 많은 클라우드 컴퓨팅이 매우 의심스러웠다. 사람들은 그것을 즉각적으로 비용을 절감해주는 일종의 마법의 묘약처럼 취급했기 때문이다. 내 생각에 그것은 단지 또 다른 형태의 아웃소싱일 뿐이다.

하지만 우리가 겪고 있는 현재 문제를 해결한다면 기꺼이 시도할 것이다. 나는 웨스에게도 개방적 사고방식을 가지라고 상기시켜줬다.

일주일 뒤, 다시 한번 데모 시간을 가졌다. 우리 모두 유니콘팀 쪽에 서 있었다. 스프린트가 끝난 개발팀 리더는 팀이 이룬 것을 과시하는 데 열심이었다.

"저희가 얼마나 많은 일을 해냈는지 믿기지 않습니다"라고 개발팀 리더가 입을 뗐다. "모든 배포 자동화 덕분에 클라우드에서의 컴퓨팅 인스턴스 실행은 생각했던 것만큼 어렵지 않았습니다. 사실 너무 잘 실행돼서 사내 유니콘 운영 시스템을 전부 테스트 시스템으로 바꾸고 모든 운영 시스템에 클라우드 사용을 고려하고 있습니다."

"저희는 매일 저녁 권장 사항 보고를 실행하기 시작했고 완료될 때까지 수백 개 이상의 컴퓨팅 인스턴스를 스핀업spin up 했습니다. 지난 나흘 동안 계속했는데 잘 되고 있습니다. 정말로요."

브렌트는 다른 팀원들과 마찬가지로 얼굴에 환한 미소를 띠었다.

개발팀 발표 후에는 일반적으로 제품 책임자의 발표가 이어진다. 하지만 이번에는 매기가 나서서 발표했다. 프로젝트에 대한 매기의 관심은 분명히 보통 수준을 뛰어넘었다.

매기는 프로젝터에 파워포인트 슬라이드를 띄웠다. "이것들이 제 고객 계정에 대해 생성한 유니콘 프로모션입니다. 보시는 바와 같이 구매 내역을 살펴보면 스노우 타이어와 배터리가 15% 할인이라는 것을 알 수 있습니다. 저는 실제로 웹사이트에 가서 둘 다 구매했습니다. 둘 다 필요했거든요. 회사는 방금 돈을 벌었습니다. 그것들은 모두 과잉 재고로 갖고 있던 높은 수익이 나는 제품들이기 때문입니다."

나는 웃었다. 그것참, 좋군.

"그리고 여기 웨스를 위한 유니콘 프로모션이 있습니다." 매기가 다음 슬라이드로 넘기며 미소 짓고는 말을 이었다. "레이싱 브레이크 패드와 연료 첨가제 할인이 있는 것 같네요. 혹시 관심 있는 제품인가요?"

웨스가 웃었다. "나쁘지 않군!"

매기는 이런 모든 제안이 이미 피닉스 시스템에 있으며 홍보 기능이 고객들에게 해당 내용을 보내도록 기다리고 있다고 설명했다.

매기가 계속해서 말했다. "제가 하고 싶은 제안은 이렇습니다. 서는 고객 중 1%를 대상으로 이메일 캠페인을 진행해 결과를 알아보고 싶습니다. 추수감사절이 일주일 뒤입니다. 한두 번 시험해 보고 모든 게 잘되면 일 년 중 쇼핑으로 가장 바쁜 날인 블랙 프라이데이에 풀 가동을 했으면 합니다."

"좋은 계획 같습니다"라고 내가 말했다. "웨스, 이걸 하지 말아야 할 이유가 있나?"

웨스가 절레절레 고개를 흔들었다. "운영 관점에서는 딱히 적당한 이유가 떠오르지 않네요. 힘든 일은 이미 다 끝났군요. 만약 크리스, 윌리엄, 그리고 마케팅 부서에서 그 기능의 효과를 확신한다면 그렇게 하시죠."

모두가 동의했다. 몇 가지 문제가 제기됐지만 매기는 그녀의 팀과 함께 일을 실현하기 위해 밤새워 일할 의향이 있다고 말했다.

나는 내심 웃었다. 이번에는 뭔가 잘못돼서 우리만 밤을 새우는 건 아니다. 사실 정반대다. 모든 일이 잘되고 있어서 사람들이 밤을 새우고 있다.

그다음 주 월요일, 영하권에 머무는 출근길이지만 태양은 밝게 빛나고 있었다. 다가오는 추수감사절 연휴는 멋진 한 주가 될 것 같았다. 주말 내내 나는 산타클로스가 나오는 광고를 보고 약간 놀랐다.

사무실에 도착해서 두꺼운 외투를 의자 위로 던졌다. 누군가가 내 사무실로 걸어 들어오는 소리를 듣고 돌아서니 활짝 웃는 패티가 보였다. "마케팅 쪽에서 온 놀라운 소식을 들으셨나요?"

내가 고개를 흔들자 패티는 그저 "매기가 보낸 이메일을 읽어보세요"라고만 했다.

노트북을 열고 이메일을 확인했다.

발신: 매기 리

수신: 크리스 앨러스, 빌 팔머

참조: 스티브 마스터스, 웨스 데이비스, 사라 몰튼

날짜: 11월 24일 오전 7시 47분

제목: 최초의 유니콘 프로모션 캠페인: 대박!

마케팅팀은 지난 주말 밤늦게까지 불을 밝히며 일을 했고, 고객 중 1%를 대상으로 하는 테스트 캠페인을 할 수 있었습니다.

결과는 대박이었습니다! 응답자 중 20% 이상이 저희 웹사이트에 방문했고 6% 이상이 구매했습니다. 이건 믿을 수 없을 정도로 높은 전환율입니다. 그동안 해왔던 다른 어떤 캠페인보다 5배 이상 높은 결과를 보였습니다.

저희는 추수감사절에 모든 고객에게 유니콘 프로모션 수행을 권장하는 바입니다. 모든 사람이 유니콘 캠페인의 실시간 결과를 보실 수 있도록 대시보드를 설치하는 중입니다.

또한 추진되고 있는 모든 품목이 마진이 높은 품목이라는 것도 기억해주시기 바랍니다. 이로 인해 저희의 최종 결산 결과는 아주 좋을 것입니다.

PS: 빌, 결과에 따르면 웹 트래픽이 엄청나게 증가할 것으로 기대됩니다. 웹사이트가 갑자기 중단되지 않도록 할 수 있을까요?

모두 수고하셨습니다!

매기

"아주 훌륭하군." 패티에게 말했다. "웨스와 협력해서 트래픽 급증을 처리하는 데 필요한 게 뭔지 알아봐. 완료 날짜가 3일밖에 안 남았으니 시간이 별로 없네. 이걸 망치고 싶지도 않고 잠재 고객을 불매 고객으로 만들고 싶지도 않아."

패티는 고개를 끄덕였고 전화기가 진동하자 막 응답하려고 했다. 바로 그 순간 내 전화기 진동도 울렸다. 패티는 재빨리 내려다보더니 말했다. "그 사악한 여자가 또 덤비네요."

"특정인의 이메일을 '구독 취소'할 수 있는 버튼이 있었으면 좋겠어요" 라고 말하고는 밖으로 나갔다.

30분 뒤 스티브는 유니콘팀 전체에 축하 편지를 보냈다. 모든 사람이 편지를 읽으며 좋아했다. 더욱 놀라운 일은 사라에게 공개 회신을 보내 '문제를 일으키는 것'을 중단하고 '가능한 한 조속히 나를 좀 보자'라고 스티브가 요구한 것이었다.

사라, 스티브, 밥 사이에 오가는 모든 공개 이메일을 막을 수는 없는 일이다. 사라가 새 회장님인 밥에게 아부하는 것을 보자니 어색하고 불편했다. 사라는 자신이 얼마나 노골적이며 되돌릴 수 없는 일을 하고 있다는 사실에 전혀 신경 쓰지 않는 것 같았다.

나는 SOX-404 및 유니콘 보안 문제에 대한 해결책을 논의하려고 존을 만나러 회의실로 들어갔다. 존은 가느다란 줄무늬 옥스퍼드 셔츠와 조끼를 입고 커프링크스^{cufflinks}까지 하고 있었다. 「배니티 페어^{Vanity Fair}」 잡지 화보 촬영장에서 막 걸어 나온 것 같은 모습이었다. 존은 매일 머리를 밀고 있는 것 같았다.

"유니콘 보안 수정 기능이 얼마나 빠르게 통합되고 있는지 놀라워요." 존이 말했다. "피닉스와 비교해 보면 유니콘 보안 문제 수리는 식은 죽 먹기예요. 주기가 너무 짧아서 한 번은 한 시간도 안 돼서 모두 처리했어요. 더 일반적인 건 하루나 이틀 안에 처리할 수 있다는 것이죠. 이것과 비교해 볼 때 피닉스 문제를 해결하는 것은 마취 없이 치아를 뽑는 것과 같아요. 보통은 어떤 의미 있는 변화가 일어날 때까지 한 분기는 기다려야 하고 긴급 변경 명령에 대한 승인을 받기 위한 과정을 거치는 건 거의 가치가 없죠."

"정말입니다"라며 존은 계속 말했다. "패치가 너무 쉬워요. 버튼만 누르면 운영 환경에서도 뭐든 다시 만들 수 있거든요. 그게 망가지면 처음부터 다시 만들면 되죠."

내가 고개를 끄덕였다. "빠른 유니콘 주기로 우리가 할 수 있는 일들에 놀라는 건 나도 마찬가지야. 피닉스로는 단지 분기별로 한 번씩 배포하는 걸 리허설하고 연습한 것이 전부인데 말이야. 지난 5주간 우린 20개 이상의 유니콘 코드와 환경 배포를 끝냈어. 이젠 거의 일상적인 느낌이야. 아까 존이 말했듯이 피닉스와는 정반대인 상황이지."

존이 말했다. "유니콘에 가졌던 의구심은 이제 없어졌어요. 운영 환경에 매일 접근할 수 있는 개발자들이 읽기 전용 접근만 할 수 있도록 정기적인 확인 절차도 넣었고, 보안 테스트를 빌드 절차에 통합하는 데도 진전이 있어요. 데이터 보안 또는 인증 모듈에 영향을 미치는 어떤 변화든 신속하게 잡아낼 수 있다고 확신합니다."

존은 두 팔을 머리 뒤에 깍지 끼고는 몸을 뒤로 기댔다. "유니콘의 안전을 어떻게 확보할 수 있을지 정말 무서웠어요. 이전의 애플리케이션 보안 검토는 한 달이 소요됐는데, 여기에 너무 익숙해져 있었다는 것도 불안에 대한 부분적인 이유라면 이유죠. 높은 우선순위 감사 대응 같은 비상시에만 가끔 일주일 안에 처리할 수 있는 정도였을 뿐이니까요."

"하지만 하루에 열 번 배포해야 한다고요?" 존이 말을 이어갔다. "완전히 미친 거죠! 그래도 보안 테스트를 자동화하고, 윌리엄이 자동화된 QA 테스트에 사용한 것과 동일한 프로세스에 그걸 통합하고 나서는 개발자가 커밋할 때마다 테스트하고 있습니다. 여러 면에서 저희는 이제 회사의 다른 어떤 애플리케이션보다 더 나은 가시성과 코드 커버리지를 갖추게 된 거죠!"

존이 덧붙였다. "저희가 방금 SOX-404의 마지막 문제를 마무리했다는 걸 아셔야 해요. 빌이 실행한 새로운 변경 사항 제어 프로세스 덕분에 감사관들에게 증명해 보일 수 있었어요. 현재 모든 제어로 충분해서 3년 동안 반복된 감사 결과를 종결한다는 것을요."

존은 웃으며 이렇게 덧붙였다. "빌, 축하해요. 당신은 어떤 전임자도 할 수 없었던 일을 해냈어요. 결국 감사관들을 몰아냈잖아요!"

놀랍게도 짧은 일주일이 순조롭게 지나갔다. 모든 사람이 수요일에 회사를 나서기 전에 추수감사절을 위한 거대한 유니콘 캠페인을 준비했다. 코드 성능은 여전히 우리가 필요한 것보다 10배나 느렸지만 수백 개의 컴퓨팅 인스턴스를 클라우드에서 스핀업 할 수 있기 때문에 지금으로서는 무난했다.

진짜 눈에 띄는 버그는 우리가 품절된 제품을 추천하고 있다는 것을 QA가 발견한 것이다. 고객들이 신나게 할인된 상품을 클릭했는데 재고가 없어 주문이 안 된다는 것을 알게 되면 정말 참담할 것이다. 개발 부서는 놀랍게도 하루 안에 해결책을 개발했고 1시간 이내에 배포했다.

오후 6시, 긴 주말을 고대하며 짐을 챙겼다. 우리 모두 주말을 편안히 누릴 자격이 있었다.

34장

• 11월 28일 금요일

목요일 정오, 추수감사절을 보내던 중에 문제가 생겼다는 것을 알게 됐다. 하룻밤 사이에 유니콘의 이메일 프로모션은 믿을 수 없을 만큼 성공했다. 응답률은 유례없이 높았고 웹사이트 트래픽은 기록적인 수준으로 치솟았는데 그게 우리의 전자상거래 시스템을 계속 다운시켰다.

1급 장애를 발령하고 더 많은 서버를 교체하면서 컴퓨터 집약 기능을 끄는 등 주문 처리 수행 능력을 유지하는 모든 종류의 비상조치를 발생시켰다.

아이러니하게도 개발자 중 한 명이 우리가 그동안 만드느라 정말 고생했던 실시간 추천 기능을 모두 없애자고 제안했다. 그는 고객이 구매할 수 없다면 더 많은 제품을 추천할 이유가 없다고 주장했다.

매기는 재빨리 동의했지만 개발자들이 변경하고 배포하는 데 여전히 두 시간이 걸렸다. 이제는 이 기능을 구성에서 설정으로 활용 여부를 조정할 수 있어서 다음번에는 다시 모두를 배포할 필요 없이 몇 분 안에 변경시킬 수 있다.

이것이 바로 내가 IT 운영을 위한 설계라고 부르는 것이다! 운영 환경에 있는 코드를 관리하기가 점점 더 쉬워지고 있다.

우리는 또한 계속해서 데이터베이스 쿼리를 최적화하고, 그래픽 관련 가장 큰 사이트를 외부 CDN^{content distribution network}으로 옮기고, 우리 서버에서의 많은 트래픽을 없앴다. 추수감사절의 늦은 오후가 되자 고객이 느끼는 사용 경험은 충분히 참을 수 있을 정도로 개선됐다.

하지만 진짜 문제는 다음 날 아침에 시작됐다. 공식적으로는 회사 휴일이었지만 내 직원 모두를 사무실로 다시 불러들였다.

웨스, 패티, 브렌트, 매기가 정오 회의에 참석하러 왔다. 크리스는 오늘같은 날 불러왔으니 드레스 코드가 달라야 한다고 생각했던 모양이다. 화려한 하와이식 셔츠와 청바지를 입고 모두를 위해 커피와 도넛을 가져왔다.

매기는 몇 분 전에 회의를 소집했다. "오늘 아침, 저희 매장 매니저들이 블랙 프라이데이를 위해 매장을 열었습니다. 문을 열자마자 사람들이 유니콘 홍보 이메일을 인쇄하고 흔들어 대며 몰려들었답니다. 오늘 매장 내거래는 기록적인 수준입니다. 문제는 행사 상품이 지금 빠르게 품절되고있다는 것이죠. 손님들이 화가 난 채 빈손으로 떠나고 있어서 매장 매니저들이 당황하기 시작했습니다."

"점장들이 쿠폰을 발행하거나 고객에게 물건을 배송하려면 창고에서 수동으로 주문을 입력해야 합니다. 한 건당 최소 15분씩 걸리기 때문에 매장의 줄은 길어지고 고객들은 더 화가 나게 됩니다."

바로 그때 탁자 위의 스피커폰에서 삐 소리가 났다. "사라입니다. 그쪽에 누가 계시죠?"

매기가 눈을 굴리고 다른 여러 사람도 서로에게 뭐라고 중얼거렸다. 유니콘을 약화하려는 사라의 시도는 유명했다. 매기가 모두 모여 있다고 알리고 사라와 통화하기까지 2분이나 걸렸다.

"고마워요." 사라가 말했다. "계속 전화기 들고 있을게요. 계속하세요."

매기는 정중하게 감사를 표하고 어떻게 문제를 해결해야 할지 브레인스토밍을 시작했다.

한 시간 후 주말 내내 처리할 20개 조치를 생각해냈다. 우리는 매장 직원들이 할인쿠폰 코드를 입력하면 창고에서 자동으로 발송되게 해주는 웹 페이지를 만들기로 했다. 추가로 고객들이 원하는 품목을 직접 배송받을 수 있도록 고객 계정 웹 페이지에 새로운 양식을 만들 예정이다.

할 일 목록이 길었다.

월요일 아침이 되자 상황은 안정됐다. 스티브와 주간 유니콘 회의를 해서 상황이 안정된 것은 매우 다행이었다.

크리스, 웨스, 패티, 존이 참석했다. 이전 회의에는 없었던 사라도 참석했다. 사라는 팔짱을 끼고 앉아 있다가 이따금 아이폰으로 누군가에게 메시지를 보내느라 팔짱을 풀었다.

스티브는 활짝 웃으며 모두에게 말했다. "자네들이 열심히 일해준 것을 축하해주고 싶군. 예상보다 훨씬 더 많은 성과를 거뒀어. 유니콘 덕분에 매장 내 판매와 웹 판매 모두 기록적인 주간 수익을 창출하고 있네. 현재 실행 속도라면 마케팅은 이번 분기에 수익을 달성할 거로 추정하더군. 그렇게 되면 작년 중순 이후로는 처음 이익을 내는 분기가 될 거라네."

"자네들 모두 진심으로 축하하네"라고 스티브는 말했다.

사라를 제외한 모든 사람이 스티브가 전한 소식을 듣고 미소를 지었다.

"그건 절반에 불과합니다, 스티브 사장님." 크리스가 말했다. "유니콘팀은 매우 잘하고 있습니다. 2주에 한 번 하던 배포를 매주 하게 됐고 지금은 매일 배포하는 실험을 하고 있습니다. 배치 크기가 훨씬 작아서 작은 변경을 재빨리 만들 수 있죠. 지금은 A/B 테스트를 항상 하고 있습니다. 요컨대 이렇게 빨리 시장에 대응할 수 있었던 적은 없었고, 앞으로도 이렇게 마술부리듯 할 수 있는 일이 많아질 것이라고 확신합니다."

나는 동감하며 고개를 끄덕였다. "내부에서 개발하는 모든 새로운 애플리케이션에 대해 유니콘 모델을 따르고 싶어 할 것 같습니다. 그렇게 하면 확장하기가 더 쉽고 과거에 지원했던 어떤 애플리케이션보다 관리하기도 쉽습니다. 저희는 고객에게 신속하게 대응하기 위해 어떤 속도로도 배포할 수 있도록 프로세스와 절차를 수정하고 있습니다. 그리고 때에 따라 개발자들이 코드를 배포할 수 있도록 하고 있습니다. 개발자가 버튼을 누를 수 있고 그러면 몇 분 안에 코드가 테스트 환경과 운영 환경으로 이관될 것입니다."

"이렇게 짧은 시간에 이만큼 해냈다는 게 믿어지지 않는군. 자네들 모두 자랑스럽네." 스티브가 말했다. "진심으로 함께 일해주고 서로의 신뢰를 받을 만한 가치가 있는 자네들에게 찬사를 보내고 싶어."

사라는 "안 하는 것보다는 낫네요"라고 말했다. "자화자찬이 끝났으면 여러분이 주목하셔야 할 일이 있습니다. 이번 달 초에 저희의 가장 큰 소매업 경쟁사는 주문 제작 키트를 만들 목적으로 제조 업체와 협력하기 시작했습니다. 경쟁사가 키트를 출시한 후 저희 제품 중 잘 팔리는 품목의 판매율이 벌써 20% 하락했습니다."

화가 난 듯 사라는 덧붙였다. "몇 년 동안 전 이런 역량이 가능하도록 IT 쪽에서 이와 같은 인프라를 구축하게 하려고 노력해왔습니다. 하지만 '안 된다. 할 수 없다'라는 답변밖에 듣지 못했죠. 반면에 경쟁사는 '된다. 할 수 있다'라고 말하는 제조사와 협력할 수 있게 된 겁니다."

사라가 한마디를 더했다. "밥이 회사를 분할하려는 생각이 그렇게 작용한 겁니다. 저희는 회사의 전통적인 제조 방식 때문에 족쇄를 차고 있고요."

뭐라고? 소매 회사 인수는 사라의 생각이었잖아! 차라리 사라가 소매업체로 가버렸더라면 모두의 인생이 훨씬 더 편했을지도 모른다.

스티브가 눈살을 찌푸렸다. "그게 다음 안건일세. 유통 쪽 SVP로서 비즈니스 니즈와 리스크를 이 팀에 가져오는 것은 사라의 특권이지."

웨스가 콧방귀를 뀌더니 사라에게 말했다. "농담이죠? 저희가 유니콘을 통해 이룬 게 무엇인지 그리고 그걸 우리가 얼마나 빨리 해냈는지 이해하시겠어요? 사라가 설명한 건 우리가 막 해낸 것에 비하면 그렇게 어렵지도 않다고요."

다음날 웨스는 평소답지 않게 흐리멍덩한 얼굴로 걸어 들어왔다. "어, 보스. 이런 말 하기 싫지만 안될 것 같아요."

무슨 말인지 설명을 해달라고 하자 웨스가 말했다. "경쟁사가 하는 일을 우리가 하려면 모든 공장을 지원하는 제조 자원 계획 수립 시스템을 완전히 다시 작성해야 한대요. 수십 년 동안 사용해온 오래된 메인프레임 애플리케이션을 3년 전에 아웃소싱한 거예요. 빌처럼 연배있는 사람들이 곧 은퇴할 예정이었거든요."

"기분 나빠하진 마세요"라고 웨스가 덧붙였다. "몇 년 전에 메인프레임 인원 다수를 해고했어요. 평균보다 훨씬 높은 봉급을 받던 사람들이었죠. 일부 외주 업체가 당시 CIO에게 자기네는 팔팔한 노동력이 있어서 우리가 그 애플리케이션을 그만 쓴다고 할 때까지 생명을 유지해 지원해줄 수 있다고 설득했죠. 우리 계획은 새로운 ERP 시스템으로 대체하는 것이었지만 결국 해결 못 했어요."

"빌어먹을, 우리가 고객이고 그들이 공급 업체인데 말이야"라고 내가 말했다. "외주 업체에 얘기해줘. 애플리케이션 유지 보수뿐만 아니라 필요한 비즈니스 변경 사항을 처리하라고 돈을 주는 거라고 말이야. 사라 말에 따르면 이 일이 필요해. 그러니 그들이 우리에게 얼마를 청구하고 싶은지 그리고 얼마나 오래 걸리는지 알아봐 줘."

"이미 했죠." 웨스가 겨드랑이에 끼고 있던 서류 뭉치를 꺼내면서 말했다. "내가 그 멍청한 회계부장을 간신히 따돌려서 실제로 테크니컬 애널리스트 중 한 사람과 얘기를 한 후에 그 사람들이 마침내 보내온 제안서예요."

"그들은 요구 사항을 수집하는 데 6개월, 개발하고 테스트하는 데 또 9개월, 그리고 우리가 운이 좋으면 지금부터 1년 뒤에 운영할 수 있을 거래요"라고 밝혔다. "문제는 말이죠. 우리한테 필요한 자원이 6월까지는 없다는 거죠. 그러니까 18개월 정도 되겠네. 최소한 말이죠. 이 과정을 시작하는 데 타당성 조사를 하고 그들의 개발 일정에 시간을 확보하기 위해 50만 달러는 필요할 거라고 해요."

얼굴이 벌게진 웨스가 머리를 흔들었다. "쓸데없는 어카운트 매니저는 계속 그 계약서 때문에 우리를 도와줄 수 없다고 해요. 나쁜 자식! 어카운트 매니저가 하는 일은 청구할 수 있는 건 다 청구하고 계약서에 없는 건 하지 말라고 우리를 설득하는 일이에요. 개발 같은 것 말이죠."

나는 함축된 의미를 생각하며 크게 숨을 내쉬었다. 우리가 가야 할 방향으로 가지 못하게 막는 제약 조건이 이제는 조직 밖에 있다. 우리가 할 수 있는 일은 뭘까? 우리가 했던 것처럼 아웃소싱 업체에 그들의 우선순위나 관리 관행을 변경하도록 설득할 수는 없다.

한가지 아이디어가 어렴풋이 떠올랐다.

"우리 회사에 할당된 사람이 몇 명이나 되지?" 내가 물어봤다.

"모르겠어요." 웨스가 말했다. "30% 할당했다면 제 생각에 6명 정도 배정된 것 같아요. 역할에 따라 다르겠지만…."

"계약서 사본 들고 패티를 이리 오라고 해서 계산해보자고. 그리고 구매 부서에서 누군가를 데려올 수 있는지 알아봐. 그럴듯한 제안이 하나 있는데 반응 좀 알아보고 싶어."

"누가 MRP 애플리케이션을 아웃소싱했지?" 스티브가 책상 뒤에서 물었다.

난 스티브의 사무실에 크리스, 웨스, 패티와 함께 있었다. 사라도 한쪽에 서 있었지만 무시하려고 노력했다.

스티브에게 우리의 아이디어를 다시 설명했다. "몇 년 전, 이 애플리케이션은 비즈니스에서 중요한 부분이 아니라고 판단해 비용 절감 차원에서 아웃소싱했습니다. 핵심 역량으로 보지 않았던 거죠."

스티브는 "글쎄, 이제는 분명히 핵심 역량인데!"라고 대답했다. "지금 아웃소싱 업체가 우리를 인질로 잡고서는 해야 할 일을 못 하게 하고 있어. 단순한 장애물 정도가 아니야. 우리 미래를 망치고 있다고!"

나는 고개를 끄덕였다. "간단히 말씀드리자면 아웃소싱 계약을 일찍 파기하고 자원들을 다시 회사 안으로 들여오고 싶습니다. 대략 6명 정도인데 일부는 아직 현장에 있습니다. 남은 계약 기간을 2년 일찍 마무리하려면 거의 100만 달러가 됩니다. 그러면 MRP 애플리케이션과 기본 인프라에 대한 완전한 통제권을 되찾게 됩니다. 이 팀의 모든 사람은 그렇게 하는 것이 옳다고 생각하고 심지어 딕의 팀에게 승인도 받았습니다."

나는 숨을 참았다. 방금 아주 큰 숫자를 던졌다. 두 달 전 바로 이곳에서 쫓겨났을 때 요청했던 예산 증액보다 훨씬 더 큰 금액이다.

재빨리 말을 이어갔다. "크리스는 일단 MRP 애플리케이션을 사내로 들여오면 유니콘에 대한 인터페이스를 구축할 수 있다고 합니다. 그러면 그때 제조 요건을 구축해 '재고 생산build to inventory'에서 사라가 요청한 맞춤 키트를 제공할 수 있는 '주문 생산build to order'으로 옮겨 갈 수 있습니다. 모든 것이 문제없이 실행되고 주문 입력과 재고 관리 시스템 통합이 계획대로 된다면 약 90일 후에는 경쟁자들과 견줄 수 있을 것입니다."

시야 한구석에 머릿속으로 무섭게 계산기를 두드리는 사라가 보였다.

스티브는 아이디어를 바로 비난하지 않았다. "좋아, 들어보지. 가장 큰 위험은 무엇인가?"

크리스가 스티브의 말을 받았다. "아웃소싱한 업체가 코드 베이스에 저희도 모르는 큰 변화를 줬을지도 모릅니다. 그렇게 되면 개발 속도가 느려집니다. 하지만 개인적인 생각으로는 위험이 미미할 것으로 예상합니다. 그들의 행동에 비춰 볼 때 기능에 큰 변화를 줬다고는 생각하지 않습니다."

크리스는 계속했다. "기술적인 어려움은 걱정하지 않습니다. MRP는 대형 배치 크기에 맞게 설계되지 않았으며 저희가 지금 얘기하고 있는 배치 사이즈에도 확실히 맞지 않습니다. 하지만 뭔가 단기적인 것을 만들어가면서 장기적인 전략을 강구해 해결할 수 있을 것으로 생각합니다."

크리스에 이어 패티가 덧붙였다. "외주 업체도 전환이 어렵다고 결정 내릴 수 있고 영향을 받는 엔지니어들의 반감이 있을 수도 있습니다. 저희가 계약을 발표했을 때 많은 반감이 있었습니다. 무엇보다도 사람들이 파트 언리미티드 직원에서 벤더사 직원으로 전환되는 순간 급료가 바로 삭감됐었습니다."

패티가 계속했다. "존을 여기에 바로 참여시켜야 합니다. 저희가 데려오지 않는 모든 외주 업체 직원들에게서 접근 권한을 빼앗아야 하기 때문입니다."

웨스는 "망할 어카운트 매니저의 로그인 자격 증명을 직접 삭제하고 싶네요. 얼간이 같은 자식!"이라며 웃었다.

주의 깊게 듣고 있던 스티브가 사라 쪽으로 고개를 돌려 물었다. "이 팀의 제안에 대해 어떻게 생각하나?"

사라는 몇 분 동안 아무 말도 하지 않다가 마침내 거만하게 말했다. "이렇게 크고 위험한 프로젝트를 착수하기 전에 밥 스트라우스한테 확인받고 이사회의 정식 승인을 받아야 할 것 같네요. 이전 IT 부서의 성과를 생각해보면 이로 인해 모든 제조 운영 부서가 위험에 처할 수 있어요. 저희가 감수할 수 있는 것보다 더 위험할 것 같네요. 요약하자면 개인적으로 제안을 지지하지 않습니다."

스티브는 사라를 살펴보더니 미소를 지으며 말했다. "기억해. 자넨 밥이 아니라 나를 위해 일하는 거야. 만약 그렇게 할 수 없다면 즉시 그만둬야 할 거야."

사라는 얼굴이 창백해지고 입이 턱 벌어졌다. 입을 잘못 놀렸다는 것을 깨달은 듯했다.

침착함을 되찾으려고 안간힘을 쓰며 사라는 스티브의 말에 신경질적으로 웃었지만 아무도 따라 웃지 않았다. 슬쩍 동료들을 쳐다보니 다들 나처럼 눈이 휘둥그레져서 둘의 드라마가 어떻게 전개되는지 지켜보고 있었다.

스티브가 계속했다. "반대로 IT 덕분에 우리는 이제 사라와 밥이 준비하고 있는 부담스러운 전략적 선택을 고려할 필요가 없게 됐지만 사라가 하는 말은 충분히 이해했네."

우리에게 스티브가 말했다. "자네들에게 딕이 가진 가장 훌륭한 직원 중 한 명과 회사 변호사를 내주겠네. 그들이 프로젝트를 완벽하게 실행할 수 있도록 도와줄 테니 외주 업체에게서 우리가 필요한 것을 얻기 위해 뭐든 다 하게. 딕도 프로젝트에 개인적인 관심을 기울이도록 하겠네."

사라는 눈이 더 휘둥그레졌다. "정말 좋은 생각이네요, 스티브. 그렇게 하면 위험을 크게 줄일 수 있을 겁니다. 밥이 정말 좋아하겠네요."

스티브의 표정을 보니 사라의 가증스러움에 대한 인내심이 거의 바닥난 듯했다.

스티브는 우리에게 더 필요한 것이 있는지 확인한 뒤 사라만 남기고 모두를 내보냈다.

나가면서 뒤쪽을 흘깃 훔쳐봤다. 사라는 내가 있던 자리에 앉아 초조하게 모든 사람이 나가는 것을 지켜봤다. 사라와 눈이 마주친 나는 미소를 지으며 문을 닫았다.

35장

• 1월 9일 금요일

나는 초조하게 핸들을 잡고 스티브의 집으로 차를 몰았다. 스티브는 파티를 열어 피닉스와 유니콘을 위해 열심히 일한 IT 부서와 비즈니스 부서 사람들을 초대했다. 도로는 몇 주 동안 햇볕이 내리쬐는데도 녹지 않고 얼어 있었다. 빙판길이 너무 위험해 페이지와 나는 그녀의 가족과 새해 전날에 모여 함께 보내던 예년과 달리 집에 머물기로 했을 정도다.

스티브와 사라를 만난 지도 한 달이 넘었다. 그날 이후로 사라를 별로 보지 못했다.

운전하면서 그동안 얼마나 조용했는지 생각해봤다. 1급 장애 건으로 누군가 전화하길 기대하고 있었나 보다. 하지만 휴대폰은 아주 조용히 컵 받침 안에 놓여 있었다. 어제처럼, 그리고 그 전날처럼….

모든 야단법석이 그립다고 할 수 없지만 이제는 말 그대로 할 일이 없을 때가 가끔 있다.

고맙게도 나는 이제 개선 카타에 따라 2주마다 모든 매니저를 지도하고 있어서 내가 쓸모없는 사람이라는 기분이 들지 않는다. 특히 한 달 내내 우리 조직이 시간의 15%를 선도적 인프라 프로젝트에 사용한다는 목표를 달성했다는 것이 자랑스럽다. 그리고 결과가 나타났다.

우리는 배정받은 예산 전액을 쓰고 있었다. 모니터링에 대한 편차를 좁히고 있고 상위 10개의 취약점을 리팩토링refactoring하거나 교체해서 더 안정적으로 만들었으며 계획적인 작업 흐름은 어느 때보다 빨랐다. 내 기대와는 달리 모든 사람이 '시미안 아미 카오스 몽키Simian Army Chaos Monkey'라고 알려진 일각고래 프로젝트Project Narwhal에 열정적으로 뛰어들었다. 애플 맥 OS와 넷플릭스의 클라우드 제공 인프라의 전설처럼 우리는 무작위로 프로세스 또는 전체 서버를 죽이는 대규모 결함을 주기적으로 생성하는 코드를 배포했다.

테스트 때문에 일주일 내내 지옥문이 열린 것 같았다. 때때로 운영 인프라가 종이 집처럼 망가지기도 했다. 하지만 그다음 주 내내 개발 및 IT 운영 부서가 코드와 인프라에 대한 장애 복구 역량을 높일 수 있게 하면서 우리는 장애 복원력이 뛰어나고 튼튼하고 내구성 좋은 진정한 IT 서비스를 제공하기 시작했다.

존은 그것을 무척 좋아해서 '이블 카오스 멍키Evil Chaos Monkey'라는 새로운 프로젝트를 시작했다. 운영 시스템에 결함을 발생시키는 대신 지속적으로 보안 허점을 이용하고, 잘못된 형식의 패킷을 대량으로 일으켜 애플리케이션을 혼란스럽게 만들고, 백도어 설치 시도, 기밀 사항에 대한 접근 권한 확보 그리고 온갖 종류의 심각한 공격을 시도했다.

웨스는 존의 프로젝트를 막으려고 애쓰면서 미리 정해진 시간에 침입도 테스트에 대한 일정을 잡아야 한다고 주장했다. 하지만 나는 그것이 에릭의 '세 번째 방법'을 제도화하는 가장 빠른 방법이라고 웨스를 설득했다. 위험을 감수하고 실패로부터 배우는 것의 가치와 명장이 되기 위한 반복과 연습의 필요성을 강화하는 문화를 만들어야 했다.

나는 품질과 보안에 관한 포스터 같은 것을 원하지 않는다. 매일 하는 업무에 개선이 필요할 때 그에 관련된 것이 나타나기를 원한다. 매일 하는 업무 속에서 말이다.

존의 팀은 모든 테스트 및 운영 환경에 끊임없이 공격을 퍼붓는 스트레스 테스트를 하는 도구를 개발했다. 우리가 처음에 카오스 몽키를 풀어났던 것처럼 시간의 절반 이상이 보안 구멍을 고치고 코드를 강화하는 데 쓰였다. 몇 주 후에 개발자들은 존의 팀이 내던진 모든 것들을 성공적으로 막아냄으로써 자신들의 업무를 자랑스럽게 여겼다.

스티브의 집으로 차를 몰아가는 동안 이런 생각들이 머릿속을 스치고 지나갔다. 제멋대로 뻗어 있는 대지는 온통 눈으로 뒤덮여 깨끗이 손질된 잔디밭을 숨겨버렸다.

스티브가 말한 시간보다 한 시간 빨리 벨을 눌렀다. 개 짖는 소리가 크게 들리더니 아주 큰 개가 딱딱한 나무 바닥에서 미끄러지면서 문에 부딪히는 소리가 들렸다.

"어서 들어오게, 빌. 다시 만나서 반갑네." 스티브가 큰 개 목걸이를 잡고는 야채 꼬치를 든 다른 한 손으로 주방을 가리키며 안내했다. 주방 카운터 위에는 커다란 금속으로 된 얼음 통이 놓여 있고 안에는 병들이 가득 차 있었다. "뭘 줄까? 맥주? 탄산음료? 스카치?" 주위를 둘러보며 스티브는 "마르가리타?"라고 덧붙였다.

나는 양동이에서 맥주를 한 병 꺼내 스티브에게 고맙다는 인사를 한 다음, 그가 나를 거실로 안내할 때 다소 지루한 나의 하루를 요약해줬다.

스티브가 웃었다. "일찍 와줘서 고맙네. 기록적인 분기가 될 걸세. 자네와 크리스가 없었으면 못했겠지. 몇 년 만에 처음으로 시장 점유율이 상승했어! 자네도 알다시피 경쟁사의 얼굴을 볼 수 있다면 좋겠어. 아마도 우리가 어떻게 했는지 알아내려고 허둥대고 있을 거야."

스티브가 활짝 웃었다. "사실 딕이 며칠 전에 웃는 걸 봤지. 음, 적어도 이가 드러났으니까 웃었다고 볼 수 있겠지. 유니콘과 새 프로젝트인 일각고래는 실제로 고객이 원하는 게 무엇인지 우리가 이해하는 데 도움을 주고 있네. 평균 주문량은 지난주에 막 기록을 세웠고 딕은 유니콘이 우리가 기억하는 어떤 프로젝트보다 빨리 자금 회수를 했다고 말했네."

스티브는 계속했다. "분석가들이 우리를 다시 사랑하기 시작했지. 그중 한 사람이 지난주에 그러더군. 우리가 잘 진행한다면 통합이 안 된 경쟁사들이 우리를 따라오기 힘들 것이라고 말이야. 당연하겠지만 그들은 우리의 주가 목표치를 높일 것이고 밥은 결국 회사를 분할한다는 지지를 철회할 걸세."

"정말요?" 나는 깜짝 놀라 눈썹을 치켜올리며 말했다. "사라는 회사를 분할하는 것만이 우리가 살 수 있는 유일한 방법이라고 확신하고 있었던 걸로 아는데요."

"아, 그렇지…." 스티브가 말했다. "사라는 다른 곳을 알아보기로 해서 지금은 휴직 중이네."

입이 턱 벌어졌다. 내가 스티브의 말을 제대로 이해한 게 맞다면 사라는 회사에서 쫓겨나는 것이다. 내가 미소 지었다.

"그건 그렇고." 스티브가 말했다. "일각고래 프로젝트? 유니콘 프로젝트? 더 좋은 이름을 생각해낼 수 없나?"

나는 웃었다. "매기만큼 열 받은 사람은 없을 거예요. 매기는 제품 책임자들이 자신을 비웃고 있다고 생각해요. 그녀는 남편에게 혹시 다음 프로젝트가 '헬로 키티'라면 그만두겠다고 했대요."

스티브가 웃었다. "알고 있겠지만 자네 프로젝트 이름을 평가하려고 일찍 오라고 한 건 아닐세. 앉게."

내가 안락의자에 자리를 잡자 스티브가 설명하기 시작했다. "지난 몇 달 동안 CIO 자리가 공석이었어. 자네는 인터뷰를 담당했지. 후보들을 어떻게 생각하나?"

"솔직히요? 실망했습니다"라고 나는 천천히 말했다. "모두 저보다 경험이 많은 선배들이었습니다. 그런데 문제의 아주 작은 부분만 얘기하더군요. 저희가 지난 몇 달 동안 '파트 언리미티드'에서 한 일의 극히 일부만 얘기했습니다. 만약 그들과 계약한다면 저희는 형편없던 옛날 방식으로 돌아갈 위험이 상당히 큽니다."

"동감이네, 빌. 그래서 CIO 자리를 내부에서 채우기로 했지. 누구를 승진시키면 좋을지 추천해줄 사람이 있나?"

나는 마음속으로 가능한 후보들을 훑어봤다. 그리 많지는 않았다. "크리스가 확실한 선택인 것 같습니다. 유니콘은 물론 일각고래 뒤의 숨은 원동력이 크리스였거든요. 그의 리더십이 아니었다면 저희는 아직도 가망이 없었을 거예요."

스티브는 미소 지었다. "그거 아나, 참 우습군. 모두 자네가 그렇게 말할 줄 알았다네. 하지만 자네의 권고를 따르지 않을 걸세."

스티브가 계속해서 말을 이어갔다. "설명하는 데 시간이 좀 걸릴 거야. 모두가 만장일치로 자네를 CIO로 선택했어. 정말 솔직히 말하자면 난 자네가 그 자리로 가는 걸 원치 않아."

내가 눈에 띄게 고통스러워하는 것을 보며 스티브가 말했다. "이봐, 진정해. 내가 설명하지. 이사회는 내가 회사 자원을 최대한 활용해서 주주 가치를 극대화하는 목표를 달성할 책임이 있다고 생각하지. 기본 업무는 그 일을 달성하기 위해 경영진을 이끄는 것이고 말이야."

스티브는 일어서서 창가로 걸어가 눈 덮인 앞마당을 내다봤다. "자네는 IT가 단순한 부서가 아니라는 걸 알게 도와줬지. IT는 전기처럼 어디에나 있다는 것을 알았어. 그리고 그건 글을 읽거나 수학을 할 줄 아는 것 같은 기술이지. 여기 파트 언리미티드에는 중앙 집중식 글 읽기나 수학 부서가 없어. 우리는 우리가 고용한 모든 사람이 어느 정도 숙달된 지식을 갖고 있길 기대하지. 기술이 무엇을 할 수 있고 할 수 없는지를 이해하는 것이 이 사업의 모든 분야에서 갖춰야 할 핵심 역량이 됐네. 비즈니스 매니저 중 어느 한 사람이라도 그런 기술 없이 팀이나 프로젝트를 이끈다면 분명히 실패할 걸세."

스티브는 말을 이어갔다. "기업 전체를 위험에 빠뜨리지 않고 계산된 위험을 감수할 비즈니스 매니저들이 필요해. 비즈니스 부서의 모든 사람은 기술을 사용하고 있어서 마치 다시 서부 시대로 돌아온 것 같거든. 좋든 나쁘든 간에 말이야. 새로운 세상에서 경쟁하는 법을 배우지 못하는 기업은 망할 수밖에 없네."

스티브가 돌아서서 나를 보며 말했다. "파트 언리미티드가 살아남으려면 비즈니스와 IT가 서로 배타적으로는 결정을 내릴 수 없네. 모든 게 어떻게 돌아가는지는 확실히 모르지만 지금 우리가 어떻게 조직돼 있는지는 알아. 전력을 다하는 상황은 아니지."

"지난 몇 달 동안 이사회와 이 문제를 논의해 왔네." 스티브는 자리에 앉아서 나를 똑바로 바라보며 말했다. 나는 그 표정을 알고 있다. 뭐랄까, 작년에 처음 만났을 때 같은 느낌이다. 누군가를 부추길 때 스티브가 짓는 표정이 있다. "난 자네의 활약과 IT 부서에서 한 일들로 감동했네. 자네는 대형 제조 부서를 이끄는 사람이 사용할 것이라고 기대할 만한 기술을 사용했어."

"이제 자네가 성장하고 배우길 바라네. 또한 새로운 기술을 쌓아 파트 언리미티드의 모두를 잘 도와주는 걸 보고 싶네. 자네가 하겠다면 나도 투자할 준비가 돼 있지. 자네를 2년 계획의 패스트 트랙fast track에 넣고 싶다네. 돌아가면서 세일즈와 마케팅을 하고 공장을 관리하고 국제적인 경험을 쌓고 가장 중요한 공급 업체들과의 관계를 관리하고 공급망supply chain을 관리할 걸세. 이건 휴가가 아니네. 도움도 정말 많이 필요할 걸세. 에릭은 친절하게도 자네의 멘토가 되기로 했어. 나와 에릭은 이번 일이 자네가 한 일 중 가장 어려운 일이 될 거로 생각하거든."

"하지만 만일 자네가…." 스티브가 계속 말했다. "우리가 자네를 위해 마련한 15개의 특정한 실적을 각각 달성한다면 2년 뒤에는 임시 최고 운영 책임자Chief Operating Officer 자리로 옮겨주겠네. 거기서 자네는 딕이 은퇴

442

를 준비하는 동안 그와 긴밀하게 협력할 수 있을 걸세. 열심히 일하고 결과를 내고 제대로 일 처리를 한다면 자넨 3년 후에 회사의 차기 COO가 될 거야."

입이 턱 벌어지고 맥주병에서 맥주가 내 다리로 흘러내리는 게 느껴졌다.

"지금 대답할 필요는 없네"라고 말하는 스티브는 분명히 자기가 한 말이 원하는 효과를 내고 있다는 데 확실히 만족하고 있는 듯했다. "이사회의 반은 내가 미쳤다고 생각해. 그들이 옳을 수도 있지. 하지만 난 내 직감을 믿어. 이제 어떻게 될지 몰라도 이번 선택이 회사를 위한 최선이라고 확신하네. 직감으로는 10년 안에 우리가 마지막 남은 경쟁사를 싹 쓸어버린다면 지금 이 일이 그걸 가능하게 만들어줄 도박이 되는 셈이지."

"여기서 큰 꿈을 꾸고 있는 것 같지만 이건 말해줄 수 있네"라고 스티브는 계속했다. "10년 후에는 제 몫을 하는 모든 COO가 IT에서 나올 것이라고 확신하네. 실질적으로 비즈니스를 운영하는 IT 시스템을 정확하게 이해하지 못하는 모든 COO는 단지 다른 사람에게 의지하는 속 빈 강정일 뿐이야."

스티브의 비전을 듣고 숨이 턱 막혔다. 모두 맞는 말이다. 우리 팀이 배운 모든 것과 크리스와 존이 배운 것도 IT가 실패하면 비즈니스도 실패한다는 것을 보여줬다. IT가 승리할 수 있게 조직했을 때 비즈니스도 당연히 승리한다.

그리고 스티브는 나를 움직임의 선봉에 앉히려고 한다.

난 평범한 기술 운영자다.

문득 에릭의 상관이 어떻게 그를 선임 NCO에서 강제로 계급이 낮은 소위로 만들고 장교 계급의 맨 아래에서 다시 올라오게 했는지가 생각났다. 에릭은 그럴 용기가 있었고 그에 대한(그리고 가족이 있었다면 가족에 대한) 보상도 꽤 확실해 보였다. 에릭은 우리 생명체의 존재 기준을 초월한 듯한 삶을 살고 있었다.

갑자기 스티브가 내 생각을 읽기라도 한 듯이 말했다. "에릭과 내가 몇 달 전에 처음 만났을 때 그는 IT와 비즈니스의 관계는 문제가 있는 결혼과 같다고 했지. 둘 다 무력감을 느끼면서 서로를 인질로 잡고 있는 관계 말이야. 에릭의 말을 몇 달 동안 생각해봤고 마침내 뭔가를 알아냈어."

"제 기능을 못 하는 결혼이란 비즈니스와 IT를 두 개의 독립적인 실체라는 전제에서 출발하지. 하지만 IT가 비즈니스 운영에 끼어들거나, IT가 비즈니스와 함께라는 인식이 필요해. 잘 봐! 서로 간에 하나 된 느낌이 없으면 결혼이라는 것은 없어. IT 부서도 마찬가지네."

난 그냥 스티브를 쳐다볼 뿐이었다. 에릭과 비슷한 말투로 스티브가 한 말은 피할 수 없는 사실인 것 같았다.

그 순간, 나는 결정했다. 페이지와 얘기해봐야 알겠지만, 스티브가 나를 보내려고 하는 여정이 중요하다는 것을 확신했다. 나와 내 가족 그리고 내 직업 모두를 위해서도….

"생각해보겠습니다." 내가 엄숙하게 말했다.

스티브는 활짝 웃으며 일어섰다. 내가 그의 뻗은 손을 잡았을 때 스티브는 내 어깨를 꽉 움켜잡았다. "좋아, 이거 재밌을 거야."

바로 그때 초인종이 울리고, 몇 분 만에 모든 사람이 한자리에 모였다. 웨스, 패티, 존, 크리스, 매기, 브렌트, 앤, 그리고 맙소사, 딕과 론까지….

파티 분위기가 점점 무르익기 시작했다. 다들 한 손에 잔을 들고 내게 와서 축하 인사를 전했다. 그들은 모든 것을 이미 알고 있었던 게 분명하다. 심지어 차기 COO가 되기 위한 3년간의 훈련 계획에 참여하는 스티브의 깜짝 제안까지 말이다.

딕이 스카치 잔을 들고 내게 다가왔다. "축하해, 빌. 앞으로 몇 년 동안 자네와 긴밀하게 일하기를 고대하겠네."

잠시 후 나는 그들의 축하를 받고 그동안 우리가 해왔던 놀라운 여정에 관한 얘기를 주고받으며 웃고 있는 나 자신을 발견했다.

웨스가 내 어깨를 툭툭 쳤다. "이제 승진했으니," 웨스는 평소보다 훨씬 더 크고 야단스럽게 말했다. "우리 모두 우리가 이룬 걸 축하하는 뭔가를 줘야겠다고 생각했어요. 우리같이 하찮은 사람들을 잊지 않도록 일깨워 줄 수 있는 뭔가를 말이죠."

발치에 있는 상자 속으로 손을 뻗으면서 웨스가 말했다. "뭘 해야 할지 한참 동안 다퉜어요. 그러다 결국…."

웨스가 상자에서 꺼낸 것을 보고 나는 웃음을 빵 터뜨렸다.

"빌의 낡은 노트북!" 노트북을 높이 치켜들며 웨스가 소리 질렀다. "낡아서 못 쓰게 된 건 안타까운 일이지만 인정합시다. 멋지지 않아요?"

믿기지 않아 내가 입을 떡 벌리고 쳐다보자 모든 사람이 손뼉을 치고 소리를 지르며 웃었다. 정말 오래된 노트북이었다. 웨스에게 넘겨 받은 낡은 노트북의 부러진 경첩과 배터리를 붙여 놓은 덕테입을 살펴봤다. 이제 노트북 전체가 두꺼운 금빛 페인트로 칠해져 있는 것처럼 보였고 마호가니Mahogany 관목 받침대 위에 고정돼 있었다.

받침대 아래쪽에는 청동 라벨이 붙어 있었다. 나는 큰 소리로 읽었다. '일찍 떠난 사랑하는 IT 운영 부서장인 빌 팔머를 기억하며….' 괄호 안에는 작년 날짜가 적혀 있었다.

"맙소사," 그들의 표현에 진심으로 감동한 내가 우스갯소리를 던졌다. "내가 죽은 것 같잖아!"

스티브를 포함해 모두가 웃었다. 저녁은 빨리 지나갔고 내가 즐겁게 시간을 보낸다는 사실에 스스로 놀라고 있었다. 나는 보통의 사교적인 사람이 아니지만 오늘 밤에는 내가 존경하고 믿고 진심으로 좋아하는 친구 또는 동료들과 함께 있는 것 같았다.

얼마 후 에릭이 도착했다. 에릭은 내게로 와서 구릿빛 노트북을 자세히 살펴봤다. "씻어낼 거라는 데 50대 50의 확률을 주겠지만 여전히 자네를 믿네"라며 내 앞에 서서 맥주를 벌컥벌컥 마시더니 말했다. "축하해, 젊은

이. 자넨 자격이 있어."

"고맙습니다." 나는 활짝 웃으며 에릭의 사소한 칭찬에 진심으로 감동했다.

"그래, 그럼 날 실망시키지 마." 에릭은 투덜거리듯 말했다. "난 이 동네를 좋아한 적이 없어. 그런데 자넨 앞으로 몇 년 동안 빌어먹을 공항으로 내가 날아오게 하겠지. 일을 망치면 다 헛수고가 될 거야."

"최선을 다할게요." 난 스스로도 놀랄 만큼 자신 있게 말했다. "잠깐만요. 어차피 우리 이사회에 오실 줄 알았는데요?"

"하는 짓을 보고 나니 이사회 멤버가 되고 싶지 않더라고!" 에릭은 큰 소리로 웃으면서 말했다. "내 생각엔 파트 언리미티드가 돈을 많이 벌 것 같아. 경쟁 상대가 얼마나 잘하는지는 봐야 알겠지만 그들은 무슨 일이 있었는지 전혀 모를 거야. 이게 그냥 하는 소리가 아니야. 모든 게 계획대로 잘 되면 몇 주 안에 내가 이 회사에서 가장 큰 투자자 중 한 명이 될 거야. 내가 정말 원하지 않는 게 사고파는 능력을 제한하는 내부 정보야!"

에릭을 응시했다. 에릭은 우리 회사의 가장 큰 투자자가 될 만큼 충분한 돈이 있는데도 여전히 생산직 근로자처럼 옷을 입는다. 나는 에릭이 돈에 그렇게 신경을 썼다는 것을 짐작도 못 했다.

결국 멍청하게 물었다. "내부 정보라니요?"

"IT를 효과적으로 관리하는 것이 핵심 역량일 뿐 아니라 회사 실적에 대한 중요한 예측 변수라고 오래전부터 믿어 왔지." 에릭이 설명했다. "언젠가는 기업에 투자하는 헤지펀드를 만들어서 비즈니스 성공에 도움을 주는 우수한 IT 조직이 있는 기업 같은 상승 기대주는 매입하고 IT가 사람들을 실망하게 하는 기업은 공매하고 싶다네. 그럼 한 밑천 잡을 것 같았거든. 차세대 CEO들에게 IT에 신경 좀 쓰라고 강요하는데 그보다 더 좋은 방법이 어디 있겠어?"

446

에릭은 계속했다. "내가 모든 회사에 전부 이사로 묶여 있으면 그렇게 할 수 없거든. 보기 흉하지. 보안과 감사도 그렇고, 너무 많은 잠재적 위험이 있어."

"아!"

"저기, 방해해서 죄송한데요." 존이 끼어들었다. "저도 축하해주고 인사를 좀 하고 싶어서요." 존은 에릭의 손을 잡으려고 팔을 뻗으며 말했다. "선생님께도요."

에릭은 존이 내민 손을 무시하고는 잠시 위아래로 훑어봤다. 그러고는 웃으며 뻗은 손을 잡고 흔들었다. "자네 많이 발전했군, 존. 잘했네. 그나저나 새로운 모습이 마음에 드는군. 아주 유럽풍 디스코텍 같아."

"고마워요, 에르켈Erkel" 존이 진지하게 말했다. "선생님 없었으면 못 해냈을 겁니다. 정말 감사합니다."

"도움이 됐다니 기쁘군." 에릭이 유쾌하게 말했다. "감사관과는 너무 많이 어울리지 말게. 누구에게도 좋지 않아."

존은 파티로 돌아가며 기분 좋게 고개를 흔들었다. 에릭은 나를 돌아보며 공모하듯 말했다. "정말 놀라운 변화로군. 안 그런가?"

존을 돌아봤다. 웃으며 웨스와 서로 장난 섞인 욕설을 주고받고 있었다.

"그러니까…." 에릭이 내 생각을 방해하며 말했다. "나머지 IT 조직에 대한 계획이 뭐지? 이번 승진을 감안하면 자네가 채울 자리가 좀 있는 것 같은데."

나는 에릭을 돌아봤다. "아시다시피, 전 이런 일이 일어날 거라고 전혀 예상하지 못했습니다." 에릭은 무시하듯 코웃음을 쳤고 나도 무시했다. "웨스, 패티 그리고 저는 그 부분에 관한 얘기를 참 많이 했습니다. 패티를 IT 운영 부서장으로 승진시킬 겁니다. 패티는 IT 운영으로 보면 공장 매니저와 가장 가까운 사람이죠. 아주 잘할 거예요." 나는 웃으며 말했다.

"좋은 선택이군." 에릭이 대답했다. "패티는 확실히 전통적인 운영 책임자 모습은 아니지만…. 그럼 웨스는?"

"믿거나 말거나 웨스는 부서장이 되고 싶지 않다는 의사를 아주 분명히 밝혔죠"라고 나는 대답했다. 그리고 조금 불확실하게 말했다. "2년 후에 제가 CIO 직책을 비워야 한다면 웨스는 큰 결정을 내려야 할 겁니다. 제가 만약 마법 지팡이를 흔들 수 있다면 웨스가 패티를 대신해 IT 운영 부서를 맡을 것이고 패티가 다음 CIO가 되겠죠. 하지만 스티브 사장님이 계속 산더미 같은 일을 안겨준다면 모든 사람을 어떻게 준비시킬 수 있겠습니까?"

에릭이 눈을 굴렸다. "그만 좀 해. 자넨 지금 역할이 지루한 거야. 조만간 심심하지 않게 될 걸세. 빨리 그렇게 될 거야. 자네 주위에는 비슷한 일을 해 본 사람이 많다는 걸 기억하게. 도움을 청하지 않아서 실패하는 멍청이가 되지 말란 말이야."

돌아서서 나가려던 에릭이 눈을 반짝이며 나를 바라봤다. "다른 사람을 돕는 것에 관해 말하자면 자네는 나한테 빚진 게 있는 것 같아."

"물론이죠." 나는 진심으로 대답하면서도 갑자기 내가 처음부터 걸려든 것이 아닌가 싶은 생각이 들었다. "원하시는 게 있으면 말씀만 하세요."

"조직이 기술을 어떻게 관리하는지에 관한 실태를 향상하는 걸 도와줬으면 하네. 현실을 직시해야 해. IT를 너무 오해하거나 관리를 잘못하면 IT 생활은 꽤 거지 같지. 사람들이 끝없이 반복되는 공포 영화처럼 결과를 바꿀 힘이 없다는 것을 깨닫게 되면 고마움도 모르고 끔찍한 게 돼버리니까 말이야. 그게 인간으로서의 자긍심에 해를 끼치는 게 아니라면 뭐가 뭔지 몰라도 달라져야 해." 에릭이 열정적으로 말했다. "앞으로 5년 안에 100만 IT 직원의 삶을 개선하고 싶네. 언젠가 현명한 누군가가 말했지. '선지자 같은 사람도 좋지만 성경이 더 좋다'라고 말이야."

"난 자네가 여기에서 이룬 변화와 세 가지 방법을 어떻게 다른 사람들이 재현할 수 있는지를 설명하는 책을 써줬으면 해. IT가 어떻게 비즈니스 신뢰를 회복하고 수십 년 된 교전을 끝냈는지 서술하고 데브옵스DevOps 핸드북으로 불렀으면 하네. 그렇게 해줄 수 있겠나?"

책을 쓰라고? 진지하게 한 말일까?

"전 작가가 아닙니다. 한 번도 책을 써본 적이 없어요. 게다가 10년 동안 써본 긴 글이라고는 이메일밖에 없고요."

에릭은 웃음기 하나 없는 얼굴로 준엄하게 말했다. "배우면 문제없어."

잠시 고개를 가로저으며 내가 말했다. "경력 전체를 통틀어 가장 힘든 3년이 될 것 같은 일을 시작하는 동안 데브옵스 핸드북을 쓸 수 있다면 제게는 명예와 특권일 겁니다."

"아주 좋아. 훌륭한 책이 될 거야." 스티브가 웃으며 말했다. 그리고 나서 내 어깨를 두드렸다. "가서 저녁을 즐기게. 자넨 그럴 자격이 있어."

어디를 봐도 진정으로 즐기고 함께 해서 즐거워하는 사람들이 보였다. 술잔을 손에 들고 우리가 얼마나 많은 것을 이뤘는지 곰곰이 생각해봤다. 피닉스를 론칭하는 동안 여기 있는 사람 중 누구도 개발이나 운영 또는 보안을 넘는 통합된 슈퍼 조직의 일원이 될 것을 상상한 적 없었으리라. 최근 많이 듣는 용어가 있다. '데브옵스'라고 불리는 것이다. 아마도 자리에 참석한 모든 사람이 데브옵스의 한 형태지만 그 이상의 뭔가가 아닐까 하는 생각이 든다. 제품 관리, 개발, IT 운영, 심지어 보안도 모두 함께 일하며 서로를 지원하고 있다. 심지어 스티브도 슈퍼 조직의 일부다.

순간 나는 방에 있는 모든 사람이 얼마나 자랑스러운지 스스로 만끽했다. 우리가 이룬 것은 놀라운 것이고, 비록 내 미래가 경력에서 어느 때보다 불확실하지만 나는 앞으로 다가올 도전에 믿기 어려울 만큼 흥분됐다.

맥주를 한 모금 더 마시자 뭔가가 눈에 띄었다. 직원 중 한 무리가 휴대폰을 보기 시작했다. 잠시 후 방의 다른 한쪽에서는 브렌트 옆에 있던 개발자 중 한 명이 자신의 휴대폰을 들여다보고 있었고, 모두 그 사람 주위로 모이기 시작했다.

오래된 본능이 깨어나 서둘러 패티를 찾으려고 방안을 둘러봤다. 패티는 이미 휴대폰을 손에 들고 나를 향해 일직선으로 걸어오고 있었다.

"우선 축하합니다, 보스." 패티가 엷은 미소를 지으며 말했다. "나쁜 소식과 좋은 소식 중 뭐부터 듣고 싶어요?"

패티에게 고개를 돌리고 침착함과 내면의 평화를 느끼며 말했다. "무슨 일이지, 패티?"

과거 – 『더 골(The Goal)』에 대한 존경(homage)을 담아

케빈 베어, 조지 스패포드, 그리고 내가 처음 『피닉스 프로젝트^{The Phoenix}^{Project}』를 쓰기 시작했을 때 모든 유형의 조직 내 기술 전문가가 데브옵스^{DevOps}를 얼마나 빨리 포용할지 전혀 의심하지 않았다. 이 책이 2013년 1월에 처음 출판됐을 때 데브옵스는 초창기였다. 존 올스포와 폴 해먼드가 그 유명한 '하루 10번 이상 배포: 플리커에서의 개발과 운영의 협업'을 발표한 지 채 4년이 안 됐고, 미국에서 처음으로 데브옵스데이^{DevOpsDays} 컨퍼런스가 열린 지 겨우 2년이 지난 후였다.

하지만 사실상 기술 분야의 모든 사람은 워터폴^{waterfall} 소프트웨어 개발 프로세스와 대규모의 복잡한 '빅뱅' 방식의 운영 배포와 관련된 문제들에 이미 너무 익숙해져 있었다. 이런 일반적인 상황에 대한 불만은 데브옵스뿐만 아니라 애자일과 린의 도입을 증가시키고 있었다.

우리는 직접적인 경험을 통해 이런 문제들이 조직의 규모나 영리 조직인지 비영리 조직인지와 상관없이 거의 모든 현대 기업과 모든 산업 분야에 직면한 문제라는 것을 알았다.

널리 만연된 이 문제는 개발, 운영, 보안을 포함한 전체 기술 가치 흐름 전반에 걸쳐 만성적인 성능 저하를 가져왔다. 하지만 가장 나쁜 것은 이것이 해당 기술자들이 속한 조직의 만성적인 저성과로 이어졌다는 점이다.

『피닉스 프로젝트』를 통해 우리는 악순환 고리의 모양과 느낌, 그리고 그에 대항하는 놀라운 해결책들이 어떤 느낌일지 포착하고 싶었다. 데브옵스에 대한 많은 것은 일반적 관행과는 달리 반직관적이고 심지어는 논란도 많다. 운영 배포에 문제가 있는 경우 더 자주 배포하는 것이 도대체 왜 좋을까? 통제 횟수를 줄이는 것이 실제로 애플리케이션과 환경에 대한 보안을 강화할 수 있을까? 그리고 정말로 제조에서 기술을 배울 수 있을까? 이렇게 믿기 어려운 주장의 예는 셀 수 없이 많다.

우리는 인정할 수 있고 공감대를 형성할 수 있는 형태로 문제와 해결책을 모두 보여주고 싶었다. 문제에 대한 엄청난 복잡성을 충실하게 설명할 수 있는 유일한 방법은 엘리야후 골드렛Eliyahu Goldratt 박사가 1984년에 출판한 영향력이 큰 서적 『더 골』같은 소설 형태라는 것을 일찍부터 결정했다.

『더 골』은 많은 이에게 크고 의미 있는 '아하!' 순간을 갖는 데 도움을 줬다. 그것은 린의 제조 원리를 주류화하는 데 기여한 것으로 인정받았다. 또한 책이 출판된 이래로 차세대 리더에게 영향을 미치는 거의 모든 주류의 MBA 과정과 운영 관리 과정에 포함됐다.

2000년경에 『더 골』을 처음 읽었을 때 인생이 바뀌는 경험을 했다. 제조 분야에서 근무해본 적도 없고 더욱이 공장 관리자로 일해 본 적은 없지만, 이 책에는 기술 분야에서 일하는 우리가 매일 하는 작업과 관련 있는 교훈이 담겨 있다는 데 의심의 여지가 없다. 10년 넘게 공동 저자들과 나는 『더 골』의 기술 가치 흐름 버전을 쓰고 싶었다. 그것이 지금 여러분이 보고 있는 『피닉스 프로젝트』가 됐다.

골드렛 박사는 2011년에 세상을 떠났지만 믿을 수 없이 훌륭한 유산을 남겼다. 특히 2004년 시간을 내서 나와 케빈 베어와 함께 이야기를 나눠준 골드렛 박사에게 감사한다. 골드렛 박사가 어떻게 제약 이론Theory of

Constraints에 대한 지식을 지속적으로 확장했는지 정말 놀라웠다.

골드렛 박사의 연구에 관심 있는 사람이라면 누구라도 『더 골』이 출판된 지 21년 후에 발매된 오디오 북 『더 골 너머Beyond the Goal』(Time Waner, 2005)를 들어보길 바란다. 골드렛 박사가 평생 배운 것을 한 곳에 집약한 것으로 학습 내용 하나하나를 알기 쉽고 포괄적인 전체로 통합한 것이다.

『더 골 너머』에서 골드렛 박사는 믿을 수 없을 만큼 선견지명이 있는 놀라운 이야기를 하나 공유했다. 『더 골』이 처음 출간된 후 얼마 지나지 않아 골드렛 박사는 사람들에게서 편지를 받기 시작했다. 그들은 일상 업무에서 직면한 모든 문제를 골드렛 박사가 설명했기 때문에 제조 공장에 숨어 있었을 것이라고 주장하는 문제는 물론, 제약 이론이 어떻게 문제를 해결할 수 있었는지에 대해 편지에 썼다.

골드렛 박사가 문제의 근본 원인이 가진 보편성과 솔루션으로 가는 일반적 방향을 설명한 규칙을 얼마나 잘 설명했는지에 대해 이보다 더 낫거나 더 설득력 있는 증거가 있을까 싶다.

의심할 여지 없이 우리는 골드렛 박사가 제조업에 대해 옹호한 것과 같은 원칙을 기술 분야 향상에도 활용할 수 있다는 것을 보여주길 바라면서 『피닉스 프로젝트』를 『더 골』에 대한 존경의 표현으로 썼다.

골드렛 박사의 업적과 내용을 출시한 방식에 대한 또 다른 존경의 표시로 우리는 새로운 책의 출판과 동시에 『데브옵스 핸드북The DevOps Handbook』의 공동 저자인 존 윌리스와 내가 공동 작업으로 만든 오디오 시리즈인 『피닉스 프로젝트 너머Beyond the Phoenix Project』를 출시할 예정이다. 그 프로젝트는 골드렛 박사에 관한 전체 내용을 포함해 데브옵스의 토대 역할을 하는 인물과 철학을 모두 다룰 예정이다.

『피닉스 프로젝트』가 『더 골』의 전철을 밟게 돼 정말 기쁘다. 『피닉스 프로젝트』는 40만 부나 팔렸고, 『더 골』처럼 MIS 프로그램, MBA 과정, 심지어 컴퓨터 사이언스 프로그램에도 들어가 있다.

때때로 『더 골』과 비슷한 점이 완전히 묘하다. 『피닉스 프로젝트』가 출판된 직후 우리는 이메일을 받기 시작했다. 많은 독자가 다음과 같은 소감을 밝혔다. "맙소사, 딱 우리 조직에 관해 쓰셨네요. 저희 건물에 숨어 있기라도 한 듯 정확하네요. 이런 등장인물들을 잘 알고 있습니다. 책에 나온 애플리케이션 재앙이 저희에게도 방금 일어났어요.(더욱 놀라운 사실은 배포된 애플리케이션을 피닉스 프로젝트로 명명한 사례가 있다는 겁니다.)"

현재 시스템이 개발, 운영, 그리고 정보 보안을 서로 경쟁하게 만들다가 어떻게 가장 중요한 조직 목표 달성을 사실상 불가능하게 만드는지, 그리고 더 중요한 것은 어떻게 하면 훨씬 개선된 결과를 내며 완전히 새로운 유형의 상호 작용을 만들고 더 나은 작업 방식으로 이어졌는지를 논의하는 북 클럽 형식으로 이 책을 여러 기술 조직에서 사용하고 있다는 것을 알고서 매우 기뻤다.

사람들이 누군가를 찾으려고 『피닉스 프로젝트』를 사용했다는 이야기에 항상 놀란다. 종종 변화 관리자change agent가 수많은 사람에게 피닉스 프로젝트를 추천하거나 제공하고는 누가 "우와! 파트 언리미티드에서 일어난 일이 우리한테도 일어나고 있어요, 그렇지 않아요?"라고 말하는지를 주의 깊게 살핀다는 것이다. 때때로 누군가의 책상이나 책꽂이에 꽂힌 책을 본다는 것은 그 사람이 기능적인 영역에 걸쳐 있는 평범한 문제를 알아보는 동반자이며 잠재적으로 동료 공모자일 수 있다. 또한 강력하고 고착된 현 체제를 극복하기 위해 연합하려고 기꺼이 협력하는, 즉 위험을 감수하는 동료라는 신호다.

『피닉스 프로젝트』는 궁극적으로 트랜스포메이션transformation에 관한 책이다. 그러므로 실생활에서 변화를 만들기 위한 도구로 책을 사용하는 것은 믿기지 않을 만큼 만족스러운 일이다.

여정에서 얻는 놀라움

책을 쓰는 여정에는 너무나 많은 놀라움과 배움이 있어서 후기에 어울리는 두 가지 내용을 공유하고 싶다.

내가 『피닉스 프로젝트』에 관해 읽은 가장 즐겁고 놀라운 블로그 게시물 중 하나는 데이브 러츠가 작성한 것이다. 데이브 러츠는 2011년 마운틴 뷰Mountain View에서 열린 데브옵스데이에서 선보인 비틀즈의 커버 송 '이매진Imagine'에서 영감을 얻은 서버룸server-room을 포함해 여러모로 유명하다. 러츠의 게시물에서 그는 운영에서 아주 친숙한 인물인 브렌트의 역할을 곰곰이 생각해봤다. '만약 빌의 첫 번째 행동이 브렌트를 해고하는 것이었다면 프로젝트 결과가 어땠을까 궁금했다. 그랬다면 프로젝트가 더 일찍 끝났을까? (생각만 해보는 것이니 허구 속 인물을 해고하는 데 따르는 도덕적 문제는 없다. 물론 실제라면 그렇게 하지 않겠지만!)'

러츠는 두 종류의 브렌트가 있다고 했다. 비축자hoarders와 공유자sharers. 러츠는 다음과 같이 썼다.

'오직 자기 혼자 방법을 알고 있고 일을 붙잡고 놓지 않으면 고용 안정성이 보장된다고 믿는 헛똑똑이들을 봐왔다. 이런 사람들은 지식을 축적하는 지식 비축자다.

하지만 통하지 않는 방법이다. 모든 사람은 교체될 수 있다. 아무리 재능이 있더라도 말이다. 물론 특별한 일을 하는 방법을 알아내는 데 처음에는 오랜 시간이 걸리겠지만 그들이 없어도 해결되기 마련이다.'

루츠가 작성한 글은 여러 이유로 인상이 깊었다. 예를 들어 어떻게 피닉스 프로젝트가 특정 범주를 묘사하는 속어가 됐는지, 그리고 프로세스 효과뿐만 아니라 사람에 대한 영향을 알아보는 사고 실험thought experiments을 논의하고 수행하는 안전한 방법이 됐는지가 그런 것들이다.

그건 그렇고 루츠에게 할 말이 있다. 이 책을 쓰는 동안 항상 브렌트가 비축자가 아니라 공유자라는 것을 알고 있었다는 점을 말하고 싶다. 사실 브렌트는 이름을 바꾸지 않은 유일한 등장인물이다. 그리고 루츠도 분명히 추측했겠지만 브렌트는 항상 조직에 최선의 이익을 염두에 두는 인물인 동시에 시스템의 피해자였다.

진심으로 놀랐던 또 다른 일은 저자들이 정보 보안을 싫어한다고 글을 쓴 이들이 있었다는 것이다. 더 구체적으로 말하면 우리가 정보 보안 사람들을 싫어한다고 했다. 가장 좋은 예는 실제로 내 친구이자 『보이는 운영 보안Visible Ops Security』의 공동 저자인 폴 러브에게서 나왔다.

블로그 포스트에 그가 보낸 이메일을 게재했다. 『피닉스 프로젝트』를 처음 읽었을 때 존(CISO 역할) 때문에 화가 났다. 20년 경력의 보안 베테랑으로서 존의 완전히 이기적인 '내 방식으로 하든지 아니면 말고'하는 태도가 실제로 날 화나게 했다. 이 사람은 자기가 누구라고 생각했을까? 저자가 정보 보안 담당자를 호의적이지 않은 인물로 묘사한 이유는 뭘까?'

그는 다음과 같이 말을 이어갔다.

'책을 다 읽고 나서 내 경력을 잠시 되돌아봤다.

그동안 우연히 만나 일했던 존과 같은 사람들을 생각해보니 약간의 공포와 함께 내가 왜 그를 그렇게 싫어하는지 깨닫게 됐다.

운영의 가시화 및 데브옵스를 공부하기 전에는 내가 바로 존이었다.'

나는 트립와이어Tripwire의 공동 발명가로서 경력 대부분을 정보 보안 분야에서 보냈고, 13년 동안은 보안 자동화와 컴플라이언스에 중점을 둔 회사의 설립자 및 CTO로 지냈다는 것을 모르는 사람들로부터 가끔은 그와 같은 종류의 반응을 받았다.

'사랑하는 사람을 놀린다'라는 말이 있다. 여러모로 CISO인 존은 내가 가장 좋아하는 인물이고 여러 가지 면에서 존의 여정은 내가 지나온 길을 잘 반영하고 있다. 『데브옵스 핸드북』의 공동 저자인 내 친구 제즈 험블이 관찰한 바로는 '존도 불사조'다. 좋은 표현이야, 제즈!

우리가 존이든, 브렌트든, 웨스든, 패티든, 빌이든 상관없이 성공하는 것을 막는 시스템에 갇혀 있다면 우리 일은 힘만 들고 보상은 없는 것이 되고 무력감은 심해지고 마치 우리가 실패를 예고하는 시스템에 갇혀 있는 듯한 느낌이 든다. 설상가상으로 갚지 않은 기술 부채 성질로 인해 우리가 얼마나 열심히 노력하든 시스템은 나빠지기만 한다.

이제는 데브옵스 원칙과 패턴이 문화 규범, 아키텍처 그리고 기술 프랙티스의 결합을 통해서 악순환을 선순환 고리로 바꿔준다는 것을 알고 있다.

『피닉스 프로젝트』가 세상에 알려지자 우리 중 일부(제즈 험블, 존 윌리스, 패트릭 디보이스 그리고 나)는 『데브옵스 핸드북』을 쓰고 있다. 이 책을 쓰는 동안 일어났던 놀라운 순간 중 하나는 편집자인 애나가 우리 각각의 데브옵스에 관한 '아하!'하는 순간을 설명하라고 했을 때였다.

모든 대답이 소름 끼치도록 비슷했다. 우리는 각자 힘든 일이든 고통스러운 일이든 일을 해내는 것이 얼마나 어려운지에 대해 매우 큰 좌절감을 묘사했다. 그리고 우리가 데브옵스라고 부르는 이 넓은 우산 아래서 더 나은 방법을 발견했던 흥분감을 공유했다.

독자들은 우리의 모든 '아하'하는 깨달음의 순간들을 읽어볼 수 있다. 해당 내용은 이 『피닉스 프로젝트』 5주년 기념판의 뒷면에 포함된 『데브옵스 핸드북』의 확장 발췌 첫 페이지에 있다.

미래로의 탐구

데브옵스가 해결하는 문제들은 모든 현대 조직이 직면한 것들의 핵심이다. 이제 어느 때보다도 기술은 단지 조직의 신경계로만 남아있지 않으며 실제 근육의 대부분을 차지하고 있다.

GE의 전 최고경영자^{CEO}인 제프 이멜트는 '소프트웨어를 비즈니스의 핵심으로 가져오지 않는 모든 산업과 기업은 사라질 것'이라고 했다. 마이크로소프트의 기술 연구원인 제프리 스노버는 니콜라스 네그로폰테 박사의 표현을 빌려 이렇게 썼다. '이전 경제 시대의 비즈니스는 원자를 움직여 가치를 창출했다. 이제 그들은 비트^{bits}를 움직여 가치를 창출한다.'

2013년 『피닉스 프로젝트』가 처음 출간됐을 때 데브옵스는 주로 FAANGs$^{Facebook, Amazon, Apple, Netflix, Google}$이라고 알려진 인터넷 기업에서 사용했다. 물론 FAANGs 안에는 플리커^{Flickr}, 링크드인^{LinkedIn}, 마이크로소프트^{Microsoft}, 야후^{Yahoo}, 트위터^{Twitter}, 깃허브^{GitHub} 등 셀 수 없이 많은 회사가 있다.

5년이 지난 지금, 이런 원칙과 프랙티스를 모든 업종에 걸쳐 크고 복잡한 조직에서 보게 된 것은 놀라운 일이다. 정말 믿을 수 없을 정도로 흥미진진한 일이다. 그곳이 의심할 여지 없이 데브옵스의 많은 경제적 가치가 창출될 곳이기 때문이다.

애널리스트 회사인 IDC는 지구상에 약 1,100만 명의 개발자와 7백만 명의 운영자가 있다고 말한다. 이 글을 쓸 때 그중 100만 명의 엔지니어가 이미 데브옵스 원칙과 프랙티스를 사용하고 있다고 추정하는 것은 대단히 낙관적일 것이다.

만약 그렇다면 데브옵스의 시장 점유율은 6.5%가 되며 남은 것은 93.5%다. 이들 엔지니어 대부분이 크고 복잡한 조직에 속해 있다. 그 조직들은 모든 산업에서 가장 잘 알려진 브랜드이거나 최대 정부 기관 또는 군대를 지원하고 있다.

당면한 임무는 어떻게 하면 그들의 생산성을 고성과 조직처럼 높일 수 있을까 하는 것이다. 우리는 퍼펫^{Puppet}이 4년 동안 수행한 「데브옵스 상태 보고서$^{State of DevOps Reports}$」를 통해 높은 성과를 보이는 사람들은 다른 동료보다 2~3배 더 생산적임을 알게 됐다. 내 생각에 모든 사람이 높은 성과를 내는 수준에 도달하도록 도와주면 매년 수조 달러의 경제적 가치가 창출될 것이며 그곳에서 또 다른 생산성의 급상승이 일어날 것이다.

2016년에 나는 IT 회의론자로 알려진 친구 롭 잉글랜드와 이야기를 나누고 있었다. 우리는 10년 전에 ITIL 공간에 함께 있던 동료였다. 우리는 그가 데브옵스에 대한 마음을 어떻게 잘 알려진 것처럼 눈에 띄게 바꿨는지 이야기했다. 처음에 롭은 많은 사람이 그렇듯이 배포 빈도를 높이고 개발자들에게 더 많은 자유를 주는 것은 필연적으로 재앙을 초래할 것이라고 믿었다. 그러나 많은 상호 작용을 통해 결국 데브옵스가 훨씬 더 나은 결과를 가져올 수 있다는 것을 깨달았다. 여러분도 만약 롭의 여정을 더 알아보고 싶다면 그와 한 인터뷰 전체인 '대면 데브옵스Face-to-Face DevOps: 보호하고 봉사하기'를 CA.com에서 읽어볼 수 있다.

함께 대화하면서 우리는 데브옵스가 얼마나 필연적이고 멈출 수 없는 것이며 가차 없는지, 그리고 데브옵스가 기술 관련 업종이나 분야에 상관없이 기술 산업에 종사하는 누구에게나 얼마나 파괴적인지를 이야기했다.

데브옵스가 기술 분야에서 일하는 방식을 획기적으로 변화시키고 있다는 것은 의심의 여지가 없다. 데브옵스 프랙티스를 채택할 수 없는 조직은 경쟁력에 있어서 엄청나게 불리할 것이다. 에드워드 데밍 박사의 유명한 표현처럼 '배움은 의무도 생존도 아니다'.

의심할 여지 없이 기술적으로 가장 좋은 시기가 우리 앞에 놓여 있다. 우리 뒤에 있는 것이 아니다. 지금은 기술 분야에 있으면서 평생 학습자가 될 가장 좋은 시기다.

공동 저자들을 대표해서 이 여정을 정말 놀랍고 가치 있는 여정으로 만들어준 모든 분께 감사드린다.

진 킴
포틀랜드, OR
2017년 12월 5일

우선 내가 약속한 것보다 훨씬 많은 것을 인내해준 사랑하는 아내 마거리
트와 나의 세 아들 레이드, 파커, 그랜트에게서 받은 모든 지원에 감사하
고 싶다.

이 책을 발전시켜가는 과정 내내 엄청난 도움과 지원을 아끼지 않은 타
드 새터슨, 팀 그라흘, 메리던 더클러, 케이트 세이지에게 감사하고 싶다.
또한 HP의 폴 멀러, 가트너의 폴 프록터, RSA의 브랜든 윌리엄스, 존 홉
킨스 대학의 톰 롱스태프 박사, SEI/CMU의 줄리아 앨런, 넷플릭스의 애
드리안 코크로프트, BMC의 크리스토퍼 리틀, ITSM 아카데미의 밥 맥카
티, 리사 스와츠, 조엔트의 제니퍼 배이욱, 벤 록우드, 아카미의 존 코먼,
퍼펫 랩의 제임스 턴블, EMA의 찰리 베츠, 퍼듀 대학교 CERIAS의 진 스
패포드 박사, 트리플와이어의 드웨인 멜란컨, 애서렛의 마이클 크릭스만
의 지칠 줄 모르는 기여와 철저한 검토에 감사를 전하고 싶다.

또한 이 책이 『데브옵스 핸드북』의 동료 저자들인 제즈 험블, 패트릭 드
부아, 존 윌리스의 공헌 덕분이라고 말하고 싶다. 다른 누구보다 그들은
에릭이 말한 세 가지 방법이 된 프랙티스의 결정체를 만드는 데 도움을
줬다.

IT 가치 흐름이 얼마나 빠르게 진행되는지 보여주는 데 획기적이고 중
요한 기여를 해준 존 올스퍼, 폴 하몬드, 제즈 험블에게도 감사하고 싶다.

그리고 원고 제작에 도움을 준 모든 검토자에게 감사한다. 데이비드 앨런, 데이비드 빌스, 킵 보일, 샌 칼슨, 카를로스 카사노바, 스캇 크러포드, 아이리스 컬페퍼, 마이크 단, 크리스 잉, 폴 패럴, 다니엘 프란시스코, 케빈 후드, 매트 후퍼, 톰 호워스, 케빈 케넌, 폴 러브, 노먼 마크, 톰 맥앤드루, 앨리 밀러, 데이빗 모트먼, 웬디 나터, 마이클 니가드, 존 피어스, 데니스 레브넬, 사샤 로만스키, 수잔 라이언, 프레드 스콜, 로렌스 부치 시츠, 빌 신, 아담 쇼스택, 아리엘 실버스톤, 댄 스완슨, 조 피치 테라피치, 잰 브로만, 레니 젤처.

딕의 조직 KPI를 IT 활동에 생성, 링크 및 계산하는 데 사용된 방법론은 가트너의 폴 프록터와 마이클 스미스가 개발한 위험 감안 가치 관리를 토대로 했다.

특정 감사 내부 통제 목표를 구체적인 IT 제어에 적용하기 위한 도구는 내부 감사Internal Auditors 연구소가 개발한 GAIT이다.

그리고 책을 쓰고 끝내는 데 집중할 수 있게 해주고 마지막 편집까지 도와준 내 비서 한나 컨캐넌에게 진심으로 감사한다.

또한 책 출판에 관한 이론과 프랙티스를 이해하는 데 도움을 준 팀 페리스와 키모노 그룹의 동문이 준 도움에도 감사하고 싶다.

진 킴

포틀랜드, OR, 2012년 6월 10일

여행을 많이 해야 하는 직업을 택한 나를 이해하고 인내해준 내 아내 에리카와 딸 에밀리와 레이첼에게 감사하고 싶다. 특히 나의 호언장담에 잘 적응하고 참아준 재미있는 연쇄 공모자인 진 킴과 조지 스패포드에게 감사한다.

나는 수년간 실무에서 가장 창의적이고 명석한 CXO 중 몇 사람과 함께 일할 수 있을 정도로 터무니없이 운이 좋았다. 그들은 미니스트리 헬스케어의 CIO인 윌 프리폰틴 웨이더, 존 C. 린컨 헬스 네트워크의 CIO인 로버트 슬레핀, 코그노섹의 CEO인 올리버 에켈, 트랜스더멀 기업의 CFO인 롭 리히, 래디언트 시스템스의 부사장인 제프 허그스, 커즈너 인터내셔널의 CEO인 폴 오닐과 COO인 나나 팔머다. 이들은 내게 실험하는 용기와 IT 생산성을 획기적으로 향상시키는 많은 것을 가르쳐줬다.

마지막으로 이런 개선 학습의 많은 범죄에 가담한 친구이자 파트너인 어셈블리지 폰테 사의 선임 계약 관리자인 존 데닌에게 감사한다.

케빈 베어

랭커스터, PA, 2012년 6월 1일

'보이는 운영^{Visible Ops}으로부터의 여행에서 IT가 실패할 때^{When IT Fails}'로 가는 여정은 진과 케빈에 대한 나의 최고의 존경과 감사를 더욱 굳건하게 만들었다. 이 책을 쓰는 과정에서 우리가 겪었던 도전과 교류는 IT 산업에서 실제로 접했던 것을 글로 쓰는 우리의 협업 능력을 시험했다.

자네들, 정말 고마워!

가장 중요한 건 변함없는 사랑과 동기 부여, 지원과 인내를 보여준 나보다 더 나은 반쪽인 로위나, 고마워. 심지어 휴가 중에도 어수선하고 시간이 오래 걸리는 일정을 참아준 우리 아이들, 파올로, 알리사, 에리카도 고맙다. 우리 부모님인 캐롤과 알파는 제게 학문에 대한 사랑을 심어주셨어요. 고맙습니다. 두 분은 제 삶의 모든 면을 지속적으로 향상시키는 제 끊임없는 탐색에 중요한 역할을 해주셨어요.

조지 스패포드

성 요셉, MI, 2012년 6월 1일

세 가지 방법

다음 책에서 발췌

데브옵스 핸드북
세계 최고 수준의 기민성, 신뢰성, 안정성을 갖춘
기술 조직의 비밀

진 킴, 제즈 험블, 패트릭 드부아, 존 윌리스

세 가지 방법

아하!

『데브옵스 핸드북』을 완성하기 위한 여정은 매우 길었다. 2011년 2월 공동 저자들과 매주 업무로 진행한 스카이프^{Skype} 통화에서 시작됐다. 그때까지는 아직 미완성이었던 책인 『피닉스 프로젝트』에 도움이 될 규범적 가이드를 만들겠다는 비전으로 시작한 것이다.

5년 넘게 지난 지금, 2천 시간 이상의 작업으로 『데브옵스 핸드북』이 드디어 나왔다. 이 책을 완성하는 것은 우리가 처음에 생각했던 것보다 훨씬 범위가 넓고 매우 보람 있고 놀라운 배움으로 가득했지만 정말 긴 과정이었다. 프로젝트 내내 공동 저자들은 데브옵스가 진정으로 중요하다는 믿음을 공유했다. 믿음은 우리가 일하면서 훨씬 더 빨리 얻게 된 개인적인 '아하!'의 순간들을 만들었고, 독자 중 많은 이에게도 긍정적인 반향을 일으킬 것으로 생각한다.

진 킴

1999년부터 고성과를 내는 기술 조직을 연구할 수 있는 특권을 누렸다. 가장 초기의 연구 결과 중 하나는 IT 운영, 정보 보안 및 개발이라는 서로 다른 기능 그룹 간의 경계가 성공에 매우 중요한 요소로 작용한다는 것이었다. 이런 다양한 조직이 서로 반대되는 목표를 향해 가면서 만드는 악순환의 고리를 처음 봤던 기억이 아직도 생생하다.

그때는 2006년이었고 나는 대형 항공사 예약 서비스를 아웃소싱 했던 IT 운영을 관리하던 그룹과 함께 일주일을 보낼 기회가 있었다. 그들은 매년 출시되는 대규모 소프트웨어 릴리스의 출시 결과를 설명했다. 각 릴리스는 아웃소싱 업체뿐만 아니라 고객에게 엄청난 혼란과 중단 사태를 야기했다. 고객에게 영향을 주는 운영 중단으로 SLA(서비스 수준 계약) 위약금이 부과됐고, 이로 인한 수익 부족으로 가장 재능 있고 경험 많은 직원들이 해고됐다. 나머지 직원들이 고객들에게서 들어오는, 계속 증가하는 서비스 요청 작업을 다 처리할 수 없었기 때문에 계획되지 않은 작업과 근시안적인 진화 작업이 많았다. 계약은 중간 관리자들의 피땀 어린 노력으로 겨우 유지됐고, 모든 사람은 계약이 3년 안에 재입찰 대상이 될 운명이라고 느꼈다.

그 결과 빚어진 절망감과 허무감은 도덕성 회복에 관심을 기울이게 했다. 개발은 항상 전략적인 것으로 여겨졌지만, IT 운영은 전술적인 것으로 여겨져 완전히 위임되거나 아웃소싱 된 후 처음 건네진 것보다 더 나쁜 모양새로 5년 만에 다시 돌아오곤 했다.

수년 동안 우리 대부분은 그보다 더 나은 방법이 있다는 것을 알고 있었다. 나는 2009년 벨로시티^{Velocity} 컨퍼런스에서 우리가 지금은 데브옵스라고 알고 있는 아키텍처, 기술 프랙티스, 문화 규범 등으로 가능해진 놀라운 결과들을 설명하는 발표를 본 기억이 난다. 나는 그때 매우 흥분했다. 우리가 찾고 있던 더 나은 방법을 가리키고 있었기 때문이다. 그리고 그 단어를 퍼뜨리는 것이 『피닉스 프로젝트』의 공동 저자가 되겠다는 나의 개인적인 동기 중 하나였다. 더 넓은 지역사회가 그들 자신의 '아하!' 순간을 얻는 데 그 책이 얼마나 도움을 줬는지 설명하는 사람들의 반응을 보는 것은 매우 놀라운 보람으로 돌아왔다.

제즈 험블

나의 데브옵스 '아하!' 순간은 2000년 신생 기업에서였다. 졸업 후 첫 직장이었다. 얼마간 나는 두 명의 기술직원 중 한 명으로 네트워킹, 프로그래밍, 지원, 시스템 관리 등 모든 일을 했다. 우리는 워크스테이션에서 직접 FTP로 운영 환경에 소프트웨어를 배포했다.

이후 2004년에 소트웍스^{ThoughtWorks}라는 컨설팅 회사에 취직했다. 첫 번째 업무는 약 70명이 참여하는 프로젝트 작업이었다. 나는 그때 8명의 정규직 엔지니어로 이뤄진 팀에 있었다. 팀의 업무는 소프트웨어를 운영 환경과 유사한 환경에 배포하는 것이었다. 처음에는 정말 스트레스가 많았다. 하지만 몇 달 동안 우리는 2주가 걸리는 수동 배포에서 한 시간이면 되는 자동화된 배포로 넘어갔다. 그것으로 우리는 정상적인 업무 시간 동안 청록색 배포 패턴을 사용해 몇천 분의 1초 안에 앞 또는 뒤로 상황을 전환할 수 있었다.

해당 프로젝트는 『신뢰할 수 있는 소프트웨어 출시^{Continuous Delivery}』(에이콘, 2013)과 이 책의 아이디어에도 많은 영감을 줬다. 나와 다른 사람들을 이 공간에서 일하게 하는 많은 것은 제약 조건이 무엇이든 간에 우리는 항상 더 잘할 수 있다는 생각과 사람들이 하는 여정을 돕고자 하는 욕망이다.

패트릭 드부아

내게 '아하!' 순간은 많은 것이 한순간에 모여드는 순간이었다. 2007년 나는 몇몇 애자일 팀과 함께 데이터 센터 마이그레이션 프로젝트를 하고 있었다. 높은 생산성을 내는 그들에게 질투가 났다. 그들은 짧은 시간 안에 많은 일을 해내고 있었다.

다음 과제를 위해 나는 운영에서 칸반으로 실험을 시작했고 팀의 역동성이 어떻게 변화하는지를 지켜봤다. 나중에 2008년 애자일 토론토 컨퍼런스에서 그것에 관한 IEEE 보고서를 발표했지만 그것이 애자일 커뮤니티에 큰 반향을 불러일으키지는 않았다고 느꼈다. 우리는 애자일 시스템 관리 그룹을 시작했지만 인간적인 측면을 간과했다.

2009년 벨로시티 컨퍼런스에서 존 올스퍼와 폴 해먼드가 발표한 '하루 10개 배포'를 본 후 다른 사람들도 비슷한 생각을 하고 있다는 확신이 들었다. 그래서 첫 번째 데브옵스데이를 조직하기로 했고 우연히 데브옵스라는 용어를 만들어냈다.

그 행사의 에너지는 독특하고 전염성이 있었다. 그것이 사람들의 삶을 더 좋게 바꿔놓았다며 내게 감사하기 시작했을 때 나는 비로소 그 영향력을 알게 됐다. 이후 나는 데브옵스에 대한 홍보를 멈추지 않았다.

존 윌리스

2008년 루크 카니스(퍼펫 랩스 설립자)를 처음 만났을 때는 형상 관리 및 모니터링과 관련된 대규모 레거시 IT 운영 방식에 초점을 맞춘 컨설팅 사업을 막 처분했던 시점이었다. 루크는 형상 관리에 관한 오렐리O'Reilly의 오픈 소스 컨퍼런스에서 퍼펫에 대한 프레젠테이션을 하고 있었다.

나는 처음에 그저 세미나 공간 뒤쪽에서 시간을 죽이며 놀고 있다가 생각했다. "스무 살짜리가 형상 관리에 대해 무슨 말을 할 수 있을까?" 그때까지 나는 말 그대로 전 생애를 세계에서 가장 큰 몇몇 기업에서 일하며 그들이 형상 관리와 다른 운영 관리 솔루션을 설계하는 것을 도왔다. 하지만 루크의 세션이 시작된 지 5분 정도 지났을 때 나는 첫 번째 줄로 이동했고 지난 20년 동안 내가 해온 모든 것이 잘못됐다는 것을 깨달았다. 루크는 내가 지금 2세대 형상 관리라고 부르는 것을 설명하고 있었다.

발표가 끝난 후 루크와 함께 커피를 마실 기회가 있었다. 우리가 지금은 코드라고 부르는 인프라에 나는 완전히 정신이 팔렸다. 그러나 커피를 마시는 동안 루크는 자기 생각을 설명하면서 더욱더 앞서 나가기 시작했다. 그는 운영자들이 소프트웨어 개발자처럼 행동해야 한다며 말하기 시작했다. 운영자들은 구성을 소스로 관리하고 워크플로우에 CI/CD 패턴을 적용해야 한다고 했다. 당시 나이 든 IT 운영 담당자인 나는 그에게 "그런 아이디어는 운영자들^{Ops folk}과 함께 레드 재플린처럼 가라앉을 것이다"라고 답한 것 같다. (내가 확실히 틀렸다.)

약 1년 후인 2009년에 또 다른 오렐리의 벨로시티 컨퍼런스에서 앤드류 클레이 쉐이퍼가 애자일 인프라에 관한 프레젠테이션을 하는 것을 보았다. 앤드류는 발표에서 개발자와 운영자가 벽을 사이에 두고 서로 작업을 던지는 것을 은유적으로 묘사하는 상징적인 그림을 보여줬다. 앤드류는 그것을 '혼란의 벽^{the wall of confusion}'이라고 했다. 그가 발표에서 표현한 아이디어들은 루크가 1년 전에 내게 말하려고 했던 것을 코드화한 것이었다. 그것은 나에게 전구 같은 느낌을 줬다. 그해 말 나는 겐트에서 열리는 오리지널 데브옵스데이에 초대된 유일한 미국인이었다. 행사가 끝날 때쯤 우리가 데브옵스라고 부르는 것이 분명히 내 몸에 흐르고 있었다.

이 책의 공동 저자들은 전혀 다른 방향에서 왔지만 비슷한 깨달음을 얻었다. 그러나 이제는 위에서 설명한 문제들이 거의 모든 곳에서 일어나고, 데브옵스와 관련된 해결책들이 거의 보편적으로 적용되고 있다는 증거가 압도적으로 많았다.

이 책을 쓰는 목적은 우리가 참여했거나 관찰해온 데브옵스의 변혁을 어떻게 재현할 수 있는지 설명하고, 데브옵스가 왜 특정한 상황에서 작동하지 않는지에 대한 많은 미신을 불식하기 위해서다. 아래는 데브옵스에 대해 듣는 가장 흔한 미신 몇 가지다.

미신 데브옵스는 스타트업 전용이다: 데브옵스 프랙티스가 웹 기반 비즈니스 규모에서부터 실험적으로 만들어졌다. 하지만 구글, 아마존, 넷플릭스, 엣시^{Etsy}와 같은 인터넷 '유니콘' 회사들조차 과거 비즈니스의 어느 순간에는 더 전통적인 형태의 구닥다리 말같은 문제 때문에 사업이 멈춰질 위험을 경험했다. 즉, 심각한 실패에 이를 수도 있는 매우 위험한 코드 릴리스, 경쟁 우위를 확보할 수 있을 만큼 빠르게 기능을 출시하는 능력 부재, 컴플라이언스 문제, 확장 불가능, 개발 및 운영 사이의 높은 불신 등이다.

그러나 이런 대규모 조직은 아키텍처, 기술 프랙티스 및 문화를 혁신해 데브옵스와 관련된 놀라운 결과를 창출할 수 있었다. 정보 보안 담당 임원인 브랜든 윌리엄스 박사는 "이제는 데브옵스 유니콘이나 구닥다리 말에 관한 이야기를 하지 말고, 오로지 통합된 공장으로 질주하는 멋진 개량 경주마 이야기나 합시다"라고 말했다.

미신 데브옵스가 애자일을 대체한다: 데브옵스 원칙과 프랙티스는 애자일과 호환되며 데브옵스가 2001년에 시작된 애자일 여정의 논리적인 연속이라는 것을 봐왔다. 고객들에게 고품질 코드를 지속적으로 전달하는 소규모 팀에게도 애자일은 효과를 준다. 그러므로 애자일은 종종 데브옵스의 효과적인 조력자 역할을 한다.

각 반복이 끝날 때마다 '잠재적으로 출시 가능한 코드'라는 목표를 넘어 작업을 계속 관리하면 많은 데브옵스 프랙티스가 나타난다. 코드는 항상 배포 가능한 상태로 유지하고 개발자들은 매일 트렁크^{trunk}에 체크인하며 운영 시스템과 유사한 환경에서 피처를 시연할 수 있다.

미신 데브옵스는 ITIL과 호환되지 않는다: 많은 사람이 데브옵스를 1989년에 처음 발표된 ITIL 또는 ITSM$^{IT Service Management}$에 대한 반발로 본다. 공동 저자 중 한 명을 포함한 여러 세대에 걸친 운영 실무자에게 ITIL은 광범위하게 영향을 미쳤다. 그리고 서비스 전략, 설계 및 지원을 포괄하는 세계적 수준의 IT 운영의 기반 프로세스와 프랙티스를 코드화하기 위해 끊임없이 진화하는 프랙티스들의 라이브러리다.

데브옵스 프랙티스는 ITIL 프로세스와 호환될 수 있다. 그러나 데브옵스는 더 짧은 리드 타임과 더 높은 배포 빈도를 지원하기 위해 ITIL 프로세스의 많은 영역을 완전히 자동화해 형상 및 릴리스 관리 프로세스와 관련된 많은 문제를 해결한다(예를 들어 형상 관리 데이터베이스 및 명확한 최신 소프트웨어 라이브러리 유지). 그리고 데브옵스는 서비스 관련 사고가 발생했을 때 신속한 감지 및 복구를 당연시하므로 서비스 설계, 장애 및 문제 관리에 대한 ITIL 규율은 여전히 연관성이 있다.

미신　데브옵스가 정보 보안 및 컴플라이언스와 호환되지 않는다: 기존의 통제(예를 들어 의무 분리, 승인 절차 변경, 프로젝트 종료 시 수동 보안 검토)가 없다면 정보 보안 및 컴플라이언스 전문가들을 경악하게 만들 수 있다.

하지만 그렇다고 해서 데브옵스 조직에 효과적인 통제권이 없다는 뜻은 아니다. 보안 및 컴플라이언스 활동이 프로젝트 종료 시에만 이뤄지는 대신 제어는 소프트웨어 개발 주기 전반에 걸친 모든 단계에 통합돼 더 나은 품질, 보안 및 컴플라이언스 결과를 낳는다.

미신　데브옵스는 IT 운영 제거 또는 '노옵스NoOps'를 의미한다: 많은 사람이 데브옵스를 IT 운영 기능의 완전한 제거로 잘못 이해하고 있다. 그러나 이런 경우는 드물다. IT 운영 업무의 성격이 바뀔 수는 있지만 그것은 여전히 중요하다. IT 운영 조직은 소프트웨어 주기상 훨씬 이른 시기에 개발 조직과 협력을 시작하며 개발 조직은 코드를 운영 환경에 배포한 후에도 오랫동안 IT 운영 조직과 협력한다.

IT 운영이 작업 티켓에서 나오는 수동 작업을 하는 대신 환경을 만들고, 코드를 테스트해 배포하고, 운영 환경에 대한 텔레메트리telemetry[1]를

---

1 원격을 의미하는 'Tele'와 측정을 의미하는 'metry'의 합성어로 원격지의 상태를 감시 및 제어하기 위해 기계 간 데이터를 전송하는 서비스를 말한다. - 옮긴이

모니터링하고 표시하는 API와 셀프서비스 플랫폼을 기반으로 개발자의 생산성을 높인다. 이를 통해 IT 운영 조직은 제품 개발에 종사하는 개발(QA 및 정보 보안과 마찬가지로) 조직에 더 가까워진다. IT 운영 조직 관점에서의 제품은 개발자가 운영 시스템에서 IT 서비스를 안전하고 빠르고 빈틈없이 테스트하며 배포 및 실행하기 위해 사용하는 플랫폼을 말한다.

미신 데브옵스는 단순한 '코드로서의 인프라' 또는 자동화다: 이 책에 나온 데브옵스 패턴들은 자동화가 필요하지만 데브옵스는 또한 문화적 규범과 IT 가치 흐름 전반에 걸쳐 공유한 목표를 달성할 수 있는 아키텍처가 필요하다. 이것은 단순한 자동화를 넘어서는 것이다. 데브옵스를 가장 초기부터 기록해온 사람 중 한 명인 기술 임원 크리스토퍼 리틀은 이렇게 썼다. '천문학이 망원경에 관한 것이 아닌 것처럼 데브옵스는 자동화에 관한 것이 아니다.'

미신 데브옵스는 오픈 소스 소프트웨어 전용이다: 많은 데브옵스 성공 사례가 LAMP 스택(Linux, Apache, MySQL, PHP) 같은 소프트웨어를 사용하는 조직에서 나왔지만 데브옵스 결과를 달성하는 것은 사용하는 기술과 무관하다. Microsoft.NET, COBOL로 작성된 애플리케이션, 메인프레임 어셈블리 코드, SAP, 심지어 임베디드 시스템(예를 들어 HP LaserJet 펌웨어)에서도 성공했다.

아하! 순간 퍼뜨리기

저자들은 데브옵스 커뮤니티에서 일어나는 놀라운 혁신과 그들이 만들고 있는 결과에 영감을 받아왔다. 사람들은 안전한 업무 시스템을 만들고 있으며 소규모 팀들이 고객에게 안전하게 배포할 수 있는 코드를 신속하고 독립적으로 개발하고 검증할 수 있게 해준다. 데브옵스가 높은 신뢰 문화

476

규범을 지속적으로 강화하는 역동적이고 학습적인 조직을 만들어낸다는 우리의 믿음을 감안할 때 이런 조직들은 시장에서 계속 혁신하고 승리할 수밖에 없다.

『데브옵스 핸드북』이 데브옵스 변환을 계획하고 실행하기 위한 가이드, 연구 및 학습하기 위한 일련의 사례 연구, 데브옵스 역사에 대한 연대기, 공통의 목적 달성을 위해 제품 책임자, 아키텍처, 개발, QA, IT 운영, 정보 보안에 걸친 연합을 만드는 수단, 데브옵스 도입에 대한 최고 수준의 리더십 지원을 받을 방법, 기술 조직의 관리 방식을 변경해 효율성과 효과성을 향상하는 도덕적 의무, 더 행복하고 인간적인 작업 환경을 구현하고 모두가 평생 학습자가 되도록 도움을 주는 것 등 여러 방식으로 많은 사람에게 귀중한 자원이 됐으면 하는 것이 진정한 바람이다. 데브옵스는 모든 사람이 인간으로서 최고의 목표를 달성하는 것을 도울 뿐만 아니라 그들이 속한 조직이 승리하는 것을 돕는다.

과거에 많은 공학 분야는 눈에 띄는 진화를 경험했고 계속해서 자체 작업에 대한 이해 수준을 높였다. 공학의 특정 분야(민간, 기계, 전기, 핵 등)에는 대학 커리큘럼과 전문 지원 조직이 있지만, 사실 현대 사회는 다양한 방식으로 장점을 인식하면서 일을 위한 모든 형태의 공학을 요구한다.

고성능 차량의 디자인을 생각해보자. 기계 엔지니어의 일은 어디에서 끝나고, 전기 엔지니어의 일은 어디에서 시작되는가? 공기역학 도메인 지식이 있는 사람(창문의 모양, 크기 및 배치에 체계적인 의견을 가진 사람)이 탑승객에 대해 인체 공학 전문가와 협력해야 하는 부분(그리고 방법, 시기)은 어디인가? 연료 혼합물과 오일이 차량의 수명이 다하기까지 엔진과 변속기의 재료에 미치는 화학적 영향은 어떤가? 자동차 디자인에 관해 물어볼 수 있는 많은 질문이 있지만 최종 결과는 똑같다. 현대의 기술 노력이 성공을 거두려면 협력을 통한 다양한 관점과 전문 지식이 절대적으로 필요하다.

특정 분야나 규범이 진보하고 성숙하려면 그것의 기원을 깊이 있게 생각해보고, 그런 생각에 대한 다양한 관점을 모색하고, 지역사회가 미래를 그리는 방법에 적합한 상황으로 다양성을 통합할 필요가 있다.

이 책은 그런 통합의 표현이다. 소프트웨어 엔지니어링과 운영 분야에 대한(나는 이 분야가 여전히 떠오르며 빠르게 진화한다고 믿는다) 진지한 견해의 모음으로 봐야 한다.

여러분이 어떤 산업에 종사하고 있든, 또는 여러분의 조직이 어떤 제품이나 서비스를 제공하든, 이런 사고방식은 모든 비즈니스 및 기술 리더의 생존을 위해 가장 중요하고 필수적이다.

– 존 올스퍼, CTO, 엣시Etsy
뉴욕 브루클린, 2016년 8월

데브옵스 핸드북 소개

제품 책임자, 개발, QA, IT 운영, 정보 보안 등이 서로 도울 뿐만 아니라 전체 조직이 함께 성공할 수 있도록 협력하는 세상을 상상해 보자. 공통의 목표를 향해 노력함으로써 계획된 작업을 운영 환경으로 빠르게 배포하는 동시에(예를 들어 하루에 수십, 수백 또는 수천 개의 코드 배포 수행) 세계적 수준의 안정성, 신뢰성, 가용성 및 보안을 달성할 수 있다.

이런 세상에서 기능 통합cross-functional 팀들은 어떤 기능이 사용자를 즐겁게 하고 조직 목표를 앞당길 것인가에 대한 가설을 엄격하게 테스트한다. 이들은 사용자 기능 구현에만 신경을 쓰는 것이 아니라, IT 운영 또는 기타 내부 및 외부 고객에게 혼돈이나 혼란을 야기하지 않고 전체 가치 흐름을 통해 작업이 원활하고 빈번하게 전달되도록 적극적으로 확인한다.

또한 QA, IT 운영 및 정보 보안은 항상 팀의 마찰을 줄이는 방법을 강구해 개발자의 생산성을 높이고 더 나은 결과를 얻을 수 있는 업무 시스템을 구축한다. QA, IT 운영 및 정보 보안의 전문 지식을 개발팀과 자동화된 서비스 도구 및 플랫폼에 추가함으로써 팀은 다른 팀에 의존하지 않고 일상 업무 속에서 전문 지식을 활용할 수 있다.

이를 통해 조직은 소규모 팀이 독립적으로 코드와 가치를 빠르고 안전하며 빈틈없고 안정적으로 고객에게 개발, 테스트 및 배포할 수 있는 안전한 업무 시스템을 구축할 수 있다. 이로써 조직은 개발자의 생산성을 극대화하고 조직 학습을 가능하게 하며 높은 직원 만족도를 창출해 시장에서 승리할 수 있다.

모두가 데브옵스에서 비롯된 결과다. 대부분은 아직 이런 세상을 경험하지 못했다. 우리가 일하는 시스템은 때때로 고장이 나서 우리의 잠재력에 한참 못 미치는 몹시 나쁜 결과를 낳기도 한다. 우리 세상에서는 개발과 IT 운영이 적이다. 테스트와 정보 보안 활동은 프로젝트가 끝날 시점에 일어나는데 이때는 발견된 문제를 해결하기에 너무 늦다. 그리고 거의 모든 중요한 활동은 너무 많은 수작업과 너무 많은 이관 업무가 필요해 항상 기다려야 한다. 그로 인해 어떤 일을 완료하기까지 매번 긴 리드 타임이 발생할 뿐 아니라, 우리가 하는 작업의 질, 특히 운영에 대한 배포도 문제시되고 혼란스러워서 고객과 비즈니스에 부정적 영향을 끼친다.

그 결과 우리는 목표에 크게 미달하고 조직 전체가 IT 성과에 불만을 품어 예산 삭감이 이뤄지며, 프로세스와 결과를 바꿀 힘이 없다고 좌절감을 느끼는 불행한 일꾼으로 전락한다.[1] 해결책은? 일하는 방법을 바꿔야 한다. 데브옵스는 앞으로 나가는 최고의 방법을 보여줄 것이다.

데브옵스 혁명의 잠재력을 더 잘 이해하기 위해 1980년대 제조업 혁명을 살펴보자. 린 원칙과 프랙티스를 채택한 제조 분야의 조직은 공장 생산성과 고객 리드 타임, 제품 품질 및 고객 만족도를 획기적으로 개선해 시장에서 승리할 수 있었다.

혁명 이전에는 제조 공장의 평균 주문 리드 타임이 6주였으며 주문의 70% 미만이 제시간에 배송됐다. 2005년 린 프랙티스를 널리 시행하면서 평균 제품 리드 타임을 3주 미만으로 떨어뜨렸고 주문의 95% 이상을 시간에 맞게 배송했다. 린 프랙티스를 구현하지 않은 조직은 시장 점유율을 잃었고 많은 조직이 완전히 파산했다.

---

1 이것은 일반적인 IT 조직에서 발견되는 문제의 작은 사례일 뿐이다.

마찬가지로 기술 제품과 서비스를 제공하는 기준이 올라갔다. 과거 수십 년 동안 충분히 좋았던 것이 지금은 충분하지 않다. 지난 40년 동안 전략적인 비즈니스 역량과 기능을 개발하고 배포하는 데 필요한 비용과 시간의 자릿수가 감소했다. 1970년대와 1980년대에는 대부분 새로운 기능을 개발 및 배포하는 데 1년에서 5년이 필요했고 종종 수천만 달러의 비용을 사용했다.

2000년대까지 기술의 발전과 애자일 원칙 및 프랙티스 채택으로 새로운 기능을 개발하는 데 필요한 시간은 몇 주 또는 몇 달로 감소했지만 운영 환경에 배포하려면 여전히 몇 주 또는 몇 달이 필요했고 종종 끔찍한 결과를 낳기도 했다.

2010년까지 데브옵스의 도입과 하드웨어, 소프트웨어, 그리고 이제 클라우드의 끝없는 상품화로 인해 기능(및 전체 스타트업 기업)을 몇 주 만에 생성해 단 몇 시간 또는 몇 분 만에 신속하게 운영 환경에 배포할 수 있으며 이런 조직의 배포는 일상적이면서 위험도 낮았다. 이들 조직은 비즈니스 아이디어를 테스트하는 실험을 수행하며 어떤 아이디어가 고객 및 조직 전체에 가장 큰 가치를 창출하는지 발견하고, 해당 아이디어는 운영 환경에 신속하고 안전하게 배포되는 기능으로 더욱 발전한다.

▼ **표 1** 더 빠르고 더 저렴하고 위험성이 낮은 소프트웨어 개발을 향한 가속화 추세

	1970년대~1980년대	1990년대	2000년대~현재
시대	메인 프레임	클라이언트/서버	상품화 및 클라우드
대표 기술	COBOL, DB2 on MVS 등	C++, Oracle, Solaris 등	Java, MySQL, Red Hat, Ruby on Rails, PHP 등
사이클 타임	1~5년	3~12개월	2~12주
비용	1M~100M 달러	100k~10M 달러	10k~1M 달러
위험	회사 전체	제품군 또는 사업부	제품 피처

실패 비용	파산, 회사 매각, 대량 해고	매출 누락, CIO의 업무	무시할 수 있음

출처: 아드리안 콕크로프트, '벨로시티 및 볼륨(또는 속도가 승리한다)' 플로콘. 샌프란시스코, CA, 2013년 11월 프레젠테이션)

오늘날 데브옵스 원칙 및 프랙티스를 채택하는 조직은 하루에 수백 번 또는 수천 번씩 변경 사항을 배포하기도 한다. 경쟁 우위를 확보하려면 빠른 시장 진출과 가차 없는 실험이 필요한 시대에 빠른 경쟁력을 따라 할 수 없는 조직은 시장에서 더 민첩한 경쟁자들에게 패배할 것이며, 린 원칙을 채택하지 않은 제조 조직과 마찬가지로 완전히 폐업할 수도 있다.

어떤 산업에서 경쟁하든 간에 고객을 확보하고 그들에게 가치를 제공하는 방법은 기술 가치 흐름에 달려 있다. 더 간결하게 표현하자면 GE의 제프 이멜트 최고경영자CEO가 말한 것처럼 '소프트웨어를 비즈니스의 핵심으로 가져오지 않는 모든 산업과 기업은 사라질 것'이다. 마이크로소프트의 기술 연구원인 제프리 스노버는 다음과 같이 말했다. "이전 경제 시대의 비즈니스는 원자를 움직여 가치를 창출했다. 이제 그들은 비트bits를 움직여 가치를 창출한다."

이 문제는 심각성을 과장하는 것 자체가 어렵다. 즉, 우리가 운영하는 산업과 무관하게, 조직의 규모와 상관없이, 영리 회사든 비영리 회사든 상관없이 모든 조직에 영향을 준다. 이제는 어느 때보다 기술 관련 작업을 어떻게 관리하고 수행할지가 조직이 시장에서 승리할 것인지 또는 살아남을 것인지를 결정한다. 다양한 상황에서 우리는 지난 수십 년 동안 성공적으로 우리가 적용해온 것과는 매우 다른 원칙과 프랙티스를 채택할 필요가 있다. (부록 1 참조)

지금까지 데브옵스가 해결할 문제의 긴급성을 살펴봤다. 이제는 문제의 총체적 징후, 즉 그것이 왜 발생하는지, 왜 극적인 개입이 없다면 시간이 흐르면서 문제가 악화되는지를 더 자세히 탐구해 보자.

문제: 여러분 조직은 어딘가 개선이 필요하다 (그렇지 않다면 이 책을 읽지 않을 것이다)

대부분 조직은 몇 주 또는 몇 달이 아닌 몇 분 또는 몇 시간 내에 운영 환경에 변경 사항을 배포할 수 없다. 또한 하루에 수백, 수천 가지의 변경 사항을 운영 환경에 배포할 수도 없다. 대신 매달 또는 분기별로 배포하려고 노력한다. 운영 환경 배포가 일상적인 일도 아니며 운영 중단과 만성적인 진화 작업 또는 비장함을 동반한 작업이 수반된다.

경쟁 우위 획득을 위해 빠른 시장 출시 시간, 높은 서비스 수준, 그리고 적극적인 실험을 하는 시대에 전통 조직들은 상당한 경쟁적 불이익을 받을 수밖에 없다. 대부분 기술 조직이 자체적으로 핵심적이고 만성적인 갈등을 해결하기 어렵기 때문이다.

핵심적인 고질적 갈등

거의 모든 IT 조직에서 개발 및 IT 운영 사이에 내재적인 충돌이 발생하면서 악순환에 빠져든다. 이로 인해 신제품 및 새로운 기능 출시가 점점 느려지고, 품질 저하, 운영 중단 사태가 증가하며 무엇보다 기술 부채^{technical debt} 양이 계속 증가한다.

'기술 부채'라는 용어는 워드 커닝햄이 처음 만들었다. 금융 부채와 유사하게 기술 부채는 어떻게 결정을 내리느냐에 따라 시간이 지나면서 수정하기가 점점 더 어려워지고 미래에 취할 수 있는 선택권이 지속적으로 감소하는 문제가 발생한다. 심지어 현명하게 대처하더라도 여전히 이자를 부담해야만 한다.

기술 부채를 부추기는 한 가지 요인은 개발 및 IT 운영이라는 경쟁적 목표 간 갈등이다. IT 조직은 많은 것을 책임진다. 그중에는 동시에 추구해야 하는 다음 두 가지 목표가 있다.

- 급변하는 경쟁 환경에 대응
- 고객에게 지속적으로 안전하고 믿을 수 있는 서비스 제공

종종 개발은 가능한 한 빨리 시장의 변화에 대응하고 신규 요건과 변경 사항을 운영 환경에 배포할 책임을 진다. IT 운영은 고객에게 지속적으로 신뢰할 수 있고 안전한 IT 서비스를 제공하기 위해 운영 환경을 위태롭게 할 수 있는 변경의 유입을 어렵게 하거나 심지어 불가능하게 만드는 책임을 진다. 이런 형태의 개발 및 IT 운영은 완전히 정반대의 목표와 동기를 갖는다.

제조 경영 운동의 창시자 중 한 명인 엘리야후 골드렛 박사는 이런 유형의 구성을 '핵심적이며 고질적인 갈등'이라고 불렀다. 서로 다른 각 조직의 지표와 보상이 전체적인 조직 목표의 달성을 방해하기 때문이다.[2]

이런 갈등은 IT 조직 내·외부에서 원하는 비즈니스 성과 달성을 방해할 정도로 강력한 문제를 만든다. 만성적 갈등은 기술 인력들이 제품 관리, 개발, QA, IT 운영, 정보 보안의 어느 조직에 속해 있든 상관없이 해결책이나 진화 작업 또는 긴장감 있는 작업에 빠지게 할 뿐만 아니라 부실한 소프트웨어 및 서비스 품질, 고객에 대한 나쁜 결과로 이어지게 만든다 (부록 2 참조).

악순환의 고리
대부분 IT 실무자에게는 친숙하지만 악순환의 고리로 이어질 수 있는 3가지 활동이 있다.

---

2 제조 분야에서는 고객에게 정시 배송을 보장하는 동시에 비용을 관리해야 하는 고질적인 갈등이 존재했다. 이와 같은 핵심적이고 만성적인 갈등이 만드는 악순환의 고리가 어떻게 깨졌는지에 대해 부록 2에 기술했다.

첫 번째 활동은 IT 운영에서 시작한다. 우리 목표는 조직이 고객에게 가치를 제공할 수 있도록 애플리케이션과 인프라를 계속 운영하는 것이다. 그런데 애플리케이션과 인프라는 제대로 된 문서도 없고 복잡하며 문제를 만드는 근원이기도 하다. 시간이 조금만 더 있다면 문제의 근원을 고치겠다고 항상 약속하지만, 실상은 우리가 끊임없이 안고 살아가는 기술 부채와 회피일 뿐이다. 개선의 시간은 절대로 오지 않는다.

취약한 애플리케이션과 인프라의 운영은 가장 중요한 수익 창출 시스템이나 위험한 프로젝트에도 관여돼 있다. 즉, 가장 중요한 것이 실패하기 매우 쉬울 뿐만 아니라 아주 시급한 변화의 중심에 서 있는 것이다. 이런 활동이 실패하면 고객 서비스에 대한 가용성, 고객 데이터 보안, 수익 목표, 정확한 재무 보고 등과 같이 우리에게 가장 중요한 조직적 목표를 위태롭게 만든다.

두 번째 활동은 누군가가 최근에 지키지 못한 약속을 보상해야 할 때 시작된다. 그 사람은 더 크고 더 대담한 기능을 약속하면서 고객을 현혹하는 제품 책임자이거나, 훨씬 더 큰 수익 목표를 달성하려는 기업 임원일 수 있다. 기술이 무엇을 할 수 있고 할 수 없는지, 또는 어떤 요인들이 약속을 놓치게 만드는지 의식하지 못한 채 새로운 약속을 이행하려고 기술 조직을 활용한다.

그 결과 개발 조직은 새로운 기술적 난제를 해결하는 동시에 약속된 출시일을 맞추기 위해 불가피하게 지름길로 가는 긴급한 프로젝트를 수행하면서 궁극적으로 기술 부채에 더욱 시달리게 만든다. 물론 시간이 더 있다면 어떤 문제도 해결하겠다고 약속하면서….

이것은 모든 것이 조금씩 더 어려워지는 세 번째이자 마지막 활동 무대가 된다. 모든 사람은 점점 더 바빠지고, 작업 시간이 더 오래 걸리고, 의사소통은 더 느려지고, 작업 대기열은 조금 더 길어진다. 업무는 더욱 밀접하게 연관되면서 작은 행동들은 더 큰 실패를 야기하고 사람들은 변화를 만드는 것에 대해 더 두려워하고 덜 관대해진다. 작업에는 더 많은 의사소통, 조정 및 승인이 기다린다. 팀들은 의존적인 작업이 끝나기를 조금 더 기다린다. 그리고 품질은 계속 나빠진다. 바퀴가 더욱 천천히 돌아가기 시작하면 회전을 시키기 위해 더 큰 노력이 있어야 한다. (부록 3 참조)

당장은 보기 어렵지만 한 걸음 물러서면 악순환의 고리가 뚜렷이 보이기 시작한다. 운영 환경에 코드 배포가 완료되기까지 몇 분에서 몇 시간으로, 다시 몇 주까지 점점 더 오래 걸린다. 설상가상으로 배포 결과에 문제가 나타나면서 고객에게 영향을 주는 운영 중단이 계속 증가하고, 운영 부서에서는 더 많은 긴박한 작업과 진화 작업을 수행하면서 기술 부채를 상환할 수 있는 능력은 더욱 빠르게 사라진다.

그 결과 제품 개발 주기는 계속해서 느려지며 점점 더 적은 수의 프로젝트가 수행되고 프로젝트에 대한 야심도 줄어든다. 게다가 모든 사람의 작업에 대한 피드백이 점점 더 느려지고 약해진다. 특히 고객에게서 오는 피드백 신호는 더욱 그렇다. 우리가 무엇을 시도하든 상황은 더 나빠진다. 변화하는 경쟁 환경에 더는 신속하게 대응할 수 없고 고객에게 안정적이고 신뢰할 수 있는 서비스를 제공할 수도 없다. 결국 시장에서 패배한다.

우리는 IT가 실패하면 조직 전체가 실패한다는 것을 몇 번이고 배운다. 스티븐 스피어가 그의 저서 『The High-Velocity Edge』(McGrawHill, 2010)에서 언급했듯이 '손해는 소모성 질환처럼 천천히 드러난다'. 또는 '강렬한 충돌처럼…. 완전하게 파괴될 수 있다'.

왜 악순환은 모든 곳에서 나타나는 걸까?

이 책의 저자들은 파괴적인 악순환이 모든 유형과 크기의 수많은 조직에서 일어나는 것을 10년 이상 봐왔다. 우리는 왜 이런 문제가 나타나는지, 그리고 그것을 완화하기 위해 왜 데브옵스 원칙이 필요한지 어느 때보다도 잘 이해한다. 첫째, 앞에서 언급한 바와 같이 모든 IT 조직은 상반되는 두 가지 목표를 갖는다. 둘째, 모든 기업은 기술을 잘 알든 모르든 기술에 영향을 받는다.

소프트웨어 임원이자 데브옵스의 초기 연대기 작가 중 한 명인 크리스토퍼 리틀은 이렇게 말했다. "모든 회사는 어떤 사업에 종사하고 있든 상관없이 기술 회사다. 은행은 그저 은행 면허를 가진 IT 기업일 뿐이다."[3]

사실인지 확인하기 위해서 많은 자본이 투입되는 프로젝트가 IT에 어느 정도 의존하고 있다는 점을 생각해보자. "IT 변화를 전혀 가져오지 않는 사업 결정은 사실상 불가능하다"라는 말이 있다.

비즈니스와 재무 관점에서 볼 때 프로젝트는 조직 내부 변화를 위한 주요 메커니즘 역할을 하므로 중요한 의미가 있다. 프로젝트는 일반적으로 경영진이 승인하고 예산을 책정하며 책임을 진다. 따라서 성장하거나 심지어 축소되더라도 프로젝트는 조직의 목표와 포부를 달성하는 메커니즘인 것이다.[4]

프로젝트는 일반적으로 자본 지출(즉, 공장, 장비 및 주요 프로젝트, 그리고 투자 회수 기간이 수년 걸릴 것으로 예상되는 경우 지출을 자산으로 계상한다)을 통해 자금을 지원받으며 그중 50%는 기술과 관련이 있다. 에너지, 금속, 자원 적출, 자동차, 건설 분야처럼 기술에 대한 지출이 적은 '저 기술' 산업 분야에서도 마찬가지다. 즉, 비즈니스 리더들은 목표 달성을 위해 그들이 생각한 것보다 IT의 효과적인 관리에 훨씬 더 의존하고 있다.[5]

3　2013년 유럽 은행 HSBC는 구글보다 소프트웨어 개발자를 더 많이 고용했다.

4　일단 소프트웨어를 '프로젝트'로서, 혹은 '제품'으로서 자금을 지원해야 하는가에 대한 논의는 중단하기로 하자. 책의 뒷부분에서 논의한다.

5　예를 들어 버논 리처드슨 박사와 그의 동료들은 놀라운 발견을 발표했다. 그들은 184개 공기업에 대한 미 정부 발간 연례 보고서를 기반으로 공기업을 다음 3개 그룹으로 나눴다. A)IT 관련 결함 및 자재 수급에 하자가 있는 기업, B)IT 관련 결함은 없고 자재 수급에 하자가 있는 기업, C)자재 수급에 문제없는 '청정 기업'이다. A그룹 기업들은 C그룹보다 CEO 이직률이 8배나 높았고, CFO 이직률도 4배 높았다. IT는 우리가 일반적으로 생각하는 것보다 훨씬 더 중요할 수 있다.

비용: 사람과 경제

사람들, 특히 개발 후반부에 있는 사람들이 오랫동안 이런 악순환에 갇혀 있을 때 그들은 미리 실패가 정해져 있어 결과를 바꿀 힘이 없게 하는 시스템에 갇혀 있다고 느낀다. 이런 무력감은 종종 피로와 냉소, 그리고 절망과 자포자기와 연관된 감정과 함께 번아웃이 나타난다.

심리학자들은 무력감을 일으키는 시스템을 만드는 것이 우리가 사람들에게 할 수 있는 해로운 일 중 하나라고 주장한다. 우리는 다른 사람들이 자신의 결과를 통제할 수 있는 능력을 빼앗고 심지어 사람들이 처벌이나 실패 또는 자신의 생존을 위험에 빠뜨릴지도 모른다는 두려움 때문에 옳은 일을 하는 것을 두려워하는 문화를 만들어낸다. 이것은 학습된 무력감 learned helplessness의 조건이 될 수 있으며 미래에 같은 문제에 대처할 의지가 없거나 행동할 수 없다.

직원들에게 무력감은 긴 근무시간, 주말 근무, 그리고 직원뿐 아니라 가족과 친구를 포함해 그들에게 의존하는 모든 사람의 삶의 질 저하를 의미한다. 이런 일이 벌어지면 뛰어난 사람들이 회사를 나가는 것은 놀랄 일이 아니다(의무감 때문에 떠날 수 없다고 느끼는 사람들을 제외하고).

현재 작업 방식과 함께 느낄 수 있는 인간의 고통 외에도 우리가 창출할 수 있는 가치의 기회비용은 엄청나다. 저자들은 매년 약 2조 6천억 달러의 가치 창출을 우리가 손해 보고 있다고 믿는다. 이것은 이 글을 쓸 당시 세계 6위의 경제 대국인 프랑스의 연간 경제 생산량과 맞먹는다.

다음 계산을 생각해보자. IDC와 가트너 모두 2011년에 전 세계 국내 총생산(3조1천억 달러)의 약 5%가 IT(하드웨어, 서비스 및 통신)에 지출됐다고 추정했다. 3조 1천억 달러 중 50%가 운영 비용과 기존 시스템 유지에 사용됐고, 그 50%의 1/3이 긴급하고 계획되지 않은 작업이나 재작업에 사용됐다고 추정하자. 대략 5천 2백억 달러를 낭비한 것이다.

만약 데브옵스를 채택함으로써 더 나은 관리와 더 나은 운영의 우수성으로 낭비를 반으로 줄이고 인간의 잠재력을 5배 가치로 재배치할 수 있다면(보수적으로 볼 때) 매년 2조 6천억 달러의 가치를 창출할 수 있다.

데브옵스 시대: 더 나은 방법이 있다.

앞부분에서는 조직 목표를 달성할 수 없는 무능력부터 동료에게 끼치는 피해까지 핵심적인 고질적 갈등으로 인한 현상 유지의 문제와 부정적인 결과를 기술했다. 이런 문제를 해결함으로써 데브옵스는 놀랍게도 조직 성과를 개선하고 다양한 기술 역할(예를 들어 개발, QA, IT 운영, 정보 보안)의 목표를 달성하며 사람들의 상태를 개선해준다.

이처럼 흥미진진하고 희귀한 조합은 왜 데브옵스가 그렇게 짧은 시간 동안 기술 리더, 엔지니어, 그리고 우리 대다수의 소프트웨어 생태계를 포함한 많은 사람에게 흥분과 열정을 불러일으켰는지 설명해 줄 수 있을 것이다.

데브옵스로 악순환 파괴하기

이상적이라면 개발자로 구성된 소규모 팀은 독자적으로 기능을 구현하고, 운영과 유사한 환경에서 정확성을 검증하며, 코드를 빠르고 안정적이고 안전하게 운영 시스템에 배포한다. 코드 배포는 일상적이고 예측 가능하다. 금요일 자정에 배포를 시작하고 주말 내내 배포를 완료하는 것이 아니다. 모든 사람이 이미 사무실에 있고 고객이 눈치채지 못하는 영업일 중에 배포를 진행한다. 고객이 자신들을 기쁘게 하는 새로운 기능과 버그 수정을 볼 때는 예외다. 또한 업무일 중간에 코드를 배포함으로써 수십 년 만에 처음으로 IT 운영은 다른 사람들처럼 정상 업무 시간 동안 근무한다.

프로세스의 모든 단계에서 빠른 피드백 루프를 생성하기 때문에 사람들은 즉시 그들의 행동이 미치는 영향을 볼 수 있다. 버전 관리 시스템에 변경 사항이 커밋 될 때마다 신속하게 자동화된 테스트가 운영과 유사한 환경에서 실행되고, 코드와 환경이 설계된 대로 작동하며 항상 안전하고 배포 가능한 상태에 있음을 지속적으로 보장한다.

자동화된 테스트는 개발자들이 실수를 빨리 발견하는 데 도움이 된다 (대개 몇 분 이내에). 그래서 더 빠른 수정과 올바른 학습이 가능하다. 즉, 6개월 후 통합 테스트 중에 오류가 발견되면 원인과 결과 사이의 기억이 이미 오래전에 희미해진 상황에서는 학습이 불가능하다. 따라서 기술 부채를 발생시키는 대신 전체 목표가 지엽적 목표보다 중요하기 때문에 필요하다면 조직 전체를 동원해 문제를 발견하는 대로 수정한다.

운영 환경 어디에나 존재하는 모니터링 체계가 문제를 신속하게 감지하고 수정할 수 있도록 조치하면서 모든 것이 의도한 대로 작동하고 고객이 우리가 만든 소프트웨어에서 가치를 얻고 있음을 확인한다.

이런 시나리오라면 모든 사람이 생산적이라는 느낌이 든다. 적절히 구분된 아키텍처를 기반으로 소규모 팀은 운영 및 정보 보안의 공통 서비스 플랫폼을 사용하는 다른 팀들의 작업으로부터 안전하고 구조적으로 분리돼 일할 수 있다. 많은 양의 늦고 긴급한 재작업으로 항상 사람들을 기다리게 하는 대신 팀들은 작은 배치로 독립적이고 생산적으로 일하며 고객에게 새로운 가치를 빠르게 자주 전달한다.

다크 런치[Dark Launch][6] 기법을 사용함으로써 이미 출시된 제품에 대한 피

---

6   다크 런칭(Dark Launching)이라고도 한다. 기능을 일부 사용자에게 출시한 후 사용자가 어떻게 반응하는지 확인하고, 그에 따라 기능을 개선하는 방식을 나타내는 말이다. 프로젝트 관리자나 QA가 애플리케이션 상태를 모니터링하는 것과 비슷하지만 다크 런치는 전적으로 하나의 새로운 기능에 초점을 둔다. 지속적인 배포 방식은 기능을 릴리스할 때 이전 방식보다 더 자주 배포한다. 이때 다크 런치는 빠르게 배포하면서도 애플리케이션의 품질을 유지하는 방법의 하나다. - 옮긴이

처 릴리스도 일상화된다. 출시일 훨씬 전에 내부 직원과 실제 사용자로 이뤄진 소규모 집단을 제외한 모든 사람이 모르도록 새로운 기능에 필요한 코드를 운영 환경에 배포해, 원하는 비즈니스 목표를 달성할 때까지 기능을 테스트하고 개선한다.

그리고 새로운 기능이 작동하도록 며칠 또는 몇 주 동안 진화 작업을 하는 대신 기능을 전환하거나 구성 설정만 변경한다. 이런 작은 변화로 점점 더 많은 고객이 새로운 기능을 볼 수 있고 문제가 발생하면 자동으로 롤백이 가능해진다. 결과적으로 릴리스는 제어 및 예측이 가능하고 되돌릴 수 있으며 스트레스가 줄어든다.

차분해진 것이 단지 피처 릴리스만은 아니다. 모든 종류의 문제가 더 작고 더 저렴하고 수정하기 쉬울 때 일찍 발견돼 수정된다. 또한 모든 해결 과정 가운데 문제가 반복되지 않도록 조직적인 학습을 하면서 나중에는 유사한 문제를 더 빨리 감지하고 수정할 수 있다.

게다가 사람들은 과학적 방법을 사용하면서 어떤 것도 당연하게 여겨지지 않도록 하는 가설 중심의 문화를 키우며 끊임없이 배울 수 있다. 즉, 실험으로 측정하고 검증하지 않고는 어떤 제품 개발이나 프로세스 개선을 하지 않는다.

모든 사람의 시간이 소중하므로 고객이 원하지 않는 피처를 구축하거나 작동하지 않는 코드를 배포하거나 실제 문제의 원인이 아닌 것을 고치는 데 오랜 시간을 허비하지 않는다.

목표 달성에 신경 쓰기 때문에 목표 달성을 책임지는 장기적인 팀을 만든다. 개발자들이 작업에 대한 피드백을 받지 않거나 릴리스 후에 재배치되고 이리저리 뒤섞이는 프로젝트팀 대신 팀을 그대로 유지해 목표를 더 잘 달성하도록 학습을 통해 반복하고 개선할 수 있게 한다. 외부 고객을 위해 문제를 해결하는 제품 관련 팀뿐만 아니라 다른 팀의 생산성과 안전, 보안을 향상시키는 데 도움 주는 내부 플랫폼팀도 마찬가지다.

공포 섞인 문화 대신에 사람들이 위험을 감수하는 것에 보상받는 신뢰가 높고 협력적인 문화를 갖는다. 그들은 문제를 숨기거나 뒷전으로 미루는 것과는 반대로 두려움 없이 말할 수 있다. 문제를 해결하려면 문제를 제대로 봐야 한다.

모든 사람이 자신의 업무 품질에 완전한 책임을 지기 때문에 고객에게 영향을 미치기 훨씬 전에 문제가 해결된다는 확신을 얻는다. 또한 동료 검토를 수행하고 일상 업무 속에 자동화된 테스트 환경을 구축한다. 이런 과정은 멀리 있는 담당자들의 승인과는 달리, 위험을 완화하면서 신속하고 안정적이며 안전하게 가치를 제공한다. 심지어 회의적인 감사관auditor에게조차 우리가 효과적인 내부 통제 시스템을 갖추고 있음을 입증하는 것이다.

일이 잘못되면 우리는 누구를 벌하기 위해서가 아니라 사고를 일으킨 원인과 예방법을 더 잘 이해하기 위해서 남을 탓하지 않는 사후 조사를 수행한다. 이런 과정은 조직의 학습 문화를 강화한다. 또한 기술을 향상하고 모든 사람이 항상 가르치고 배우도록 내부 기술 회의를 개최한다.

우리가 품질에 신경을 쓰기 때문에 운영 환경에 결함을 주입해 어떻게 시스템이 고장 나는지를 미리 계획해서 알 수 있다. 대규모 실패를 연습하고 무작위로 프로세스와 운영 서버를 파괴하며 네트워크 지연 시간 및 기타 문제를 일으키는 행동을 시도해 우리가 더욱 탄력적으로 성장하기 위해 계획된 연습을 수행한다. 이를 통해 우리는 조직적인 학습과 개선뿐만 아니라 더 나은 복원력을 얻는다.

이런 상황 속에서는 모든 사람이 기술 조직에서 자신이 맡은 역할과 상관없이 일에 대한 책임감을 지닌다. 그들은 자신의 업무가 중요하며 스트레스를 덜 받는 업무 환경 속에서 시장에서 조직의 성공으로 증명된 조직 목표에 의미 있게 기여하고 있다는 자신감을 얻는다. 증거는 그 조직이 시장에서 정말로 승리하고 있다는 것이다.

데브옵스의 비즈니스 가치

우리는 데브옵스의 비즈니스적 가치에 대한 결정적 증거가 있다. 2013년부터 2016년까지 제즈 험블과 진 킴이 기여한 퍼펫 랩의 데브옵스 상태 보고서 일환으로, 데브옵스 채택의 모든 단계에서 조직의 건강과 습관을 더 잘 이해하는 것을 목표로 2만 5천 명이 넘는 기술 전문가로부터 데이터를 수집했다.

데이터를 통해 밝혀진 첫 번째 놀라운 사실은 데브옵스 프랙티스를 사용하는 고성과 조직들이 다음에 제시한 사항에 대해 비(非)고성과 기업들보다 얼마나 뛰어난가 하는 점이다.

- 처리량 지표
- 코드 및 변경 배포(30배 더 빈번)
- 코드 및 변경 배포 리드 타임(200배 빠른 속도)
- 신뢰성 지표
- 운영 환경 배포(6배 더 높은 변경 성공률)
- 평균 서비스 복원 시간(168배 빠름)
- 조직 성과 지표
- 생산성, 시장 점유율 및 수익성 목표(두 배 이상 초과)
- 시가 총액 증가(3년간 50% 증가)

다시 말해 높은 성과를 내는 기업들은 더 민첩하고 더 신뢰할 수 있었으며 데브옵스가 핵심적인 고질적 갈등을 깨뜨릴 수 있다는 경험적 증거를 제공했다. 이들은 코드를 30배 더 자주 배포했고 '커밋 된 코드'에서 '운영 환경의 성공적 실행'으로 전환되는 데 필요한 시간은 200배 더 빨랐다. 고성과 기업들은 측정된 리드 타임이 단 몇 분 또는 몇 시간이지만, 저성과 기업들은 몇 주, 몇 달, 심지어 여러 분기에 걸친 리드 타임을 갖고 있었다.

그뿐만 아니라 높은 성과를 올린 조직들은 수익성, 시장 점유율, 생산성 목표를 두 배 초과할 가능성이 컸다. 주식 시세를 제공하는 기관들을 보면 높은 실적을 내는 기업들이 3년 동안 시가 총액 기준 50% 더 높게 성장한 것으로 나왔다. 또한 해당 기업들은 더 높은 직원 일자리 만족도와 낮은 직원 번아웃률을 보였고 조직을 친구에게 일하기 좋은 곳으로 추천할 가능성이 2.2배 더 높았다.[7] 고성과 기업은 또한 정보 보안 성과가 더 좋았다. 보안 목표를 개발 및 운영 프로세스의 모든 단계에 통합함으로써 보안 문제를 해결하는 데 걸리는 시간을 50% 단축했다.

데브옵스는 개발자 생산성을 높여준다

개발자 수를 늘리면 의사소통, 통합, 테스트 부하 등으로 개별 개발자 생산성이 크게 떨어질 때가 많다. 이는 프레드릭 브룩의 유명한 저서인 『맨먼스 미신』(인사이트, 2015)에 잘 나타나 있다. 브룩은 프로젝트가 늦을 때 더 많은 개발자를 추가하는 것은 개별 개발자의 생산성을 떨어뜨릴 뿐만 아니라 전반적인 생산성도 떨어뜨린다고 설명한다.

한편 데브옵스는 우리가 올바른 아키텍처, 올바른 기술 프랙티스, 올바른 문화 규범을 가질 때 개발자로 구성된 작은 팀들이 신속하고 안전하며 독립적으로 변경 사항을 개발하고, 통합하고, 테스트하고, 운영 환경에 배포할 수 있다는 것을 보여준다. 구글의 엔지니어링 임원으로 일했던 랜디 숩이 관찰했듯이 데브옵스를 사용하는 대기업들은 '수천 명의 개발자가 있지만 그들의 아키텍처와 프랙티스는 작은 팀들이 마치 스타트업인 것처럼 여전히 믿을 수 없을 정도로 생산적이다.'

2015년 「데브옵스 상태 보고서」에서는 '일별 배포'뿐 아니라 '개발자당

7　직원 순추천고객지수(eNPS)로 측정한다. 연구에 따르면 '직원 참여율이 높은 기업이 참여율이 낮은 회사보다 2.5배 이상 수익이 높은 것으로 나타났다. 그리고 (공적으로 거래되는) 높은 신뢰의 작업 환경을 가진 회사의 주식은 1997년부터 2011년까지 3배 이상 시장지수를 앞질렀다.'

일별 배포'도 조사했다. 우리는 높은 성과자가 팀 규모의 확대에 따라 배포 횟수를 늘릴 수 있을 것이라는 가설을 세웠다.

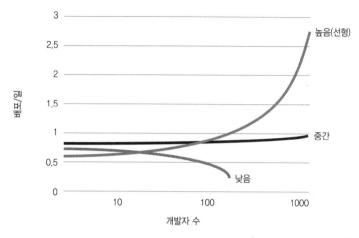

▲ **그림 1** 개발자 수 대비 배포/일(출처: 퍼펫 랩스, 2015 데브옵스 상태 리포트)[8]

실제로 이것이 우리가 발견한 것이다. 그림 1은 낮은 성과자일 때 개발자당 일별 배포는 팀 규모가 커짐에 따라 감소하고, 중간 성과자일 때 일정하게 유지되며, 높은 성과자일 때 선형적으로 증가한다는 것을 보여준다.

즉, 데브옵스를 채택한 조직은 구글, 아마존, 넷플릭스가 한 것처럼 개발자 수를 늘리면서 일별 배포를 선형적으로 늘릴 수 있다.[9]

솔루션의 보편성

린 제조 운동 관련 가장 영향력 있는 책 중 하나는 엘리야후 골드렛 박사가 1984년에 쓴 『더 골: 진행 중인 개선 프로세스』다. 이 책은 전 세계의

---

8 하루에 한 번 이상 배포하는 조직만 표시했다.

9 또 다른 극단적인 예는 아마존이다. 2011년 아마존은 하루에 약 7천 개 배포를 수행하고 있었다. 2015년까지 아마존은 하루에 13만 개 배포를 수행했다.

실무 공장 관리자들에게 영향을 미쳤다. 90일 안에 비용과 제품 납기일을 수정하지 않으면 공장이 문을 닫아야 하는 어느 한 공장 관리자에 관한 소설이었다.

골드렛 박사는 이후 『더 골』에 대한 응답으로 받은 편지들에 관해 이야기했다. 대부분 편지에는 '당신은 분명히 우리 공장에 숨어 있던 게 틀림없어요. 당신이 (공장 관리자로서의) 제 삶을 정확히 묘사했기 때문이지요…'라고 적혀있었다. 편지에서 눈여겨볼 점은 책에 설명된 성과의 돌파구를 실제 작업 환경에 복제할 수 있었다는 것이다.

2013년에 진 킴, 케빈 베어, 조지 스패포드가 함께 완성한 『피닉스 프로젝트』는 『더 골』을 본뜬 작품이다. 이 책은 IT 조직에 만연한 전형적인 문제들, 즉 회사가 살아남기 위해 시장에 진출해야 하는, 예산은 초과하고 일정은 늦어진 프로젝트에 직면한 IT 리더에 관한 소설이다. 주인공은 치명적인 배포, 가용성, 보안 및 규정 준수 문제 등을 경험한다. 궁극적으로 주인공과 그의 팀은 데브옵스 원칙과 프랙티스를 사용해 여러 문제를 극복하면서 조직이 시장에서 승리할 수 있게 만든다. 소설은 또한 데브옵스 프랙티스가 어떻게 팀의 작업 환경을 개선하고 프로세스 전반에 걸쳐 더 많은 실무자의 참여로 인해 더 낮은 스트레스와 더 높은 만족도를 창출했는지를 보여준다.

『더 골』과 마찬가지로 『피닉스 프로젝트』에서 설명한 문제와 해결책의 보편성에 대한 엄청난 증거가 있다. 아마존 리뷰에 등록된 몇 가지 후기를 소개해 본다. 『피닉스 프로젝트』의 등장인물들에 크게 공감했습니다. 직장 경험 속에서 그들 대부분을 만난 적이 있습니다.', 'IT, 데브옵스, 정보보안의 어떤 분야에서 일한 적이 있다면 당신은 틀림없이 이 책에 공감할 것이다.', 『피닉스 프로젝트』에는 나 자신이나 내가 알고 있는 누군가와 동일시하지 않는 캐릭터가 없다…. 각 인물이 직면하고 극복하는 문제들은 말할 것도 없다.'

이 책의 나머지 부분에서는『피닉스 프로젝트』에서 설명한 변화를 재현하는 방법을 서술하고 다른 조직이 이런 결과를 내재화하기 위해 데브옵스 원칙과 프랙티스를 어떻게 사용했는지에 대한 많은 사례 연구를 제공한다.

데브옵스 핸드북: 필수 가이드

『데브옵스 핸드북』의 목적은 데브옵스 시도를 성공적으로 착수하고 원하는 결과를 달성하는 데 필요한 이론, 원칙 및 프랙티스를 제공하는 것이다. 이 지침은 수십 년에 걸친 탄탄한 관리 이론, 고성과 기술 조직에 관한 연구, 조직의 전환을 도왔던 우리의 작업, 데브옵스 프랙티스의 효과를 검증하는 연구에 기초한다. 관련 주제 전문가와의 인터뷰 및 데브옵스 엔터프라이즈 서밋에서 제시된 100건가량의 사례 분석 연구도 포함했다.

이 책은 6개 부분으로 구분해 원래『피닉스 프로젝트』에서 소개된 구체적 관점인 세 가지 방법을 사용한 데브옵스 이론과 원칙을 다룬다.『데브옵스 핸드북』은 기술 가치 흐름(일반적으로 제품 관리, 개발, QA, IT 운영 및 정보 보안 포함)에서 작업을 수행하거나 영향을 주는 사람뿐만 아니라 기술 도입을 시작하는 비즈니스 및 마케팅 리더를 대상으로 한다.

독자는 도메인, 데브옵스, 애자일, ITIL, 린 또는 프로세스 개선에 대한 광범위한 지식을 보유하지 않아도 괜찮다. 이런 주제들은 필요한 경우 책에 설명을 추가했다.

우리 의도는 여러 도메인에서 중요한 개념에 대한 실무 지식을 만들어 실무자가 전체 IT 가치 흐름에서 모든 동료와 협력하고 공통의 목표를 얻을 수 있는 지침서가 돼 필요한 의사소통의 기반을 도입하는 것이다.

이 책은 목표 달성을 위해 기술 조직에 점점 더 의존하는 비즈니스 리더와 이해관계자들에게 가치가 있을 것이다.

또한 이 책은 책에 설명된 모든 문제(예를 들어 긴 배포 리드 타임 또는 고통스러운 배포)를 경험하지 않은 독자들도 대상으로 한다. 이런 행운의 독자들조차 데브옵스 원칙, 특히 공유된 목표, 피드백 및 지속적인 학습과 관련된 원칙을 이해함으로써 혜택을 볼 수 있을 것이다.

파트 1에서는 데브옵스에 대한 간략한 역사를 소개하고 수십 년 이상 이어온 기초 이론과 핵심 테마를 소개한다. 그런 다음 개괄적인 수준에서 세 가지 방법에 대한 원칙인 흐름, 피드백 그리고 지속적인 학습과 실험을 제시한다.

파트 2에서는 어디서 어떻게 시작할지, 그리고 가치 흐름, 조직 설계 원칙 및 패턴, 조직 적응 패턴 및 사례 연구와 같은 내용을 제시한다.

파트 3에서는 배포 파이프라인의 기초를 구축해 흐름을 가속화하는 방법을 설명한다. 즉, 빠르고 효과적인 자동화된 테스트, 지속적 통합, 지속적 전달 및 저위험 릴리스를 위한 아키텍처가 있다.

파트 4에서는 문제를 더 잘 예측하고, 개발과 운영이 안전하게 변경 사항을 배포하며, A/B 테스트를 일상 업무에 통합하고, 작업 품질을 향상하기 위한 검토 및 조정 프로세스를 만들고, 문제를 보면서 해결하기 위해 효과적인 운영 모니터링 환경을 만들고, 피드백을 개선하고 가속화하면서 목표를 달성하는 방법을 논의한다.

파트 5에서는 정의로운 문화를 확립하고 지엽적 발견을 전체 개선으로 전환하며 조직적 학습과 개선을 창출하기 위한 시간을 적절하게 분배해 어떻게 지속적인 학습을 가속화하는지 설명한다.

마지막으로 파트 6에서는 선제적 보안 컨트롤을 공유 소스 코드 저장소와 서비스에 통합하면서 보안을 배포 파이프라인에 통합하고, 텔레메트리를 향상해 탐지 및 복구 기능을 높이고 배포 파이프라인을 보존하며, 변경 관리 목표를 달성해 보안 및 컴플라이언스를 일상 업무에 어떻게 적절하게 통합하는지 설명한다.

500

이런 프랙티스를 코드화함으로써 데브옵스 프랙티스 채택을 가속화하고 데브옵스 내재화의 성공을 증가시키며 데브옵스 전환에 필요한 문턱 낮추기를 희망한다.

도입

『데브옵스 핸드북』 1부에서는 관리 및 기술에서 몇 가지 중요한 움직임의 통합이 어떻게 데브옵스 운동의 발판을 마련했는지 살펴볼 것이다. 여기서 가치 흐름을 설명한다. 특히 기술 가치 흐름에 린 원리를 적용한 결과가 어떻게 데브옵스가 됐는지 밝히고 다음의 세 가지 방법을 설명한다. 흐름, 피드백, 그리고 지속적인 학습 및 실험.

1부의 주요 핵심은 다음과 같다.

- 개발에서 운영으로 그리고 고객으로 작업 전달을 가속화하는 흐름의 원리
- 더욱 안전한 작업 시스템을 만들 수 있는 피드백 원칙
- 지속적인 학습 및 실험의 원칙은 신뢰도가 높은 문화를 촉진하고 일상 작업의 일부로 조직 개선에 따른 위험 관리에 대한 과학적 접근 방식을 고양한다.

간략한 히스토리

데브옵스와 그에 따른 기술적, 구조적, 문화적 프랙티스는 많은 철학적, 관리적 움직임의 융합을 의미한다. 기관마다 이런 원칙을 독자적으로 개

발해 데브옵스가 다양한 조직으로부터 비롯됐다는 것을 이해할 수 있지만, 존 윌리스(이 책의 공동 저자 중 한 사람)가 '데브옵스의 융합'이라고 묘사한 현상은 놀라운 사유와 함께 믿기 힘든 연계를 보여준다. 오늘날 데브옵스 프랙티스로 우리를 이끌어준 것은 다름 아닌 수십 년 전의 오래된 제조, 고신뢰 조직, 고신뢰 관리 모델 등에서 얻은 교훈이다.

데브옵스는 제조 도메인에서의 리더십과 IT 가치 흐름에 가장 신뢰할 수 있는 원칙을 적용한 결과다. 데브옵스는 린, 제약 이론, 도요타 생산 시스템, 리질리언스 공학resilience engineering, 학습 조직, 안전 문화, 인적 요인 등 다양한 지식과 관련 있다. 데브옵스가 끌어낸 또 다른 가치에는 고신뢰 관리 문화, 섬기는 리더십, 조직 변화 관리 등이 있다. 데브옵스 결과는 더 적은 비용과 노력으로 세계적 수준의 품질, 신뢰성, 안정성, 보안성을 얻고, 제품 관리, 개발, QA, IT 운영 및 정보 보안을 비롯한 기술 가치 흐름 전반에 걸친 가속화된 흐름과 신뢰성이다.

데브옵스 토대는 린, 제약 이론, 도요타 카타Kata 운동에서 파생된 것으로 볼 수 있지만 2001년부터 시작된 애자일 소프트웨어 여정의 논리적인 지속으로 보는 시각도 많다.

린 운동(The Lean Movement)

가치 흐름 매핑, 칸반 보드, 전사적 설비 보전 활동TPM, Total Productive Maintenance 기법은 1980년대 도요타 생산 시스템에 맞게 코드화됐다. 1997년에 린 엔터프라이즈 연구소는 서비스나 의료 등 다른 산업의 가치 흐름에 린을 응용하는 연구를 시작했다.

린의 두 가지 주요 교훈은 원자재를 완제품으로 전환하는 데 필요한 제조 리드 타임이 품질, 고객 만족, 직원 행복에 연관된 가장 좋은 변수라는 것과 짧은 리드 타임의 핵심 요인 중 하나가 작은 배치라는 뿌리 깊은 믿음이다.

린 원칙은 목적의 항상성을 창조하고 과학적 사고를 수용한다. 푸시^{Push}가 아닌 풀^{Pull} 흐름을 만들고 원천에서 품질을 보장하고 겸손하게 이끈다. 또한 모든 개인을 존중하고 시스템 사고를 통해 고객에게 가치를 창출하는 방법에 초점을 맞춘다.

애자일 선언문

애자일 선언문$^{THE\ AGILE\ MANIFESTO}$은 2001년에 소프트웨어 개발의 선도적 사상가 17명이 만들었다. 그들은 폭포수 개발과 같은 무거운 소프트웨어 개발 프로세스와 RUP$^{Rational\ Unified\ Process}$ 같은 방법론에 대항하는 가벼운 가치와 원칙을 만들고 싶었다.

한 가지 핵심 원칙은 대규모의 폭포수 릴리스 대신 작은 배치 크기의 점진적 릴리스를 강조하면서 '더 짧은 주기를 선호하며 동작하는 소프트웨어를 2주에서 2개월 단위로 자주 전달하는 것'이었다. 다른 원칙들은 신뢰도가 높은 관리 모델에서 소규모의 자율적 팀의 필요성을 강조했다.

애자일은 많은 개발 조직의 생산성을 크게 향상한 것으로 알려져 있다. 흥미롭게도 데브옵스 역사의 주요 순간들이 아래 기술된 바와 같이 애자일 커뮤니티 내에서 그리고 애자일 컨퍼런스에서도 나타났다.

애자일 인프라스트럭처와 벨로시티

캐나다 토론토에서 열린 2008년 애자일 컨퍼런스에서 패트릭 디보이스와 앤드류 쉐이퍼는 애플리케이션 코드와 달리, 인프라에 애자일 원칙을 적용하는 것에 관한 '유유상종$^{birds\ of\ a\ feather}$' 세션을 열었다. 처음에는 그들만 있었지만 공동 저자인 존 윌리스 등 비슷한 생각을 하는 사람들이 빠르게 늘어났다.

이후 2009년 벨로시티 컨퍼런스에서 존 올스퍼와 폴 해먼드는 「하루 10번 배포: 플리커의 개발과 운영의 협력」이라는 발표를 통해 개발과 운영

간 공유 목표를 만들고 배포를 모든 사람의 일상 업무로 만들기 위해 지속적 통합 프랙티스를 사용하는 방법을 설명했다. 현장에 있던 사람들의 말에 따르면 발표회에 참석한 전 인원이 뭔가 심오하고 역사적인 의미가 있는 곳에 있다는 것을 즉시 알 수 있었다.

패트릭 디보이스는 현장에 없었지만 올스퍼와 해먼드의 아이디어에 너무 흥분해 2009년 벨기에 겐트(패트릭이 살던 곳)에서 최초의 데브옵스데이 DevOpsDays를 만들었다. 그리고 '데브옵스DevOps'라는 말이 생겼다.

지속적 전달

지속적 빌드, 테스트, 통합에 기반을 두고 제즈 험블과 데이비드 팔리는 그 개념을 지속적 전달The Continuous Delivery로 확장했다. 코드와 인프라스트럭처를 항상 배포 가능한 상태에 두고 트렁크에 체크인한 모든 코드를 운영 환경에 안전하게 배포할 수 있도록 '배포 파이프라인'의 역할을 정의했다. 이 아이디어는 2006년 애자일 컨퍼런스에서 처음 제시됐으며 이를 기반으로 팀 피츠는 2009년 자신의 블로그를 통해 '지속적 배포Continuous Deployment'라는 말을 전파했다.[1]

도요타 카타(KATA)

2009년 마이크 로터는 『Toyota Kata』(McGraw, 2018)를 썼다. 이 책은 도요타 생산 시스템을 이해하고 명문화하기 위한 저자의 20년간 여정을 반영했다. 로터는 GM의 경영진과 함께 도요타 공장을 방문하며 린 툴킷

---

1 마크 버거스 박사, 루크 캐니스, 그리고 아담 제이콥은 '코드로서의 인프라스트럭처(infrastructure as code)'를 토대로 데브옵스를 확장했다. 코드로서의 인프라스트럭처에서 운영 업무는 자동화되고 애플리케이션 코드처럼 취급되므로 그들의 확장 노력은 개발 흐름의 일환으로 확대돼 적용할 수 있다. 이는 지속적 통합(그래디 부치가 주도한 익스트림 프로그래밍에서 12가지 핵심 프랙티스 중 하나), 지속적 전달(제즈 험블과 데이비드 팔리가 주도), 지속적 배포(엣시, 웰스프론트, IMVU의 에릭 라이즈가 작업) 등과 함께 빠른 배포 흐름을 가능하게 만들었다.

^{Toolkit} 개발을 도왔던 대학원생 중 한 명이었다. 그는 린 프랙티스를 채택한 어느 회사도 도요타 공장에서 관찰했던 성과 수준을 그대로 재현하지 못한 것을 의아해했다.

로터는 '개선 카타^{improvement kaka}'라고 부르는 가장 중요한 프랙티스를 린 커뮤니티가 놓쳤다고 생각했다. 모든 조직에는 작업 루틴이 있으며 개선 카타는 일상적이고 습관적인 개선 작업을 위한 구조를 만들어야 한다고 설명한다. 매일 프랙티스가 결과를 향상하기 때문이다. 바람직한 미래 상태의 확립, 주간 목표 결과의 설정, 일상의 지속적 개선이라는 일관된 반복이 도요타의 발전을 이끈 요인이다.

지금까지 데브옵스의 역사와 데브옵스와 관련된 시도를 기술했다. 이제부터는 파트 1 전체에 걸쳐, 가치 흐름과 린 원칙이 기술 가치 흐름에 어떻게 적용되는지 살펴본다. 또한 흐름, 피드백 그리고 지속적인 학습과 실험이라는 세 가지 방법도 함께 알아본다.

애자일, 지속적 전달, 그리고 세 가지 방법

1장에서는 모든 데브옵스 행위를 도출할 수 있는 세 가지 방법뿐 아니라 린 제조 이론의 토대를 소개한다.

여기서 초점을 맞춘 것은 주로 이론과 원칙이며 데브옵스 프랙티스를 도출한 제조, 신뢰도가 높은 조직, 고신뢰성 관리 모델 및 그 외의 것들로부터 얻은 수십 년의 교훈을 설명한다. 그 결과 발생하는 구체적인 원칙과 패턴, 그리고 기술 가치 흐름에 대한 실용적 활용은 이 책의 나머지 장에 제시했다.

제조 가치 흐름

린의 기본 개념 중 하나는 가치 흐름이다. 가치 흐름을 제조의 맥락에서 정의한 다음 데브옵스와 기술 가치 흐름에 어떻게 적용되는지 추론해 볼 것이다.

캐런 마틴과 마이크 외스털링은 『Value Stream Mapping』(McGraw, 2013)에서 가치 흐름을 '조직이 고객 요청을 이행하기 위해 수행하는 활동의 순서' 또는 '정보 및 자재 흐름을 포함해 고객에게 재화나 서비스를 설계하고 생산하고 전달하기 위한 활동의 순서'라고 정의했다.

제조 분야에서 가치 흐름은 쉽게 보고 관찰할 수 있다. 즉, 고객 주문이 접수되면 원재료를 공장 바닥에 방출하는 것부터 시작한다. 어떤 가치 흐름에서든 빠르고 예측 가능한 리드 타임을 만들려면 유연하고 고른 작업 흐름을 만드는 것에 끊임없이 집중한다. 이때 작은 배치 크기 사용, 진행 중인 작업WIP, Work in process 감소, 후선 작업에 결함을 전가하지 않도록 재작업 방지, 전체 목표를 위한 시스템 최적화 등의 기술이 필요하다.

기술 가치 흐름

물리적 프로세스에서 작업의 빠른 흐름을 만드는 원칙과 패턴은 기술 작업이나 지식 기반 작업에도 동일하게 적용할 수 있다. 데브옵스에서는 일반적으로 기술 가치 흐름을 '비즈니스 가설을 고객에게 가치를 제공하는 기술 지원 서비스로 전환하는 프로세스'로 정의한다.

프로세스 입력은 비즈니스 목적, 개념, 아이디어 또는 가설을 공식화한 것이며 개발 조직이 해당 작업을 받아들여 백로그에 추가하면 일을 시작할 수 있다.

애자일 또는 반복적 프로세스를 따르는 개발팀은 입력을 기반으로 피처Feature와 사용자 스토리User Story를 정의해, 이후에 구축하는 애플리케이션이나 서비스에 들어갈 코드로 구현한다. 그런 다음 코드를 버전 관리 저장소에 체크인해 각 변경 사항을 소프트웨어 시스템의 다른 부분과 통합하고 테스트한다.

가치 창출은 서비스가 운영 환경에서 실행될 때 실현된다. 그러므로 빠른 흐름을 제공하는 것뿐만 아니라 서비스 중단, 서비스 장애, 보안이나 컴플라이언스 실패와 같은 문제를 일으키지 않으면서 배포할 수 있어야 한다.

배포 리드 타임 중시

이 책의 나머지 부분에서는 앞에서 설명한 가치 흐름에서 중요한 배포 리드 타임DEPLOYMENT LEAD TIME에 초점을 맞출 것이다. 가치 흐름은 개발, QA, IT 운영 및 정보 보안에 관여하는 엔지니어[1]들이 버전 관리 시스템에 변경 사항을 체크인할 때 시작되고, 변경이 운영 환경에서 성공적으로 실행될 때 종료되면서 고객에게 가치를 제공하고 유용한 피드백과 함께 텔레메트리를 생성한다.

설계와 개발을 포함하는 작업의 첫 번째 단계는 린 제품 개발과 유사하며 변화가 많고 매우 불확실할 뿐만 아니라 다시는 수행하지 않을 수도 있는 높은 수준의 창의성 있는 작업이 필요하므로 프로세스 시간에 높은 가변성이 나타난다. 이와는 대조적으로 테스트와 운영을 포함하는 2단계 작업은 린 제조와 유사하다. 창의성과 전문성이 필요하며 최소한의 가변성(예를 들어 짧고 예측 가능한 리드 타임, 0에 가까운 결함)으로 작업 결과를 만드는 것을 목표로 두고 예측 가능하면서 기계적으로 될 필요가 있다.

설계·개발 가치 흐름에 이어 테스트·운영 가치 흐름을 통해 순차적인 대규모 작업 배치를 처리하는 대신, 설계·개발과 동시에 테스트 및 운영이 이뤄지도록 해서 빠른 흐름과 높은 품질을 가능하게 만드는 것이 우리의 목표다. 이와 같은 방법은 작은 배치로 일하면서 가치 흐름의 전반에 품질을 구축할 때 성공한다.[2]

리드 타임 vs. 프로세스 타임 정의

린 커뮤니티에서 리드 타임은 가치 흐름의 성과를 측정하는 데 일반적으로 사용하는 두 가지 방법 중 하나다. 다른 하나는 프로세스 타임(때로는

---

1 앞으로 엔지니어는 개발자뿐만 아니라 가치 흐름 안에서 일하는 모든 사람을 말한다.
2 테스트 중심 개발 기법을 사용하면 코드를 작성하기도 전에 테스트가 만들어진다.

터치 타임 또는 작업 시간이라고도 한다)이다.[3]

리드 타임은 요청이 있을 때 시작돼 요청이 이행되면 종료되는 반면, 프로세스 타임은 작업이 대기 중인 시간은 생략한 채 고객 요청에 대한 작업을 시작하면 프로세스 타임도 시작한다(그림 2).

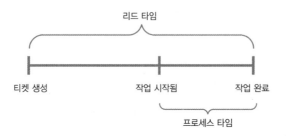

▲ **그림 2** 배포 작업의 리드 타임 대 프로세스 타임

리드 타임은 고객이 느끼는 것이기 때문에 일반적으로 프로세스 타임 대신 리드 타임 개선에 집중한다. 그러나 리드 타임에 대한 프로세스 타임의 비율은 효율성에 대한 중요한 척도로 사용한다. 즉, 빠른 흐름과 짧은 리드 타임을 달성하려면 대기열에 있는 작업 대기 시간을 단축해야 한다.

공통 시나리오: 몇 달이 소요되는 배포 리드 타임

평소 업무에서 배포 리드 타임에 몇 개월이 필요한 상황에 부닥칠 수 있다. 부족한 통합 테스트 환경, 긴 테스트 및 운영 환경 리드 타임, 수동 테스트에 대한 높은 의존성, 그리고 여러 필수 승인 프로세스를 가진 단단하게 결합된 모놀리스^{monolithic} 애플리케이션에 작업하는 대규모의 복잡한 조직에서는 일반적인 일이다. 이럴 때 가치 흐름은 그림 3처럼 복잡할 수 있다.

---

3 카렌 마틴과 마이크 오스터링이 다음과 같이 말한 것처럼 이 책에서도 '프로세스 타임'이라는 용어를 선호한다. "혼란을 최소화하기 위해 우리는 사이클 타임(cycle time)이라는 용어를 사용하지 않는다. 이미 프로세스 타임, 페이스(pace), 빈도(frequency)와 같은 여러 유사한 용어를 사용하고 있다."

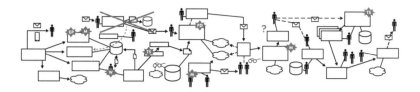

▲ **그림 3** 배포 리드 타임이 3개월인 기술 가치 흐름(출처: 데이먼 에드워즈, '데브옵스 카이젠 (Kaizen)' 2015년)

배포 리드 타임이 길면 가치 흐름의 거의 모든 단계에서 과장된 행동이 필요하다. 프로젝트 마지막에 개발팀의 모든 변경 사항을 통합할 때 아무 것도 작동하지 않아 코드를 제대로 구축하지 않았거나 테스트를 통과할 수 없다는 것을 발견할 수도 있다. 문제를 해결하려면 누가 코드를 잘못 만들었는지, 어떻게 고칠 수 있는지를 결정하기 위해 며칠 또는 몇 주간의 조사가 필요할 수 있다. 중요한 것은 고객 결과가 나쁘다는 점이다.

이상적인 데브옵스: 분 단위 배포 리드 타임

이상적인 데브옵스 환경에서 개발자는 작업에 대해 빠르고 지속적인 피드백을 받으며, 이를 기반으로 빠르고 독립적으로 코드를 구현, 통합 및 검증할 수 있고 코드를 운영 환경에 배포(코드를 직접 또는 타인이 배포)할 수 있다.

즉, 버전 관리 시스템에 작은 코드 변경을 지속적으로 체크인하고 변경 사항에 자동화 및 탐색적 테스트를 수행한 후 운영 환경에 배포한다. 이처럼 변경 사항은 처음 설계대로 운영 환경에서 동작할 것이고 어떤 문제가 있다면 신속하게 감지하고 수정할 수 있다는 높은 자신감을 가질 수 있다.

특히 소규모 팀들이 높은 수준의 자율성을 갖고 작업할 수 있도록 모듈화 및 캡슐화와 함께 느슨하게 결합된 아키텍처를 만들고, 실패를 부분에 한정해 전체 시스템에 혼란을 주지 않을 때 엔지니어는 쉽게 자신감을 얻을 수 있다.

이 시나리오에서는 배포 리드 타임이 분 단위 또는 최악의 경우라도 시간 단위로 끝난다. 그 결과 도출한 가치 흐름 맵은 그림 4와 유사한 형태일 것이다.

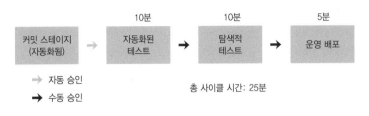

▲ **그림 4** 리드 타임이 분 단위인 기술 가치 흐름

'%C/A'를 기준으로 재작업 식별

리드 타임과 프로세스 타임 외에도 기술 가치 흐름의 세 번째 핵심 기준은 완성과 정확도를 퍼센트로 나타낸 것(%C/A)으로 가치 흐름에서 각 단계의 결과를 품질에 반영한다. 카렌 마틴과 마이크 오스터링은 '%C/A는 고객들에게 '있는 그대로 사용 가능한' 결과를 받는 시간이 어느 정도인지 물어보면 얻을 수 있다'라고 명시했다. 즉, 제공된 정보를 수정하거나 누락된 정보를 추가하거나 정보를 더 개선하지 않고도 기준에 대한 정보를 얻을 수 있다.

세 가지 방법: 데브옵스 기반 원리

『피닉스 프로젝트』는 세 가지 방법을 모든 데브옵스 행동과 패턴이 반영된 기반 원리로 제시한다(그림 5).

첫 번째 방법은 개발에서 운영, 그리고 고객으로 이어지는, 왼쪽에서 오른쪽으로 향하는 작업 흐름을 만든다. 흐름을 극대화하기 위해 작업을 가시적으로 만들고, 배치 크기와 작업 간격을 줄이고, 후선 작업에 결함이 전달되는 것을 방지해 품질을 쌓고, 전체 목표를 지속적으로 최적화할 필요가 있다.

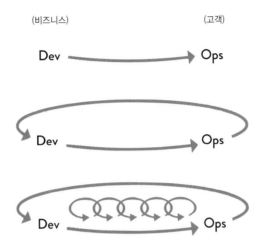

▲ **그림 5** 세 가지 방법(출처: IT 레볼루션 프레스 블로그. '세 가지 방법: 데브옵스 기반 원리' 2016년 8월 9일 접속. http://itrevolution.com/the-three-ways-principles-underpinning-devops/.)

기술 가치 흐름의 속도를 가속화하고, 특히 코드를 운영 환경에 배포하는 데 필요한 시간을 줄여서 내부 또는 고객 요청을 충족하는 리드 타임을 줄인다. 이를 통해 업무의 질 향상은 물론, 처리량을 높이고 경쟁 업체보다 다양한 실험 역량을 높인다.

그 결과 생성되는 프랙티스에는 지속적인 빌드, 통합, 테스트 및 배포, 온디맨드 환경 조성, 진행 중인 작업^{WIP} 제한, 변경에 안전한 시스템 및 조직 구축이 포함된다.

두 번째 방법은 전체 가치 흐름의 오른쪽에서 왼쪽으로 빠르고 지속적인 피드백 흐름을 만든다. 그렇게 하려면 문제가 재발하지 않도록 피드백을 개선하고 상황 감지 및 복구 속도를 높여야 한다. 이렇게 함으로써 각 흐름에 품질을 높이고 필요한 곳에 지식을 만들거나 저장할 수 있다. 일찍 문제를 발견하고 재앙 수준의 실패가 일어나기 훨씬 전에 복구가 가능한 더 안전한 시스템을 만들 수 있다.

문제가 발생하는 순간 문제를 보며 효과적인 대응책이 마련될 때까지 문제에 함께 모여들어 사실상 모든 현대적 프로세스 개선 방법론의 핵심 원칙인 피드백 루프를 지속적으로 단축하고 강화한다. 그렇게 우리 조직이 배우고 개선할 기회를 극대화한다.

세 번째 방법은 성공과 실패를 통해 조직적 학습이 이뤄지도록 지원하며 실험과 위험 감수에 따른 역동적이고 규율적이며 과학적인 접근을 지원하는 생산적이면서 신뢰도가 높은 문화를 만든다. 또한 피드백 루프를 지속적으로 단축하고 강화함으로써 더 안전한 업무 시스템을 만들고, 경쟁자들보다 더 빨리 배우고 시장에서 승리하는 데 도움이 되도록 위험을 감수하며 실험을 더 잘 수행한다.

세 번째 방법의 일환으로 새로운 지식의 효과를 확대해 지엽적 발견을 전체 개선의 기회로 전환할 수 있도록 작업 시스템을 설계한다. 어떤 사람이 어디에서 일을 수행하는지와 관계없이 조직 내의 모든 사람은 누적된 집단 경험을 공유하며 일한다.

결론

1장에서는 가치 흐름 개념 및 리드 타임을 제조 및 기술 가치 흐름의 효과에 대한 핵심 기준 중 하나로 제시했고, 데브옵스를 뒷받침하는 원칙으로 세 가지 방법에 대해 상위 수준에서 설명했다.

2장에서는 세 가지 방법 각각에 대한 원칙을 더 자세히 설명한다. 원칙 중 첫 번째는 흐름이다. 제조업이든 기술 작업이든 어떤 가치 흐름에서든 우리가 어떻게 빠른 작업 흐름을 만들어내느냐에 초점을 맞추고 있다. 빠른 흐름을 가능하게 하는 프랙티스는 3부에 설명했다.

첫 번째 방법: 흐름의 원리

기술 가치 흐름 속에서 작업은 일반적으로 비즈니스와 고객 사이의 영역
인 개발에서 운영으로 이동한다. 첫 번째 방법은 고객에게 신속하게 가치
를 제공하기 위해 개발에서 운영으로의 빠르고 원활한 업무 흐름이 있어
야 한다. 우리는 개발 기능 완료율, 테스트 식별·수정 비율 또는 운영 가
용성 방안과 같은 부분적 목표 대신 전체 목표를 위해 최적화한다.

우리는 작업을 가시적으로 만들고 배치 크기와 작업 간격을 줄이며 후
선 작업에 결함이 전달되는 것을 방지함으로써 품질을 구축해 흐름을 증
가시킨다. 기술 가치 흐름에 대한 속도를 높임으로써 내부 및 외부 고객
요청을 이행하는 데 필요한 리드 타임을 줄여 더욱 민첩하게 경쟁사보다
우위를 확보하는 동시에 업무의 품질을 높인다.

우리 목표는 변경 사항이 운영에 배포되는 데 필요한 시간을 줄이고 서
비스의 신뢰성과 품질을 높이는 것이다. 기술 가치 흐름에서 그 일을 어떻
게 하는지에 대한 단서는 린 원칙이 제조 가치 흐름에 어떻게 적용됐는지
를 통해 얻을 수 있다.

작업 시각화하기

제조 가치 흐름과 비교해 기술 가치 흐름이 가진 중요한 차이점은 작업이 보이지 않는다는 것이다. 제조의 물리적 프로세스와 달리, 기술 가치 흐름에서는 흐름이 방해받고 있는 곳이나 제한된 작업 센터 앞에 작업이 쌓여 있는 것을 보기 어렵다. 그러나 재고는 물리적으로 이동시켜야 해서 작업 센터 사이의 작업 이동은 보통 시각적이며 매우 느리다.

기술 작업에서는 다른 팀에게 작업 티켓을 재할당하는 것과 같은 업무의 이동은 버튼 클릭 한 번으로 가능하다. 이동이 너무 쉽다 보니 불완전한 정보로 팀 간에 작업이 끝없이 이동할 수도 있고, 고객에게 약속한 것을 전달하는 일이 늦어지거나 운영 환경에서 애플리케이션이 실패할 때까지 전혀 보이지 않던 문제가 있는 작업이 후선 작업으로 전달될 수도 있다.

작업이 잘 흘러가는 곳과 작업이 대기 또는 정지된 곳을 알 수 있도록 일을 가능한 한 가시화할 필요가 있다. 칸반 보드나 스프린트 계획 수립 보드 같은 시각적 작업 보드를 사용하는 것이 좋다. 보드를 통해 작업을 물리적 카드나 디지털 카드로 나타낼 수 있다. 작업은 왼쪽에서 시작하며 (백로그에서 꺼내서) 선 작업 구간에서 후 작업 구간으로 이동하고(작업 구간은 열로 표시) 보드의 오른쪽에 도달하면 끝이 난다. 보통은 '완료' 또는 '운영'이라고 적힌 열에서 끝난다.

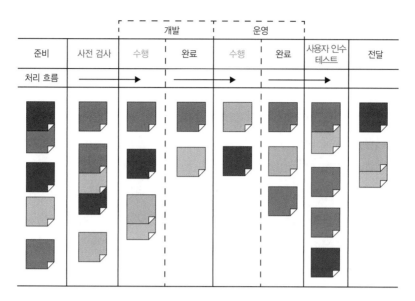

		개발		운영			
준비	사전 검사	수행	완료	수행	완료	사용자 인수 테스트	전달
처리 흐름 →		→		→			

▲ **그림 6** 요구 사항, 개발, 테스트, 스테이징 및 운영에 걸친 칸반 보드의 예(출처: 데이비드 앤더슨 및 도미니카 드그랜디스, IT 운영을 위한 칸반, 워크숍 교육 자료, 2012)

작업이 가시화될 뿐만 아니라 가능한 한 빨리 왼쪽에서 오른쪽으로 작업이 흐르도록 일을 관리할 수 있다. 게다가 우리는 카드를 보드에 놓을 때부터 '완료' 열로 옮길 때까지의 리드 타임을 측정할 수 있다.

이상적이라면 칸반 보드는 전체 가치 흐름에 걸쳐 있고 작업이 보드 우측에 도달할 때만 완료된 것으로 정의한다(그림 6). 개발에서 기능 구현을 완료할 때 작업이 완료된 것이 아니라 애플리케이션이 운영에서 성공적으로 실행돼 고객에게 가치를 제공할 때만 작업이 완료된 것이다.

각 작업 구간의 모든 작업을 대기열queue에 넣고 이를 가시화함으로써 모든 이해관계자는 전체 목표의 맥락에서 작업의 우선순위를 더 쉽게 정할 수 있다. 이를 기반으로 각 작업 구간은 작업이 완료될 때까지 가장 우선순위가 높은 작업에 대해 단일 작업을 수행할 수 있으므로 처리량이 증가한다.

진행 중인 작업(WIP) 제한

제조에서 일과는 보통 정기적으로 생성되는 생산 일정(예를 들어 매일, 매주)에 의해 좌우되며 고객 주문, 주문 마감일, 사용 가능한 부품 등에 따라 어떤 작업을 실행해야 하는지가 정해진다.

기술 분야에서 일은 일반적으로 훨씬 더 역동적이다. 특히 많은 이해관계자의 요구를 충족시키는 공유 서비스가 그렇다. 결과적으로 일과는 중요한 우선순위로 결정된다. 종종 티켓팅 시스템, 장애 신고, 이메일, 전화통화, 채팅, 관리 에스컬레이션 등 가능한 모든 통신 메커니즘으로 급한 작업 요청이 들어오기도 한다.

제조에서 중단 사태는 매우 가시적이고 비용이 많이 들며 새로운 일을 시작하기 위해 현재 업무를 중단하고 진행 중인 불완전한 일을 폐기해야 한다. 이렇게 커다란 노력이 필요하다 보니 중단 사태가 잘 생기지 않는다.

그러나 기술 분야에서는 제조업보다 생산성에 대한 부정적인 영향이 훨씬 더 클 수 있음에도 불구하고 작업이 눈에 보이지 않기 때문에 기술직 엔지니어들을 방해하기가 쉽다. 예를 들어 여러 프로젝트에 배정된 엔지니어는 인지하고 있는 규칙과 목표뿐만 아니라 일에 대한 상황을 재정립해야 하는 대가가 따르는 상황에서도 여러 작업 사이를 이동해야 한다.

기하학적 모양을 정렬하는 것은 간단한 작업이지만 멀티태스킹 multitasking을 할 때 이를 완료하는 시간은 현저하게 떨어진다는 연구 결과가 나왔다. 기술 가치 흐름에서의 작업은 기하학적 형태를 분류하는 것보다 훨씬 더 복잡해서 프로세스 타임에 미치는 멀티태스킹의 영향은 훨씬 더 심각하다.

작업 구간의 각 열에 들어갈 수 있는 카드 수에 상한선을 두는 WIP 제한을 활용한 칸반 보드로 작업을 관리하면 멀티태스킹을 제한하면서 이를 수치화할 수 있다.

예를 들어 테스트 작업 구간의 WIP 제한을 3개 카드로 제한한다. 이미 테스트 구간에 카드가 세 개 있다면 카드 작업을 완성하거나 '작업 중' 구간에서 다시 대기열로 보내지 않는 한(즉, 카드를 다시 왼쪽 칼럼에 넣기) 새로운 카드를 테스트 작업 구간에 투입할 수 없다. 이처럼 모든 작업을 카드에 표현한다면 모든 작업을 가시화할 수 있다.

데브옵스 가치 흐름에 칸반을 사용하는 선도적 전문가 중 한 명인 도미니카 드그랜디스는 '대부분 작업이 실제로 끝날 때까지 얼마나 걸릴지 모르기 때문에 작업 구간의 일 규모를 제어하는 WIP 제한은 리드 타임의 몇 안 되는 주요 지표 중 하나로 매우 강력한 관리 도구'라고 말한다.

WIP를 제한하면 작업 완료를 방해하는 문제를 더 쉽게 볼 수 있다.[1] 예를 들어 WIP를 제한하면 다른 누군가의 작업이 끝나기를 기다리고 있는 상황에서는 할 작업이 없다는 것을 알 수 있다. 비록 새로운 일을 시작하고 싶은 유혹이 있을 수 있지만(즉, '아무것도 하지 않는 것보다 뭔가를 하는 것이 좋다') 무엇이 지연의 원인인지 찾아내 문제를 해결하는 것이 훨씬 더 나은 행동이다. 나쁜 멀티태스킹은 사람들이 여러 프로젝트에 배정될 때 종종 발생하며 많은 우선순위 문제를 야기한다.

『칸반: 기술 비즈니스를 성공시키는 점진적 변화』(BlueHole, 2010)의 저자 데이비드 앤더슨은 말했다. "시작하는 것을 멈춰라. 마무리를 시작하라."

---

1 타이이치 오노는 WIP 제한을 빠른 흐름을 방해하는 모든 문제를 드러내기 위해 재고의 강에서 물을 빼내는 것에 비유했다.

배치 크기 줄이기

매끄럽고 빠른 흐름을 만드는 또 다른 핵심 요소는 작은 배치로 작업을 수행하는 것이다. 린 제조 혁명이 일어나기 전에는 대형 배치 크기로 제조하는 것이 일반적인 프랙티스였다. 작업을 세팅하거나 작업을 전환하는 데 시간이 많이 소요되거나 비용이 많이 드는 운영은 특히 더 그랬다. 예를 들어 대형 자동차 차체 패널을 생산하려면 금속 도장을 찍는 기계에 크고 무거운 형틀을 설치해야 하는데, 이 과정이 며칠 걸릴 수도 있다. 전환 비용이 많이 들다 보니 전환 횟수를 줄여야 하는데, 그러려면 한 번에 많은 패널에 도장을 찍기 위한 큰 배치를 만들어야 했다.

그러나 큰 배치 크기 때문에 WIP는 하늘로 치솟고 제조 공장 전체에 걸쳐 흐름의 변동성이 높아지는 결과가 나타났다. 리드 타임이 길어지고 품질에도 나쁜 영향을 줬으며 하나의 차체 패널에서 문제가 발견되면 전체 배치를 폐기해야 했다.

린에서 얻은 주요 교훈 중 하나는 리드 타임을 줄이고 품질을 높이려면 배치 크기를 축소하기 위해 지속적으로 노력해야 한다는 것이다. 배치 크기에 대한 이론적 하한선은 조립이 없는 하나의 단일 흐름이며 한 번에 한 단위씩 작업을 수행한다.[2]

크고 작은 배치 사이의 극적인 크기 차이는 제임스 워맥과 다니엘 존스가 쓴 『린 씽킹』(바다, 2013)에서 설명한 간단한 뉴스레터 메일링 시뮬레이션에서 찾아볼 수 있다.

이 사례는 우편으로 보내야 할 10개의 브로슈어가 있고 각각을 보내려면 4개 단계를 밟아야 한다. 종이를 접고, 종이를 봉투에 넣고, 봉투를 밀봉하고, 봉투에 도장을 찍는 4단계다.

---

2 '1의 배치 크기' 또는 '1×1 흐름'이라고도 하며 하나의 배치 크기 및 WIP 제한을 가리키는 용어.

대형 배치 전략(즉, '대량 생산')은 10개의 브로슈어 각각에 대해 차례대로 한 번의 작업을 수행하는 것이다. 즉, 열 장의 종이를 모두 접은 다음, 그것을 각각 봉투에 넣고 열 개의 봉투를 모두 봉한 후 한꺼번에 도장을 찍는 것이다.

한편 소규모 배치 전략(즉, '단일 흐름')에서는 각 브로슈어를 완성하는 데 필요한 모든 단계를 차례대로 실시한 후 다음 브로슈어 작업을 시작한다. 즉, 한 장의 종이를 접어서 봉투에 넣고 봉인하고 도장을 찍는다. 그리고 나서 다음 종이 한 장의 과정을 다시 시작한다.

큰 배치 크기와 작은 배치 크기의 차이는 극적이다(그림 7 참조). 네 번의 작업 각각이 열 개의 봉투마다 10초씩 걸린다고 가정하자. 큰 배치 크기 전략으로 하자면, 첫 번째로 완료돼서 스탬프를 찍은 봉투는 310초 후에 생산된다.

설상가상으로 봉투 밀봉 작업 중 종이를 접는 첫 번째 단계에 오류가 있었다는 것을 발견했다고 가정하자. 오류를 가장 빨리 발견한 200초가 지난 후에 10개의 브로슈어를 모두 다시 접어 배치에 넣어야 한다.

▲ **그림 7** '봉투 게임'(봉투 접기, 삽입, 밀봉, 도장) 시뮬레이션(출처: 스테판 루이텐 '단일 흐름: 왜 대량 생산이 일을 하는 가장 효율적인 방법이 아닌가' Medium.com, 2014년 8월 8일 https://medium.com/@stefanluyten/single-piece-flow-5d2c2bec845b#.9o7sn74ns.)

이와 대조적으로 작은 배치 방식에서는 첫 번째로 완성해 도장까지 찍은 봉투는 큰 배치 방식보다 8배 빠른 40초 만에 생산된다. 첫 번째 단계에서 실수했다면 배치에서 하나의 브로슈어만 다시 작업한다. 배치 크기가 작으면 WIP가 줄고 리드 타임이 단축되며 오류 감지 속도가 빨라져 재작업도 줄어든다.

큰 배치 크기와 관련된 부정적인 결과는 제조 분야와 마찬가지로 기술 가치 흐름에도 유사하다. 개발부서에서 작업한 총 1년 치 코드를 소프트웨어 릴리스를 통해 운영 환경에 배포하는 연간 일정을 생각해보자.

제조와 마찬가지로 대규모 배치 릴리스는 갑작스럽고 높은 수준의 WIP를 발생시키고 모든 후선 작업에 막대한 지장을 초래해 흐름이 나빠지며 품질이 떨어지는 결과를 초래한다. 운영에 들어가는 변화가 클수록 운영 오류를 진단하고 수정하는 것이 더 어렵고, 개선하는 데 시간이 더 오래 걸린다는 우리의 경험과 일치한다.

'스타트업 레슨Startup Lessons Learned'에 대한 글에서 에릭 리스는 다음과 같이 서술했다. '배치 크기는 개발(또는 데브옵스) 공정에서 작업 중인 중간재가 작업 구간 사이를 이동하는 단위다. 소프트웨어에서 가장 쉽게 볼 수 있는 배치는 코드다. 엔지니어가 코드를 체크인할 때마다 일정량의 일을 처리한다. 이런 배치를 제어하는 많은 기법이 있는데, 지속적인 배포에 필요한 작은 배치부터 몇 주 또는 몇 달 동안 일한 여러 개발자의 모든 코드를 일괄 통합하는 전통적인 브랜치branch 기반 개발도 있다.'

기술 가치 흐름에서는 지속적인 배포로 단일 흐름을 만들고 버전 관리 시스템에 커밋 하는 각 변경은 통합하고 테스트해 운영 환경에 배포한다. 이를 가능하게 하는 프랙티스는 4부에서 설명한다.

이관 작업 수 줄이기

기술 가치 흐름에서 수개월에 걸친 긴 배포 리드 타임이 있을 때마다 코드를 버전 관리 시스템에서 운영 환경으로 이동하기 위해 수백(또는 심지어 수천) 번의 작업이 필요할 때가 있다. 이때 가치 흐름을 통해 코드를 전송하려면 여러 부서가 기능 테스트, 통합 테스트, 환경 생성, 서버 관리, 스토리지 관리, 네트워킹, 로드 밸런싱, 정보 보안 등 다양한 작업을 수행해야 한다.

작업이 팀에서 팀으로 넘어갈 때마다 우리는 요청, 지정, 통지, 조율, 우선순위 조정, 일정 조정, 충돌 완화, 테스트, 검증 등 모든 종류의 의사소통이 필요하다. 이를 위해 또 다른 티켓 시스템이나 프로젝트 관리 시스템 사용, 기술 문서 작성, 회의, 이메일 또는 전화 통신, 파일 시스템, FTP 서버 및 위키 페이지 사용이 필요할 수 있다.

각 단계는 서로 다른 가치 흐름(예를 들어 중앙 집중식 운영) 간에 공유 자원이 있을 때 작업 대기가 나타나는 잠재적 대기열이다. 이런 요청의 리드타임은 너무 길어서 필요한 일정 내 작업을 수행하려고 지속적인 에스컬레이션이 이뤄질 때가 많다.

하지만 아무리 좋은 상황에서도 어떤 지식은 이관 작업과 함께 어쩔 수 없이 사라진다. 이관 작업이 많으면 작업은 해결 중인 문제의 상황이나 지원하는 조직의 목표를 완전히 잃어버릴 수 있다. 예를 들어 서버 관리자는 왜 작업을 해야 하는지, 어떤 애플리케이션 또는 서비스를 위한 작업인지, 의존된 것은 무엇인지, 또는 그것이 반복 작업인지를 알지 못한 채 사용자 계정 생성 요청을 받을 수 있다.

이런 유형의 문제를 줄이려면 작업의 많은 부분을 자동화하거나 팀을 재구성해 다른 사람에게 의존할 필요 없이 고객에게 직접 가치를 제공할 수 있도록 해서 이관 작업 수를 줄일 수 있다. 그 결과, 부가가치가 없는 시간의 양뿐만 아니라 작업 대기 시간을 줄임으로써 흐름을 증가시킨다.
(부록 4 참조)

제약 사항을 지속적으로 식별하며 상황을 개선하기

리드 타임을 줄이고 처리량을 늘리려면 시스템의 제약을 지속적으로 파악해 작업 역량을 향상해야 한다. 『더 골 너머』에서 골드렛 박사는 "어떤 가치 흐름에서도 흐름의 방향은 있기 마련이고, 항상 하나의 제약이 따른다. 제약 조건을 개선하지 않은 개선은 환상일 뿐이다"라고 말한다. 제약 앞에 있는 작업 센터를 개선하면 할수록 병목 현상에 걸린 작업 센터 앞에 병목 현상만 더 빨리 가중할 뿐이다.

한편 병목 현상 뒤쪽에 있는 작업 센터를 개선하면 해당 작업 센터는 병목 현상이 해소되기만을 기다리며 작업이 없는 상태로 남는다. 해결책으로 골드렛 박사는 다음과 같은 '5가지 중점 단계'를 정의했다.

- 시스템 제약을 파악한다.
- 시스템 제약을 활용할 방법을 결정한다.
- 위 결정에 따라 그 밖의 다른 사항들을 조정한다.
- 시스템 제약 상황을 개선한다.
- 이전 단계에서 제약을 해소했다면 첫 단계로 돌아가되 타성에 젖어 시스템 제약을 다시 유발하지 않도록 한다.

몇 개월 또는 분기별로 수행한 전통적 배포 리드 타임과 비교해 데브옵스 전환에서는 분 단위 리드 타임을 목표로 하고 있어 제약은 다음 과정을 따른다.

- **환경 생성:** 운영 또는 테스트 환경을 만들기 위해 몇 주 또는 몇 달을 기다려야 한다면 온디맨드 방식으로 배포할 수 없다. 따라서 온디맨드를 하려면 완전히 스스로 서비스하는 환경을 만들어 필요할 때 언제든지 배포할 수 있게 한다.

- **코드 배포:** 운영 환경에 코드를 배포하는 데 몇 주 또는 몇 달이 걸린다면(예를 들어 배포에 최대 300명의 엔지니어가 참여하고 오류가 발생하기 쉬운 1,300개의 수동 단계가 필요하다면) 온디맨드 배포를 할 수 없다. 대책은 개발자라면 누구나 스스로 서비스를 배포할 수 있도록 완전히 자동화할 목표를 두고 가능한 한 배포를 자동화하는 것이다.

- **테스트 설정 및 실행:** 모든 코드 배포에 테스트 환경과 테스트 데이터를 준비하는 데 2주가 필요하고, 모든 회귀 테스트를 수동으로 실행하는 데 4주가 필요하다면 온디맨드 배포를 할 수 없다. 대책은 테스트를 자동화해 배포를 안전하게 실행하고 테스트를 병렬화해서 테스트 속도가 코드 개발 속도를 따라갈 수 있도록 만드는 것이다.

- **지나치게 엄격한 아키텍처:** 코드 변경을 원할 때마다 지나치게 엄격한 아키텍처 규정 때문에 변경 허가를 받으려고 엔지니어들을 수많은 위원회 회의에 보내야 한다면 온디맨드 배포를 달성할 수 없다. 대책은 느슨하게 결합된 유연한 아키텍처를 만들어 더욱 안전하고 자율적으로 변경이 이뤄지도록 해서 개발자의 생산성을 높여야 한다.

이런 모든 제약을 해소하고 나면 제약은 개발이나 제품 책임자로 넘어갈 것이다. 우리의 목표는 소규모 개발팀이 독립적으로 신속하고 안정적으로 고객에게 가치를 개발, 테스트, 배포할 수 있도록 하는 것이기 때문에 여기가 바로 우리의 제약이 되는 곳이다. 높은 성과자들은 엔지니어가 개발, QA, 운영, 정보 보안 어디에 있든 상관없이 개발자의 생산성을 극대화하는 것이 목표라고 말한다.

여기에 제약이 있다면 우리는 좋은 비즈니스 가설에 대한 수와 이런 가설을 실제 고객들과 함께 검증하는 데 필요한 코드를 개발하는 능력으로 제한하는 것이 좋다.

앞에 열거한 제약에 관한 내용은 데브옵스로의 전환 상황을 일반화한 것일 뿐이다. 가치 흐름 매핑 및 측정을 통한 실제 가치 흐름의 제약을 식별하는 기술은『데브옵스 핸드북』의 후반부에 설명한다.

가치 흐름의 어려움과 낭비 제거하기

도요타 생산 시스템의 선구자 중 한 명인 시게오 신고는 낭비[waste]가 사업 생존에 가장 큰 위협이 된다고 믿었다. 린에서 흔히 사용되는 낭비의 정의는 '고객이 필요로 하고 기꺼이 지불할 의향이 있는 것 이상의 재료나 자원의 사용'이다. 시게오는 재고[inventory], 과잉 생산[overproduction], 추가 공정[extra processing], 운반[transportation], 대기[waiting], 모션[motion], 결함[defects]을 제조의 7가지 주요 낭비로 정의했다.

린에 대한 현대적 해석은 '낭비 제거'가 사람을 비하하거나 다소 비인간적인 맥락을 가질 수 있다고 지적한다. 그래서 조직의 목표를 달성하기 위해 지속적인 학습을 기반으로 일상 업무에서의 어려움이나 단조로움을 줄이도록 목표를 재구성한다. 이 책의 이후 내용에서 '낭비'라는 용어는 데브옵스의 이상 및 원하는 결과와 더 밀접한 그리고 더 현대적인 정의를 의미한다.

『린 소프트웨어 개발의 적용: 속도 경쟁에서 승리하기[Implementing Lean Software Development: From Concept to Cash]』(위키북스, 2007)에서 메리와 톰 포펜디크

는 소프트웨어 개발 흐름의 낭비와 고충^{hardship}에 대한 정의를 결과에 영향을 미치지 않고 우회할 수 있는 활동과 같이 고객에게 지연을 일으키는 모든 것이라고 한다.

다음과 같은 낭비 및 고충에 대한 설명은 별도의 언급이 없는 한 『린 소프트웨어 개발의 적용』에 기반을 둔다.

- **부분적으로 완성된 작업**: 가치 흐름상 완료되지 않은 모든 작업(예를 들어 요구 사항 문서 또는 아직 검토되지 않은 변경 주문) 및 대기열에 있는 작업(예를 들어 QA 검토 또는 서버 관리자 티켓 대기)을 말한다. 부분적으로 수행된 일은 시간이 지날수록 쓸모없고 가치를 잃는다.

- **추가 공정**: 고객에게 가치를 부가하지 않는 프로세스에서 수행되는 모든 작업이다. 여기에는 후선 작업에서 사용하지 않는 문서 또는 산출물에 가치를 더하지 않는 검토 또는 승인이 포함된다. 추가 공정은 일을 증가시키고 리드 타임도 증가시킨다.

- **추가 기능**: 조직이나 고객에게 필요하지 않은 서비스에 들어가는 기능(예를 들어 '요청에 없는 부가적 기능^{gold-plating}')이다. 추가 기능은 기능성 테스트 및 관리에 복잡성과 노력을 추가한다.

- **작업 전환^{Task switching}**: 사람들을 여러 프로젝트와 가치 흐름에 배정해 상황 전환이나 작업 간 관련성 관리를 필요하게 만들고 가치 흐름에 추가적인 노력과 시간을 더하게 만드는 것을 말한다.

- **대기**: 다른 작업이 완료될 때까지 기다려야 하는 작업 간의 지연을 말한다. 지연은 전체 작업 시간을 증가시키고 고객이 가치를 얻지 못하게 만든다.

- **모션**: 한 작업 센터에서 다른 작업 센터로 정보 또는 재료를 이동하는 데 소요되는 노력의 양이다. 모션 낭비는 서로 떨어진 곳에

서 일하는 사람들이 의사소통을 자주 할 때 생긴다. 이관 작업도 모션 낭비를 일으키며 모호함을 해결하기 위한 추가적인 의사소통이 필요하다.

- **결함**: 부정확하거나 누락되거나 불분명한 정보, 재료 또는 제품이 낭비를 일으킨다. 이런 문제를 해결하려면 노력이 필요하기 때문이다. 결함 생성과 결함 감지 사이의 시간이 길어질수록 결함 해결이 더욱 어려워진다.
- **비표준 또는 수동 작업**: 재구성하지 못하는 서버, 테스트 환경 및 설정처럼 다른 사람들이 한 비표준 또는 수동 작업에 대한 의존성을 말한다. 이상적이라면 운영의 모든 의존성은 자동화되고 자체 서비스되며 온디맨드 방식으로 이용할 수 있어야 한다.
- **부담**heroics: 조직이 목표를 달성하려고 개인과 팀이 불합리한 행동을 해야만 하는 때가 있다. 심할 때는 이런 일이 일상 업무의 일부가 될 수도 있다(예를 들어 운영 시스템에서 새벽 2시마다 나타나는 문제, 소프트웨어 릴리스 때마다 나타나는 수백 건의 작업 티켓 생성).[3]

우리의 목표는 이런 낭비들과 고충을 (부담이 필요한 곳 어디에서나) 가시화하고 빠른 흐름이라는 목표를 달성하기 위해 이런 무거운 짐과 고난을 완화하거나 제거하는 데 필요한 것을 체계적으로 하는 것이다.

결론

데브옵스 결과를 달성하려면 기술 가치 흐름을 개선해야 한다. 작업을 가시적으로 만들고 WIP를 제한하며, 배치 크기와 이관 작업의 수를 줄이고

---

3 부담이 포펜딕의 낭비 범주에는 포함되지 않지만 여기에 포함한 이유는 특히 운영 공유 서비스에서 부담스러운 일이 자주 발생하기 때문이다.

제약을 지속적으로 식별하고 평가하며, 일상 업무에서 어려움을 제거함으로써 흐름을 개선한다.

데브옵스 가치 흐름에서 빠른 흐름을 가능하게 하는 구체적인 프랙티스는 4부에 제시한다. 3장에서는 두 번째 방법인 피드백의 원리를 소개하겠다.

두 번째 방법: 피드백의 원리

첫 번째 방법이 왼쪽에서 오른쪽으로 작업의 빠른 흐름을 가능하게 하는 원칙을 설명하는 반면, 두 번째 방법은 가치 흐름의 전체 단계에서 오른쪽에서 왼쪽으로 상호 간 빠르고 지속적인 피드백을 가능하게 하는 원칙을 설명한다. 우리의 목표는 더욱 안전하고 탄력적인 업무 시스템을 만드는 것이다.

이는 복잡한 시스템에서 작업할 때 특히 필요하다. 제조 근로자가 작업 중 다치거나 원자로 용융이 진행 중인 것과 같은 대재앙이 일어나고 있을 때 오류를 감지하고 수정할 수 있는 가장 중요한 기회다.

기술 분야에서 이런 작업은 전적으로 복잡한 시스템 안에서 일어나며 재앙을 초래할 위험도 크다. 제조 분야와 마찬가지로 대규모 생산 중단이나 고객 데이터의 도난을 초래하는 보안 위반과 같은 대규모 문제는 발생 이후에야 비로소 인지하게 된다.

우리는 피드백과 그 반대 흐름인 피드포워드feedforward 루프를 모두 포함하는 가치 흐름에 조직 전체에 걸친 빠르고 빈번한 고품질의 정보 흐름을 생성함으로써 업무 시스템을 더 안전하게 만들 수 있다. 그러면 문제를 더 작고 더 싸고 더 고치기 쉬울 때 감지해 해결할 수 있다. 또한 문제가 재앙을 일으키기 전에 미리 방지하고 미래 작업에 활용할 수 있는 조직적인 학습을 이룰 수 있다. 실패와 사고가 발생하면 그 일을 처벌과 비난의 명분이 아닌 학습 기회로 여긴다. 위의 모든 일을 성취하기 위해 먼저 복잡한 시스템의 특성과 그런 시스템을 어떻게 더 안전하게 만들 수 있는지 살펴보자.

복잡한 시스템에서 안전하게 작업하기

복잡한 시스템의 본질적 특징 중 하나는 특정 사람 혼자서 인지할 수 있는 영역을 벗어난 시스템을 전체로 보고 모든 조각이 어떻게 조화를 이루는지 이해하는 것이 필요하다는 점이다. 복잡한 시스템은 일반적으로 밀접하게 연결된 구성 요소 간 상호 연결성이 높고 시스템 수준의 동작은 시스템 구성 요소의 동작만으로는 설명할 수 없다.

찰스 페로 박사는 3마일 섬Three Mile Island[1] 위기를 연구했다. 그리고 원자로가 모든 상황에서 어떻게 행동하고 어떻게 고장 날 수 있는지 이해하는 것은 불가능하다고 했다. 문제가 한가지 요소에서 진행 중일 때 다른 요소로부터 분리하기가 어려웠으며 예측 불가능한 방식으로 최소 저항의 경로를 빠르게 흘러갔다.

안전 문화의 핵심 요소 중 일부를 명문화한 시드니 데커 박사는 복잡한 시스템의 또 다른 특징을 관찰했다. 즉, 같은 일을 두 번 한다고 해서 결과가 예측 가능하거나 반드시 같은 결과가 나오는 것은 아니라는 말이다. 이런 특징은 정적인 체크리스트와 잘 만든 프랙티스조차 대재앙이 발생하지 않도록 하기에는 불충분하다는 것을 의미한다. (부록 5 참조)

실패는 복잡한 시스템에 내재해 있고 불가피한 것이다. 우리는 제조나 기술 분야에서 두려움 없이 일을 수행할 수 있는 안전한 작업 시스템을 설계해 어떠한 오류도 근로자의 부상, 제품 결함 또는 부정적인 고객 영향

---

1 1979년 이곳에 있던 원자력 발전소에서 사고가 일어났다. - 옮긴이

같은 재앙을 초래하기 훨씬 전에 신속하게 감지될 것이라는 믿음이 있어야 한다.

스티븐 스피어 박사는 하버드 경영대학원의 박사학위 논문에서 도요타 제품 시스템 뒤에 놓인 인과 메커니즘을 분석한 후 완벽한 안전 시스템을 설계하는 것은 우리의 능력 밖이지만, 다음 네 가지 조건이 충족되면 복잡한 시스템에서 작업하는 것을 더 안전하게 만들 수 있다고 말했다.[2]

- 복잡한 작업을 관리해 설계 및 운영상 문제가 드러나도록 한다.
- 문제를 공략하고 해결함으로써 신속하게 새로운 지식을 쌓는다.
- 새로운 지엽적 지식을 조직 전체에 걸쳐 활용한다.
- 리더가 이런 유형의 역량을 지속적으로 확장할 다른 리더를 육성한다.

복잡한 시스템에서 안전하게 작업하려면 이런 각각의 역량이 필요하다. 다음 설명에서는 먼저 언급된 두 가지 역량과 중요성을 설명하고 다른 도메인에서 이런 기능들을 어떻게 만들었으며 기술 가치 흐름에서 이를 가능하게 하는 프랙티스는 무엇인지에 관해 설명한다. (세 번째와 네 번째 언급한 역량은 4장에서 설명한다.)

문제 발생 확인

안전한 작업 시스템에서는 설계 및 운영에서 가정하는 사항들을 지속적으로 검증해야 한다. 우리의 목표는 다양한 영역에서 더 조속히 더 빨리 더 저렴하게 그리고 가능한 한 원인과 결과 사이에 명확성을 갖고 시스템의 정보 흐름을 증가시키는 것이다. 무효화할 수 있는 가정이 많을수록 문제

---

2 스피어 박사는 자신의 연구를 확장해 도요타 공급 업체 네트워크, 알코아, 미 해군의 원자력 추진 프로그램 등 다른 기관에서 장기적으로 지속되는 성공을 설명했다.

를 신속하게 찾아 해결할 수 있으며 복원력, 민첩성, 학습 및 혁신 능력이 향상된다.

이를 위해서 작업 시스템에 피드백과 피드포워드 루프를 만든다. 피터 센게 박사는 그의 저서 『다섯 번째 규약: 학습 조직의 아트와 프랙티스The Fifth Discipline: The Art & Practice of the Learning Organization』(RandomHouse, 2006)에서 피드백 루프를 학습 조직과 시스템 사고의 중요한 부분이라고 설명했다. 피드백과 피드포워드 루프는 시스템 내 구성 요소가 서로 강화하거나 대항하게 한다.

제조 분야에 효과적인 피드백이 없다면 중요한 품질이나 안전에 문제가 나타나기 쉽다. 제너럴 모터스 프레몬트 제조 공장의 문서화된 사례에는 조립 공정에서 문제를 탐지하는 효과적인 절차가 없었다. 또한 문제가 발견됐을 때 어떻게 해야 하는지에 대한 명확한 절차도 없었다. 그 결과 엔진을 반대로 집어넣는 경우, 핸들이나 타이어가 빠진 차량, 시동이 걸리지 않아 조립 라인에서 견인해야 하는 차량까지 있었다.

이와 대조적으로 높은 성과를 내는 제조 영역에서는 가치 흐름 전체에 걸쳐 빠르고 빈번하며 품질이 높은 정보 흐름이 나타난다. 모든 작업 운영을 측정하고 모니터링하며 결함이나 유의미한 편차를 신속하게 발견해 조치한다. 이들은 품질, 안전 그리고 지속적인 학습과 개선을 가능하게 하는 기초가 된다.

기술 가치 흐름에서 빠른 피드백이 없다면 나쁜 결과를 얻을 때가 많다. 예를 들어 폭포수 방식의 소프트웨어 프로젝트에서 일 년 내내 코드를 개발하고 테스트 단계를 시작하기 전까지는 품질에 대한 피드백을 얻지 못할 수도 있고, 더 심할 때는 소프트웨어를 고객에게 릴리스할 때 피드백을 받을 수도 있다. 피드백이 이렇게 지연되고 빈번하지 않다면 원치 않는 결과를 예방하기에 너무 늦어 버린다.

536

우리의 목표는 제품 관리, 개발, QA, 정보 보안 및 운영을 포함하는 기술 가치 흐름의 전체 단계에서 작업이 수행되는 모든 곳에 빠른 피드백과 빠른 전달 루프를 만드는 것이다. 여기에는 자동화된 빌드, 통합 및 테스트 프로세스의 생성이 포함되기 때문에 올바르게 작동하고 배포 가능한 상태에서 벗어나는 변화가 나타나면 즉시 감지할 수 있다.

또한 모든 시스템 구성 요소가 운영 환경에서 어떻게 작동하는지 볼 수 있도록 널리 알려진 텔레메트리telemetry를 만들어 예상한 대로 작동하지 않는 상황이 나타나면 신속하게 감지할 수 있도록 한다. 텔레메트리는 의도한 목표를 달성하는지 측정할 수 있게 해주고 이상적으로는 전체 가치 흐름으로 확장돼 우리의 행동이 시스템 전체의 다른 부분에 어떻게 영향을 미치는지 알 수 있게 해준다.

피드백 루프는 문제의 신속한 감지 및 복구를 가능하게 할 뿐만 아니라, 이런 문제가 다시 발생하지 않도록 하는 방법을 알려준다. 이렇게 하면 업무 체계의 질과 안전성이 향상되고 조직적인 학습이 이뤄진다.

피보탈 소프트웨어의 엔지니어링 부서장이자 『탐구해봐요: 탐색적 테스트로 위험 감소 및 신뢰도 개선Explore It!: Reduce Risk and Increase Confidence with Exploratory Testing』(Pragmatic, 2013)의 저자인 엘리자베스 헨드릭슨은 다음과 같이 말했다. "품질 엔지니어링을 이끌었을 때 나는 내 일을 '피드백 주기 만들기'라고 표현했다. 피드백은 우리가 방향을 잡을 수 있게 해주기 때문에 중요하다. 고객 요구, 우리 의도 그리고 우리가 구현한 것을 끊임없이 검증해야 한다. 테스트는 단지 피드백의 한 종류일 뿐이다."

문제에 달려들고 해결하며 새로운 지식을 구축

예상치 못한 일이 언제 일어나는지 단순히 감지하는 것만으로는 충분하지 않다. 문제가 발생하면 문제 해결에 필요한 사람을 동원해 즉시 달려들어야 한다.

스피어 박사에 따르면 다 같이 달려드는 목표는 문제가 더 퍼지기 전에 이를 억제하고 재발하지 않도록 진단하고 치료하기 위한 것이라고 한다. "그렇게 함으로써 일을 잘하기 위해 시스템을 관리하는 방법에 더 깊은 지식을 쌓고, 피할 수 없는 이전의 무지를 지식으로 바꾼다"라고 스피어 박사는 말한다.

이 원리의 귀감이 된 것은 도요타의 '안돈 코드'다. 도요타 제조 공장에서 모든 작업 센터 위에는 부품에 결함이 있을 때, 필요한 부품이 없을 때 또는 작업이 문서화한 것보다 더 오래 걸릴 때 등과 같은 문제가 생기면 모든 작업자와 관리자가 당기도록 훈련받은 코드가 있다.[3]

안돈 코드를 당기면 팀장에게 위험 경보가 가서, 그가 바로 문제 해결을 위해 노력한다. 특정 시간(예를 들어 55초) 안에 문제를 해결할 수 없을 때는 성공적인 대응책이 만들어질 때까지 조직 전체가 문제 해결을 돕기 위해 동원되도록 생산 라인을 중단한다.

'시간이 더 있을 때' 문제를 해결하거나 수정할 시간을 따로 잡는 대신, 즉시 수정하기 위해 다 같이 몰려든다. 앞에서 설명한 GM 프리몬트 공장의 행동과는 반대되는 모습이다. 다 같이 달려드는 스워밍swarming은 다음과 같은 이유로 필요하다.

- 스워밍은 수리 비용과 노력이 기하급수적으로 증가하거나 기술 부채가 누적될 수 있는 후선 작업에 문제가 되지 않도록 방지한다.
- 시스템에 새로운 오류를 일으킬 수도 있으므로 작업 센터가 새로운 작업을 시작하는 것을 방지한다.

---

3 일부 공장에서는 도요타가 안돈 버튼으로 전환했다.

- 문제가 해결되지 않을 때 작업 센터는 다음 작업(예를 들어 55초 후)에도 잠재적으로 동일한 문제가 일어날 수 있으며 더 많은 수정과 작업이 필요할 수 있다. (부록 6 참조)

지엽적인 문제로 전체 운영을 방해하도록 의도적으로 허용하기 때문에 이런 스워밍 프랙티스는 일반적인 경영 프랙티스와는 다른 것처럼 보인다. 하지만 스워밍은 새로운 학습을 가능하게 한다. 기억의 퇴색이나 상황 변화로 중요 정보의 상실을 방지한다. 이것은 복잡한 시스템에서 특히 중요하다. 복잡한 시스템에서는 사람, 프로세스, 제품, 장소 및 상황의 예기치 않은 특이한 상호 작용 때문에 많은 문제가 발생한다. 시간이 흐를수록 문제가 발생했을 때 정확히 무슨 일이 일어났는지 재구성하는 것이 불가능해진다.

스피어 박사가 지적했듯이 스워밍은 '실시간 문제 인식, 진단 및 치료(제조업 용어로는 대책 또는 시정 조치) 훈련 주기'의 하나다. 그것은 에드워드 데밍에 의해 대중화됐지만 '최고 속도로 가속화된 슈와트 주기 훈련(계획, 실행, 점검, 개선)'이다.

우리가 재앙이 일어나기 전에 문제를 미연에 방지할 수 있는 것은 생명 주기 초기에 발견된 작은 문제들에 대한 스워밍을 통해서만 가능하다. 원자로가 녹으면 최악의 결과를 피하기엔 이미 너무 늦었다는 의미다.

기술 가치 흐름에서 신속한 피드백을 가능하게 하려면 안돈 코드와 관련된 스워밍 대응을 만들어야 한다. 누군가가 지속적인 빌드나 테스트 과정을 망가뜨리는 변경을 반영하는 것처럼 가치 흐름 초반에 오류를 발생시키는 뭔가를 잘못했을 때 또는 운영 환경에서 사건이 발생할 때 안돈 코드를 당기는 것이 안전하며 심지어 그렇게 하라고 장려할 수 있는 문화를 만들어야 한다.

안돈 코드를 당길 만한 상황이 촉발되면 문제를 해결하고, 문제가 해결될 때까지 새로운 작업의 도입을 막기 위해 스워밍한다.[4] 이것은 가치 흐름의 모든 사람(특히 시스템 고장을 일으킨 사람)에게 빠른 피드백을 제공하고, 문제를 신속하게 격리하고 진단할 수 있게 해주며, 원인과 결과를 모호하게 할 수 있는 더 복잡한 요인들을 예방한다.

새로운 작업의 진행을 방지함으로써 기술 가치 흐름의 단일 요소인 지속적 통합과 배포가 가능해진다. 지속적 빌드 및 통합 테스트를 통과한 모든 변경 사항은 운영 환경에 배포된다. 변경 사항이 테스트 통과에 실패하면 안돈 코드를 당기고 해결될 때까지 스워밍한다.

품질은 대상과 가깝게 유지

사건과 사고에 대응하다 보면 의도하지는 않았지만 안전하지 못한 업무 시스템을 고착시킬 수도 있다. 복잡한 시스템에 검사 단계와 승인 프로세스를 더 추가하면 실제로 고장 가능성이 증가한다. 작업이 수행되는 장소로부터 멀리 떨어진 곳에서 의사 결정을 추진하면 승인 프로세스의 실효성이 감소한다. 의사 결정의 질이 저하될 뿐만 아니라 처리 시간도 증가해 원인과 효과 사이의 피드백 강도가 감소하고 성공과 실패를 통해 배울 수 있는 능력이 저하된다.[5]

이런 일은 더 작고 덜 복잡한 시스템에서도 볼 수 있다. 상명 하달식 관

---

4 놀랍게도 안돈 코드를 당기는 숫자가 감소하면 공장 관리자들은 안돈 코드를 당기는 것을 두려워하지 않는다. 공장 관리자들이 더 많은 학습과 개선을 원하면서 약해지는 장애 신호 감지를 개선하기 위해서다.

5 1700년대 영국 정부는 하향식 관료적 지휘와 통제의 훌륭한 사례로서 현저하게 비효율적인 모습을 보인다. 당시 식민지였던 그루지야는 영국으로부터 3천 마일이나 떨어져 있었고 현지 토지 특성, 바위, 지형, 물 접근성, 기타 조건 등 직접적인 지식이 부족했다. 그런데도 그루지야의 전체 농업 경제를 계획해 강행함으로써 13개 식민지 중 가장 낮은 수준으로 발전했고 가장 적은 인구로 남게 된 암울한 결과를 낳았다.

료적 명령과 통제 시스템이 효과적이지 못한 이유는 '누가 무엇을 해야 하는가'와 '실제로 누가 무엇을 하고 있는가'의 차이가 너무 크기 때문이다. 즉, 명확성과 적시성이 부족하기 때문이다.

효과가 없는 품질 관리의 예를 들어보자.

- 작업을 수행하는 팀이 쉽게 자동화해 실행할 수 있음에도 불구하고, 지루하고 오류가 발생하기 쉬운 수동 작업을 다른 팀에게 넘겨 완료하도록 요구
- 작업 또는 잠재적 영향력에 대한 충분한 지식 없이 결정을 내리거나 단순히 승인서에 도장을 찍도록 강요함으로써 작업과 거리가 먼 바쁜 사람들의 승인을 요구
- 작성한 직후 쓸모없게 되는 미심쩍은 세부 사항이 있는 대량의 문서 작성
- 팀과 특별 위원회에 대규모 작업 배치를 전가하고 승인 및 처리에 대한 응답을 대기

이렇게 하는 대신 가치 흐름에 있는 모든 사람이 일상 업무의 일부로 그들의 통제 영역에서 문제를 발견하고 고치도록 해야 한다. 멀리 떨어진 경영진의 승인에 의존하기보다 품질 및 안전의 책임과 의사 결정을 일이 수행되는 곳에서 직접 처리한다.

제안된 변경 사항이 있는 동료 검토를 기반으로 변경 결과가 설계된 대로 작동할 것이라는 확신을 얻는다. QA나 정보 보안 부서가 실시하는 품질 검사를 최대한 자동화한다. 개발자가 테스트 실행을 요청하거나 예약할 필요 없이 온디맨드 방식으로 테스트를 수행해서 개발자가 자신의 코드를 신속하게 테스트하고 변경 사항을 운영 환경에 직접 배포할 수 있다.

이렇게 함으로써 품질이 개별 부서의 단독 책임이 아니라 모든 사람의 책임으로 만든다. 가용성이 단순히 운영의 일이 아닌 것처럼 정보 보안은

정보 보안만의 일이 아니다.

개발자들이 구축한 시스템의 품질에 대한 책임을 공유하면 결과를 개선할 수 있을 뿐만 아니라 학습을 가속화할 수 있다. 이것은 개발자들에게 특히 중요하다. 개발자는 고객에게서 가장 멀리 떨어진 팀에 속해 있기 때문이다. 게리 그루버가 관찰한 바에 따르면 '누군가 6개월 전에 개발자가 망가뜨린 어떤 것에 대해 소리를 지른다고 해서 개발자가 뭔가를 배울 수는 없다. 그러므로 몇 달이 아니라 몇 분 안에 가능한 한 빨리 모든 사람에게 피드백을 제공해야 한다.'

후선 작업을 위한 최적화

1980년대 제조 가능성^{Manufacturability} 원칙은 가장 낮은 비용, 가장 높은 품질, 가장 빠른 흐름으로 완제품을 만들도록 부품과 공정을 설계하는 것을 추구했다. 예를 들면 거꾸로 끼우지 못하도록 비대칭 부품을 설계하고 지나치게 조일 수 없도록 나사 고정 장치를 설계한다.

이는 일반적인 설계 방식에서 벗어난 것이다. 외부 고객에만 초점을 맞춘 채 제조에 관여하는 내부 이해관계자들을 간과했다.

린은 설계 대상으로 두 가지 유형의 고객을 정의한다. 즉, 외부 고객(우리가 제공하는 서비스에 비용을 지불하는 사람)과 내부 고객(작업을 받아 처리하는 사람)이다. 린에 따르면 가장 중요한 고객은 바로 다음에 있는 사람이다. 그들을 위해 작업을 최적화하려면 빠르고 원활한 흐름을 막는 설계 문제를 더 잘 파악하려고 그들의 문제에 공감해야 한다.

기술 가치 흐름에서 운영상의 비기능적 요건(예를 들어 아키텍처, 성능, 안정성, 테스트 가능성, 구성 용이성, 보안성)의 우선순위가 사용자 기능만큼 높게 매겨지도록 운영을 설계해 후선 작업을 최적화한다.

이처럼 원천에서 품질을 창출하면 구축하는 모든 서비스에 선제적으로 통합할 수 있도록 비기능적 요구 사항을 코드화할 수 있다.

결론

빠른 피드백을 만드는 것은 기술 가치 흐름에서 품질, 신뢰성 및 안전 목표를 달성하는 데 매우 중요하다. 문제 발생을 보면 새로운 지식을 쌓기 위해 문제에 달려들어 해결하고, 품질을 원천 가까이에 만들고, 후선 작업을 위해 지속적으로 최적화하는 것으로 목표를 달성할 수 있다.

데브옵스 가치 흐름에서 빠른 흐름을 가능하게 만드는 구체적인 프랙티스는 4부에 제시한다. 4장에는 세 번째 방법인 지속적 학습과 실험의 원리를 설명한다.

세 번째 방법: 지속적 학습과 실험의 원리

첫 번째 방법은 왼쪽에서 오른쪽으로의 작업 흐름을 다루고, 두 번째 방법은 오른쪽에서 왼쪽으로 가는 상호 빠르고 지속적인 피드백을 다루지만, 세 번째 방법은 지속적인 학습과 실험의 문화를 만드는 데 초점을 맞춘다. 이런 원칙은 개인 지식의 지속적인 창출을 가능하게 하며 팀과 조직의 지식으로 바꾼다.

시스템 품질 및 안전 문제가 있는 제조 운영에서 작업은 일반적으로 엄격한 기준을 기반으로 시행한다. 예를 들어 3장에서 설명한 GM 프리몬트 공장에서 근로자들은 개선안이 '소귀에 경 읽기'가 되다 보니 개선과 학습을 일상 업무에 통합할 수 있는 능력이 거의 없었다.

이런 환경에서는 실수하는 근로자를 처벌하고, 제안하거나 문제를 지적하는 사람을 내부고발자나 문제아로 보는, 공포와 신뢰가 떨어지는 문화가 있다. 이런 일이 벌어지면 리더들은 학습과 개선을 능동적으로 억압하고 심지어 처벌해서 품질과 안전 문제를 영구적으로 만든다.

이와 대조적으로 높은 성과를 내는 제조 운영은 학습을 요구하며 적극적으로 지원한다. 즉, 작업은 엄격하게 정의하지만 근로자들이 엄격한 작업 절차 표준화와 결과 문서를 기반으로 새로운 개선을 창출하고 일상 업무에서 실험을 수행하면서 작업 시스템을 역동적으로 이끈다.

기술 가치 흐름에서 목표는 모두가 일상 업무에서 위험을 감수하는 평생 학습자임을 강화하는 높은 신뢰의 문화를 만드는 것이다. 프로세스 개선과 제품 개발 모두에 과학적인 접근법을 적용하고, 성공과 실패를 통해 배우면서 어떤 아이디어가 효과가 없는지를 확인하고, 효과가 있는 아이디어는 강화한다. 게다가 모든 지엽적 학습도 빠르게 전반적인 개선으로 전환돼 조직 전체가 새로운 기법과 프랙티스를 이용할 수 있다.

일상 업무의 개선과 학습을 가속화하고 보장하는 시간을 할애한다. 지속적인 개선을 위해 지속적으로 시스템에 스트레스를 주입한다. 심지어 복원력을 높이기 위해 통제된 조건 아래 운영 서비스에서 실패를 시뮬레이션하고 주입한다.

이런 지속적이고 역동적인 학습 시스템을 만들어 팀들을 끊임없이 변화하는 환경에 빠르고 자동적으로 적응할 수 있게 변화시키면 궁극적으로 시장에서 승리할 수 있다.

조직 학습과 안전 문화 내재화

복잡한 시스템 안에서 일하면 우리가 취하는 행동에 대한 모든 결과를 완벽하게 예측하기란 불가능하다. 우리가 주의하고 조심해도 일상 업무에서 예기치 못한 일이나 비극적인 결과 또는 사고가 나타날 수 있다.

이런 사고들이 고객들에게 영향을 주면 우리는 왜 그 일이 일어났는지 이해하려고 한다. 근본 원인은 흔히 인간의 실수라고 여기며 경영진이 보이는 흔한 반응은 문제를 일으킨 사람의 '이름을 대고 비난하고 수치심을 일으키는 것'이다.[1] 경영진은 미묘하게 또는 명시적으로 잘못을 저지른 사

---

1 이름을 대고 비난하며 수치심을 일으키는 패턴은 시드니 데커 박사가 비판한 썩은 사과 이론(Bad Apple Theory)의 일부다. 시드니 데커 박사는 그의 저서 『인간 실수를 이해하는 현장 가이드(The Field Guide to Understanding Human Error)』(Ashgate, 2014)에서 이 부분을 광범위하게 다뤘다.

람이 처벌받을 것임을 시사하고 실수가 재발하지 않도록 더 많은 프로세스와 승인 절차를 만든다.

안전 문화의 핵심 요소 중 일부를 명문화하고 '저스트 컬처just culture'라는 용어를 만든 시드니 데커 박사는 '부당하다고 여겨지는 사건과 사고에 대한 반응은 안전 조사를 방해할 수 있고, 안전이 중요한 일을 하는 사람들의 마음을 챙기기보다 두려움을 조장할 수 있으며, 조직을 더 신중하게 만들기보다 관료적으로 만들고, 직업상 비밀유지와 회피, 자기방어를 함양한다'라고 썼다.

이런 문제는 기술 가치 흐름에서 특히 문제가 된다. 업무는 거의 항상 복잡한 시스템 내에서 수행되며 경영진이 실패와 사고에 어떻게 대응할지에 대한 선택은 두려움의 문화로 이어진다. 이는 차후에 문제 및 실패 신호가 보고될 가능성을 희박하게 만들며 재앙이 일어날 때까지 문제는 드러나지 않는다.

론 웨스트럼 박사는 안전과 성과에 관한 조직 문화의 중요성을 최초로 관찰한 인물이다. 그는 의료 기관에서 '발생적인' 문화의 존재가 환자 안전을 예측하는 중요한 요인 중 하나라고 봤다. 웨스트럼 박사는 문화를 세 가지 유형으로 정의했다.

- 병리학적 조직의 특징은 많은 양의 공포와 위협이다. 사람들은 종종 정보를 비축하거나, 정치적인 이유로 내놓지 않거나, 자신을 더 돋보이게 하려고 정보를 왜곡한다. 실패는 종종 숨겨져 있다.
- 관료적 조직은 규칙과 프로세스가 특징이며 개별 부서는 각자 '구역'을 유지하려 노력한다. 실패는 평가 체계를 통해 처리되고 결과는 처벌 아니면 정의나 자비다.
- 발생적 조직은 조직이 임무를 더 잘 수행할 수 있도록 정보를 적극적으로 찾고 공유하는 것이 특징이다. 가치 흐름 전반에 걸쳐 책임을 공유하고 실패는 성찰과 진실한 조사로 귀결된다.

병리학적	관료적	발생적
정보가 숨어있다.	정보를 무시하기도 한다.	적극적으로 정보를 찾는다.
전령들을 처벌한다.	전령들을 무시한다.	전령들을 훈련한다.
책임을 회피한다.	책임을 분리한다.	책임을 공유한다.
팀 간 연결을 막는다.	팀 간 연결을 허용하지만 권장하지는 않는다.	팀 간 연결을 보상한다.
실패를 은폐한다.	조직은 정의롭고 자비롭다.	실패는 질문의 원인이다.
새로운 아이디어를 짓밟는다.	새로운 아이디어는 문제를 일으킨다.	새로운 아이디어를 환영한다.

▲ **그림 8** 웨스트럼 조직 유형 모델: 조직이 정보를 처리하는 방법(출처: 론 웨스트럼, '조직 문화 분류', BMJ 품질과 안전 13호(2004), doi:10.1136/qshc.2003.009522)

웨스트럼 박사가 의료 조직에서 발견한 것처럼 신뢰도가 높은 발생적 문화가 기술 가치 흐름에서 IT와 조직의 높은 성과를 예측하기도 했다.

기술 가치 흐름에서 우리는 안전한 업무 체계 조성에 힘써 발생적 문화의 기초를 확립한다. 사고와 실패가 발생하면 인간의 실수를 찾는 대신 사고가 재발하지 않도록 시스템을 어떻게 다시 설계할 수 있는지 찾아본다.

예를 들어 사고가 어떻게 일어났는지를 잘 이해하고, 시스템을 개선하기 위한 최선의 대응책이 무엇인지 합의하고, 문제가 재발하지 않도록 더 빠른 감지 및 복구를 위해 사건이 일어나면 누구도 비난하지 않는 사후 조사를 수행한다.

그렇게 함으로써 우리는 조직적 학습을 이룬다. 사후 조사의 기록을 돕기 위해 자료실Morgue 도구 생성을 주도한 엣시의 엔지니어인 베다니 마크리는 이렇게 말했다. "비난을 없애면 두려움이 없어지고, 두려움을 없애면 정직함이 가능해지고, 정직함은 예방을 가능하게 한다."

스피어 박사는 비난을 제거하고 조직적 학습을 정착하게 한 결과는 '조직이 문제를 탐지하고 해결하는 데 능숙해지면서 스스로 진단하고 더 개선한다'라는 것을 관찰했다.

　이런 속성의 상당수는 센게 박사가 학습 조직의 속성으로 설명하기도 했다. 『다섯 번째 규약The Fifth Discipline』에서 박사는 이런 특징들이 고객에게 도움 되고 품질을 보장하며 경쟁 우위와 활기차고 헌신적인 노동력을 창출하고 진실을 밝혀내는 데 도움 된다고 했다.

일상 업무의 개선 제도화

팀들은 자신이 운영하는 프로세스를 개선할 수 없거나 개선할 용의가 없다. 그 결과는 같은 문제로 계속 고통받게 될 뿐만 아니라 시간이 지나면서 고통은 더 심해진다. 마이크 로더는 『도요타 카타』에서 개선이 없으면 프로세스가 그대로 유지되지 않으며 혼돈과 엔트로피 때문에 프로세스는 시간이 지남에 따라 저하되는 것을 관찰했다.

　기술 가치 흐름에서 문제 해결을 피하며 일상적인 해결 방법workarounds에 의존하면 문제와 기술 부채가 누적돼 생산적인 작업을 수행할 여력도 없이 재난을 피하려고 애쓰게 된다. 이런 이유로 『린 IT』(Productivity, 2011)의 저자인 마이크 올젠은 '일상 업무보다 더 중요한 것은 일상 업무의 향상'이라고 했다.

　기술 부채 갚기, 결함 수정, 코드와 환경에서 문제 되는 영역을 리팩토링하고 수정하기 위한 시간을 내며 일상 업무를 개선해야 한다. 개발 기간마다 시간을 할애하거나 엔지니어가 스스로 팀을 구성해 문제를 해결하는 기간인 '카이젠 블리츠kaizen blitzes'를 계획해 실행할 수 있다.

　이런 프랙티스의 결과는 모든 사람이 일상 업무의 일부로 자신의 영역에서 문제를 발견하고 해결하는 것이다. 우리가 몇 달(또는 몇 년) 동안 회피하면서 일했던 일상적 문제들을 마침내 해결하고 나면 명백하지 않았던 문제들도 시스템에서 제거할 수 있다. 이처럼 취약한 실패 문제를 감지하고 대응함으로써 문제가 더 쉽고 간단할 뿐만 아니라 영향이 더 적을 때도 문제를 해결한다.

1987년 78억 달러의 매출을 올린 알루미늄 제조 업체 알코아의 작업장 안전을 향상한 사례를 살펴보자. 알루미늄 제조에는 매우 높은 열, 고압 및 부식성 화학 물질이 필요하다. 1987년에 알코아는 매년 9만 명의 직원 중 2%가 다치는 끔찍한 안전 관련 기록을 갖고 있었다. 이는 하루에 7건의 부상이다. 폴 오닐이 CEO로 업무를 시작했을 때 첫 번째 목표는 직원, 하청 업체 직원, 방문객에게 부상을 입히지 않는 것이었다.

오닐은 업무상 부상 입은 사람이 있으면 24시간 이내에 통보하길 원했다. 처벌하려는 게 아니라 더 안전한 작업장을 만들려고 학습 환경을 구축하며 통합하고 있다는 것을 보장 및 홍보하기 위해서였다. 알코아는 10년 동안 부상률을 95%나 줄였다.

부상률이 감소하자 알코아는 더 작은 문제와 더 약한 실패 신호에 초점을 맞출 수 있었다.[2] 부상 발생 시에만 오닐에게 알리는 대신 위기일발 상황도 알리기 시작한 것이다. 이를 통해 알코아는 그 후 20년간 작업장 안전을 개선했으며 업계에서 가장 부러운 안전 기록 중 하나를 보유하게 됐다.

이에 대해 스피어 박사는 '알코아 사람들은 그들이 경험했던 어려움, 불편함, 장애물을 회피하는 일을 점차 중단했다. 대처, 급한 불 끄기, 견디기가 점차 조직 전체에 걸쳐 프로세스와 제품 개선의 기회를 찾는 역동성으로 대체됐다. 기회를 알아보고 문제를 조사하면서 무지의 집단이 지식의 덩어리로 바뀌었다'라고 서술했다. 이것은 회사가 시장에서 더 큰 경쟁 우위를 차지하는 데 도움을 줬다.

---

2 폴 오닐이 작업장의 안전을 창출하는 리더들의 도덕적 책임에 대한 확신과 열정의 수준을 보는 것은 놀랍고 교훈적이며 진정으로 감동적이다.

이와 마찬가지로 기술 가치 흐름에서 작업 시스템을 더 안전하게 만들면 더 약한 실패 신호에서도 문제를 발견하고 수정할 수 있다. 예를 들어 처음에는 고객에게 영향을 미치는 사건에 대해서만 비난하지 않는 사후 조사를 수행한다. 하지만 시간이 흐르면서 팀에게 덜 영향을 미치는 사건들과 놓칠 수도 있는 일들에 대해서도 사후 조사를 수행할 수 있다.

지엽적 발견을 전체 개선으로 전환

지엽적으로 새로운 학습을 발견하면 나머지 조직도 해당 지식을 사용하고 혜택을 볼 수 있도록 하는 메커니즘이 반드시 있어야 한다. 즉, 팀이나 개인이 전문 지식을 창출한 경험이 있다면, 목표는 암묵적 지식(즉, 문서나 말로 표현해서는 타인에게 전달하기 어려운 지식)을 명시적이고 명문화된 지식으로 전환하는 것이다. 이는 실천을 통해 타인에게도 전문 지식이 된다.

그렇게 하면 다른 사람이 비슷한 일을 할 때 같은 일을 해 본 적이 있는 조직 내 모든 사람의 누적된 집단 경험이 그 일을 잘할 수 있게 만든다. 지엽적 지식을 조직 전체 지식으로 전환한 주목할 만한 예시가 해군 원자로를 나타내는 'NR^{Naval Reactors}'로도 알려진 미 해군의 원자력 추진 프로그램이다. 이 프로그램은 원자로 관련 사상자나 방사능 유출이 단 한 건도 없이 5,700 원자로 년 수 이상을 운영하고 있다.

NR은 스크립트로 작성된 절차와 표준화된 작업에 대한 그들의 강력한 헌신, 그리고 실패 신호가 아무리 사소한 것이라도 학습을 축적하기 위해 절차 또는 정상 운영에서 벗어나는 사고에 대한 보고의 필요성으로 잘 알려져 있다. 그들은 이런 학습에 기반해서 절차와 시스템 설계를 지속적으로 개선한다.

그 결과 새로운 해군이 처음 배치돼 바다로 나갈 때 그들과 장교들은 무사고 5,700 원자로 년 수에 대한 집단 지식의 혜택을 누린다. 이와 마찬가지로 인상적인 것은 바다에서 그들 자신의 경험이 집단적 지식에 추가돼 미래 해군들이 안전하게 임무를 완수하도록 도울 것이라는 점이다.

기술 가치 흐름에서 유사한 문제를 해결하려는 팀들이 비난 없는 사후 보고서를 모두 검색할 수 있게 하고 조직 전체 최고의 집단 지식을 포함하는 공유 코드, 라이브러리 및 구성을 쉽게 활용할 수 있는 조직 전체에 걸친 공유 소스 코드 저장소를 만들어 전체 지식을 창출하기 위한 메커니즘을 만들어야 한다. 모든 메커니즘은 개인의 전문 지식을 나머지 조직이 사용할 수 있는 결과물로 전환할 때도 도움이 된다.

일상 업무에 복원력 패턴을 주입

실적이 낮은 제조 조직은 여러 방법으로 중단 사태로부터 스스로를 완충시킨다. 즉, 부피를 늘리거나 군살을 만든다는 의미다. 예를 들어 (재고가 늦게 도착하거나 폐기해야 하는 재고 등으로 인해) 관리자는 각 작업 센터에 더 많은 재고를 비축해 작업 센터가 유휴 상태가 될 위험을 줄이려 노력한다. 그러나 재고 완충 장치 또한 앞에서 논의한 바와 같이 모든 종류의 원치 않는 결과를 가진 WIP를 증가시킨다.

마찬가지로 기계 고장으로 작업 센터가 중단될 위험을 줄이기 위해 관리자들은 자본 장비를 더 많이 구입하거나 더 많은 사람을 고용하거나 심지어 바닥 공간을 늘려 용량을 늘린다. 이런 옵션은 비용을 증가시킨다.

이와 대조적으로 높은 성과를 내는 업체들은 일상 업무를 개선하고 실적을 높이기 위해 긴장감을 지속적으로 도입하고 시스템에 더 많은 복원력을 만들면서 동일한 결과(또는 그 이상)를 달성한다.

도요타의 최고 공급 업체 중 하나인 아이신 세이키 글로벌의 매트리스 공장의 실험에 대해 살펴보자. 그들에겐 하루에 100대를 생산할 수 있는 두 개 생산 라인이 있다. 일이 적은 날에는 모든 생산량을 한 줄로 보내 라인을 과부하시키고, 라인이 작동하지 않게 되면 생산량을 두 번째 라인으로 보내기도 했다. 이처럼 용량을 늘리거나 프로세스의 취약성을 식별하는 방법을 실험하곤 했다.

일상 업무에서 가차 없고 끊임없는 실험을 통해 종종 새로운 장비를 추가하거나 더 많은 사람을 고용하지 않고도 지속적으로 처리 용량을 늘릴 수 있었다. 이런 유형의 개선 의식에서 비롯된 긴급한 패턴은 조직이 항상 긴장과 변화 상태에 있으므로 성과와 복원력을 향상시킨다. 작가이자 위험 분석가인 나심 니콜라스 탈렙은 복원력을 높이려고 스트레스를 가하는 과정을 '반취약성antifragility'이라고 명명했다.

기술 가치 흐름에서는 항상 배포 리드 타임을 줄이고, 테스트 커버리지를 늘리고, 테스트 실행 시간을 줄이고, 필요한 경우 개발자의 생산성을 높이거나 신뢰성을 높이기 위해 재설계하는 등 동일한 유형의 긴장을 시스템에 도입할 수 있다.

또한 전체 데이터 센터 전원을 끄는 것과 같은 대규모 실패를 리허설하는 '게임 데이game day'를 연습할 수도 있다. 또는 운영 환경(예를 들어 운영 환경의 프로세스와 컴퓨팅 서버를 무작위로 죽이는 넷플릭스의 유명한 작품 〈카오스 멍키Chaos Monkey〉)에 더 큰 규모의 결함을 주입해 원하는 만큼의 복원력을 확보할 수도 있다.

리더 주도 학습 문화 강화

전통적으로 목표를 설정하고 달성하기 위한 자원을 할당하며 적절한 자극의 조합을 확립하는 책임은 리더에게 있다고 여겨왔다. 리더들은 또한 그들이 이끄는 조직에 대한 감정 톤을 설정한다. 즉, 리더는 '모든 올바른 결정을 내림'을 통해 이끄는 것이다.

그러나 위대한 것이 모두 올바른 결정을 하는 리더가 만드는 것은 아니라는 사실을 보여주는 중요한 증거가 있다. 대신에 지도자의 역할은 팀이 일상 업무에서 위대함을 발견할 수 있는 조건을 만들어주는 것이다. 즉, 위대함을 창조하려면 서로 의지하는 지도자와 직원 모두가 필요하다.

『겜바 걷다Gemba Walks』(LeanEnterprise, 2013)의 저자인 짐 워맥은 리더와 최전선에 있는 근로자 사이에 반드시 일어나야 하는 상호 보완적인 업무 관계와 상호 존중을 설명했다. 워맥에 따르면 리더와 근로자의 관계는 둘 다 혼자서는 문제를 해결할 수 없어서 필요하다. 리더들은 어떤 문제든 해결하는 데 필요할 만큼 업무에 충분히 가까이 있지 않고, 최전선 근로자들은 더 넓은 조직적 맥락이나 자신들의 업무 영역 밖에서 변화를 주는 권한이 없기 때문이다.[3]

리더는 학습과 훈련된 문제 해결의 가치를 높여야 한다. 마이크 로더는 이런 방법들을 '코칭 카타'라는 말로 공식화했다. 그 결과는 우리가 알코아의 '제로 사고 지속'이나 아이신의 '1년 이내에 처리량 2배'와 같은 올바른 목표를 명시적으로 기술하는 과학적 방법을 반영하는 것이다.

전략적 목표는 반복적이고 단기적인 목표의 생성으로 이어지며 가치 흐름 또는 작업 센터 수준에서 목표 조건을 설정해 실행한다(예를 들어 '앞으로 2주 안에 리드 타임 10% 단축').

이런 목표 조건은 과학 실험의 토대다. 해결하고자 하는 문제와 제안한 대책이 문제를 어떻게 해결할 것인지에 대한 가설, 가설을 시험하는 방법, 결과에 대한 해석 그리고 다음 반복을 알리기 위한 학습의 사용 등을

---

[3] 다른 사람들이 좁은 관점과 부족한 권한을 갖는 곳의 상위 수준에서 리더는 프로세스를 설계하고 운영할 책임이 있다.

명시적으로 기술한다.

리더는 실험을 수행하는 사람에게 다음과 같은 질문을 하도록 지도한다.

- 마지막 단계는 무엇이고 어떤 일이 있었는가?
- 무엇을 배웠는가?
- 현재 상태는 어떤가?
- 다음 목표 조건은 무엇인가?
- 현재 어떤 장애물을 처리하고 있는가?
- 다음 단계는 무엇인가?
- 예상되는 결과는 무엇인가?
- 언제 확인할 수 있는가?

근로자들이 일상에서 문제를 보고 해결하는 데 리더가 도움을 주는 문제 해결 접근법은 도요타 생산 시스템, 학습 조직, 개선 카타, 높은 신뢰도 조직이 가진 핵심이다. 마이크 로더는 도요타를 '모든 구성원을 지속적으로 가르치는 독특한 행동 방식으로 정의할 수 있는 조직'으로 본다고 했다.

기술 가치 흐름에서 이런 과학적 접근과 반복적 방법은 모든 내부 개선 과정에 대한 길잡이가 되는 동시에 우리가 만드는 제품이 실제로 내부 및 외부 고객의 목표를 달성하는 데 도움 되는 실험을 수행하는 방법의 길잡이가 된다.

결론

세 번째 방법의 원칙은 조직 학습의 가치를 평가하고 기능 간 높은 신뢰와 경계 확장을 가능하게 하며, 복잡한 시스템에서는 항상 실패가 발생한다는 것을 받아들이고 안전한 업무 시스템을 만들 수 있도록 문제에 관해 이야기하는 것을 허용할 필요에 대해 다룬다. 또한 일상 업무의 개선을 제도화하고 지엽적 학습을 조직 전체에서 활용할 수 있는 전체 학습으로 전환하고 일상 업무에 지속적으로 긴장감을 불어넣어야 한다.

지속적인 학습과 실험 문화를 육성하는 것이 세 번째 방법의 원칙이지만 첫 번째와 두 번째 방법과도 맞물려 있다. 즉, 흐름과 피드백을 개선하려면 목표 조건을 설정하고 목표에 도달하는 데 도움 되는 가설을 기술하고 실험을 설계하고 수행하며 결과를 평가하는 것을 포함하는 반복적이고 과학적인 접근 방식이 필요한 것이다.

그 결과는 더 나은 성과와 함께 향상된 복원력, 더 높은 직업 만족도 그리고 조직 적응력 향상이다.

1부 결론

『데브옵스 핸드북』 1부에서 우리는 데브옵스의 발전을 이끈 몇 가지 역사적 움직임을 되돌아봤다. 또한 성공적인 데브옵스 조직의 토대를 이루는 세 가지 주요 원칙인 흐름, 피드백 그리고 지속적 학습과 실험 원칙에 대해서도 살펴봤다. 2부에서는 조직에서 데브옵스를 시작하는 방법에 대해 살펴본다.[4]

---

4 이 책에 실린 내용은 『데브옵스 핸드북』에서 일부 발췌한 것으로 이어지는 내용은 해당 책에서 확인할 수 있다.

INTRODUCTION

366 *Before the revolution...* Eliyahu M. Goldratt, *Beyond the Goal: Eliyahu Goldratt Speaks on the Theory of Constraints (Your Coach in a Box)* (Prince Frederick, Maryland: Gildan Media, 2005), Audiobook.

368 *Put even more...* Jeff Immelt, "GE CEO Jeff Immelt: Let's Finally End the Debate over Whether We Are in a Tech Bubble," *Business Insider*, December 9, 2015, http://www.businessinsider.com/ceo-of-ge-lets-finally-end-the-debate-over-whether-we-are-in-a-tech-bubble-2015-12.

Or as Jeffrey... "Weekly Top 10: Your DevOps Flavor," *Electric Cloud*, April 1, 2016, http://electric-cloud.com/blog/2016/04/weekly-top-10-devops-flavor/.

369 *Dr. Eliyahu M. Goldratt...* Goldratt, Beyond the Goal.

371 *As Christopher Little...* Christopher Little, personal correspondence with Gene Kim, 2010.

As Steven J. Spear... Steven J. Spear, *The High-Velocity Edge: How Market Leaders Leverage Operational Excellence to Beat the Competition* (New York, NY: McGraw Hill Education), Kindle edition, chap. 3.

In 2013, the... Chris Skinner, "Banks have bigger development shops than Microsoft," Chris Skinner's Blog, accessed July 28, 2016, http://thefinanser.com/2011/09/banks−have−bigger−development−shops−than−microsoft.html/.

372   *Projects are typically...* Nico Stehr and Reiner Grundmann, *Knowledge: Critical Concepts, Volume 3* (London: Routledge, 2005), 139.

       Dr. Vernon Richardson... A. Masli, V. Richardson, M. Widenmier, and R. Zmud, "Senior Executive's IT Management Responsibilities: Serious IT Deficiencies and CEO−CFO Turnover," *MIS Quaterly*(published electronically June 21, 2016).

373   *Consider the following...* "IDC Forecasts Worldwide IT Spending to Grow 6% in 2012, Despite Economic Uncertainty," *Business Wire*, September 10, 2012, http://www.businesswire.com/news/home/20120910005280/en/IDC−Forecasts−Worldwide−Spending−Grow−6−2012.

376   *The first surprise...* Nigel Kersten, IT Revolution, and PwC, *2015 State of DevOps Report* (Portland, OR: Puppet Labs, 2015), https://puppet.com/resources/white−paper/2015−state−of−devops−report?_ga=1.6612658.168869.1464412647&link=blog.

377   *This is highlighted...* Frederick P. Brooks, Jr., *The Mythical Man−Month: Essays on Software Engineering, Anniversary Edition* (Upper Saddle River, NJ: Addison−Wesley, 1995).

378   *As Randy Shoup...* Gene Kim, Gary Gruver, Randy Shoup, and Andrew Phillips, "Exploring the Uncharted Territory of Microservices," XebiaLabs.com, webinar, February 20, 2015, https://xebialabs.com/community/webinars/exploring−the−uncharted−territory−of−microservices/.

The 2015 State... Kersten, IT Revolution, and PwC, *2015 State of DevOps Report.*

Another more extreme... "Velocity 2011: Jon Jenkins, 'Velocity Culture'," YouTube video, 15:13, posted by O'Reilly, June 20, 2011, https://www.youtube.com/watch?v=dxk8b9rSKOo; "Transforming Software Development," YouTube video, 40:57, posted by Amazon Web Service, April 10, 2015, https://www.youtube.com/watch?v=YCrhemssYuI&feature=youtu.be.

379   *Later in his...* Eliyahu M. Goldratt, Beyond the Goal.

As with The... JGFLL, review of *The Phoenix Project: A Novel About IT, DevOps, and Helping Your Business Win,* by Gene Kim, Kevin Behr, and George Spafford, Amazon.com review, March 4, 2013, http://www.amazon.com/review/R1KSSPTEGLWJ23; Mark L Townsend, review of *The Phoenix Project: A Novel About IT, DevOps, and Helping Your Business Win,* by Gene Kim, Kevin Behr, and George Spafford, Amazon.com review, March 2, 2013, http://uedata.amazon.com/gp/customer-reviews/R1097DFODM12VD/ref=cm_cr_getr_d_rvw_ttl?ie=UTF8&ASIN=B00VATFAMI; Scott Van Den Elzen, review of *The Phoenix Project: A Novel About IT, DevOps, and Helping Your Business Win,* by Gene Kim, Kevin Behr, and George Spafford, Amazon.com review, March 13, 2013, http://uedata.amazon.com/gp/customer-reviews/R2K95XEH5OL3Q5/ref=cm_cr_getr_d_rvw_ttl?ie=UTF8&ASIN=B00VATFAMI.

PART I INTRODUCTION

385   *One key principle...* Kent Beck, et al., "Twelve Principles of Agile Software," AgileManifesto.org, 2001, http://agilemanifesto.org/principles.html.

386   *He concluded that...* Mike Rother, *Toyota Kata: Managing People for Improvement, Adaptiveness and Superior Results* (New York: McGraw Hill, 2010), Kindle edition, Part III.

CHAPTER 1

387   *Karen Martin and...* Karen Martin and Mike Osterling, *Value Stream Mapping: How to Visualize Work and Align Leadership for Organizational Transformation* (New York: McGraw Hill, 2013), Kindle edition, chap 1.

389   *In this book...* Ibid., chap. 3.

391   *Karen Martin and...* Ibid.

CHAPTER 2

396   *Studies have shown...* Joshua S. Rubinstein, David E. Meyer, and Jeffrey E. Evans, "Executive Control of Cognitive Processes in Task Switching," *Journal of Experimental Psychology: Human Perception and Performance* 27, no. 4 (2001): 763–797, doi: 10.1037//0096–1523.27.4.763, http://www.umich.edu/~bcalab/documents/Rubinstein MeyerEvans2001.pdf.

397   *Dominica DeGrandis, one...* "DOES15—Dominica DeGrandis—The Shape of Uncertainty," YouTube video, 22:54, posted by DevOps Enterprise Summit, November 5, 2015, https://www.youtube.com/watch?v=Gp05i0d34gg.

     Taiichi Ohno compared... Sami Bahri, "Few Patients–In-Process and Less Safety Scheduling; Incoming Supplies are Secondary," The Deming Institute Blog, August 22, 2013, https://blog.deming.org/2013/08/fewer–patients–in-process–and–less–safety–scheduling–incoming–supplies–are–secondary/.

In other words... Meeting between David J. Andersen and team at Motorola with Daniel S. Vacanti, February 24, 2004; story retold at USC CSSE Research Review with Barry Boehm in March 2004.

398 *The dramatic differences...* James P. Womack and Daniel T. Jones, *Lean Thinking: Banish Waste and Create Wealth in Your Corporation*(New York: Free Press, 2010), Kindle edition, chap. 1.

399 *There are many...* Eric Ries, "Work in small batches," StartupLessonsLearned.com, February 20, 2009, http://www.startuplessonslearned.com/2009/02/work-in-small-batches.html.

400 *In* Beyond the... Goldratt, *Beyond the Goal.*

401 *As a solution...* Eliyahu M. Goldratt, *The Goal: A Process of Ongoing Improvement* (Great Barrington, MA: North River Press, 2014), Kindle edition, "Five Focusing Steps."

402 *Shigeo Shingo, one...* Shigeo Shingo, *A Study of the Toyota Production System: From an Industrial Engineering Viewpoint* (London: Productivity Press, 1989); "The 7 Wastes (Seven forms of Muda)," BeyondLean.com, accessed July 28, 2016, http://www.beyondlean.com/7-wastes.html.

403 *In the book...* Mary Poppendieck and Tom Poppendieck, *Implementing Lean Software: From Concept to Cash,* (Upper Saddle River, NJ: Addison-Wesley, 2007), 74.

The following categories... Adapted from Damon Edwards, "DevOps Kaizen: Find and Fix What Is Really Behind Your Problems," Slideshare.net, posted by dev2ops, May 4, 2015, http://www.slideshare.net/dev2ops/dev-ops-kaizen-damon-edwards.

CHAPTER 3

406   *Dr. Charles Perrow...* Charles Perrow, *Normal Accidents: Living with High Risk Technologies* (Princeton, NJ: Princeton University Press, 1999).

        Dr. Sidney Dekker... Dr. Sidney Dekker, *The Field Guide to Understanding Human Error* (Lund University, Sweden: Ashgate, 2006).

        After he decoded... Spear, *The High−Velocity Edge*, chap. 8.

        Dr. Spear extended... Ibid.

407   *Dr. Peter Senge...* Peter M. Senge, *The Fifth Discipline: The Art & Practice of the Learning Organization* (New York: Doubleday, 2006), Kindle edition, chap. 5.

        In one well−documented... "NUMMI," This American Life, March 26, 2010, http://www.thisamericanlife.org/radio−archives/episode/403/transcript.

408   *As Elisabeth Hendrickson...* "DOES15 − Elisabeth Hendrickson − Its All About Feedback," YouTube video, 34:47, posted by DevOps Enterprise Summit, November5, 2015, https://www.youtube.com/watch?v=r2BFTXBundQ.

        "In doings so... Spear, *The High−Velocity Edge*, chap. 1.

409   *As Dr. Spear...* Ibid., chap. 4.

411   *Examples of ineffective...* Jez Humble, Joanne Molesky, and Barry O'Reilly, *Lean Enterprise: How High Performance Organizations Innovate at Scale* (Sebastopol, CA: O'Reilly Media, 2015), Kindle edition, Part IV.

        In the 1700s... Dr. Thomas Sowell, *Knowledge and Decisions* (New York: Basic Books, 1980), 222.

412   *As Gary Gruver...* Gary Gruver, personal correspondence with Gene Kim, 2014.

CHAPTER 4

414   *For instance, in...* Paul Adler, "Time–and–Motion Regained," *Harvard Business Review*, January–February 1993, https://hbr.org/1993/01/time–and–motion–regained.

415   *The "name, blame...* Dekker, *The Field Guide to Understanding Human Error*, chap. 1.

        Dr. Sidney Dekker... "Just Culture: Balancing Safety and Accountability," Lund University, Human Factors & System Safety website, November 6, 2015, http://www.humanfactors.lth.se/sidney–dekker/books/just–culture/.

416   *He observed that...* Ron Westrum, "The study of information flow: A personal journey," *Proceedings of Safety Science* 67 (August 2014): 58–63, https://www.researchgate.net/publication/261186680_The_study_of_information_flow_A_personal_journey.

417   *Just as Dr. Westrum...* Nicole Forsgren Velasquez, Gene Kim, Nigel Kersten, and Jez Humble, 2014 State of DevOps Report (Portland, OR: Puppet Labs, IT Revolution Press, and ThoughtWorks, 2014), http://puppetlabs.com/2014–devops–report.

        As Bethany Macri... Bethany Macri, "Morgue: Helping Better Understand Events by Building a Post Mortem Tool – Bethany Macri," Vimeo video, 33:34, posted by info@devopsdays.org, October 18, 2013, http://vimeo.com/77206751.

        Dr. Spear observes... Spear, *The High–Velocity Edge*, chap. 1.

        In The Fifth... Senge, *The Fifth Discipline*, chap. 1.

        Mike Rother observed... Mike Rother, *Toyota Kata*, 12.

This is why... Mike Orzen, personal correspondence with Gene Kim, 2012.

418   *Consider the following...* "Paul O'Neill," Forbes, October 11, 2001, http://www.forbes.com/2001/10/16/poneill.html.

In 1987, Alcoa⋯ Spear, *The High−Velocity Edge*, chap. 4.

As Dr. Spear... Ibid.

419   *A remarkable example...* Ibid., chap. 5.

421   *This process of*⋯ Nassim Nicholas Taleb, *Antifragile: Things That Gain from Disorder* (Incerto), (New York: Random House, 2012).

According to Womack... Jim Womack, *Gemba Walks* (Cambridge, MA: Lean Enterprise Institute, 2011), Kindle edition, location 4113.

422   *Mike Rother formalized...* Rother, *Toyota Kata*, Part IV.

Mike Rother observes... Ibid., Conclusion.

INTRODUCTION

339   *When this book was first...* John Allspaw and Paul Hammond, "10+ Deploys Per Day: Cooperation at Flikr," presentation at Velocity Conference, June 23, 2009.

341   *In* Beyond the Goal, *Dr. Goldratt shares...* Eliyahu M. Goldratt, Beyond the Goal: Eliyahu Goldratt Speaks on the Theory of Constraints (Your Coach in a Box) (Prince Frederick, Maryland: Gildan Media, 2005), Audiobook.

342   *One of the most delightful...* David Lutz, "Imagine DevOps," YouTube video, 3:05, posted March 21, 2011, https://www.youtube.com/watch?v=iYLxw6OsZug.

    He writes, "I find myself... David Lutz, "The Phoenix Project," dlutzy blog, May 3, 2013, https://dlutzy.wordpress.com/?s=the+phoenix+project.

343   *I've also come across otherwise...* Ibid.

    In a blog post, I published... Gene Kim, "Quote: 'I Used to Hate "The Phoenix Project" Until I Realized It Was About Me,'" ITRevolution.com blog, September 24, 2012, https://itrevolution.com/i-used-to-hate-when-it-fails-until-i-realized-it-was-about-me/.

    After finishing the book... Ibid.

344   *As my friend Jez Humble...* Jez Humble, personal conversation with Gene Kim.

345   *As Jeff Immelt, former CEO...* Jeff Immelt, "GE CEO Jeff Immelt: Let's Finally End the Debate over Whether We Are in a Tech Bubble," Business Insider, December 9, 2015, http://www.businessinsider.com/ceo-of-ge-lets-finally-end-the-debate-over-whether-we-are-in-a-tech-bubble-2015-12.

Or as Jeffrey Snover... Electric Cloud, "Weekly Top 10: Your DevOps Flavor," Electric Cloud, April 1, 2016, http://electric-cloud.com/blog/2016/04/weekly-top-10-devops-flavor/.

IDC, the analyst firm, says... Abel Avram, "IDC Study: How Many Software Developers Are Out There?" InfoQ, https://www.infoq.com/news/2014/01/IDC-software-developers

In 2016, I was talking... Gene Kim, "Face-to-Face DevOps: Protect and Serve," CA.com, March 31, 2016, https://www.ca.com/us/rewrite/articles/devops/face-to-face-devops-to-protect-and-serve-.html.

피닉스 프로젝트
위기에 빠진 IT 프로젝트를 구하라

발 행 | 2021년 8월 27일

옮긴이 | 박 현 철 · 류 미 경
지은이 | 진 킴 · 케빈 베어 · 조지 스패포드

펴낸이 | 권 성 준
편집장 | 황 영 주
편 집 | 김 진 아
　　　　임 지 원
디자인 | 윤 서 빈

에이콘출판주식회사
서울특별시 양천구 국회대로 287 (목동)
전화 02-2653-7600, 팩스 02-2653-0433
www.acornpub.co.kr / editor@acornpub.co.kr

한국어판 ⓒ 에이콘출판주식회사, 2021, Printed in Korea.
ISBN 979-11-6175-562-5
http://www.acornpub.co.kr/book/phoenix-project